Excel 商务数据分析

陈玉红　主编

电子工业出版社
Publishing House of Electronics Industry
北京·BEIJING

内 容 简 介

本书采用企业真实运营数据，使用 Excel 2016 进行商务数据分析。全书由六个项目组成，分别是项目一数据分析引领商业变革，主要讲数据分析的作用；项目二开启商务运营之路，主要讲数据收集、整理和预处理；项目三客户情况分析，主要讲客户画像和客户价值分析；项目四商品销售情况分析，主要讲如何通过商品销售数据分析为营销活动提供依据；项目五市场分析，主要讲渠道、竞争对手、供应链简单有效的分析方法；项目六数据分析报告撰写，主要讲商务数据分析报告的撰写方法。

本书可作为中、高职院校财经商贸类、计算机类、大数据类等专业学生学习商务数据分析的教材，也可作为商务数据分析培训教材，还可作为商务数据分析入门者的自学教材。

未经许可，不得以任何方式复制或抄袭本书之部分或全部内容。
版权所有，侵权必究。

图书在版编目（CIP）数据

Excel 商务数据分析 / 陈玉红主编. —北京：电子工业出版社，2023.7
ISBN 978-7-121-42910-1

Ⅰ．①E… Ⅱ．①陈… Ⅲ．①表处理软件－应用－商务－数据处理－职业教育－教材 Ⅳ．①F7-39

中国版本图书馆 CIP 数据核字（2022）第 025406 号

责任编辑：郑小燕
印　　刷：中国电影出版社印刷厂
装　　订：中国电影出版社印刷厂
出版发行：电子工业出版社
　　　　　北京市海淀区万寿路 173 信箱　　　邮编：100036
开　　本：880×1230　1/16　　印张：15.75　　字数：352.8 千字
版　　次：2023 年 7 月第 1 版
印　　次：2023 年 7 月第 1 次印刷
定　　价：56.00 元

凡所购买电子工业出版社图书有缺损问题，请向购买书店调换。若书店售缺，请与本社发行部联系，联系及邮购电话：（010）88254888，88258888。
质量投诉请发邮件至 zlts@phei.com.cn，盗版侵权举报请发邮件至 dbqq@phei.com.cn。
本书咨询联系方式：（010）88254550，zhengxy@phei.com.cn。

前 言

随着现代信息技术的不断发展，人们已经跨入互联网+大数据+人工智能时代。互联网、大数据和人工智能正深刻改变着人们的思维、工作和生活方式。电商、外卖、出行、支付等平台的兴起，深刻改变着人们的衣、食、住、行方式。本书以一名职场新人成长为职业达人为主线进行编写，注重数据分析理念的灌输。

本书以项目—任务方式编写，采用企业真实案例和脱敏数据，数据真实性和数据量均能达到数据分析学习的要求。全书设六大项目共19个任务，编排上由浅入深、从易到难，符合数据分析入门者的学习认知规律。本书由校企人员合作编写，每个项目、任务都与企业的岗位和岗位职责有机融合，商务数据分析的理念贯穿全书，学生学习完成之后进入企业可直接上岗。

通过本书的学习和实践，学生可以了解职场新人如何才能成长为职场达人，本书不仅体现出数据分析技术的提升，还体现出数据分析理念的变化。本书可作为中、高职院校财经商贸类、计算机类、大数据类等专业学生学习商务数据分析的教材，也可作为商务数据分析培训教材，还可作为商务数据分析入门者的自学教材。

本书项目一由晶程甲宇科技（上海）有限公司袁婷婷编写；项目二、项目三、项目四由上海市商业学校陈玉红编写；项目五由晶程甲宇科技（上海）有限公司赵晨伊编写；项目六由上海市商业学校景莹编写。全书由陈玉红统稿和审核。

本书在每个任务末都设有"拓展提高"部分，该部分以二维码形式呈现，通过扫描二维码学生可以学习更多与任务相关的拓展知识。

本书建议授课时长为72学时，授课教师可根据具体情况进行增减。

本书在编写过程中，得到了袁琳琳女士参与和大力支持。本书数据来源于苏州贝佳佳电子商务有限公司、苏州博咔咔供应链管理有限公司。本书在编写过程中参考了许多书籍，浏览了大量网上的信息，对于这些书籍和文章的作者在此一并表示感谢。鉴于编者水平有限，书中难免有疏漏和不足之处，敬请广大读者提出宝贵意见。

为了方便教师教学，本书还配有学生课堂练习数据及答案、实战演练数据及答案、电子课件、重点课题的微课等。有需要的教师可登录华信教育资源网（www.hxedu.com.cn）免费注册后下载，有问题请在网站留言板留言或与电子工业出版社联系（E-mail：hxedu@phei.com.cn）。

编　者

目 录

项目一 数据分析引领商业变革 / 1

　　任务 1　数据改变生活（以外卖行业为例）/ 2
　　任务 2　数据支撑商业模式（以某出行平台——I 平台为例）/ 8
　　任务 3　商务数据分析指标（以某电商平台——D 电商平台数据分析工具为例）/ 15
　　实战演练 / 22
　　项目评价 / 23

项目二 开启商务运营之路 / 24

　　任务 1　销售数据清洗 / 24
　　任务 2　客户信息整理 / 32
　　任务 3　竞争对手数据收集与整理 / 40
　　实战演练 / 47
　　项目评价 / 48

项目三 客户情况分析 / 49

　　任务 1　关于数据可视化 / 49
　　任务 2　客户画像 / 77
　　任务 3　客户价值分析 / 90
　　实战演练 / 98
　　项目评价 / 99

项目四 商品销售情况分析 / 101

　　任务 1　商品情况分析 / 102
　　任务 2　销售情况分析 / 114
　　任务 3　商品促销活动分析 / 132

任务 4　退换货情况分析 / 137

实战演练 / 144

项目评价 / 145

项目五　市场分析 / 147

任务 1　渠道分析 / 148

任务 2　竞争对手分析 / 170

任务 3　供应链分析 / 183

实战演练 / 194

项目评价 / 194

项目六　数据分析报告撰写 / 196

任务 1　关于数据分析报告 / 197

任务 2　数据分析报告架构 / 215

任务 3　某品牌奶片数据分析报告撰写 / 231

实战演练 / 245

项目评价 / 245

项目一 数据分析引领商业变革

项目描述

随着全球数字经济的快速发展，我国也步入了数字经济时代。电商、外卖、出行、支付等平台的兴起，深刻改变着人们的衣、食、住、行方式，催生出众多电商公司及工作岗位。在这样的时代背景下，毕业于某中职学校的小A在择业时，选择了一家电子商务公司的商务运营助理岗位，开启了自己的职业生涯。

初入公司，公司对小A进行了公司文化、员工守则、岗位职责等方面的培训，并将小A在公司的主要工作职责定位为商务数据整理及分析。商务数据分析在公司运营中至关重要，小A在学校学习过Excel，具有一定的Excel数据处理能力，但是如何使用Excel进行商务数据分析，他有点摸不着头脑，让我们带着小A一起了解数据分析是如何给企业带来价值、如何为公司创造财富的。

学习目标

- 了解数据分析的概念及特点。
- 知道大数据应用如何改变人们的生活。
- 理解数据分析正在引领商业模式的变革。
- 学会用商业模式画布工具进行商业模式分析。
- 熟悉常用的商务数据分析指标。

# 任务实施

当你使用一个App购物时，会产生哪些数据呢？初次打开App注册完成后会产生注册数据；进入App搜索、浏览商品会产生行为数据；购买商品后会产生相应的交易数据；收货后会产生客户评价数据；不满意情绪致使客户转向其他同类App会产生外部数据，这里的"外部"是相对当前App而言的。这些都是个人数据，如果有一群人发生上述行为，就会产生行业数据。

一般可以通过系统记录、埋点、调查问卷、爬虫、机构收集等方式来获取数据。完成数据获取任务后，就可以对数据进行整理和分析，生成相关的数据产品、分析报告、行业应用等。系统记录的数据（如注册、交易、浏览、评价数据）、埋点产生的数据（如点击、浏览数据）、从外部网页爬取的数据等，都需要通过ETL（抽取、转换、加载）变成规范的、可用的数据。数据仓库中存储的数据，可用于构建算法模型并投入工业级别的应用，也可通过一些计算逻辑将其转变成数据产品（如仪表盘、报表等）。最后结合市场调研、行业报告等外部数据，形成数据分析报告。

任务1 数据改变生活（以外卖行业为例）

当今社会，各行各业都或多或少地利用数字带来的便捷化和可视化功能服务企业和客户，具体到日常生活领域，如智慧出行、电商平台及当下热门的外卖行业等，都在用数据改变着人们的生活。下面以与人们生活息息相关的外卖行业为例，看看数据是如何改变人们的生活方式的。

外卖行业因其便捷的在线外卖服务被大众熟知。在外卖行业的发展道路上，数据分析起到了巨大的作用，它扩大了外卖产业规模，促进了职业外卖骑手这一新工种的产生和发展。人们将数据分析应用于外卖服务这个场景，通过线上订购获得大量客户数据，从而分析餐饮行业的消费趋势、消费变化，及时、准确地调整市场策略，一步一步地扩大商业版图，辐射商超、休闲、医药等在线服务领域。

那么数据分析是怎样服务于外卖行业的呢？下面从外卖市场规模发展、外卖消费特征等方面进行分析。

一、中国外卖行业的发展状况

2019年，中国城镇化率已经达到60.6%，城市消费成为人们日常生活中的主要场景，这为餐饮和外卖行业的发展提供了人口红利。外卖市场规模持续增长，消费场景逐渐多元化，同时外卖客户年龄段呈现拉宽趋势。某外卖平台为中国超过十分之一的人口提供外卖服务，这意味着中国绝大多数商户，甚至以堂食为主的品牌，也逐渐趋向于为消费者提供更加多元化的就餐方式。

网络公开信息显示，2019年中国外卖行业市场交易额达6035亿元。随着我国的城镇化水平进一步提高，外卖行业市场交易额总体向好，稳步提升，但由于市场资本补贴红利减弱，同时行业内竞争加剧，外卖行业市场交易额逐渐由高速增长转为中速增长，如图1-1所示。

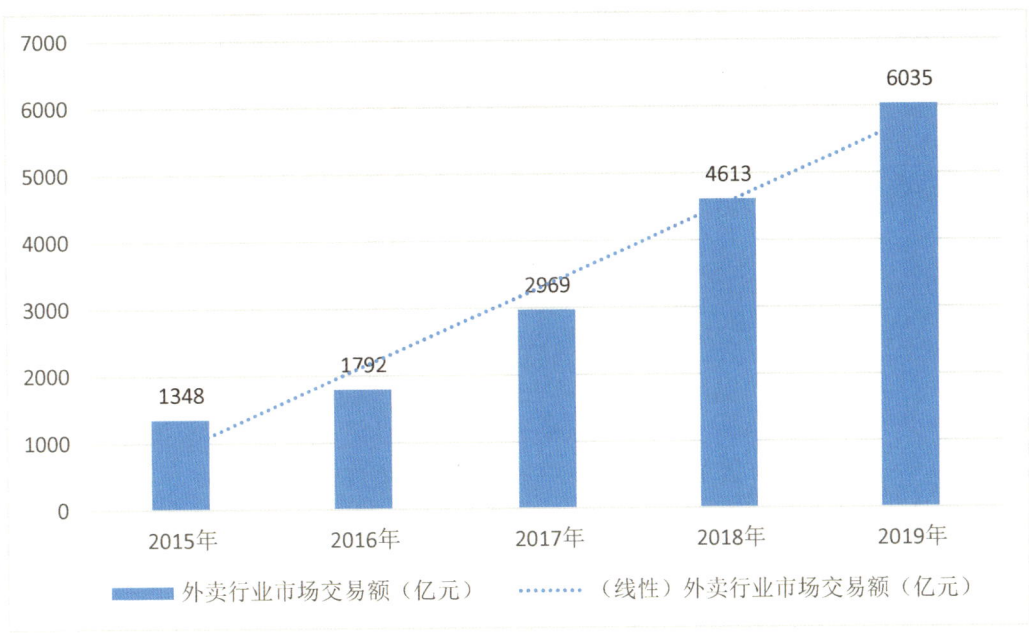

图1-1　2015—2019年中国外卖行业市场交易额情况

二、中国外卖产业数据分析报告

1．中国外卖产业规模

网络公开信息显示，2019年中国餐饮外卖产业规模为6536亿元，比2018年约增长39.3%，如图1-2所示。

截至2019年年底，中国外卖消费者规模接近4.6亿人，比2018年约增长12.7%（见图1-3），在9亿网民中约占比50.7%。根据国家统计局公布的数据，2019年年末我国城镇常住人口为84843万人，按此计算，外卖消费者约占我国城镇常住人口的53.9%。

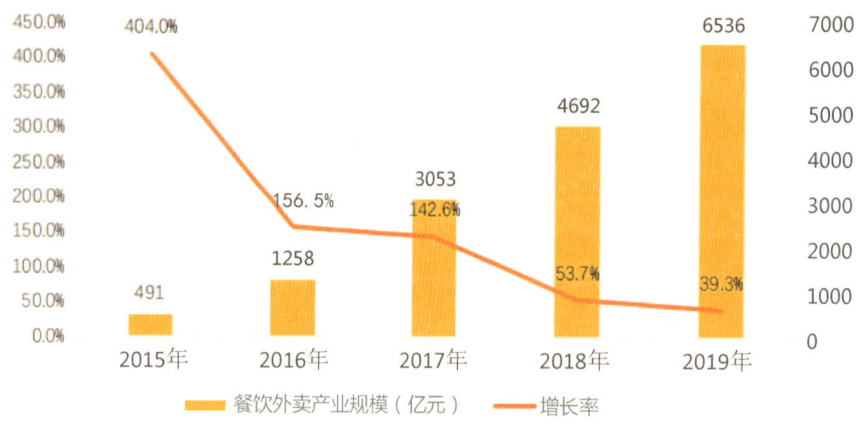

图1-2　2015—2019年中国餐饮外卖产业规模与增长率

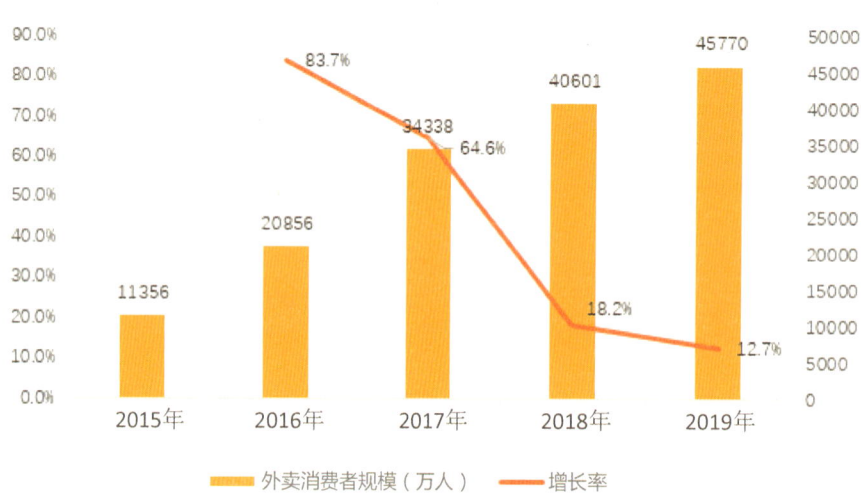

图1-3　2015—2019年中国外卖消费者规模及增长率

外卖消费者在网民和城镇常住人口中占比都过半,显示出外卖在国民生活中的重要程度。基于人口红利,在城镇化建设过程中,外卖行业结合消费者的消费习惯产生了大量有价值的数据,可供人们进行分析,从而服务于外卖企业发展和外卖产业研究。下面就通过这些数据,对中国外卖消费特征进行分析。

2. 中国外卖消费特征

2020年2月底,美团研究院和中国饭店协会外卖专业委员会针对外卖消费者开展了问卷调研,总结出中国外卖消费有以下主要特征。

1)消费场景多元化

如今,改善生活已成为外卖消费的重要场景。问卷调研数据显示,有超过60%的外卖消费者表示选择点外卖的原因是"有点儿懒,不太想出去"(见图1-4),其主要原因是城镇化进程加速,一、二线城市的生活节奏加快,消费者因工作繁忙而明显减少自己烹饪和外出就餐的意愿。

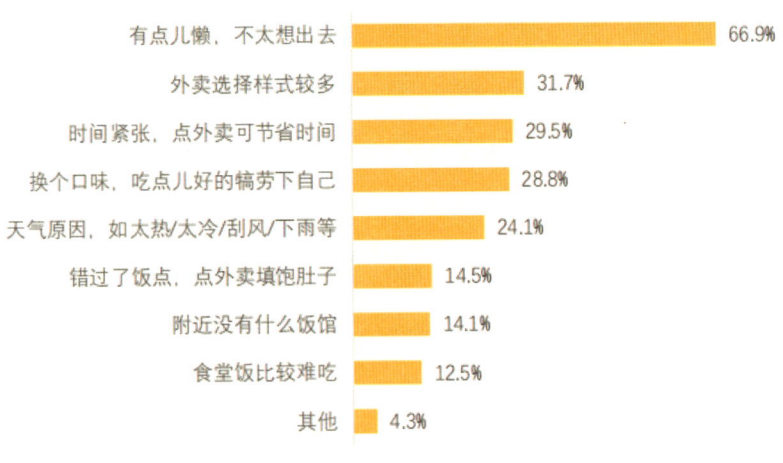

图 1-4　消费者点外卖的主要场景

2）消费半径扩大化

通常情况下，消费者往往会选择在周围 1 千米的范围内就近用餐。外卖配送扩大了消费者就餐的选择半径（见图 1-5），对于消费者来说，增加了选择性；对于店家来说，扩大了客户群体；对于外卖平台来说，依托于消费者选择的便利和店家营收的增加，提高了使用黏度。

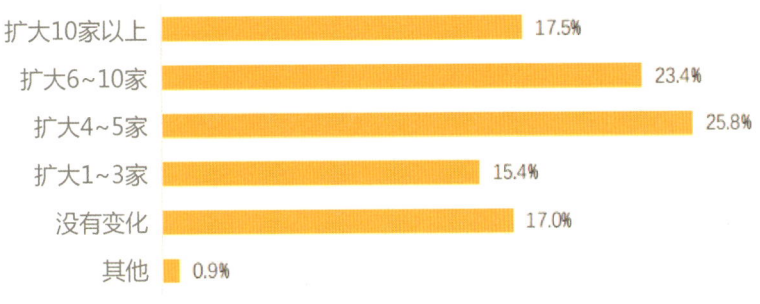

图 1-5　外卖配送扩大了消费者就餐的选择半径

3）消费升级品牌化

通过问卷调研发现，消费者出于对食品安全的考量和对金牌店家的信赖，在点外卖时更偏向于选择品牌商户，如图 1-6 所示。

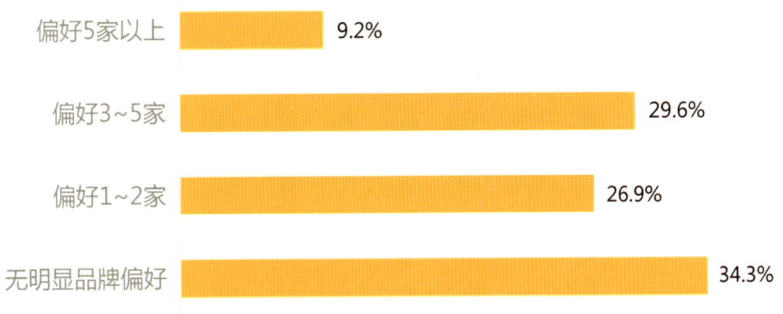

图 1-6　消费者在点外卖时对品牌的偏好情况

4）消费品类多样化

虽然餐饮一直是外卖的主要消费品类，但近年来餐饮品类的订单量占比持续下降，甜点饮品、水果生鲜、生活超市、医药健康等品类的订单量后来居上，需求得到释放，外卖消费向更多品类延伸，外卖平台主页上的选项也更加丰富，所有外卖平台的基本营销模式都是用优质的外卖服务吸引客户流量，等到有一定的流量后，再根据后台数据分析消费者的消费特征，适当推出适合他们的其他品类，从而增加盈利点。消费者通过外卖购买非餐饮品类情况如图1-7所示。

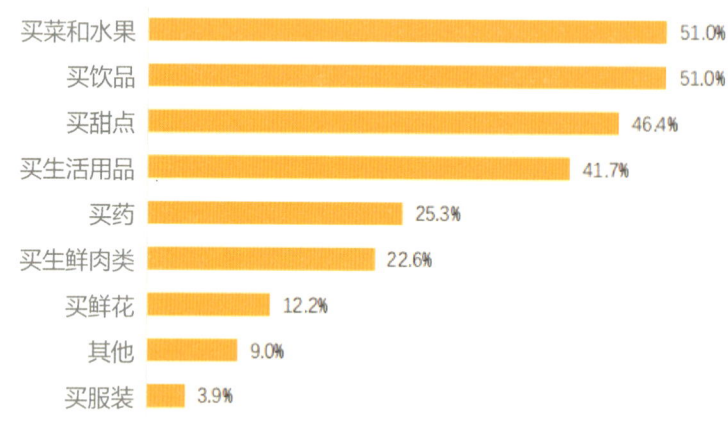

图1-7 消费者通过外卖购买非餐饮品类情况

5）消费年龄集中化

问卷调研数据显示，"90后"是中国外卖产业最大的消费群体，占比超过50%，其中外卖消费最为集中的两个年龄段为18～25岁、26～30岁，"90后"对外卖的需求频次远高于其他消费群体。另外，"70后""80后"的消费能力更强，他们在均价30元以上的外卖消费比例远高于"90后"。外卖消费者年龄分布情况如图1-8所示。

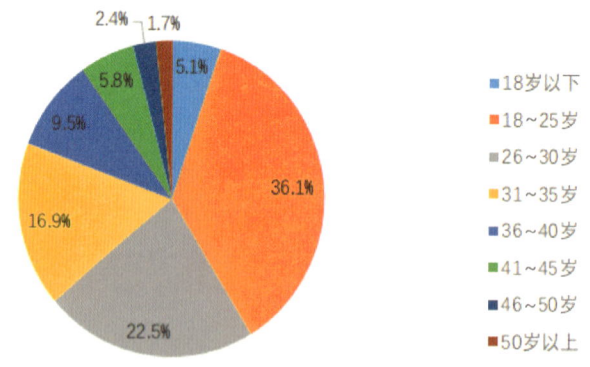

图1-8 外卖消费者年龄分布情况

6）消费行为选择化

国家统计局的人口抽样调查数据显示，从2002年到2017年的15年间，我国家庭人口结构发生了巨大变化，一人户家庭占比从 2002 年的 7.7%上升至 2017 年的 15.6%，二人户家庭占比从 2002 年的 18.4%上升至 2017 年的 27.2%，这两类家庭人口结构占比还有继续攀升的趋势。伴随着家庭结构日趋小型化，再加上人们工作时间的分散化，家庭饮食方式从厨房到餐馆再到如今的外卖，经历了两次转变。部分家庭已不再自己烹饪，也有部分家庭把烹饪作为闲暇爱好。消费者烹饪技能情况如图 1-9 所示。

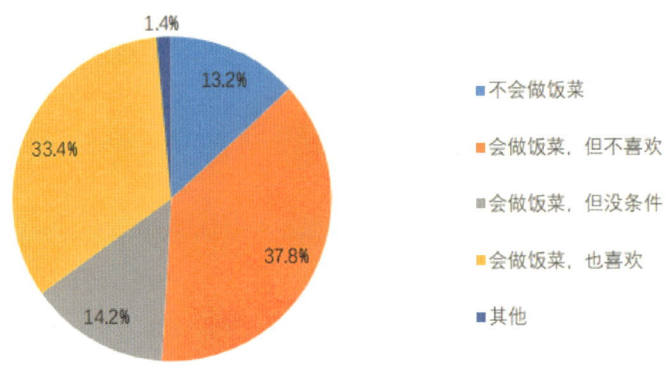

图 1-9　消费者烹饪技能情况

7）消费区域城镇化

截至 2019 年年末，我国城镇常住人口占比已达到 60.6%，城镇化的发展加速了地域间的人口流动，许多人选择独自在异地工作，从而带动了外卖产业的发展。消费者异地工作情况如图 1-10 所示。

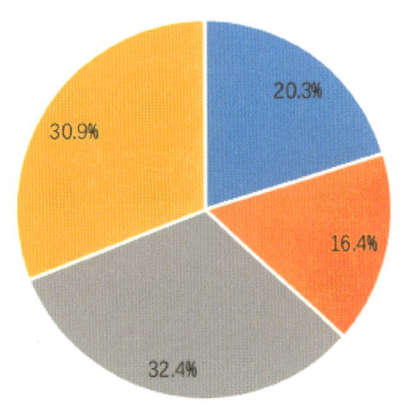

图 1-10　消费者异地工作情况

综合以上数据可以看出，运用数据分析导向商业场景的互联网公司正在改变人们的生活方式。我们不仅是数据的消费者，还是数据的生产者。一方面，我们下载、阅读、浏览信息，因此我们在消费数据；另一方面，我们上传、撰写文章，参加各种活动，因此我们又在生产数据。在这样一个既消费数据又生产数据的环境中，我们生活的方方面面都与数据紧密相连。

> **拓展提高**
>
> 扫描右侧二维码可以学到更多的拓展知识。

任务 2　数据支撑商业模式（以某出行平台——I 平台为例）

I 平台隶属于一家运营一站式多元化出行平台的互联网技术服务公司，它主要为平台上的出租车、专车、顺风车及乘客进行出行需求的匹配。

下面我们就结合 I 平台的相关资料，根据商业模式九大模块（见图 1-11）对 I 平台的商业模式进行深入分析，以便理解数据分析如何影响和改变公司运营和布局的商业模式。

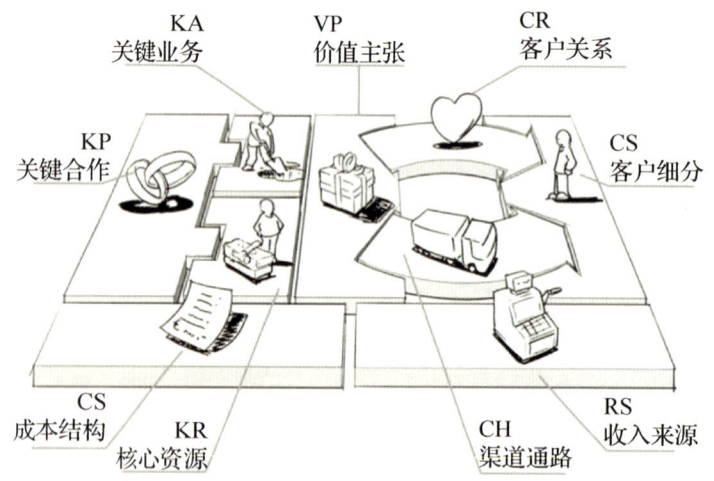

图 1-11　商业模式九大模块

一、客户细分

客户细分（Customer Segments，CS）是指对一个企业想要接触或服务的不同人群或组织进行区分，以便进行针对性服务和营销方案策划。

众所周知，客户是商业模式的核心，没有客户企业就失去了可以长久存活的基础。为了更好地满足客户，企业可以把客户分到不同的细分领域，每个细分领域的客户具有共同的需求、共同的行为和共同的属性。客户细分可以分为一个或多个细分领域，企业必须做出合理的决策：服务哪些客户群体，忽略哪些客户群体。一旦做出决策，就可以凭借对特定客户群体需求的深刻理解，设计相对应的商业模式。

下面我们来看看 I 平台是如何对客户进行细分的，主要细分为哪几类客户。

I 平台主要基于对公共出行大数据的分析来进行目标客户的细分。城市公共出行方式主要有公交、地铁和出租车，I平台最先涉及的是出租车市场，然后对平时乘坐公交和地铁出行的客户进行细分，找到盈利增长点。例如，住在城市郊区的上班族，每天要乘坐公交到地铁站换乘，那么这类客户就可以选择I平台中的拼车功能，同小区上车点相近的客户可以通过拼车代替乘坐公交，更加快速和便捷地到达目的地。乘坐出租车的客户，也可以进行细分，有些是商务出行，有些是医护出行，还有些是酒后的代驾出行。对不同的客户进行细分，有利于I平台推出针对性服务，从而提升品牌形象和提高市场份额。

二、价值主张

价值主张（Value Propositions，VP）用来描述为特定客户细分创造价值的系列产品和服务。

价值主张是客户选择合作公司或消费产品的原因，它解决了客户的困扰或迎合了客户的需求。每个价值主张都包含可选系列产品和服务，以迎合特定客户群体的需求。所以在这个意义上，价值主张是公司提供给客户的受益集合或收益系列。有些价值主张可能是创新，会表现为一个全新的或者具有创造性的产品或服务；有些价值主张则可能与现存市场产品或服务类似，只是增加了新的功能和特性。下面我们结合I平台的商务模式进行分析。

在I平台的常用车型上，可以选择快车、出租车、优享、礼橙专车，在更多车型上可以选择六座商务、豪华车。这是对客户进行细分后区分出来的可供选择的车型。一般深夜打车，考虑到专业性和安全性，有些客户会选择呼叫出租车；考虑到快捷、便利，有些客户会选择快车，如果再考虑到经济性，有些客户会在选择快车的时候勾选"接受拼车"；有些客户对用车的舒适度有要求，所以会选择优享和礼橙专车；有些客户有接送小团体商务出行的需求，所以会选择六座商务车等。所有可供选择的车型，背后都有I平台对客户进行细分后推出的出行方案。

随着I平台的发展，基于打车服务又相继推出了骑行、代驾、租车、送货、加油、快送以及专门为企业用车需求所规划的服务内容（见图1-12）。在叫车服务上，既考虑了给自己叫车，也考虑了为朋友叫车的需求。叫车人可直接帮乘车人付费，将手机号码加密等，在乘车安全上，叫车人可实时查看行程，既可以解决不会使用

图1-12 七夕天使星空车

智能手机叫车的老人乘车问题，也保障了客户隐私和乘车安全。提醒：大家在外出时，一定要注意保护个人安全。

三、渠道通路

渠道通路（Channels，CH）用来描述公司如何接触其细分的客户群体并与其进行沟通，从而传递其价值主张。渠道通路是客户接触点，它在客户体验中扮演着重要角色。

渠道通路有五个渠道阶段，即帮助客户识别、评估、购买、交付和售后服务，它们分别对应以下五个功能。

（1）提升产品或服务在客户中的认知程度。

（2）帮助客户评估其价值主张。

（3）协助客户购买特定产品或服务。

（4）向客户传递价值主张。

（5）提供售后客户支持。

渠道通路通常分为直销渠道（销售团队、在线销售）和非直销渠道（自有商店、合作商店、批发商）。对于 I 平台而言，其直销渠道就是手机端 App，客户通过登录 App 来确定自己的订单，进行后续付款、评价等一系列操作。I 平台的非直销渠道主要是依托第三方 App 链接自己的服务，如在百度地图的"智行"选项中插入自己平台的快车功能，客户通过百度地图 App 确定行程后，可以直接选择使用快车优惠券来进行打车消费。I 平台还在微信的"支付"→"交通出行"中链接自己的服务，微信客户无须下载 I 平台 App 就能使用 I 平台叫车。

四、客户关系

客户关系（Customer Relationships，CR）用来描述公司与特定客户群体建立的关系类型。企业应该弄清楚希望和每个客户群体建立的关系类型。客户关系深刻地影响着客户体验。

客户关系的主要类型有个人助理、专业个人助理、自助服务、自动化服务、社区服务、共同开发等。

I 平台的客户关系主要为自助服务，客户自主选择接送点，并自主和司机联系、沟通完成消费全过程。I 平台推出的豪华车服务类似个人助理的部分功能，如上文提到的七夕当天的车内布置、夏季的冰饮准备、配备有英语认证的司机等个性化服务。

I 平台的目标客户是其出行平台业务的使用者，其广义的目标客户是手机打车软件的使用者，又可以分为乘客端和司机端。I 平台出行打破了传统打车的市场格局，彻底改变了几十年来人们在路边招手打车的习惯，创造了移动智能出行方式。I平台在移动互联网技术的支持下，将客户线上打车和线下坐车相结合，从上车前使用手机打车到下车后线上支付车费，将乘客与司机链接成O2O完美闭环。I平台最大限度地优化乘客打车体验，改变传统出租车司机等客方式，让司机根据乘客目的地按意愿接单，节约司机与乘客的沟通成本，降低空驶率，最大化节省司机和乘客双方的资源与时间。I平台与客户关系图如图1-13所示。

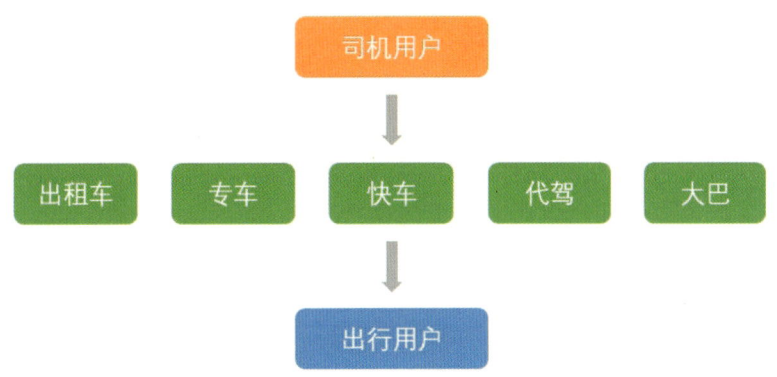

图1-13　I平台与客户关系图

通过大数据分析，I平台能实现精准的营销，针对不同类型的客户推出不同的营销策略。例如，针对对价格敏感的乘客，推出代金券、红包；针对对舒适度要求高的乘客，提供精细化的优质服务；针对有用车需求的企业客户，提供专业的助理服务，有专人对接跟踪，确保提供给企业客户最好的服务。

与此同时，通过I平台，乘客的等车时间大为缩短，叫车成功率得以提高，打车出行更加方便、快捷。为了给乘客与司机提供保障，I平台不仅提高了司机的准入门槛，还通过互联网技术对车辆进行GPS定位跟踪，针对司机服务引入了评价和投诉机制，并与保险公司建立了合作，针对专车购买了相应的保险。

五、收入来源

收入来源（Revenue Streams，RS）用来描述公司从每个客户群体中获取的现金收入（需要从创收中扣除成本）。一个商业模式可以包含两种不同类型的收入来源：①通过客户一次性支付获得的交易收入；②客户为获得价值主张与售后服务而持续支付的经常性收入。

如果说客户是商业模式的心脏，那么收入来源就是商业模式的动脉。企业必须问自己，什么样的价值能够让各客户群体真正愿意付款。只有回答了这个问题，企业才能在各客户群体上发掘一个或多个收入来源。

I平台的收入来源主要有两部分：一是为广告客户精准投放广告的信息费。I平台按工作日和休假日进行分割，针对客户的消费行为和需求，做到广告覆盖针对性。二是司机端的信息服务费。I平台通过调配乘客与司机间的信息，收取司机端的信息服务费。当然I平台还在不断拓展业务，如图1-14所示，随着I平台的发展，这张盈利模式图也将更加完善。

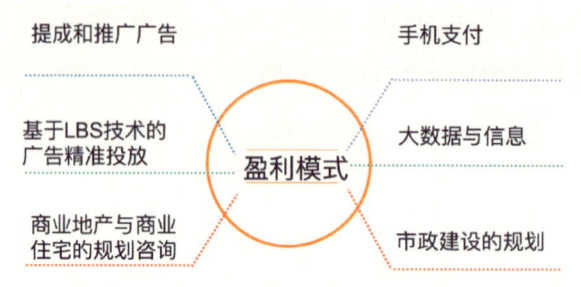

图1-14　I平台盈利模式图

六、核心资源

核心资源（Key Resources，KR）用来描述使商业模式有效运转所必需的因素。每个商业模式都需要核心资源，这些资源使得企业能够创造和提供价值主张、接触市场、维系客户关系及获取收入。核心资源可以是实体资产、金融资产、知识资产或人力资源。核心资源既可以是自有的，也可以是公司租借的或从重要伙伴那里获得的。

I平台的核心资源主要有四大部分：I平台的海量流量，后台的先进算法和大数据，产品的运营思路和遍布全国的渠道网络，以及先进的智能地图技术。

I平台的数据处理能力已经达到行业顶尖水平，I平台上每日新增轨迹数据超过108TB，每日处理数据4875TB（这个数据量相当于100万部5GB大小的蓝光电影），每日会有超过400亿次的路径规划请求和150亿次日均定位。此外，I平台拥有打造乘客画像、订单智能推送、实时交通路况检测等多个世界级独家数据技术。通过大数据，I平台可实现精准营销、精确匹配订单、实时进行交通检测、及时提供最佳出行路线。

从创新能力的角度来讲，I平台是行业里的领先者。凭借大数据技术和移动互联网支付平台的有力支撑，I平台成功赢得了出行市场。同时，I平台出行对行业传统的消费模式带来了颠覆性的影响，并且有助于减少过剩经济时代的资源浪费与环境破坏。

除了大数据技术的支持，I平台能够赢得出行市场的关键还在于它的创新能力，以及对市场的整体布局。I平台出行几乎囊括了所有的出行方式。从产品的角度来说，满足了不同客户的用车需求，同时增强了客户的黏性。

随着现代城市的发展，未来交通出行将在交通基础设施、交通工具和共享出行三个层面发生智能化变革，而地图则是移动出行领域的关键技术。I 平台在地图和公交领域都进行了深入布局和探索。自 2015 年起，I 平台开始布局地图，引入 AI 技术，率先构建起共享出行和交易级地图间的正反馈循环。如今，地图已经成为 I 平台的核心技术。无论是发单时的定位、推荐上车点，发单后的智能派单、调度、路径规划和预估到达时间，还是行程中的导航、安全保护、躲避拥堵等环节，I 平台都在广泛地使用地图。通过引入深度学习技术，对海量真实出行轨迹、路网拥堵数据、不同天气道路路况等进行自动学习，I 平台能在大规模请求下快速进行智能路径规划，并为客户精准预估到达时间。目前 I 平台预估到达时间误差率已降低至 10.5%。I 平台基于在网约车领域积累的大数据能力和智能地图技术，正在构建更精准的出行规划查询体系，并逐步推进相关功能的开放。

七、关键业务

关键业务（Key Activities，KA）用来描述为确保其商业模式可行，企业必须做的最重要的业务。任何商业模式都需要多种关键业务。这些业务是企业得以成功运营所必须实施的最重要的活动。与核心资源一样，关键业务也是企业能够创造和提供价值主张、接触市场、维系客户关系及获取收入的基础。

I 平台出行的关键业务主要是网约车服务，包括快车、出租车、礼橙专车、顺风车、青菜拼车、豪华车、代驾、货运等。I 平台出行业务全景图如图 1-15 所示。I 平台出行的所有变现能力都基于平台大数据和巨大的客户量，这些数据和客户资源使得 I 平台在跨界合作和营销方面有更多优势，因此它会发送海量红包作为提升企业品牌形象和知名度的一个重要渠道。

2020 年，I 平台不仅整合了老业务，还积极布局新业务。I 平台称，三、四线城市和郊县市场是其新业务的目标市场，这些地方互联网出行的渗透率还很低，一款实惠的产品能够服务更多客户。I 平台拥有 4.5 亿个注册客户，正将商业版图推向城市交通的各个环节，并通过 GPS 技术、大数据分析和人工智能等科技手段推动智慧城市交通的发展和服务。

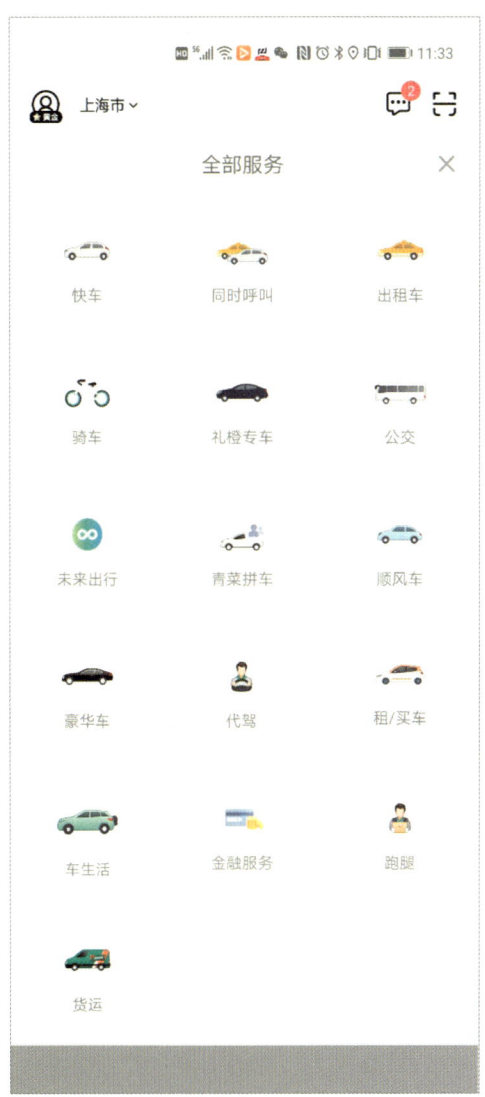

图 1-15　I 平台出行业务全景图

八、关键合作

关键合作（Key Partnerships，KP）用来描述使商业模式有效运作所需的供应商与合作伙伴的联盟。企业会基于多种原因打造合作关系，合作关系正日益成为许多商业模式的基石。很多企业创建联盟来优化其商业模式、降低风险或获取资源。

合作关系可以分为以下四种类型。

（1）非竞争者之间的战略联盟关系。

（2）竞争者之间的战略合作关系。

（3）为开发新业务而构建的合资关系。

（4）为确保可靠供应而构建的企业和供应商之间的合作关系。

I平台和地图软件之间的合作关系是非竞争者之间的战略联盟关系，客户查找线路后可直接使用I平台的快车出行服务，商讨接送点之后也可直接链接I平台的服务。这种非竞争者之间的强强联手，可以有效利用对方平台的流量优势，和I平台的优势做有效的互补衔接，增强合作关系的可持续性。

I平台和公交集团之间的合作关系是竞争者之间的战略合作关系。I平台基于在网约车领域积累的大数据能力和智能地图技术，正在构建更精准的出行规划查询体系，并逐步推进相关功能的开放。I平台和公交集团进行战略合作，有利于打造多样化的公交服务，能根据乘客实时及预约的出行需求，动态规划匹配出最优路径并调度车辆，共同提升公共交通的服务效率和水平。

九、成本结构

成本结构（Cost Structure，CS）用来描述运营一个商业模式所引发的所有成本。创造和提供价值主张、接触市场、维系客户关系及获取收入都会引发成本。这些成本在确定核心资源、关键业务与关键合作后可以相对容易地计算出来。

I平台的成本包括初期成本和后期成本。初期成本包括软件研发成本、技术人员的工资、开发和维护费用。后期成本包括软件推广费用、软件发布费用、软件维护费用、为争夺市场补贴的费用。由此可以看出，I平台的成本高昂，但它的优势是具有流量数据资源，该优势将在I平台今后的发展中持续发力，为它的盈利空间提供诸多可能性。

综上所述，我们以I平台为例，借助商业模式九大模块画布工具对I平台的商业模式进行分析，如怎样利用数据分析优势搭建交互平台以吸引流量，通过流量数据分析提供精准的广告覆盖等，得出了I平台的商业模式全景图，如图1-16所示。在I平台的九大模块分析中，数据支撑贯穿于整个运营过程，起到了决定性的作用。I 平台还会根据数据分析的结果，对公司的运营和决策进行方向性指导。

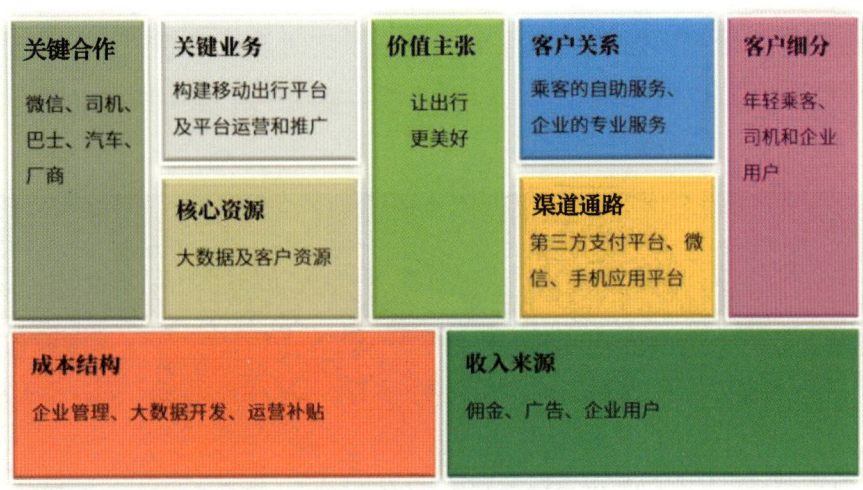

图 1-16　I 平台的商业模式全景图

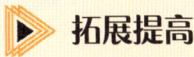拓展提高

扫描右侧二维码可以学到更多的拓展知识。

任务 3　商务数据分析指标（以某电商平台——D 电商平台数据分析工具为例）

D 电商是自营式电商企业，电商的发展离不开平台数据分析的运用。首先从基础的数据开始进行分析，通过改变市场策略、销售策略达到提高流量、提升成交转化率、优化产品关键词和标题、增加搜索权重和增加销售额等效果。

本任务我们将从自有店铺的后台数据分析展开，使用 D 电商平台数据分析工具，了解商务数据分析需要哪些指标，通过指标分析我们能得到哪些信息。

D 电商平台数据分析工具是 D 电商官方唯一的数据分析工具，有 PC、App、微信购物、手 Q 购物、M 端五大渠道，涵盖销量、流量、客户、商品、行业、竞品六大维度。为商家提供专业、精准的店铺运营分析数据，帮助商家提高店铺运营效率，降低运营成本。

通过对实时洞察、交易分析、商品分析、供应链分析、流量分析、行业分析、消费者分析、营销分析八大模块的深入剖析，实现对实时销售追踪、经营诊断预警、库存监控警报、营销评估 365、消费者 360°、商品 360°六大场景的全面覆盖。下面通过实时指标数据和商品数据分析进行讲解。

一、实时指标数据

D 电商平台数据分析工具把实时指标数据做成了实时看板的模式,使实时指标数据的查看更加直观。由图 1-17 可以清楚地看到,实时看板主要由三部分组成:成交金额、数据概况、销售榜单。

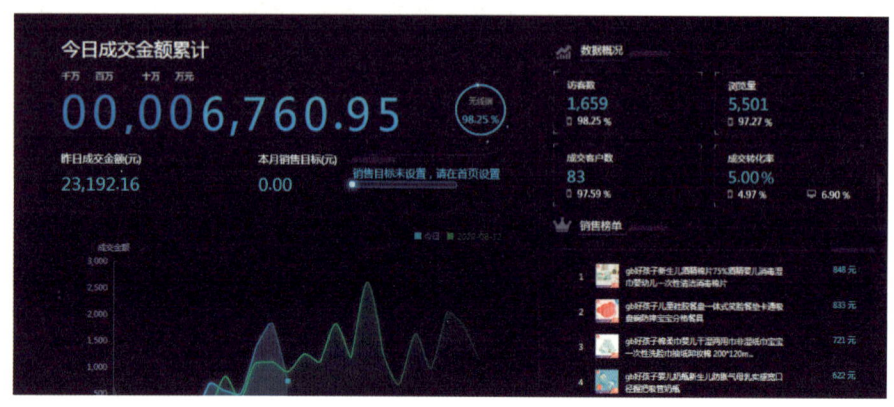

图 1-17　D 电商平台数据分析工具实时看板

1. 成交金额

成交金额部分的数据有今日成交金额累计及无线端占比(移动端下单金额占全部下单金额的比例)、昨日成交金额(方便与今日成交金额累计进行对比)、本月销售目标。今日成交金额累计是店铺最重要的数据,所以放在了最明显的位置,配合无线端占比,可以了解今日销量中有多少是移动端的客户消费的。还可设置本月销售目标,根据店铺的本月销售目标,累计的成交金额会以进度条的形式来显示,这样可以很直观地看到距离完成目标还差多少。

2. 数据概况

数据概况部分由访客数、浏览量、成交客户数和成交转化率组成。其中,每个数据的下方都有无线端占比情况。成交转化率是指成交客户数占访客数的比例。通过分析成交转化率可以知道店铺留住客户进行消费的能力。

为了提高成交转化率,店铺需要让精准的潜在客户进入店铺,以显著提高成交的可能性。那么如何在提高点击率的同时吸引精准的潜在客户?可以从以下两个方面进行营销策略优化。

(1)主图。主图要强调差异化,用差异化带动精准的潜在客户进入店铺,进而提高消费人群基数。

(2)主图与精准的潜在客户的匹配度。信息明确及市场、客户定位准确的主图,可以有效吸引精准的潜在客户,提升其消费动力。

3. 销售榜单

销售榜单是以商品详情列表的形式呈现的，这样可以让企业直观地看到商品销售额排序，从而有针对性地进行总结和分析，进行营销策略的制定。

二、商品数据分析

1. 商品交易数据分析

商品交易数据主要由四部分组成，即访客情况、下单情况、成交情况和转化率情况，如图1-18所示。在对比数据时，可以选择环比（与上一个月的数据做对比）或者同比（与上一年同月的数据做对比），本任务选择环比。

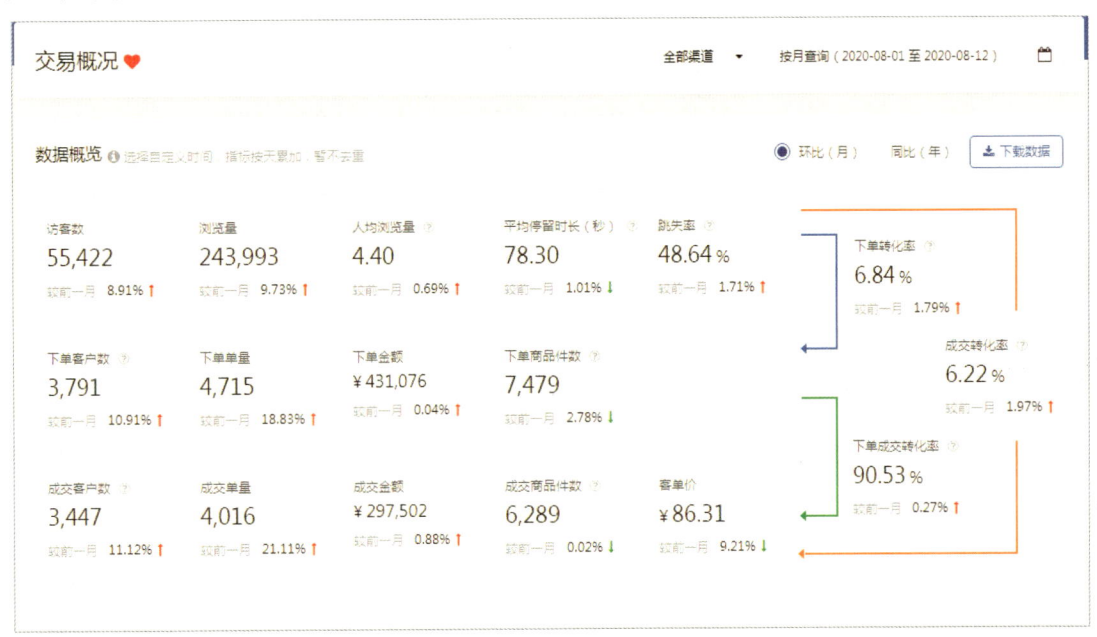

图1-18 商品交易概况图

1）访客情况

访客情况包含访客数、浏览量、人均浏览量、平均停留时长和跳失率，如图1-18所示。其中，跳失率是指进入店铺后只访问了一个页面的访客数占店铺总访客数的比例。通过访客情况，可以了解店铺的人气，以及店铺留住客户的能力。

2）下单情况

下单情况包含下单客户数、下单单量、下单金额和下单商品件数，如图1-18所示。通过下单情况，可以了解商品对客户的吸引情况，通过与上一个月的数据做对比，可以知道本月商品是否吸引了更多精准的潜在客户，若本月做了相应的促销活动，还能看出促销活动对下单单量的提升有多大贡献。

3）成交情况

成交情况包含成交客户数、成交单量、成交金额、成交商品件数和客单价，如图1-18所示。客单价在电商网站中可以理解为平均一个有效订单的金额，客单价=成交金额÷成交客户数，客单价从某种程度上反映了店铺消费群体的特点及店铺销售类目的盈利状态是否健康。影响客单价的主要因素有商品定价和促销力度。

- 商品定价。商品价格一般可用公式表示为成本+税金+利润=价格。企业根据商品的价值、市场供求关系、企业品牌定位等因素来考虑商品定价。客单价最初的影响因素就是商品定价，商品定价的高低基本上确定了客单价范围。
- 促销力度。在促销活动中，影响客单价的主要因素有优惠的力度（如优惠券、折扣满减、秒杀、赠品返利等）、免运费最低消费标准的设定等。例如，在"双11"活动中，某店铺设置的免运费最低消费金额为168元，通过这样的设定，在促销优惠较大时，可以促使客户购买更多的商品，从而提升店铺促销阶段的客单价。

4）转化率情况

转化率情况包含下单转化率、成交转化率和下单成交转化率，如图1-18所示。

- 下单转化率反映了进入店铺的客户下单情况，下单转化率=下单客户数÷访客数。
- 成交转化率反映了进入店铺的客户需求情况，成交转化率=成交客户数÷访客数。
- 下单成交转化率反映了下单客户最终决定购买商品的情况，下单成交转化率=成交客户数÷下单客户数。有时客户在下完单进入付款界面后，却停止了交易。发生这种情况的原因要综合考虑，可能是客户资金不足，也可能是物流费用降低了客户的购买欲望，企业可通过客户回访了解真实情况，采取相应措施，以提高下单成交转化率，增加销售额。

2. 店铺流量数据分析

店铺流量数据分析的关键在于流量路径分析，包括流量来源、店内浏览和流量去向。在对比数据时，同样可以选择同比或者环比。

1）流量来源

通过流量来源，可以查看各个渠道的引流效果，清楚地了解客户是通过什么渠道进入店铺的，如图1-19所示，由上至下分别是"自主访问""免费""付费""未知"（无法识别具体来源的流量放到"未知"类别下）。

由图1-19可明显看出，入店来源中"免费"类别的访客数最多，而"免费"类别的流量来源主要有"搜索""首页""其他店铺的商品""栏目"，如图1-20所示。其中，大量的客户是通过搜索店铺名称进入店铺进行消费的，这说明店铺在平台上具有一定的知名度。

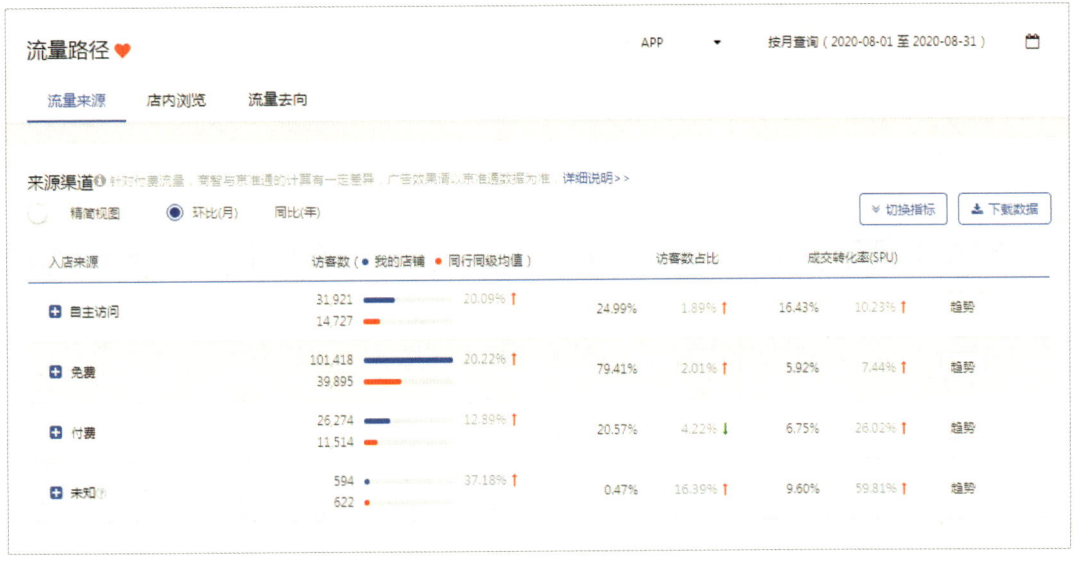

图 1-19 流量来源

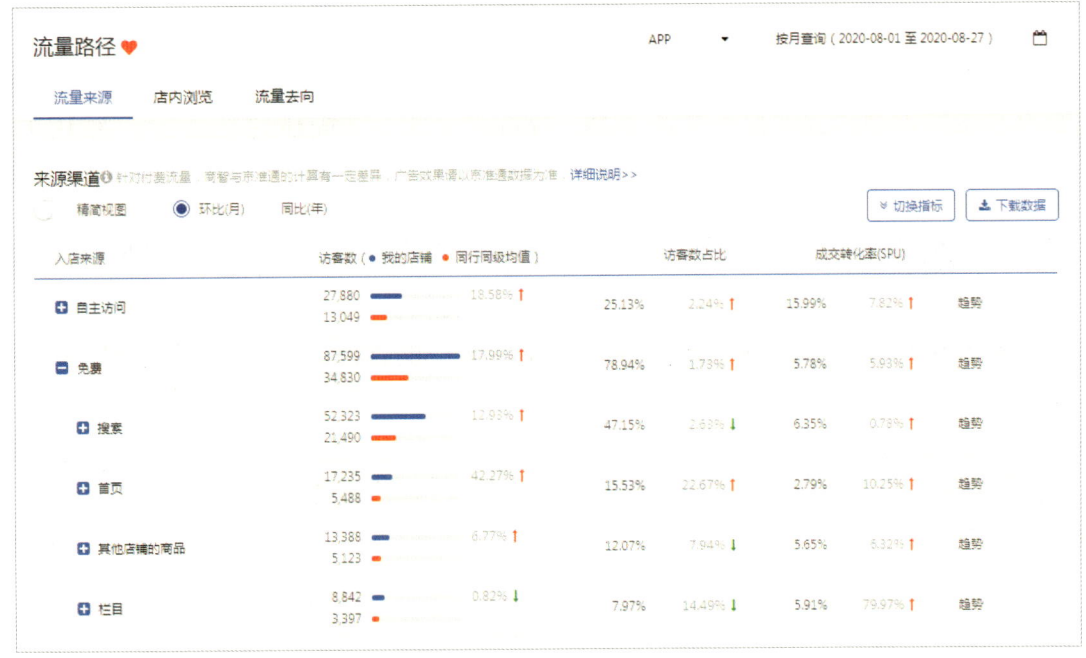

图 1-20 "免费"类别的流量来源

2）店内浏览

店内浏览排行有四个指标：访客数、引导加购客户数、引导成交客户数和引导成交转化率。可根据每个指标单独进行排序，了解每个指标对应的页面浏览排行情况。观察如图 1-21 所示的店内浏览排行，可以直观地看出商品详情页是客户浏览量最大的页面，其次是店铺首页，可见做好商品详情页和店铺首页的重要性。这里还有一个很重要的指标——店铺活动页，设立店铺活动页的目的是集中展示所有的活动商品及活动信息，店铺活动页的入口主要来自商品详情页、购物车的文字链接等。通过图 1-21 可以看出，虽然店铺活动页的访客数最少，但其引导成交转化率却最高，说明做好店铺活动页引流非常重要。引导成交转化率=引导成交客户数÷访客数，通过引导成交转化率可以了解活动对客户的吸引程度及活动的宣传效果等。

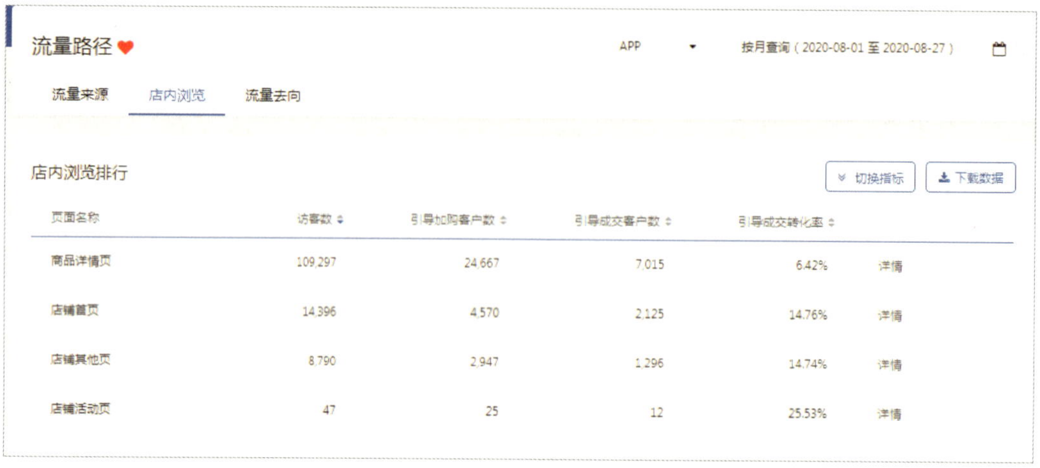

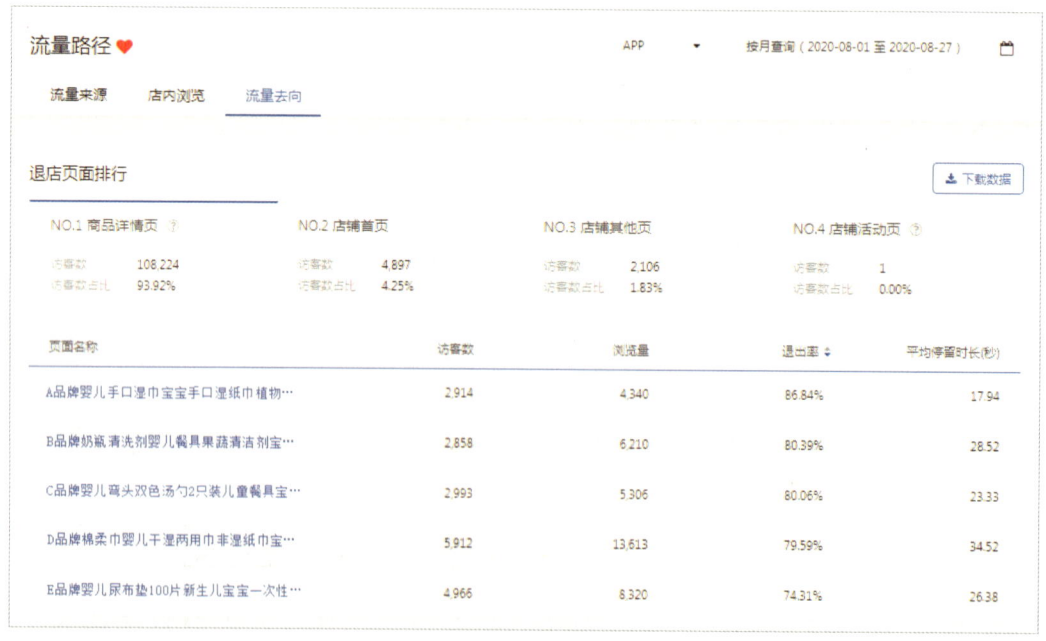

图 1-21　店内浏览排行

3）流量去向

流量去向由两部分组成：退店页面排行（横向）和选中页面排行（纵向）。退店页面排行一般排出前四个页面，如图 1-22 所示，通过退店页面排行可观察对应的访客数和访客数占比。选中页面排行显示各页面的访客数、浏览量、退出率和平均停留时长。这里我们关注的重点应该是退出率，退出率=退出页面的访客数÷本页面的总访客数。为什么客户在访问该页面时发生了大量的退出行为？通过分析退出原因，制定相应的挽救措施，增强店铺的深度浏览，可刺激更多的关联购买。

图 1-22　流量去向

3. 品牌榜单分析

品牌榜单分析是行业分析下的一个子模块，从交易榜单和人气榜单两个维度反映行业 TOP 品牌情况，帮助商家快速了解本行业的品牌情况。单击品牌最右边的"详情"链接，可以跳转查看品牌详情，如图 1-23 所示。

1）交易榜单

交易榜单按成交金额指数对品牌进行排序。由图 1-23 可见，并非关注人数越多成交金额指数就越高，如 E 品牌的关注人数比 B 品牌多，但由于 B 品牌的搜索点击指数、访客指数、成交单量指数都高于 E 品牌，所以 B 品牌的成交金额指数远高于 E 品牌。这可能是由 B 品牌有效的营销活动及商品卖点更切合客户心理需求等综合因素造成的。

图 1-23　交易榜单

2）人气榜单

人气榜单按访客指数对品牌进行排序。通过访客指数排行可了解各品牌现阶段的人气情况，从侧面了解行业中竞品的品牌知名度、大众认可度等综合信息，如图 1-24 所示。

通过对商品交易数据、店铺流量数据、品牌榜单进行分析，可以更加精准地定位店铺的品牌、消费群体、消费能力等，并依托这些数据不断创新和优化产品的设计、生产、营销和服务。

▶ **拓展提高**

扫描右侧二维码可以学到更多的拓展知识。

图 1-24　人气榜单

实战演练

选择一个短视频平台，以该短视频平台为例，5 个人组成 1 个小组，对以下内容进行探讨。

（1）该短视频平台如何利用数据改变生活？

（2）该短视频平台的商业模式是什么？

（3）该短视频平台是怎么分析数据的？

（4）该短视频平台的商务数据分析指标有哪些？

项目实训评价表

	内　　容		评 定 等 级			
	学 习 目 标	评 价 项 目	4	3	2	1
职业能力	了解数据是如何促进行业发展的	能通过网页搜索信息，查找相关行业发展数据，并阅读和理解完整数据报告				
	掌握商业模式九大模块画布工具	能利用商业模式九大模块画面工具对某行业的商业模式进行分析				
	了解商务数据分析指标	能看懂后台数据，理解数据指标的含义；能根据相关数据指标简单分析销售情况				
综合评价						

评定等级说明表

等　　级	说　　明
4	能高质、高效地完成本项目学习目标的全部内容，并能解决遇到的特殊问题
3	能高质、高效地完成本项目学习目标的全部内容
2	能圆满完成本项目学习目标的全部内容，无须任何帮助和指导
1	能圆满完成本项目学习目标的全部内容，但偶尔需要帮助和指导

最终等级说明表

等　　级	说　　明
优秀	80%的评价项目达到3级水平
良好	60%的评价项目达到2级水平
合格	全部评价项目都达到1级水平
不合格	有评价项目未达到1级水平

项目二　开启商务运营之路

项目描述

　　作为一名未来的商务运营人员，小 A 以商务助理的身份开启了她的职业生涯。第一天到商务部上班，小 A 的邮箱就收到主管发来的销售数据，面对十几列一万多条数据，小 A 有点不知所措。幸亏带教师傅告诉她可以使用 Excel 对这些数据进行有效整理，对销售数据进行简单清洗，并从中拆分出客户信息，提取销售区域及销售时段等信息，收集与整理竞争对手数据，为运营人员后续的数据分析工作和领导决策打下良好基础。

学习目标

- 学会简单清洗销售数据。
- 学会整理客户信息。
- 学会提取销售区域及销售时段等信息。
- 学会对竞争对手数据进行收集与整理。

任务实施

任务1　销售数据清洗

　　所谓数据清洗，是指将重复、多余的数据筛选清除，将缺失的数据补充完整，将错误的数据纠正或删除，最后整理成可以进一步加工、使用的数据。数据清洗是数据分析中不可缺少的步骤，通过数据清洗，能够统一数据的格式，减少数据分析中存在的问题，从而提高数据分析的效率。

由于小 A 拿到的销售数据是本公司某网店的后台数据，基本不存在数据缺失情况，带教师傅告诉他本次数据清洗的主要任务是去重、纠正错误数据和统一数据格式。带教师傅提醒小 A，在清洗数据之前一定要保存好原始数据，这样才能有备无患，万一在数据清洗过程中发生误操作，导致正常数据被覆盖、删除等，可以随时补救。

一、数据清洗准备工作

1. 数据备份

Step 01：打开"销售数据.xlsx"。

Step 02：在"Sheet1"工作表名称处双击，当出现灰色底纹时输入"原始数据"，将"Sheet1"工作表命名为"原始数据"。

Step 03：在"原始数据"工作表名称处右击，在弹出的快捷菜单中选择"移动或复制"选项，弹出如图 2-1 所示的对话框，在"下列选定工作表之前"选区中选择"（移至最后）"选项，同时勾选"建立副本"复选框，则在"原始数据"工作表后面复制出一个新的工作表，将新工作表命名为"销售数据"。

▶ 注意：进行数据备份的目的是当处理错误时可参考原始数据进行恢复。

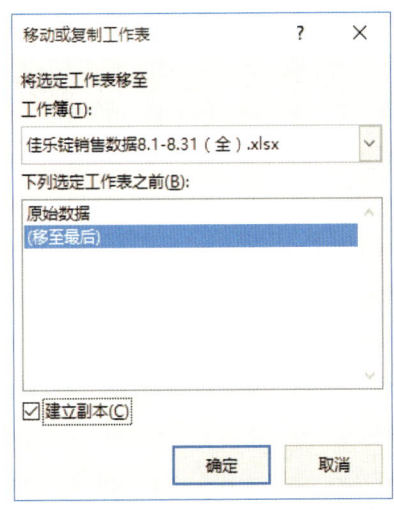

图 2-1　"移动或复制工作表"对话框

2. 添加序号列

Step 01：在"销售数据"工作表中选择"商品编号"列。

Step 02：右击，在弹出的快捷菜单中选择"插入"选项，则在"商品编号"列左侧添加一列。

Step 03：在 A1 单元格中输入"序号"，在 A2 单元格中输入"1"，在 A3 单元格中输入"2"，选中 A2、A3 单元格，向下拖动右下角的填充柄，为"序号"列填充数字。

> 注意：添加序号列是为了方便在进行排序操作之后再改回原来的顺序。

二、删除多余的空格

原始数据中若夹杂着大量的空格，则会为筛选数据或进行数据统计带来不必要的麻烦。因此，在进行数据清洗时，经常需要删除数据两端的空格，这时需要使用 TRIM、LTRIM、RTRIM 这三个函数。TRIM 函数主要用来删除单元格内容左右两边的空格，但不会删除字符之间的空格；LTRIM 函数用来删除单元格内容左边的空格；RTRIM 函数用来删除单元格内容右边的空格。

Step 01：在"销售数据"工作表中的"客户网名"列右侧插入一列，命名为"客户网名1"。

Step 02：在"客户网名1"列第一个单元格中输入"=TRIM(H2)"，则将"客户网名"列第一个单元格中删除左右两边空格的内容填入该单元格。

Step 03：向下拖动"客户网名1"列第一个单元格右下角的填充柄，将删除左右两边空格的客户网名填充到"客户网名1"列相应的单元格中。

Step 04：选中"客户网名1"列，单击"开始"→"编辑"→"查找和选择"→"查找"，弹出如图2-2所示的对话框。在"查找内容"编辑框中输入空格，单击"查找下一个"按钮，弹出如图2-3所示的提示框，说明空格已经被删除。

图2-2　"查找和替换"对话框

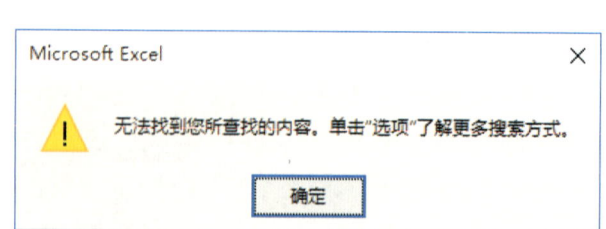

图2-3　未找到查找内容提示框

> 举一反三：大家也可以尝试使用 LTRIM、RTRIM 函数分别删除"客户网名"列单元格内容左边和右边的空格。

Step 04：选中"客户网名1"列，按 Ctrl+C 组合键复制该列数据。

Step 05：在"客户网名1"所在单元格右击，弹出如图2-4所示的快捷菜单，在"粘贴选项"中选择从左边数第二个选项，即"值"，则可将"客户网名1"列中的公式转换为数值。

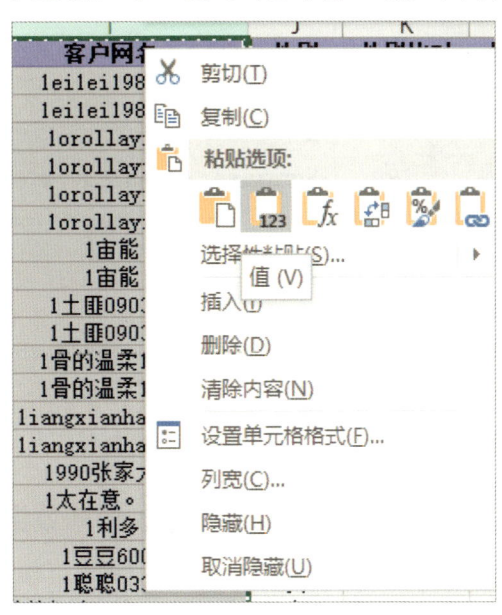

图 2-4　将"客户网名1"列中的公式转换为数值

▶ 注意：本操作的目的是将公式转换为数值，以免将"客户网名"列删除后造成单元格数据错误。

Step 06：删除"客户网名"列，并将"客户网名1"列标题改为"客户网名"。

三、统一数据

1. 把赠品数据行的订单数统一改为0

在"销售数据"工作表中，有一些赠品，其支付金额为0，正常情况下订单数也应该为0，但实际上我们看到的是有的数据行订单数为0，有的数据行订单数为1，这时需要把赠品数据行的订单数统一改为0，具体操作如下。

Step 01：在"销售数据"工作表的"支付金额"列左侧添加"订单"列。

Step 02：将光标置于"订单"列第一个单元格，单击编辑栏左侧的"fx"按钮，弹出如图2-5所示的对话框。

Step 03：选择 IF 函数，弹出"函数参数"对话框，在条件编辑框中输入"H2<>0"，若条件成立（支付金额不为0），则取"订单数"列相应单元格的值；若条件不成立（支付金额为0），则取值为0，如图2-6所示。

Step 04：向下拖动"订单"列第一个单元格右下角的填充柄，则可得到新的订单数据。

图2-5 "插入函数"对话框

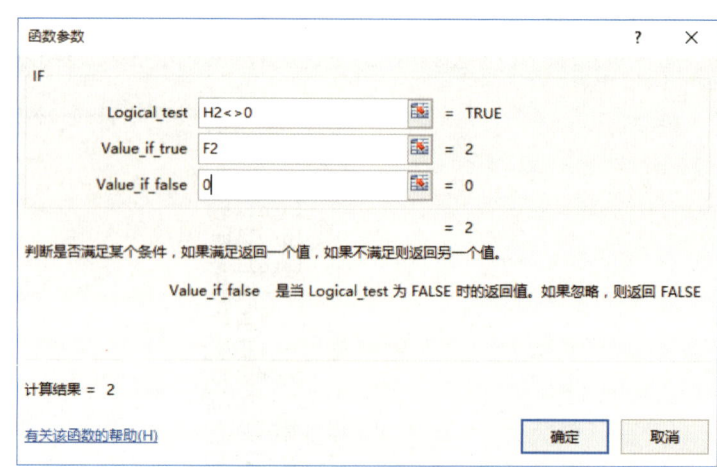
图2-6 "函数参数"对话框

Step 05：选中"订单"列，按 Ctrl+C 组合键复制该列数据。

Step 06：在"订单"所在单元格右击，在弹出的快捷菜单中选择"粘贴选项"→"值"选项，则可将"订单"列中的公式转换为数值。

Step 07：将"订单数"列删除，并将"订单"列标题改为"订单数"。

2．验证客户网名、性别、年龄的一致性

由于有些客户在访问购物页面时所留信息不统一，容易造成后续数据分析的结果不准确，因此在数据清洗阶段需要检查数据的一致性，如同一客户网名、性别、年龄应该一致。在给定的销售数据中，存在一些客户网名一样，但性别、年龄不一致的现象，这时就需要手动订正数据，但面对成千上万条数据，一条一条去核对不仅费时费力，还容易造成遗漏。本操作采用 IF 函数嵌套将性别、年龄不一致的记录标记出来，有针对性地修改，可大大提高工作效率。

Step 01：在"销售数据"工作表的"年龄"列右侧添加"性别年龄比对"列。

Step 02：将光标置于"性别年龄比对"列第一个单元格，输入 IF 函数嵌套"=IF((H2=H3),IF((I2=I3),IF((J2=J3),"1","年龄错误"),"性别错误"),"")"。

下面使用如图2-7所示的流程图来对 IF 函数嵌套进行解读：①判断客户网名是否一致（使用第一层嵌套），若客户网名一致，则判断性别是否一致（使用第二层嵌套）；若客户网名不一致，则在单元格中填充""，也就是不填充内容。②若性别一致，则判断年龄是否一致（使用第三层嵌套）；若性别不一致，则在单元格中填充"性别错误"。③若年龄也一致，则在单元格中填充""，也就是不填充内容；若年龄不一致，则在单元格中填充"年龄错误"。

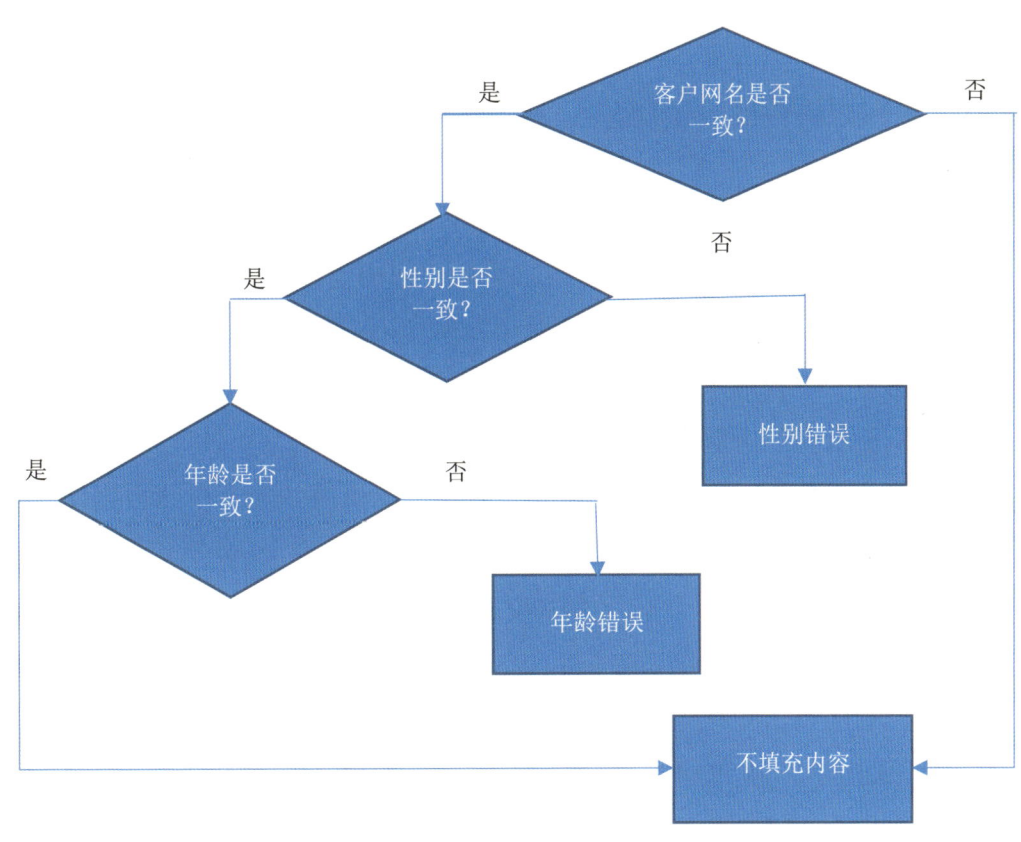

图 2-7　客户网名、性别、年龄一致性判断流程图

Step 03：向下拖动"性别年龄比对"列第一个单元格右下角的填充柄，对单元格进行填充。

Step 04：按照"性别年龄比对"列提示内容手动订正性别和年龄。

▶ 注意：手动订正年龄和性别应遵循"就多"原则，如同一客户网名性别为男的信息有两条，性别为女的信息有一条，则将该客户的性别改为男。

Step 05：通过单击"性别年龄比对"列右侧的箭头，可以检验有没有全部订正完成，当出现如图 2-8 所示的对话框时，说明全部订正完成。

Step 06：订正完成后删除"性别年龄比对"列。

四、数据补充

在现有的销售数据中，我们发现赠品的规格码有的数据行有，有的数据行没有，促销数据也存在这种情况，所以需要把这两列数据补齐。

图 2-8　"性别年龄比对筛选"对话框

1. 补齐规格码

Step 01：在"销售数据"工作表的"促销数据"列左侧添加"促销口味"列。

Step 02：在"促销口味"列第一个单元格中输入公式"=IF(P2<>"",RIGHT(P2,LEN(P2)-1),"")",则当"促销数据"列有数据时,"促销口味"列为去掉"赠"字之后的内容,如"巧克力奶片115克";当"促销数据"列内容为空时,"促销口味"列内容也为空。

其中,RIGHT(P2,LEN(P2)-1)用于将"促销数据"列中最左边的"赠"字去掉,LEN(P2)用于取"促销数据"列单元格中的数据长度。因为每个单元格中的字符个数都不一样,所以取数据长度之后减1就得到所取字符的具体数值。

Step 03：向下拖动 O2 单元格右下角的填充柄,则可得到促销口味数据。

Step 04：在"规格码"列左侧添加"规格"列。

Step 05：在"规格"列第一个单元格中输入公式"=IF(F2="","口味:"&P2,F2)",则当"规格码"列中内容为空时,取"促销口味"列相应单元格中的内容;当"规格码"列中内容不为空时,直接取"规格码"列相应单元格中的内容。

其中,"口味:"&P2 用于在 P2 单元格内容之前加上"口味:"字样。&在 Excel 中是连接符,主要用来连接字符串或将两列数据连接起来。在使用&进行字符串连接时,需要注意字符串要用英文的双引号引起来。

Step 06：向下拖动 E2 单元格右下角的填充柄,则可得到规格数据。

Step 07：采用与"订单"列相同的复制、粘贴方式,将"规格"列中的公式转换为数值。

Step 08：删除"规格码"列和"促销口味"列,将"规格"列标题改为"规格码"。

2. 补齐促销数据

本任务是以订单数是否为 0 来判断是否为赠品的,大家也可以促销方式是否为"满赠"来判断是否为赠品。

Step 01：在"销售数据"工作表的"促销数据"列左侧添加"赠品"列。

Step 02：在"赠品"列第一个单元格中输入公式"=IF(F2=0,"赠"&RIGHT(E2,LEN(E2)-3),"")",则当"订单数"为 0 时,"赠品"列为加上"赠"字之后的内容,如"赠巧克力奶片115克";当"订单数"不为 0 时,"赠品"列内容为空。

Step 03：向下拖动 O2 单元格右下角的填充柄,则可得到赠品数据。

Step 04：采用与"订单"列相同的复制、粘贴方式,将"赠品"列中的公式转换为数值。

Step 05：删除"促销数据"列,将"赠品"列标题改为"促销数据"。

▶ **举一反三**：请大家尝试以促销方式是否为"满赠"来判断是否为赠品,然后补齐促销数据。

五、常用的 Excel 快捷键

在 Excel 中有很多快捷键，通过键盘操作直接调出命令，大家在操作中可经常使用，从而提高操作效率。

例如，可以选中一个或多个单元格，在按住 Ctrl 键的同时按 C 键，即可将所选的内容复制到剪贴板中；选中需要粘贴的一个或多个单元格，在按住 Ctrl 键的同时按 V 键，即可将剪贴板中的内容粘贴到新的单元格区域。

> **注意**：若选中多个单元格，则复制和粘贴的单元格大小应保持一致。

表 2-1 所示为 20 个常用的 Excel 快捷键，请大家多加练习，掌握快捷键的使用方法。

表 2-1　20 个常用的 Excel 快捷键

序号	快捷键	功能
1	Ctrl+C	复制
2	Ctrl+V	粘贴
3	Ctrl+X	剪切
4	Ctrl+Z	撤销
5	Ctrl+S	保存
6	Ctrl+F	查找
7	Ctrl+H	替换
8	Ctrl+G	定位
9	Ctrl+A	全选
10	Ctrl+B	字体加粗
11	Ctrl+P	打印
12	Ctrl+I	字体倾斜
13	Ctrl+U	字体下画线
14	Ctrl+D	复制上一个单元格
15	Ctrl+N	新建工作表
16	Ctrl+R	复制左侧单元格
17	Ctrl+Y	重复上一步
18	Ctrl+E	向下自动填充
19	Ctrl+Tab	窗口切换
20	Ctrl+1	设置单元格格式

▶ 拓展提高

扫描右侧二维码可以学到更多的拓展知识。

任务 2　客户信息整理

"谁拥有客户，谁就拥有未来"，客户是企业的重要资源、宝贵财富，是企业获得利益的源泉。在以服务客户为中心的时代，谁能与客户保持联系，有效挖掘和管理客户资源，掌握客户的需求趋势，谁就能获得市场竞争优势，在激烈的市场竞争中立于不败之地，这就使企业对客户信息的管理要求迅速提高。

在带教师傅的指导下，小 A 从销售数据中提取出客户信息数据，并对现有的客户信息数据进行整理，对收货区域数据进行分解，对购买时段数据进行提取，以方便运营人员对客户信息数据进行分析。下面我们跟着小 A 一起进行客户信息整理。

一、提取客户信息数据

1. 复制客户信息表

Step 01：打开"销售数据.xlsx"。

Step 02：在"销售数据"工作表标题上右击，在弹出的快捷菜单中选择"移动或复制"选项，在弹出的对话框中选择"移至最后"选项并勾选"建立副本"复选框，则在"销售数据"工作表后面复制出一个新工作表，将新工作表命名为"客户信息"。

2. 删除多余数据

Step 01：在"客户信息"工作表中，按住 Ctrl 键，在列标题上单击，选择"商品名称""品牌""规格码""促销方式""退款退货""促销数据"六列数据。

Step 02：在选中列的任意位置处右击，在弹出的快捷菜单中选择"删除"选项，则将选中的六列数据删除，剩下的数据为客户信息数据。

Step 03：选中"客户网名""性别""年龄"三列数据，右击，在弹出的快捷菜单中选择"剪切"选项。

Step 04：在"商品编号"列标题上右击，在弹出的快捷菜单中选择"插入剪切的单元格"选项，则将"客户网名""性别""年龄"三列移到"商品编号"列之后，以方便后续操作。

▶ 举一反三：大家也可以尝试使用跨表复制数据的方法将相应的客户信息数据复制到新工作表中。

二、收货区域数据分解

我国是一个区域经济发展不平衡的国家，不同区域的客户消费特征和能力具有明显的差异，甚至同一省份不同地区客户的购买习惯也不一样。在"客户信息"工作表中，收货区域均以"直辖市/省/自治区 市/地区/自治州 区/县"的形式出现，对后续的收货区域分析造成一定的困扰。现将其分解成"直辖市/省/自治区""市/地区/自治州""区/县"三列，以方便对客户消费区域性进行分析。

Step 01：打开"客户信息.xlsx"，选中"销售时间"列，将其从第 I 列复制到第 K 列，空出两列放分解后的收货区域数据。

Step 02：选中"收货区域"列，单击"数据"→"数据工具"→"分列"→"查找"，弹出如图 2-9 所示的对话框。使用默认的最适合的文件类型——"分隔符号"，单击"下一步"按钮。

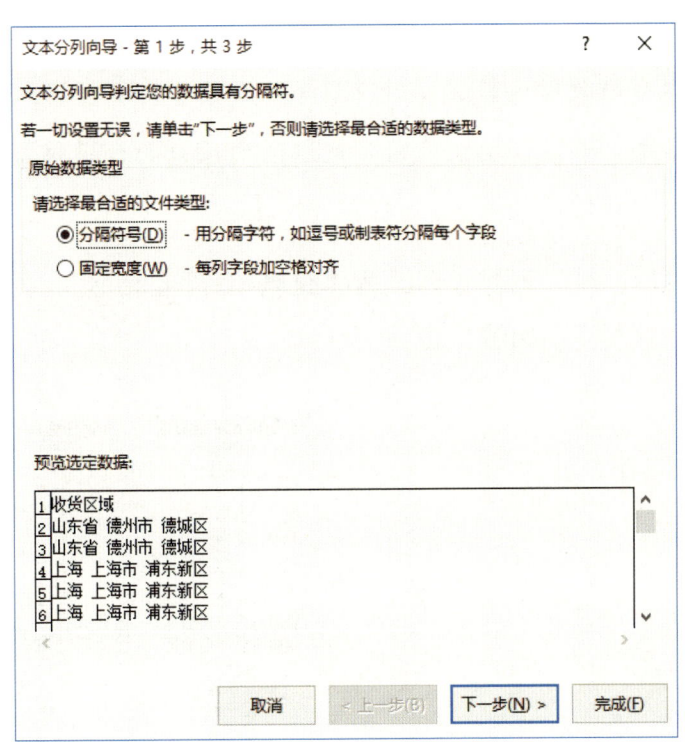

图 2-9　文本分列向导第 1 步

Step 03：因本任务中"收货区域"的直辖市/省/自治区、市/地区/自治州、区/县之间均以空格分隔，所以在弹出的如图 2-10 所示的对话框中，分隔符号选择"空格"，勾选"连续分隔符号视为单个处理"复选框，单击"下一步"按钮。

Step 04：在弹出的如图 2-11 所示的对话框中，列数据格式选择"常规"，单击"完成"按钮，则"收货区域"列数据被分解成三列数据。

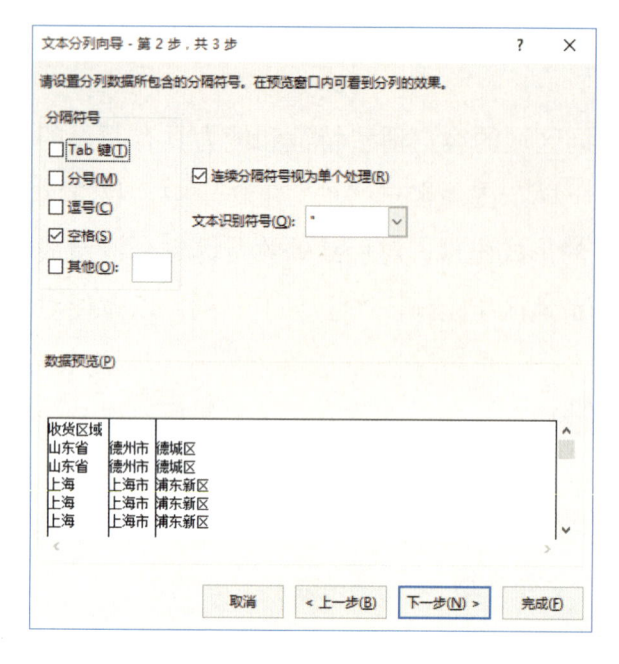

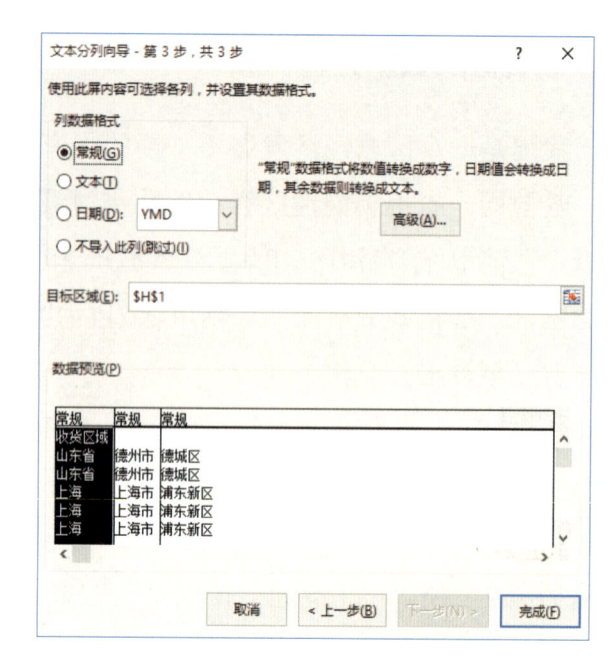

图 2-10　文本分列向导第 2 步　　　　　图 2-11　文本分列向导第 3 步

> **注意**：如果在分解收货区域数据时，第 I 列或第 J 列有数据，则会弹出如图 2-12 所示的警示框，若此时单击"确定"按钮，则会把这两列原来的数据覆盖掉，这就是在 Step 01 中要将"销售时间"列后移的原因。

Step 05：将"收货区域"列标题名改为"直辖市/省/自治区"，随后两列标题分别命名为"市/地区/自治州""区/县"，如图 2-13 所示。

图 2-12　数据替换警示框　　　　　图 2-13　收货区域数据分解结果

三、购买时段数据提取

Step 01：打开"客户信息.xlsx"。

Step 02：在"销售时间"列前添加"购买时段"列，使用 MID 函数进行购买时段数据（精确到小时）提取。

Step 03：将光标置于"购买时段"列第一个单元格，单击编辑栏左侧的"*fx*"按钮，在弹出的"函数参数"对话框中输入 MID 函数的相应参数，如图 2-14 所示。

Step 04：向下拖动 K2 单元格右下角的填充柄，直到所有的购买时段数据全部提取完成。购买时段数据提取结果如图 2-15 所示。

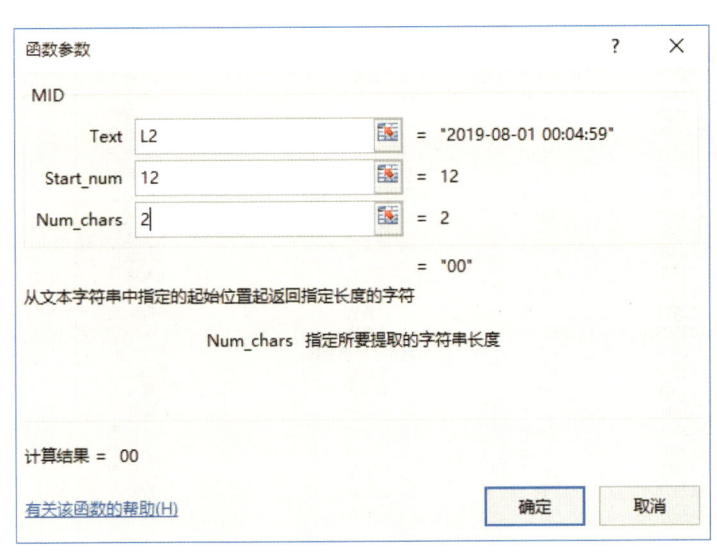

图 2-14　MID 函数参数设置

图 2-15　购买时段数据提取结果

▶ 注意 1：也可以直接在编辑栏中输入"=MID(L2,12,2)"，意思是从 L2 单元格的第 12 个字符开始提取连续的 2 个字符。大家在操作时需要特别注意，空格也算 1 个字符。

▶ 注意 2：在购买时段中，00 代表凌晨 0 点到 1 点之间；01 代表凌晨 1 点到 2 点之间，以此类推。

四、批注

在 Excel 中，可以通过插入批注来对单元格添加注释，批注是对单元格内容的注解或说明。批注中的文字可以再次编辑，也可以删除不再需要的批注。

1. 添加批注

本任务示例是为凌晨 0 点到 3 点之间的客户添加批注"喜欢凌晨购物"。

Step 01：打开"客户信息.xlsx"，选中 B1 单元格，右击，在弹出的快捷菜单中选择"插入批注"选项。

Step 02：在弹出的批注框内输入批注内容"喜欢凌晨购物"。可选中批注内容，进行字体、字号、颜色等设置，如图 2-16 所示。

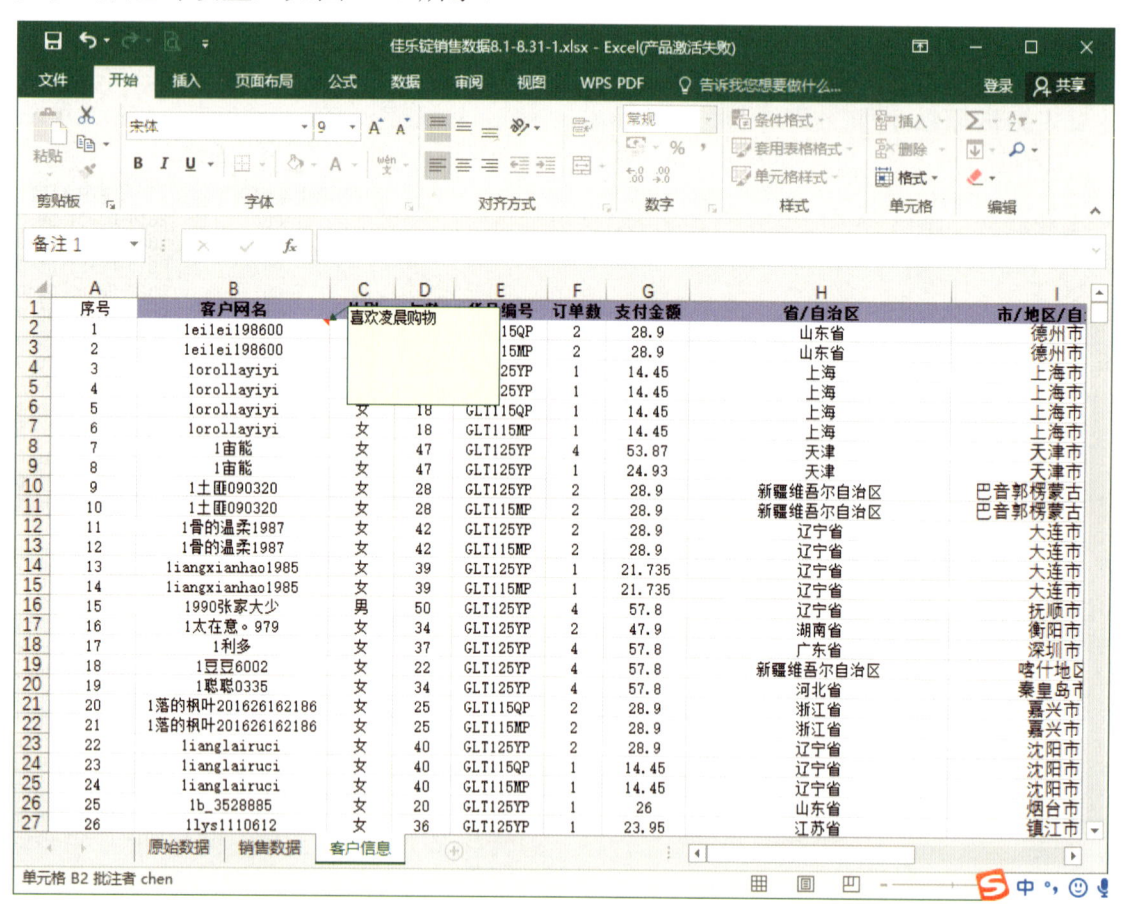

图 2-16 添加批注

Step 03：设置完成后，单击批注框外的工作表区域退出批注内容编辑状态，此时含有批注的单元格右上角就会显示红色三角形的批注标识符。当鼠标指针经过该单元格时，批注内容会自动显示。

2. 批量添加批注

Step 01：选中 B2 单元格，按 Ctrl+C 组合键复制该单元格内容。

Step 02：选中 B3:B19 单元格区域，右击，在弹出的快捷菜单中选择"选择性粘贴"选项，弹出"选择性粘贴"对话框，在"粘贴"选区中单击"批注"单选按钮，如图 2-17 所示。

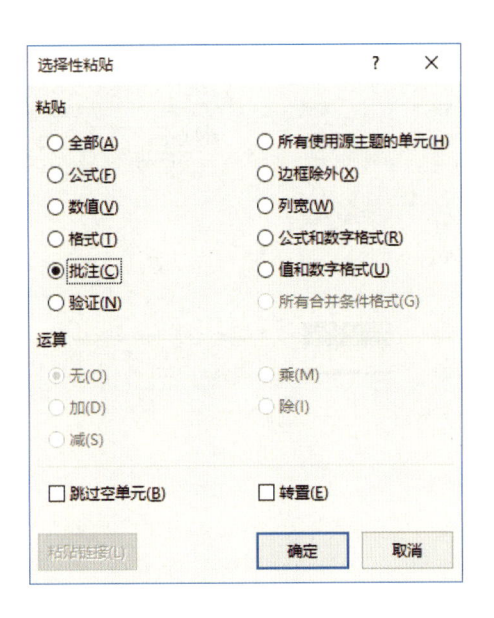

图 2-17 "选择性粘贴"对话框

Step 03：单击"确定"按钮，则为指定区域单元格添加同样的批注。

3．编辑批注

1）修改批注内容

Step 01：选中需要修改批注内容的单元格，右击，在弹出的快捷菜单中选择"编辑批注"选项，调出批注框。

Step 02：在批注框内对批注内容进行修改。例如，根据后面的购物时段数据将"喜欢凌晨购物"改为"喜欢在凌晨 0 点到 1 点之间购物"或"喜欢在凌晨 1 点到 2 点之间购物"等。

2）修改批注格式

Step 01：选中需要修改批注格式的单元格，右击，在弹出的快捷菜单中选择"编辑批注"选项，调出批注框。

Step 02：选中批注框，右击，在弹出的快捷菜单中选择"设置批注格式"选项，弹出如图 2-18 所示的对话框，可按需要对批注内容格式和批注框格式进行修改。

▶ **举一反三**：大家可以通过设置批注格式，对批注框中文字的页边距、文字对齐方式、批注框颜色、批注框线条粗细等进行设置，观察批注内容和批注框会发生怎样的变化。

3）删除批注

Step 01：选中需要删除批注的单个或多个单元格（若单元格不连续，则按住 Ctrl 键进行选择）。

Step 02：右击，在弹出的快捷菜单中选择"删除批注"选项，则可将添加的批注删除。

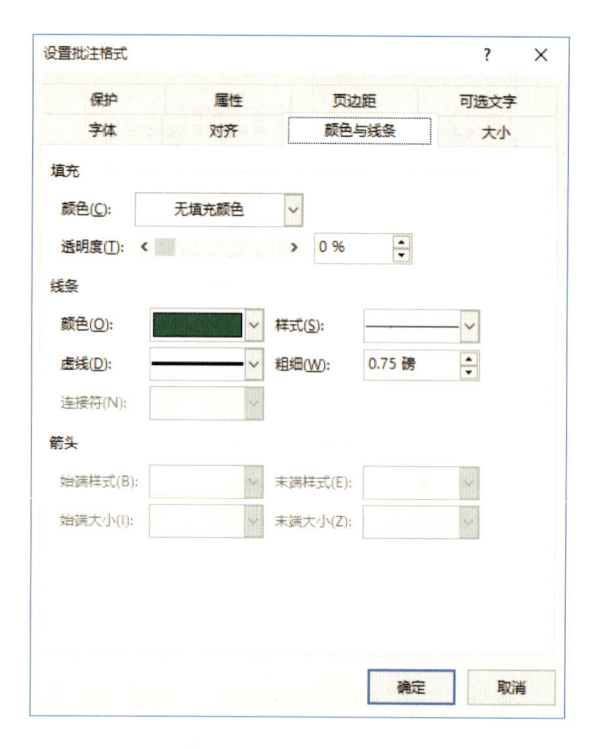

图 2-18 "设置批注格式"对话框

4．打印批注

Step 01：单击"页面布局"选项卡，选择"纸张方向"→"横向"选项。

Step 02：单击"页面设置"组右下角的箭头，在弹出的"页面设置"对话框中单击"工作表"选项卡，如图 2-19 所示。

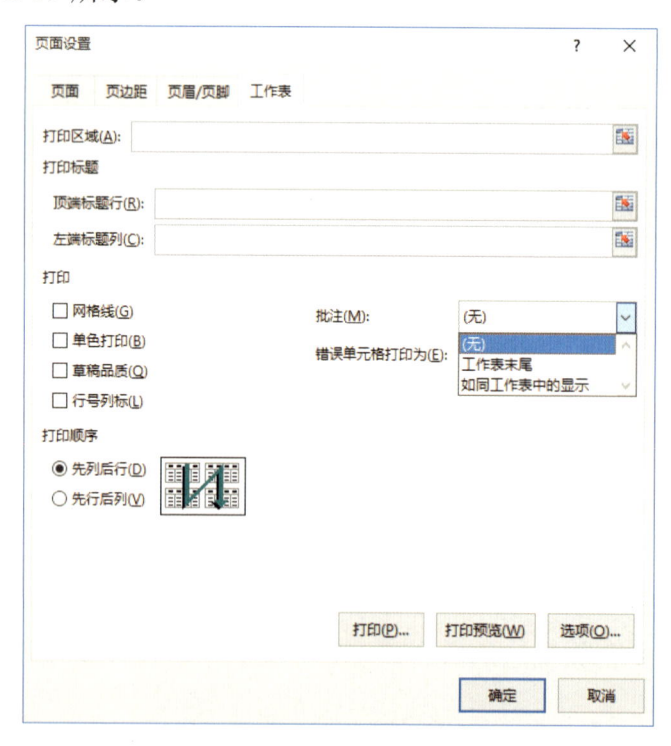

图 2-19 "页面设置"对话框

Step 03：在"批注"下拉列表中选择批注显示的方式，若要在工作表中出现批注的单元格旁边打印批注，则在"批注"下拉列表中选择"如同工作表中的显示"选项，同时将单元格批注设置为"显示批注"，打印结果如图 2-20 所示；若要在工作表的底部打印批注，则在"批注"下拉列表中选择"工作表末尾"选项，打印结果如图 2-21 所示。

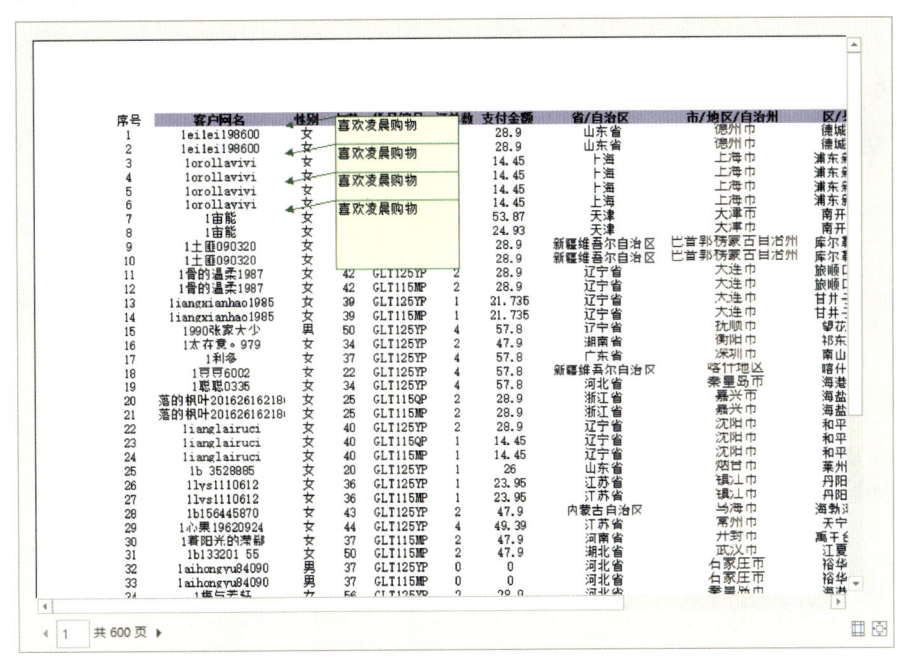

图 2-20　"如同工作表中的显示"批注打印结果

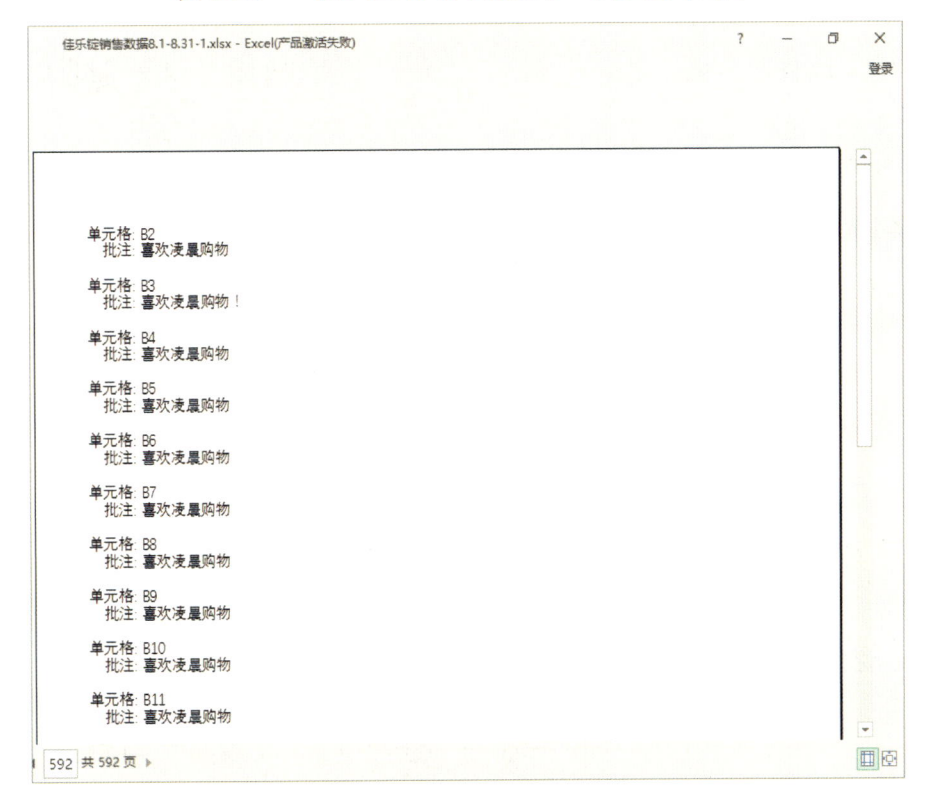

图 2-21　"工作表末尾"批注打印结果

> **注意**：由于采用"如同工作表中的显示"批注打印方式，批注框会影响其右侧数据的显示，因此只有在批注数据很少且对右侧数据影响不大的情况下才能采用该方式。大部分情况下使用"工作表末尾"批注打印方式。

Step 04：单击"打印"按钮，进行打印。

> **拓展提高**
> 扫描右侧二维码可以学到更多的拓展知识。

任务3 竞争对手数据收集与整理

竞争对手在干什么是许多企业想了解的，在市场竞争中，企业只有分析竞争对手的优势与劣势，做到知己知彼，才能有针对性地制定正确的市场竞争策略，从而实现企业营销目标。通过对竞争对手数据进行分析，了解竞争对手的经营方式，取其长处避其短处，不断优化自家商品的营销手段和策略，有利于企业在市场竞争中立于不败之地。

竞争对手数据分析需要建立在对竞争对手数据收集与整理的基础上。作为商务助理，小A接到主管的指令，在各大平台收集至少两个竞争对手的同类商品规格、单价、营销策略等数据，并分门别类地整理出来提供给商务运营人员，下面我们跟小A一起收集与整理竞争对手数据。

一、获取竞争对手数据的途径

通过网络获取竞争对手数据的途径主要有以下两种。

（1）通过在搜索引擎中输入关键字，找到竞争对手所使用的销售平台，在这些平台上通过关键字免费搜索。

（2）通过付费平台获取，如D电商平台数据分析工具等。

本任务竞争对手数据通过免费搜索获取，主要来自京东、天猫和1号店。

二、同类商品规格、单价比较

通过在京东、天猫、1号店以"奶片+品牌"进行搜索，收集竞争对手相应商品的规格、单价等，得到如表2-2所示的数据。

表2-2　2019年10月初本店及竞争对手相应商品的规格、单价一览表

品　　牌	商　品　规　格	商品单价/元
本店	原味125克	26.8
	巧克力味115克	26.8
	原味100克	19.3
	原味铁盒装300克	89
	巧克力味100克	19.3
	草莓味100克	19.3
	原味258克新包装	42
	酸奶浆果味100克	29.9
	原味50克	16.6
	巧克力味50克	16.6
	草莓味36克×5	111
	原味罐装300克	89
	草莓味115克	26.8
	原味125克×2	49.9
	巧克力味115克×2	49.9
	原味125克+巧克力味115克	49.9
	原味125克+草莓味115克	49.9
	草莓味115克+巧克力味115克	49.9
	原味50克+草莓味115克	29.9
	原味50克+巧克力味115克	29.9
	原味50克×3	49.9
	原味125克×3	71.9
	原味125克×2+草莓味115克	71.9
	原味125克×2+巧克力味115克	71.9
	原味125克+巧克力味115克+草莓味115克	71.9
	草莓味115克×3	71.9
	巧克力味115克×3	71.9
	原味125克×12	296
	草莓味115克×12	296
	巧克力味115克×12	296
	原味125克×4+草莓味115克×4+巧克力味115克×4	296
	原味125克×6+草莓味115克×4+巧克力味115克×2	296
	原味125×4+草莓味115克×3+巧克力味115克×3+酸奶浆果味100克×2	296
	原味125克×5	129
	草莓味115克×5	129

续表

品　　牌	商　品　规　格	商品单价/元
本店	巧克力味 115 克×5	129
	原味 125 克×2+草莓味 115 克×2+巧克力味 115 克	129
	原味 125 克×2+草莓味 115 克+巧克力味 115 克+酸奶浆果味 100 克	129
	原味 125 克×8	199
	巧克力味 115 克×8	199
竞争店铺 1	高钙奶片 800 克（买 400 克送 400 克）	29.6
	高钙奶片 63 克×4	21.6
	蔓越莓味 63 克	7.95
	原味 63 克	6.9
	香蕉味 63 克	6.9
	草莓味 63 克	6.9
	牛初乳贝贝 100 克	19.8
	牛初乳贝贝 101 克×3	49.8
	天天奶贝 2.0 高改版	18.8
	天天奶贝 2.0 高改版×3	36.8
	天天奶贝 2.0 高改版×5	59.8
	高钙奶片 400 克	28.6
	高钙奶片 400 克　原味	18.6
	高钙奶片 400 克　香蕉味	18.6
	高钙奶片 400 克　巧克力味	18.6
	高钙奶片 400 克　混合味	18.6
	高钙奶片 400 克　原味+混合味	28.6
	高钙奶片 400 克　原味×2	28.6
	高钙奶片 400 克　混合味×2	28.6
	含牛初乳奶贝贝 100 克	22.8
	原味 63 克×2 袋	15.9
	蔓越莓味 63 克×2 袋	15.9
	原味 63 克+蔓越莓味 63 克	15.9
	高钙奶片 63 克原味×2+香蕉味 63 克+草莓味 63 克	21.6
	高钙奶片 63 克原味×3	16.9
	高钙奶片 63 克香蕉味×3	16.9
	高钙奶片 63 克草莓味×3	16.9
	原味 100 克	15.9
	原味 400 克	24.8
	黄桃味 400 克	24.8
	草莓味 400 克	24.8

续表

品　　牌	商　品　规　格	商品单价/元
竞争店铺2	草莓味奶片185克	45
	香草味奶片185克	45
	香蕉味奶片185克	45
	蜂蜜味奶片185克	45

三、在 Excel 中对表 2-2 中的数据进行整理

Step 01：打开"2019-10 商品规格单价比较.xlsx",新建工作表"本店",将原始数据中本店的商品规格、商品单价数据复制到新工作表中。

Step 02：新建工作表"竞争店铺1""竞争店铺2",将原始数据中竞争店铺1、竞争店铺2的商品规格、商品单价数据复制到新工作表中。

Step 03：按照"商品规格"升序对本店、竞争店铺1、竞争店铺2的数据进行排序操作。

Step 04：在每个工作表的左侧添加"序号"列,使用填充柄功能快速填充序号。

Step 05：新建"三店比较"工作表,将本店、竞争店铺1、竞争店铺2的数据复制到新工作表中,以方便观察相同口味不同规格的商品价格差异情况。

Step 06：对"三店比较"工作表进行表格格式设置,每个店铺的外边框使用粗线,内边框使用细线,表头使用不同的底纹,使数据看起来更清晰。三店比较表参考样式如图2-22所示。

	本店			竞争店铺1			竞争店铺2	
序号	商品规格	商品单价	序号	商品规格	商品单价	序号	商品规格	商品单价
1	草莓味100克	19.3	1	高钙奶片63克原味×3	16.9	1	草莓味奶片185克	45
2	草莓味115克	26.8	2	草莓味400克	24.8	4	蜂蜜味奶片185克	45
3	草莓味115克×12	296	3	草莓味63克	6.9	2	香草味奶片185克	45
4	草莓味115克×3	71.9	4	高钙奶片400克	28.6	3	香蕉味奶片185克	45
5	草莓味115克×5	129	5	高钙奶片400克 混合味	18.6			
6	草莓味115克+巧克力味115克	49.9	6	高钙奶片400克 混合味×2	28.6			
7	草莓味36克×5	111	7	高钙奶片400克 巧克力味	18.6			
8	巧克力味100克	19.3	8	高钙奶片400克 香蕉味	18.6			
9	巧克力味115克	26.8	9	高钙奶片400克 原味	18.6			
10	巧克力味115克×12	296	10	高钙奶片400克 原味×2	28.6			
11	巧克力味115克×2	49.9	11	高钙奶片400克 原味+混合味	28.6			
12	巧克力味115克×3	71.9	12	高钙奶片63克×4	21.6			
13	巧克力味115克×5	129	13	高钙奶片63克草莓味×3	16.9			
14	巧克力味115克×8	199	14	高钙奶片63克香蕉味×3	16.9			
15	巧克力味50克	16.6	15	钙奶片63克原味×2+香蕉味63克+草莓味63	21.6			

图 2-22　三店比较表参考样式

由图 2-22 可见,作为进口品牌,本店商品不同口味的捆绑销售较多,同一口味的克数变化不大,克单价变化也不大;作为国产品牌,竞争店铺1的商品明显具有价格优势,不同口味的捆绑销售较少,但同一口味的克数变化较大,克数越大,克单价越低;同为进口产品,竞争店铺2的商品种类少,价格比较单一。

四、竞争对手促销手段

通过在京东、天猫、1 号店以"奶片+品牌"进行搜索，收集竞争对手相应商品的促销手段，得到如表 2-3 所示的数据。

表 2-3　2019 年 10 月初本店及竞争对手相应商品的促销手段一览表

品　　牌	天　　猫	京　　东	1　号　店
本店	指定商品买一套送一件	京东秒杀价 2 件 7.5 折 满 299 减 10 满 499 减 20 满 699 减 50	满 288 减 15 满 188 减 10 满 88 减 5 满 86 包邮
竞争店铺 1	买 1 送 2 满 99 减 40 满 199 减 100 满 69 减 5 满 2 件减 6 元	满 199 减 100 2 件 7.5 折	两件 7.5 折 满 199 减 100 满 149 减 20 满 89 减 10 满 59 减 5
竞争店铺 2	满 120 减 30 满 230 减 90 买 2 件减 30 买 3 件减 90	京东秒杀价 满 2 件 9 折 满 3 件 8 折	满 300 减 30 满 450 减 30 满 168 减 10 满 79 减 5

由表 2-3 可见，三种品牌在各平台的促销手段主要有三种，即买送、满减和打折，其中以满减最多。从促销力度来看，作为国产品牌，竞争店铺 1 的促销力度较大；作为进口品牌，本店和竞争店铺 2 的促销力度较小。

五、竞争对手物流

通过在京东、天猫、1 号店以"奶片+品牌"进行搜索，然后进行试探性购买，并与客服进行沟通，收集竞争对手相应商品的物流策略，得到如表 2-4 所示的数据。

表 2-4　2019 年 10 月初本店及竞争对手相应商品的物流策略一览表

品　　牌	天　　猫	京　　东	1　号　店
本店	中通快递（店铺协议价） 圆通快递（店铺协议价） 天猫物流（满 88 包邮）	京东物流（满 99 包邮） 韵达快递（店铺协议价） 顺丰快递（店铺协议价）	1 号店物流，满 86 包邮，偏远地区以实际运费为准

续表

品　　牌	天　　猫	京　　东	1 号 店
竞争店铺 1	邮政快递，满 39 包邮，新疆、西藏除外 天猫物流（满 88 包邮）	邮政快递（店铺协议价） 京东物流（满 99 包邮）	1 号店物流，满 86 包邮，偏远地区以实际运费为准
竞争店铺 2	邮政快递（店铺协议价） 中通快递（店铺协议价） 天猫物流（满 158 包邮）	京东物流（满 99 包邮） 国际韵达（加税，不包邮） 国际中通（加税，不包邮）	1 号店物流，满 86 包邮，偏远地区以实际运费为准

由表 2-4 可见，三种品牌在天猫、京东和 1 号店的物流策略基本一致，主要以平台物流为主，竞争店铺 2 的包邮价格较贵。在各平台的旗舰店使用的物流公司均为店铺协议物流公司，针对不同的商品店铺会根据重量和邮寄区域选择价格最优的物流公司。包邮价格也以店铺协议价为准。

六、竞争对手关键指标

商家一般会通过某些电商平台数据分析工具等付费获取想要了解的竞争对手数据，分析竞争商品和竞争店铺的数据，为制定下一步经营策略提供依据和参考。

1. 竞争对手关键指标的含义

1）交易指数

交易指数是根据统计周期内的支付金额拟合出的指数类指标。交易指数越高，表示交易行为越多。

2）流量指数

流量指数是根据统计周期内的访客数拟合出的指数类指标。流量指数越高，表示访客数越多。

3）搜索人气

搜索人气是根据统计周期内的搜索人数拟合出的指数类指标。搜索人气越高，表示需求越大。

4）收藏人气

收藏人气是根据统计周期内的商品收藏人数拟合出的指数类指标。收藏人气越高，表示商品收藏人数越多。

5）加购人气

加购人气是根据统计周期内的商品加购人数拟合出的指数类指标。加购人气越高，表示商品加购人数越多。

6）支付转化指数

支付转化指数是在统计周期内用支付客户数除以访客数并进行指数化后得到的指标。支付转化指数越高，表示支付转化率越高。

7）客群指数

客群指数是在统计周期内对支付成交客户数进行指数化后得到的指标。客群指数越高，代表支付客户数越多。

> **注意**：指数之间的差值不代表实际指标差值，仅代表指标高低。

2. 本店与竞争对手关键指标对比

本任务数据来自某电商品牌的后台数据（见图 2-23），将该品牌与其竞争对手 2019 年 8 月 21 日的数据进行整理，得到如表 2-5 所示的 2019 年 8 月 21 日本店与竞争对手关键指标对比一览表。

图 2-23 本店与竞争对手关键指标对比

表 2-5 2019 年 8 月 21 日本店与竞争对手关键指标对比一览表

指　　数	本　店	竞争店铺 1	竞争店铺 2
交易指数	29474	16578	10796
流量指数	8006	11048	1429
搜索人气	1640	5735	1614
收藏人气	1253	1757	465
加购人气	3541	3078	1002
支付转化指数	1351	656	707
客群指数	2840	1740	539

由表 2-5 可以看出，无论是支付转化指数还是客群指数，本店都领先于竞争对手，说明本店商品无论是支付客户数还是支付转化率在同类商品中都处于领先地位。

▶ **拓展提高**

扫描右侧二维码可以学到更多的拓展知识。

实战演练

本项目以 GLT 奶片一个月的销售数据为依据，对销售数据进行简单清洗，并对客户信息及竞争对手数据进行收集与整理。下面以好孩子系列商品数据为依托，请大家进行以下数据清洗和整理。

1. 销售数据清洗

（1）对原始数据进行备份并在"销售数据"工作表中添加序号列。

（2）将"销售数据"工作表中夹杂的无用空格删除（注意：收货区域中直辖市/省/自治区、市/地区/自治州、区/县之间的空格不要删除）。

（3）统一数据。

① 将销售数据中不统一的数据（如赠品订单数）统一改为 0。

② 将同一客户网名的客户性别、年龄改为一致的。

（4）将"销售数据"工作表中缺失的数据补齐。

2. 客户信息整理

（1）从"销售数据"工作表中提取客户信息数据。

（2）将收货区域数据分解为"直辖市/省/自治区""市/地区/自治州""区/县"三列。

（3）从"销售时间"列中将购买时段（精确到小时）数据提取出来。

（4）为客户信息数据添加必要的批注并将批注框改为透明的。

（5）将批注打印方式设置为"工作表末尾"或"如同工作表中的显示"，通过"打印预览"看看两者有什么不同。对于你的批注你将采用哪种打印方式？写到下面的横线上。

_____。

3. 竞争对手数据收集与整理

从给定的数据中选择一两个产品，在各大平台收集至少两个竞争对手的同类商品规格、单价、营销策略、物流策略等数据，并使用表格进行整理（参考任务 3）。

项目评价

项目实训评价表							
	内 容				评 定 等 级			
	学 习 目 标	评 价 项 目			4	3	2	1
职业能力	能熟练进行简单销售数据清洗	能正确进行原始数据备份； 能正确使用 TRIM 函数； 能正确使用 IF 函数； 能正确使用 IF 函数嵌套； 能正确使用 RIGHT、LEN 等函数； 能正确对数据进行排序、筛选等操作						
	能熟练进行客户信息整理	能跨表进行数据复制或剪切操作； 能合理运用分隔符将一列数据拆分为多列； 能正确使用 MID、LEFT 等函数； 能正确添加批注并根据实际需要对其进行编辑和打印						
	能熟练收集竞争对手数据并进行整理	能通过各大平台收集竞争对手数据； 能对收集到的数据进行有效整理						
综合评价								

评定等级说明表	
等 级	说 明
4	能高质、高效地完成本项目学习目标的全部内容，并能解决遇到的特殊问题
3	能高质、高效地完成本项目学习目标的全部内容
2	能圆满完成本项目学习目标的全部内容，无须任何帮助和指导
1	能圆满完成本项目学习目标的全部内容，但偶尔需要帮助和指导

最终等级说明表	
等 级	说 明
优秀	80%的评价项目达到 3 级水平
良好	60%的评价项目达到 2 级水平
合格	全部评价项目都达到 1 级水平
不合格	有评价项目未达到 1 级水平

项目三 客户情况分析

项目描述

互联网的发展为人们提供了大量的商品和服务，同样的商品有多种购买渠道可供选择。怎样才能吸引客户到自己的店铺购物呢？店铺需要基于客户的浏览或购买数据，分析客户的喜好，进而为客户提供其喜爱的商品和服务，最终实现成交转化。同时，通过客户数据分析对产品市场进行定位，对产品营销进行指导，分析客户的购买需求，以便针对不同类型的客户进行个性化营销。

在项目二中，小 A 在带教师傅的帮助下，已经学会对数据进行简单的清洗和整理，本项目我们就跟着小 A 一起通过对客户的性别、年龄、活跃程度、地域分布、价值等进行分析，研究客户的访问热点，挖掘客户的潜在需求。

学习目标

- 了解数据可视化。
- 学会基本的客户画像。
- 学会对客户价值进行分析。

任务实施

任务1 关于数据可视化

数据可视化是对数据的一种形象、直观的解释，可以让我们从不同的维度观察数据，从而更有效率地得到有价值的信息。数据可视化主要是指借助图形化手段,清晰、有效地传达信息。相比传统的用表格或文档展现数据的方式,数据可视化能将数据以更加直观的方式展现出来,使数据更加客观、更具说服力。数据可视化的应用领域非常广泛,有数据且需要分析和交流数据的地方,就会用到数据可视化。在商业领域,将很多关键数据指标以可视化形式展现,方便管理人员快速捕获信息,更有效率地做出决策。

图表设计是数据可视化的一个分支领域,是指用统计图表的方式对数据进行呈现。本任务我们就跟着小 A 一起来了解数据可视化工具,以及使用 Excel 进行可视化数据分析的方法和技巧。

一、数据可视化工具

数据可视化工具有很多种,每种都有其特点和适用范围,客户可根据数据量大小、主要应用于什么领域来进行数据可视化工具的选择。常见的数据可视化工具及其特点如表 3-1 所示。

表 3-1 常见的数据可视化工具及其特点

名 称	特 点	适 用 范 围
Excel	内置常用的图表,使用简单,易上手	适用于数据量较小的分析场合
Tableau	内置常用的图表和一些数据分析模型,可以快速地进行探索式数据分析,快速地做出动态交互图,图表和配色也非常出色	因为是商业智能软件,解决的问题更偏向于商业分析,常用来制作数据分析报告
Fine BI	内置丰富的图表,不需要代码调用,可直接拖拽生成	更倾向于企业应用,侧重业务数据的快速分析以及可视化展现
R 语言	代码调用,绘图精确,可复制性强,语法简单,数理统计类图表功能强大	应用面广,从学术界到业界都广泛使用。需要与统计分析(假设检验、回归等)结合,适用于数据量较大的分析场合
Python 语言	代码调用,绘图精确,可复制性强,与其他系统(如报表系统、数据库等)易融合,可处理的数据量大	应用面广,需要跟企业其他系统打通融合,适用于数据量较大的分析场合

二、Excel 商务数据分析中常用的图表

Excel 2016 版中一共有 15 种图表,除了传统的饼图、柱形图、条形图、折线图,还有面积图、散点图(气泡图)、树状图、瀑布图等,如图 3-1 所示。这些图表各有所长,能满足不同的展示和分析需求。在进行数据可视化分析时,应根据要解决的问题来选择适合的

图表类型。下面我们通过示例来认识几种 Excel 商务数据分析中常用的图表，了解各图表的适用范围。

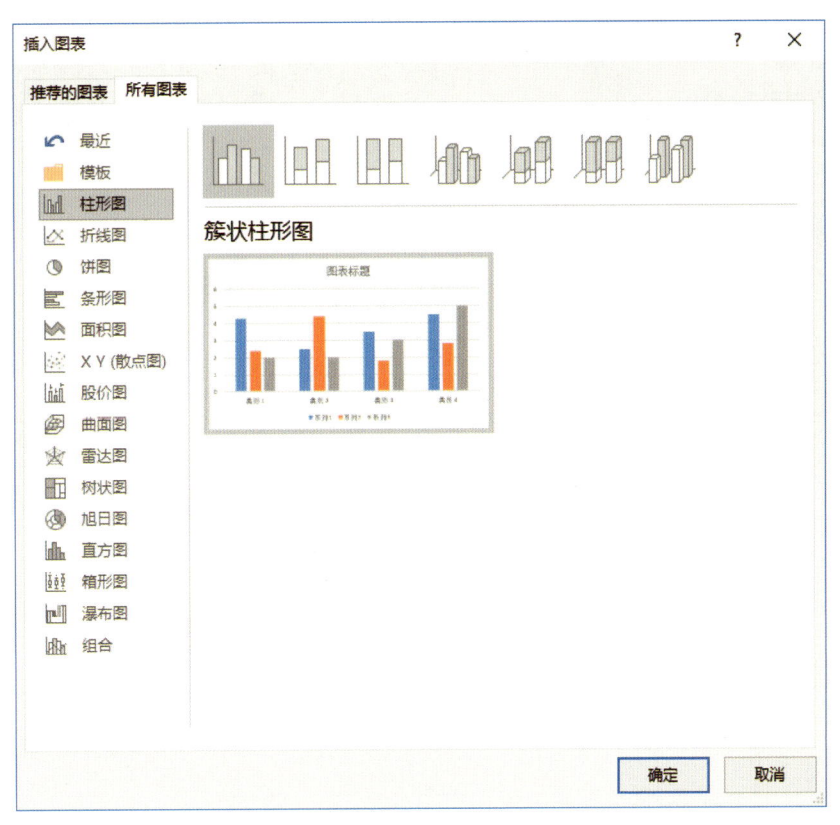

图 3-1　Excel 2016 版中的图表

1．柱形图

柱形图又称长条图、柱状图，是一种以长方形的长度为变量的统计图表。柱形图简明、醒目，可直观显示对应的数据，可以对比多维度的数据，显示各数据项之间的比较情况，适用于较小的数据集分析。在柱形图中，通常水平轴显示类别，垂直轴显示数值。下面取一组销售数据，大家通过制作柱形图认识一下 Excel 中常见的 3 类柱形图，感受一下它们之间的区别。

Step 01：打开"图表示例数据.xlsx"，使用其中的"某店铺 1 月份办公用品销售情况"工作表。

Step 02：制作簇状柱形图（含三维簇状柱形图）。

簇状柱形图常用于多组数据比较，以不同颜色的长方形代表不同的数据组，同一组数据颜色一致，哪个颜色代表哪组数据用图例表示。

（1）选中"商品名称""成本""毛利润"三列数据，单击"插入"选项卡下"图表"组右下角的箭头，弹出如图 3-2 所示的对话框，单击"所有图表"选项卡，选择"柱形图"选项，单击"确定"按钮，则可得到如图 3-3 所示的默认簇状柱形图。

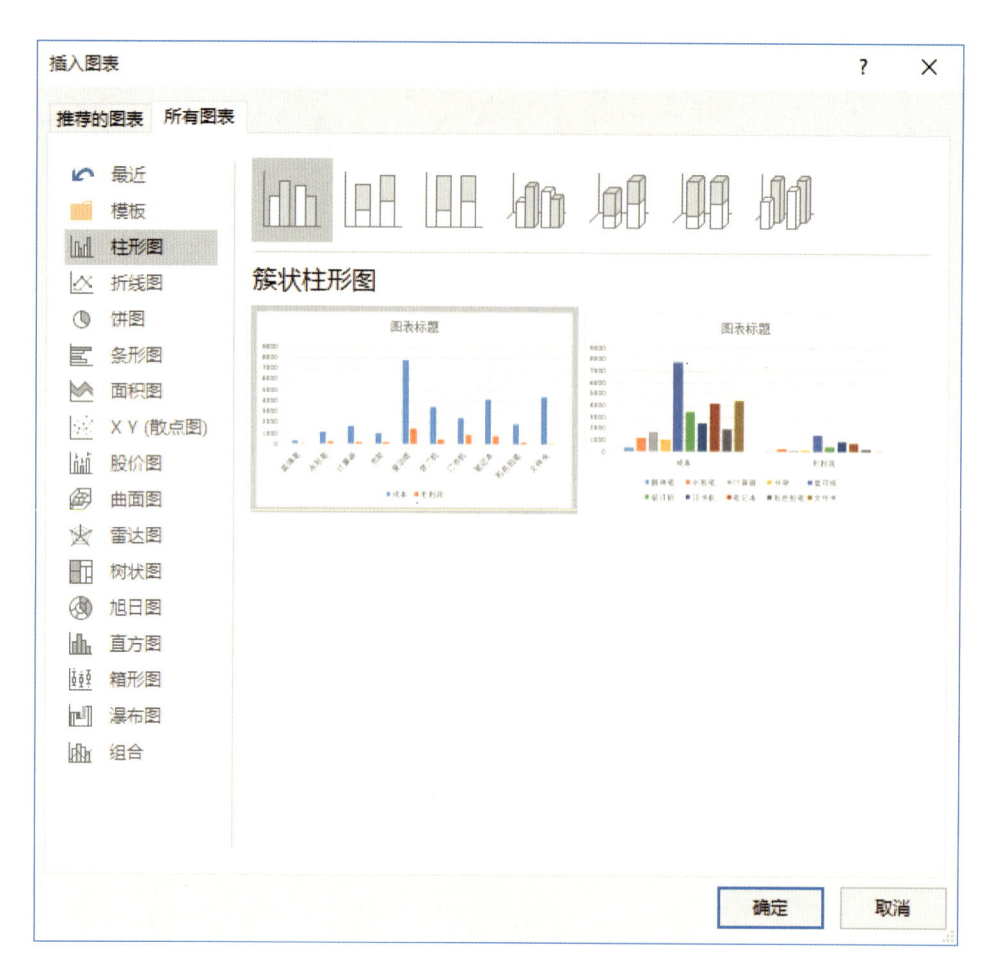

图 3-2 "插入图表"对话框

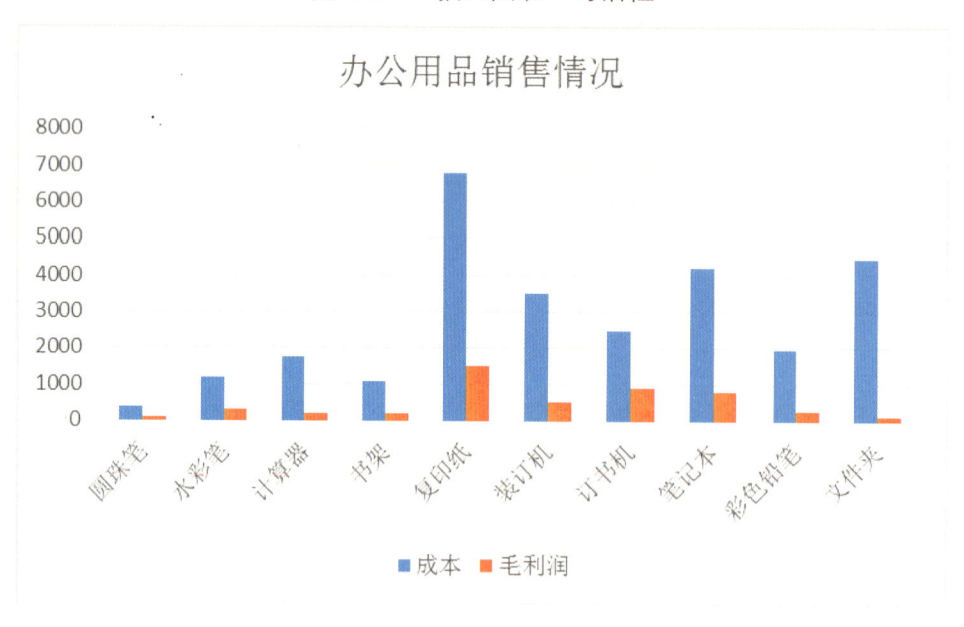

图 3-3 默认簇状柱形图

（2）采用与（1）同样的操作，在弹出的"插入图表"对话框中的"所有图表"选项卡下选择"三维簇状柱形图"选项，则可得到如图 3-4 所示的三维簇状柱形图。

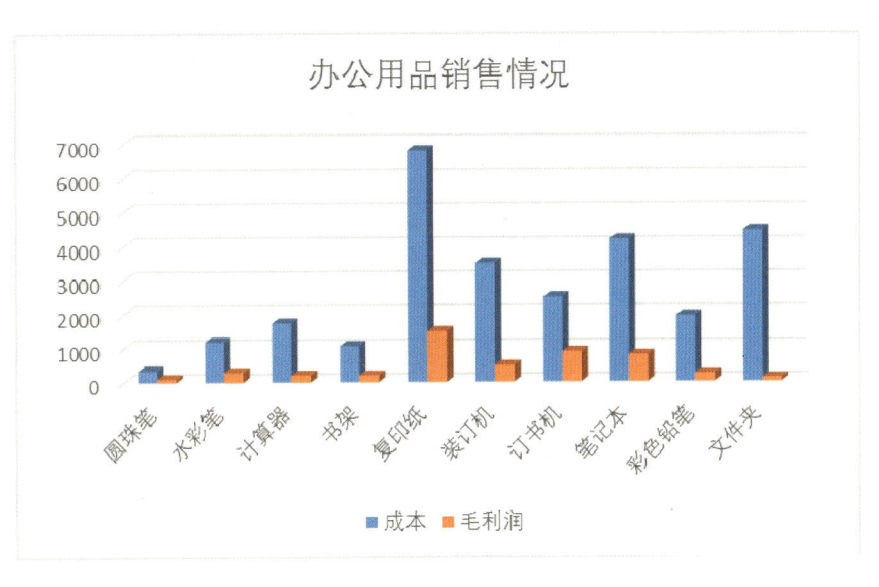

图 3-4　三维簇状柱形图

由图 3-4 可见，三维簇状柱形图与默认簇状柱形图相比最大的区别是，表示数据大小的长方形一个是平面的，另一个是立体的。在进行数据可视化分析时，表示数据大小的长方形是选择平面的还是选择立体的要根据具体情况及与文字、图片是否搭配来进行选择。以下的堆积柱形图、百分比堆积柱形图同理。

Step 03：制作堆积柱形图（含三维堆积柱形图）。

堆积柱形图可显示单个项目与整体之间的关系，用于比较各个类别的每个数值占总数值的大小。当有多个数据系列并且希望强调总数值时，可以使用堆积柱形图。

（1）采用与 Step 02（1）同样的操作，在弹出的"插入图表"对话框中的"所有图表"选项卡下选择"堆积柱形图"选项，则可得到如图 3-5 所示的堆积柱形图。

图 3-5　堆积柱形图

（2）采用与（1）同样的操作，在弹出的"插入图表"对话框中的"所有图表"选项卡下选择"三维堆积柱形图"选项，则可得到如图3-6所示的三维堆积柱形图。

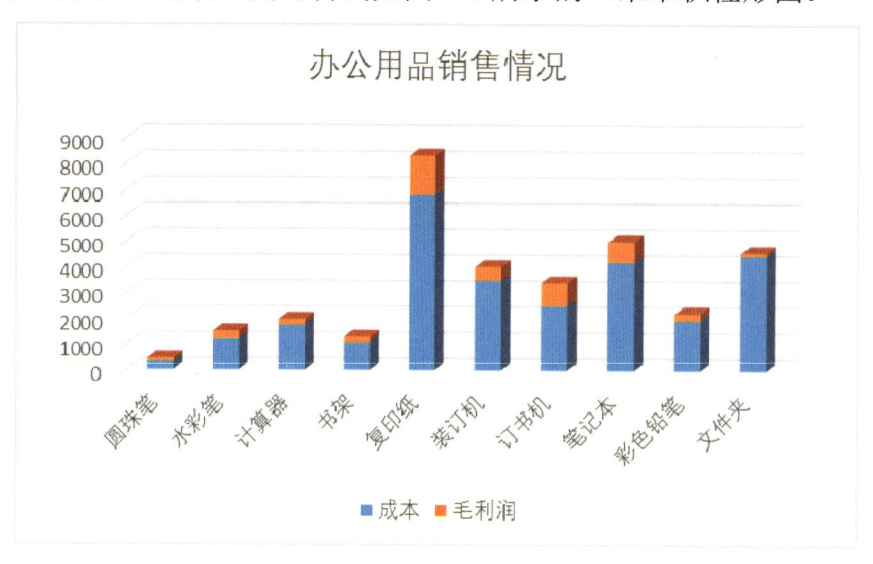

图3-6 三维堆积柱形图

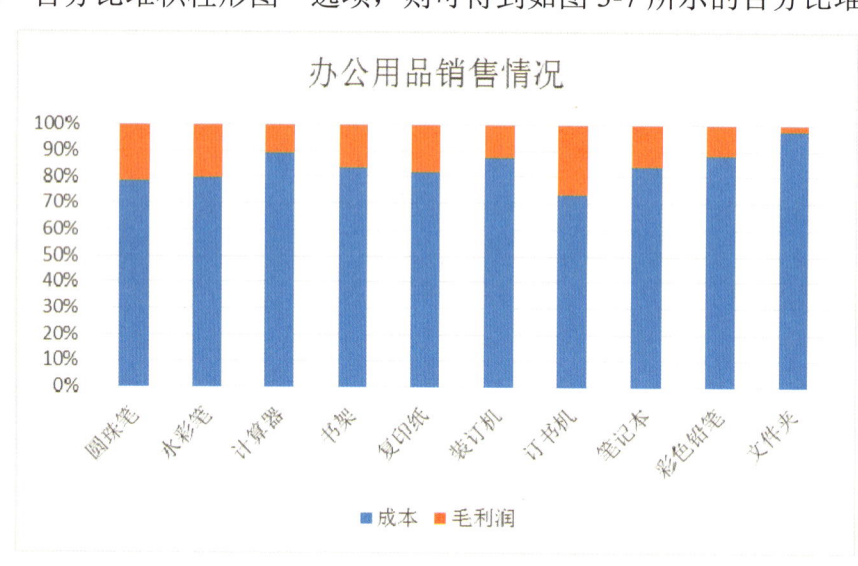

Step 04：制作百分比堆积柱形图（含三维百分比堆积柱形图）。

（1）采用与Step 02（1）同样的操作，在弹出的"插入图表"对话框中的"所有图表"选项卡下选择"百分比堆积柱形图"选项，则可得到如图3-7所示的百分比堆积柱形图。

图3-7 百分比堆积柱形图

（2）采用与（1）同样的操作，在弹出的"插入图表"对话框中的"所有图表"选项卡下选择"三维百分比堆积柱形图"选项，则可得到如图3-8所示的三维百分比堆积柱形图。

对比图3-5和图3-7可见，堆积柱形图与百分比堆积柱形图的区别就在于数值轴的显示方式不同，堆积柱形图以具体数值显示数值轴，而百分比堆积柱形图以百分数显示数值轴。通

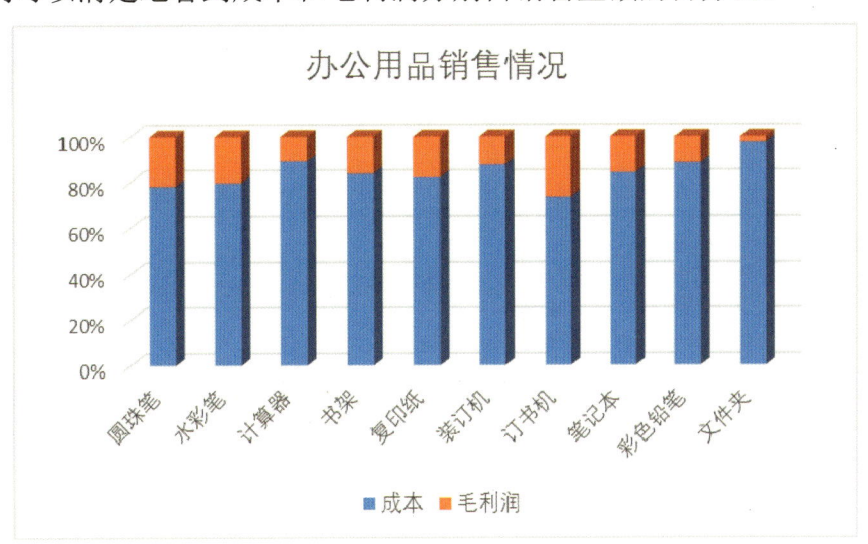

过图3-7，我们可以清楚地看到成本和毛利润分别占销售金额的百分比。

图3-8　三维百分比堆积柱形图

2. 条形图

在Excel中，条形图是柱形图的水平放置形式，条形图的类型、作用与柱形图类似，这里不再赘述。当坐标轴标签过长或标签数过多时，柱形图无法将所有坐标轴标签全部显示出来或只能把标签倾斜或垂直表示，这时给人的视觉感受就不太舒服，如图3-3~图3-8所示的柱形图，尤其是三维柱形图，看起来就有点别扭。这时如果采用条形图，则不仅增加了标签的显示空间，而且看起来会舒服很多。以簇状条形图为例，大家可以对比如图3-3所示的默认簇状柱形图和如图3-4所示的三维簇状柱形图，看看哪种视觉效果更好。

（1）采用与Step 02（1）同样的操作，在弹出的"插入图表"对话框中的"所有图表"选项卡下选择"簇状条形图"选项，则可得到如图3-9所示的簇状条形图。

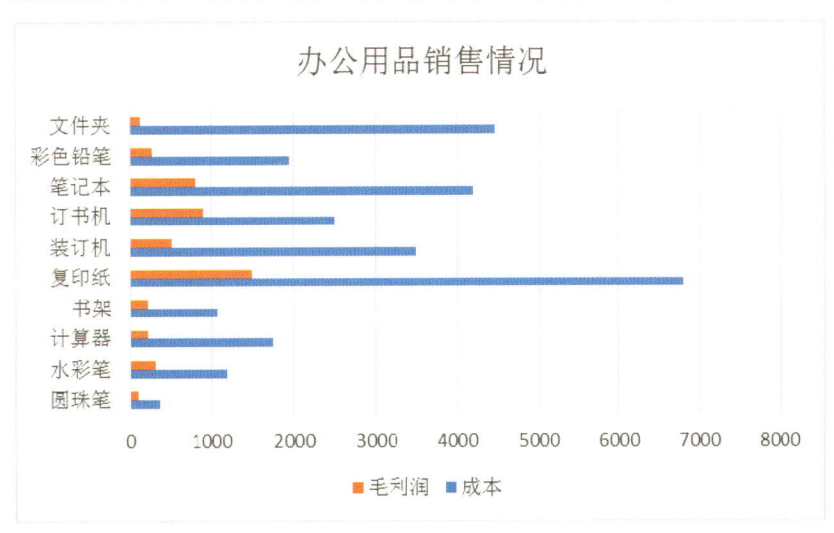

图3-9　簇状条形图

(2)采用与(1)同样的操作,在弹出的"插入图表"对话框中的"所有图表"选项卡下选择"三维簇状条形图"选项,则可得到如图 3-10 所示的三维簇状条形图。

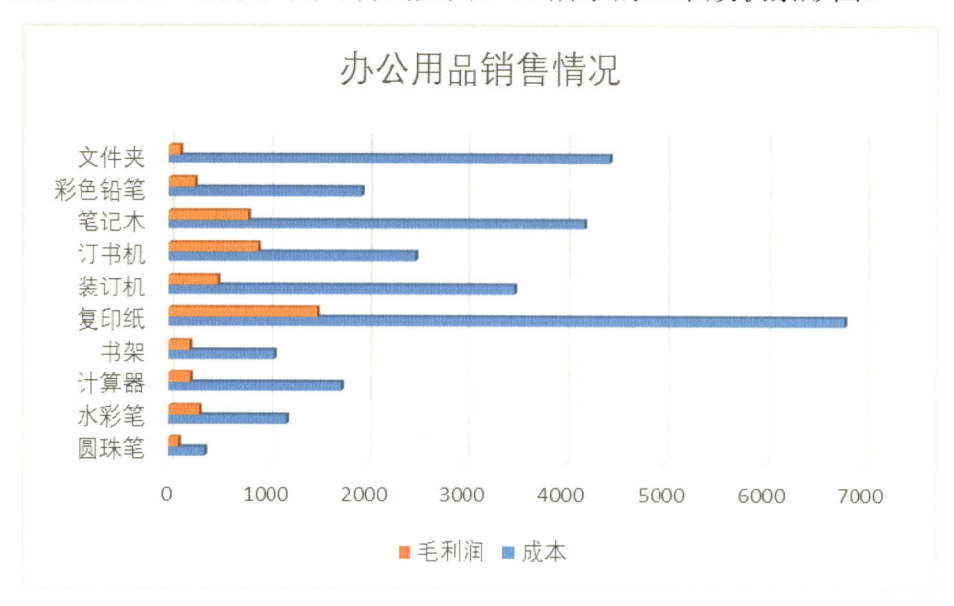

图 3-10 三维簇状条形图

3.饼图

饼图是以圆心角的度数来表达数值大小的图表,常用于分析数据所占比例,饼图中各项的总和为 100%,最适合表达单一主题,即部分占整体的比例。Excel 中常用的饼图有 5 种:饼图、三维饼图、复合饼图、复合条饼图和圆环图。

Step 01:打开"图表示例数据.xlsx",使用其中的"某店铺 1 月份办公用品销售情况"工作表。

Step 02:制作饼图(含三维饼图)。

饼图常用于单组数据比较,以不同颜色的扇形代表不同的数据项,哪个颜色代表哪个数据项用图例表示。

(1)选中"商品名称""毛利润"两列数据,单击"插入"选项卡下"图表"组右下角的箭头,在弹出的"插入图表"对话框中单击"所有图表"选项卡,选择"饼图"选项,单击"确定"按钮,则可得到如图 3-11 所示的默认饼图。

(2)采用与(1)同样的操作,在弹出的"插入图表"对话框中的"所有图表"选项卡下选择"三维饼图"选项,则可得到如图 3-12 所示的三维饼图。

Step 03:制作复合饼图。

当饼图的扇形数量过多时,可以将最后的若干项小扇形合并为"其他"类,在二级图表中表现这些项目的构成。本任务将最后 5 项:彩色铅笔、计算器、书架、文件夹、圆珠笔放在二级图表中显示。

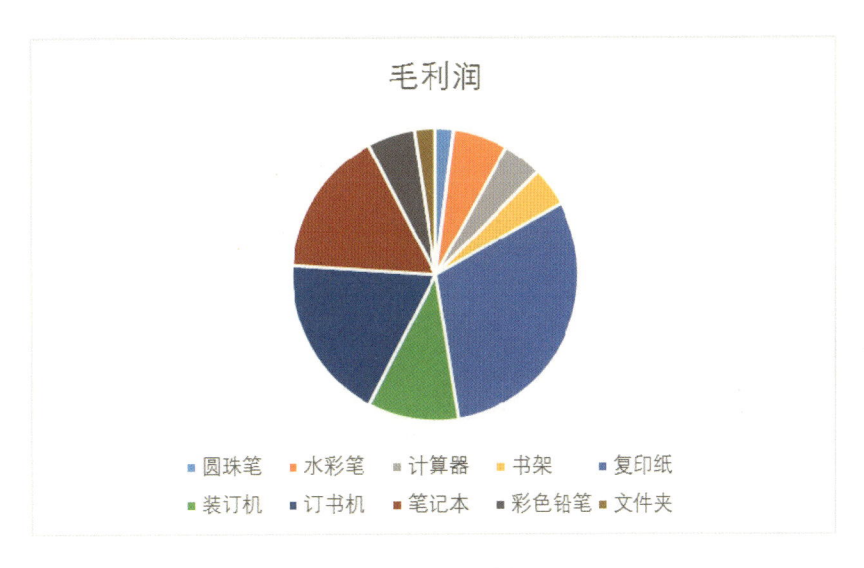

图 3-11 默认饼图

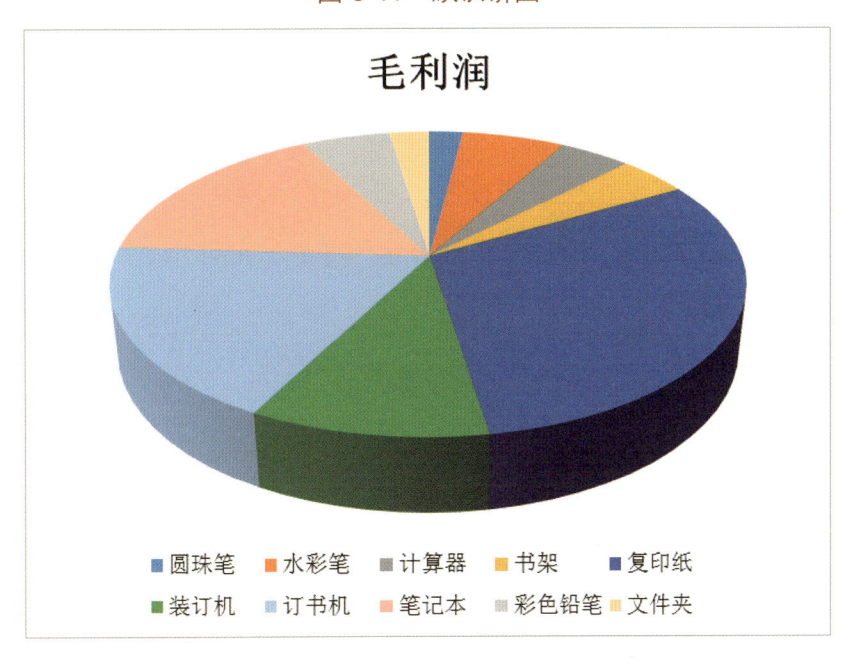

图 3-12 三维饼图

（1）选择"商品名称""毛利润"两列，采用与 Step 02（1）同样的操作，在弹出的"插入图表"对话框中的"所有图表"选项卡下选择"复合饼图"选项，则可得到如图 3-13 所示的初始复合饼图。

（2）选中饼图，右击，在弹出的快捷菜单中选择"设置数据系列格式"选项，弹出如图 3-14 所示的"设置数据系列格式"对话框，在"系列分割依据"下拉列表中选择"值"选项，在"值小于"文本框中输入"300.0"（当然也可以输入"261.0"，只要能把你要放在二级图表中的项目囊括进来就可以），其他项目选择默认值。在图表上单击即可得到如图 3-15 所示的设置完成后的复合饼图。

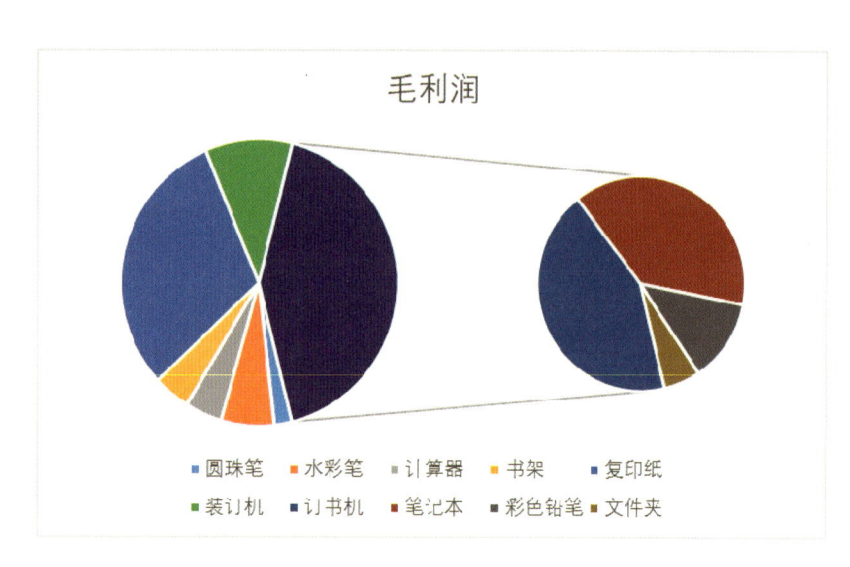

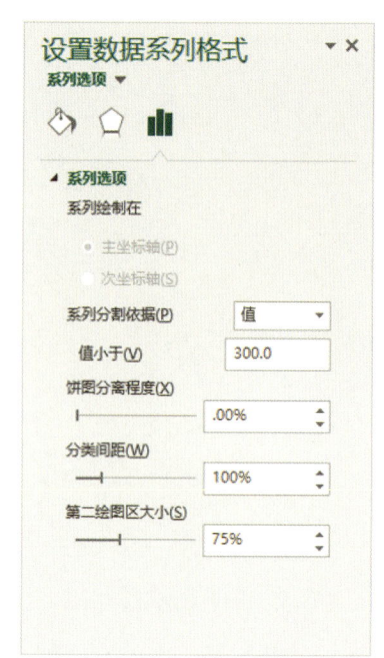

图 3-13　初始复合饼图　　　　　　　　图 3-14　"设置数据系列格式"对话框

▶ **举一反三**：大家也可以在"系列分割依据"下拉列表中选择"位置"选项，这时原始数据"毛利润"需要按照降序进行排序，"值小于"用于决定将几个数据项放到二级图表中。请大家尝试按照该方法制作复合饼图。

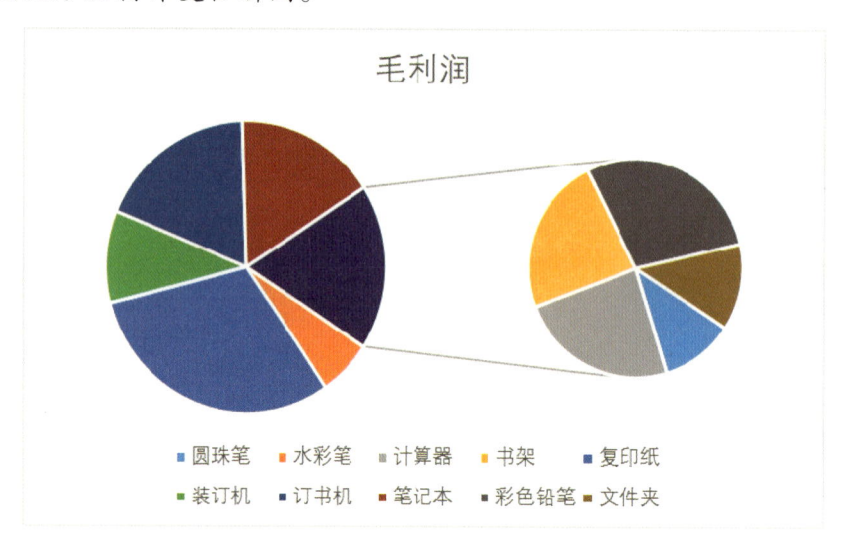

图 3-15　设置完成后的复合饼图

Step 04：制作复合条饼图。

复合条饼图是饼图和条形图的结合。在类别较多的情况下，采用单一饼图会显得很凌乱，降低了数据的对比效果，这时复合条饼图就可以让统计结果更直观、数据更清晰。

（1）采用与 Step 03（1）同样的操作，在弹出的"插入图表"对话框中的"所有图表"选项卡下选择"复合条饼图"选项，则可得到如图 3-16 所示的初始复合条饼图。

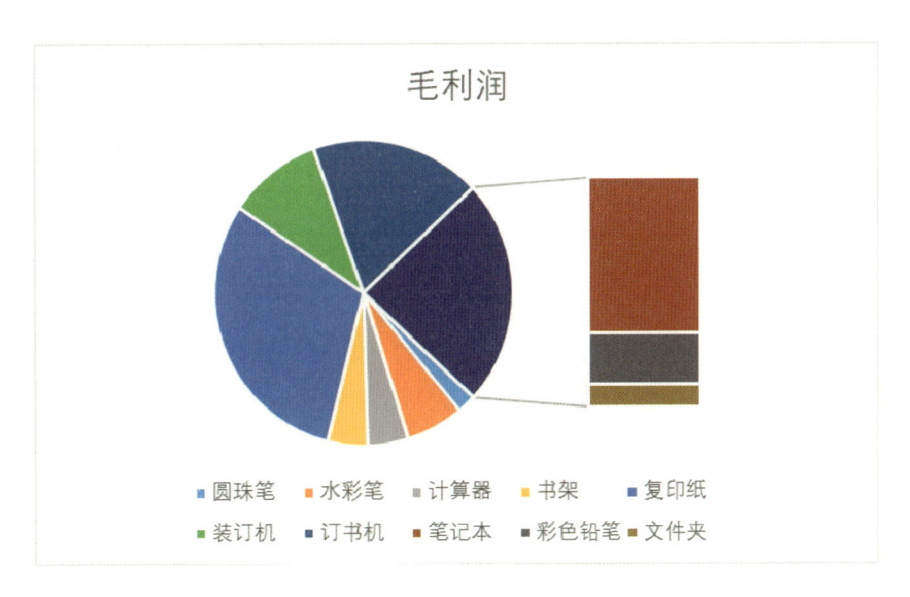

图 3-16　初始复合条饼图

（2）选中饼图，右击，在弹出的快捷菜单中选择"设置数据系列格式"选项，弹出如图 3-14 所示的"设置数据系列格式"对话框，同样在"系列分割依据"下拉列表中选择"值"选项，在"值小于"文本框中输入"300.0"，其他项目选择默认值。在图表上单击即可得到如图 3-17 所示的设置完成后的复合条饼图。

▶ **举一反三**：大家也可以尝试在"设置数据系列格式"对话框中对"饼图分离程度""分类间距""第二绘图区大小"等参数进行设置，得到看起来最舒服的复合条饼图。

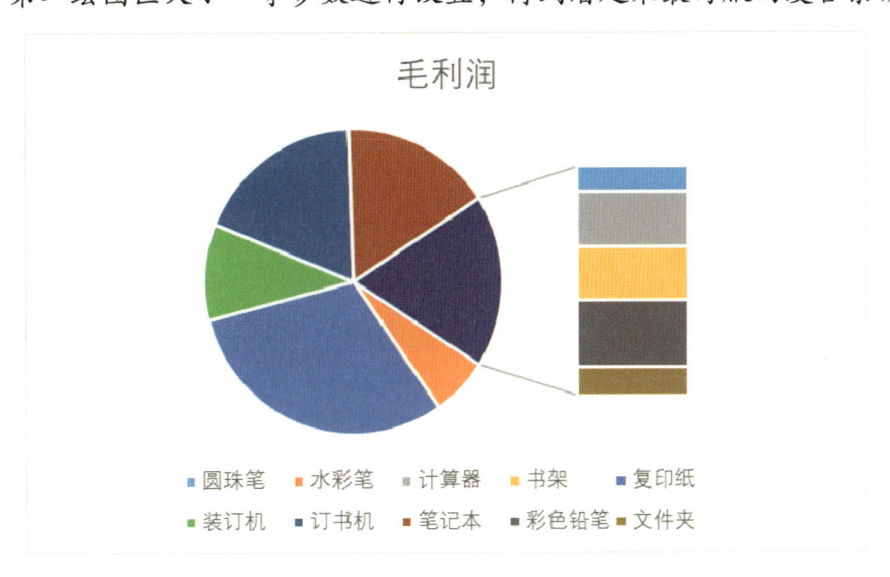

图 3-17　设置完成后的复合条饼图

Step 05：制作圆环图。

圆环图与饼图一样，可显示各个部分与整体之间的关系，但是它可以包含多个数据系列。选中"客户名称""成本""毛利润"三列，采用与 Step 03（1）同样的操作，在弹出的

"插入图表"对话框中的"所有图表"选项卡下选择"圆环图"选项,则可得到如图 3-18 所示的圆环图。

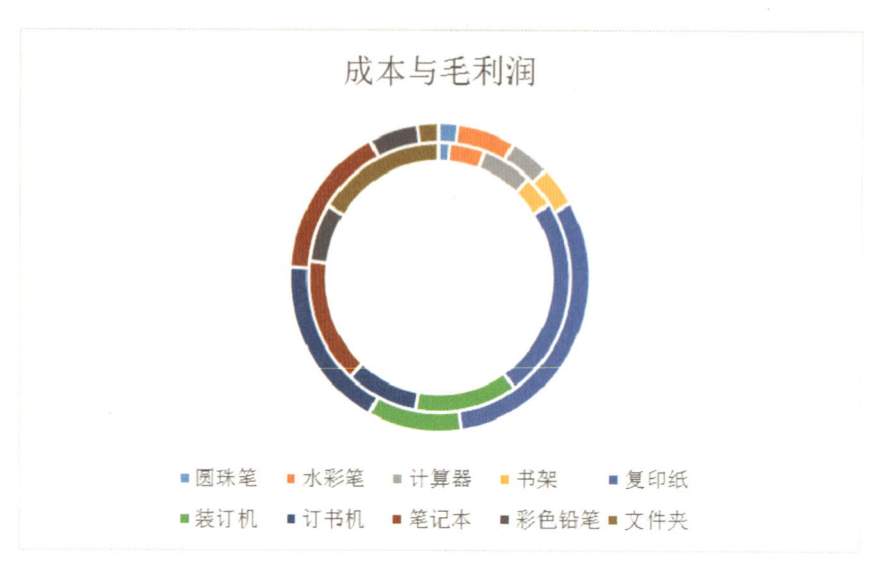

图 3-18 圆环图

4. 折线图

折线图是通过线条的波动(上升或下降)来显示连续数据随时间或有序类别变化的图表,非常适用于显示在相等时间间隔下数据的变化趋势。Excel 中常用的折线图有四类:折线图(含带数据标记的折线图)、堆积折线图(含带数据标记的堆积折线图)、百分比堆积折线图(含带数据标记的百分比堆积折线图)和三维折线图。

Step 01:打开"图表示例数据.xlsx",使用其中的"某店铺全年办公用品销量情况"工作表。

Step 02:制作折线图(含带数据标记的折线图)。

折线图常用于表示数据变化的趋势,单条折线图只显示一组数据的波动情况,多条折线图可同时显示多组数据的波动情况。以不同颜色的线条代表不同的数据组,哪个颜色代表哪组数据用图例表示。

(1)选中表头及"圆珠笔""水彩笔""计算器"三行数据,单击"插入"选项卡下"图表"组右下角的箭头,弹出"插入图表"对话框,单击"所有图表"选项卡,选择"折线图"选项,单击"确定"按钮,则可得到如图 3-19 所示的默认折线图。

(2)采用与(1)同样的操作,在弹出的"插入图表"对话框中的"所有图表"选项卡下选择"带数据标记的折线图"选项,则可得到如图 3-20 所示的带数据标记的折线图。

由图 3-19 和图 3-20 可见,带数据标记的折线图与默认折线图相比,区别仅在于一个有数据标记,另一个没有。在进行数据可视化分析时,是选择带数据标记的折线图还是不带数据标记的折线图要根据具体情况来确定，如果只是看一下数据变化趋势，对每个数据的数值没有要求，则选择默认折线图即可。以下的堆积折线图、百分比堆积折线图同理。

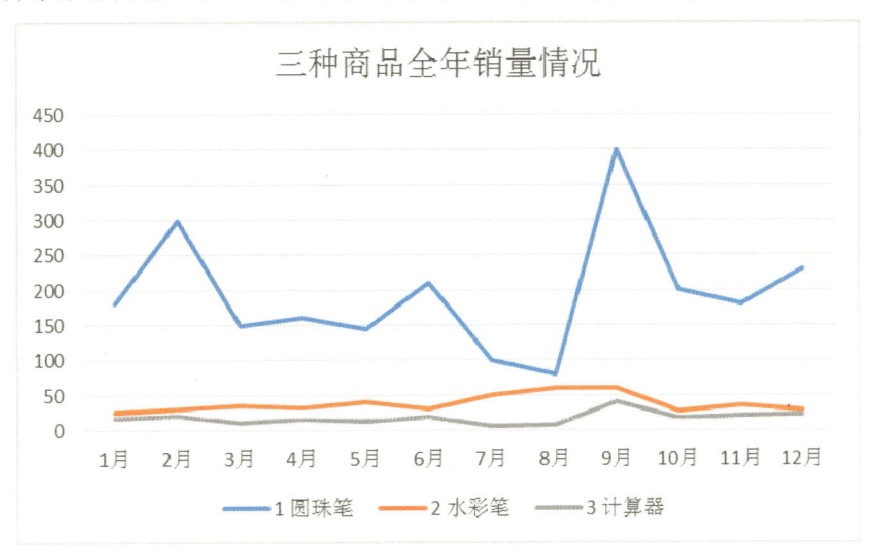

图 3-19　默认折线图

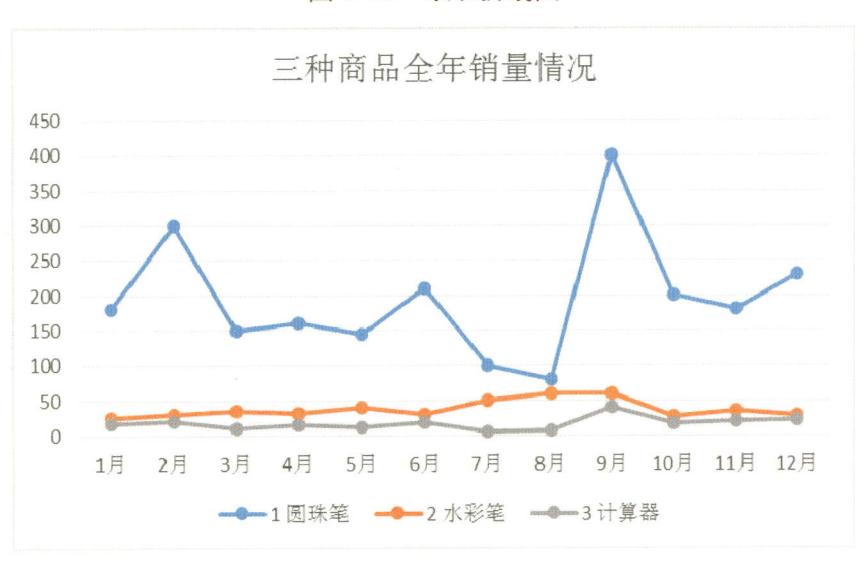

图 3-20　带数据标记的折线图

Step 03：制作堆积折线图（含带数据标记的堆积折线图）。

堆积折线图用于显示各组数据累计值随时间或有序类别变化的趋势。如果有三个数据系列，那么在堆积折线图中，第一个数据系列和折线图中的显示一样，第二个数据系列的值要和第一个数据系列的值在同一分类（或时间）上进行累计，第三个数据系列的值要和第一个、第二个数据系列的值在同一分类（或时间）上进行累计，这样可以显示前两个数据系列及三个数据系列在同一分类（或时间）上的值的总和的变化趋势。例如，某店铺销售三种商品，制作销售额的堆积折线图就可以反映这三种商品的总销售额随时间变化的情况。

（1）采用与 Step 02（1）同样的操作，在弹出的"插入图表"对话框中的"所有图表"

选项卡下选择"堆积折线图"选项，则可得到如图 3-21 所示的堆积折线图。

图 3-21　堆积折线图

（2）采用与（1）同样的操作，在弹出的"插入图表"对话框中的"所有图表"选项卡下选择"带数据标记的堆积折线图"选项，则可得到如图 3-22 所示的带数据标记的堆积折线图。

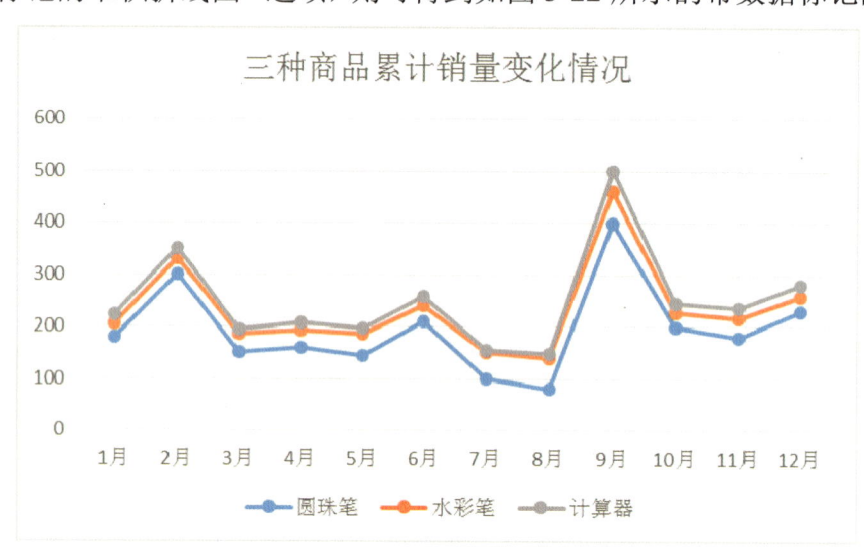

图 3-22　带数据标记的堆积折线图

Step 04：制作百分比堆积折线图（含带数据标记的百分比堆积折线图）。

百分比堆积折线图用于显示每个数据所占百分比随时间或有序类别变化的趋势，在堆积折线图的基础上显示百分比。

（1）选中表头及"圆珠笔""水彩笔""彩色铅笔"三行数据，单击"插入"选项卡下"图表"组右下角的箭头，在弹出的"插入图表"对话框中的"所有图表"选项卡下选择"百分比堆积折线图"选项，则可得到如图 3-23 所示的百分比堆积折线图。

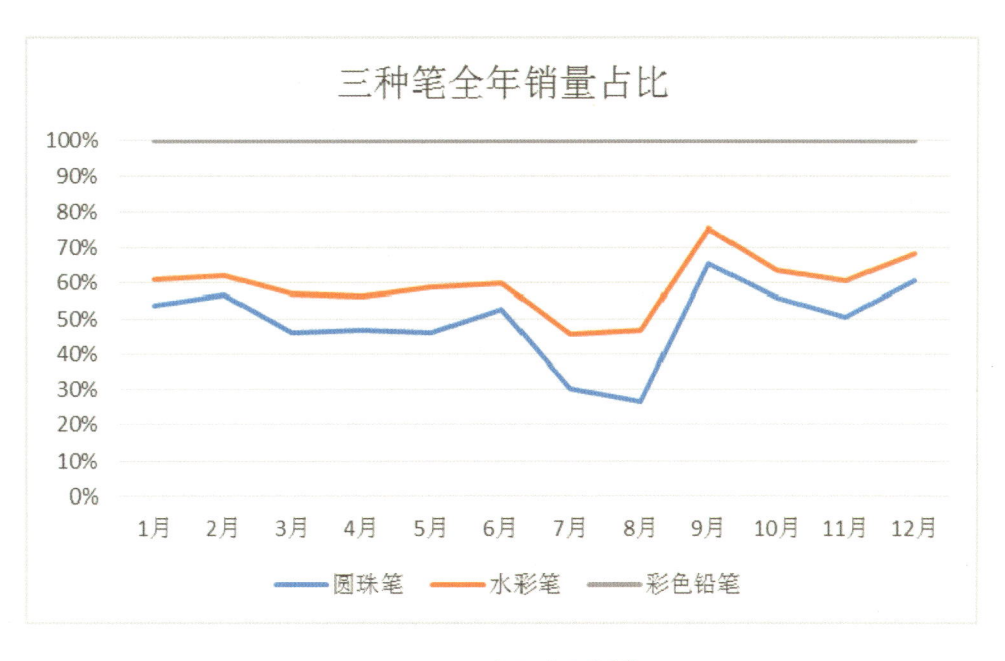

图 3-23　百分比堆积折线图

> **注意**：在看图 3-23 时，最上面的灰色直线代表三种笔的销量总和，为 100%；蓝色折线为圆珠笔占三种笔销量的比例；橙色折线为水彩笔+圆珠笔占三种笔销量的比例。水彩笔占三种笔销量的比例可以用某时间点橙色线的百分比减去蓝色线的百分比得到；彩色铅笔占三种笔销量的比例可以用 100%减去某时间点橙色线的百分比得到。所以，通过百分比堆积折线图可以清楚地看到某几种系列总和在某个时间点占总数的比例，也可以通过减法运算得到单个系列在某个时间点占总数的比例。

（2）采用与（1）同样的操作，在弹出的"插入图表"对话框中的"所有图表"选项卡下选择"带数据标记的堆积折线图"选项，则可得到如图 3-24 所示的带数据标记的堆积折线图。

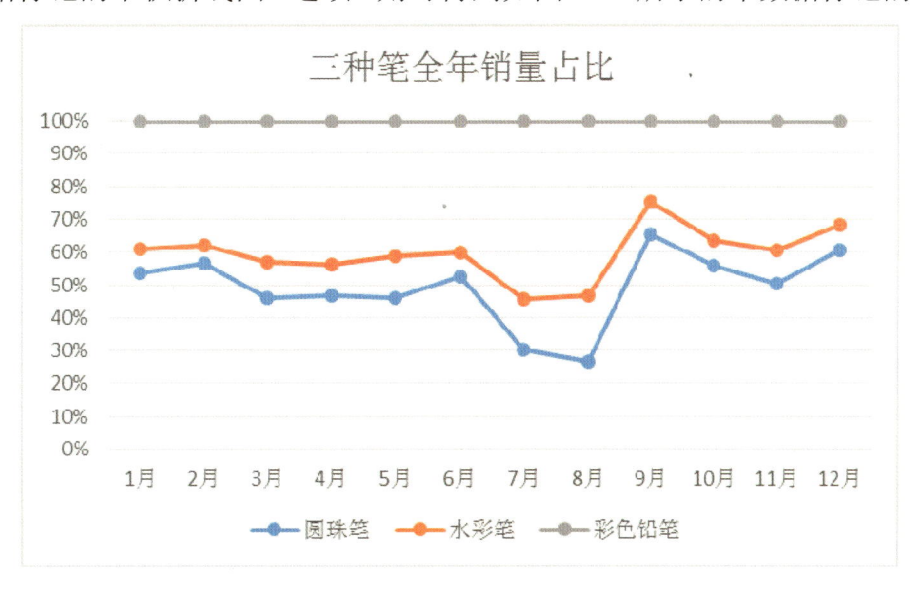

图 3-24　带数据标记的百分比堆积折线图

Step 05：制作三维折线图。

三维折线图将每一行或列的数据显示为三维格式。

采用与 Step 04（1）同样的操作，在弹出的"插入图表"对话框中的"所有图表"选项卡下选择"三维折线图"选项，则可得到如图 3-25 所示的三维折线图。

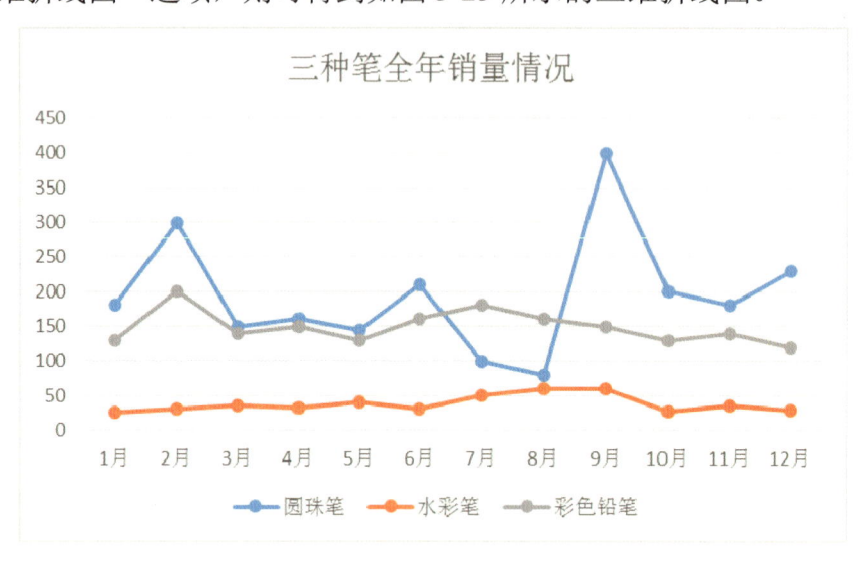

图 3-25　三维折线图

三、Excel 图表美化技巧

当我们在 Excel 中做好图表之后，会发现有些图表的数据标记不清晰，有些图表的可读性不好，这时就需要对图表做一些美化。下面介绍 Excel 中的一些图表美化技巧，方便我们快速做出既实用又赏心悦目的图表。

1. 通过"快速布局"调整图表的整体布局

例如，前面做好的办公用品销售情况簇状条形图（见图 3-9），每个品类的成本和毛利润看起来有点费力，这时我们可以通过"快速布局"对它进行调整。

Step 01：制作如图 3-9 所示的簇状条形图，在"设计"选项卡下"图表布局"组中单击"快速布局"下拉按钮，选择"布局 2"选项。

Step 02：单击图表右上角的"+"，取消勾选"图表标题"复选框，选择如图 3-26 所示的图表元素，则可得到如图 3-27 所示的带有数据标签的簇状条形图。

2. 套用图表样式

在 Excel 中，每种类型的图表都内置了十几种图表样式，这些图表样式由专业人士进行配色和布局，基本上可以满足数据可视化分析的要求。本操作以如图 3-15 所示的复合饼图为例进行图表样式的套用。

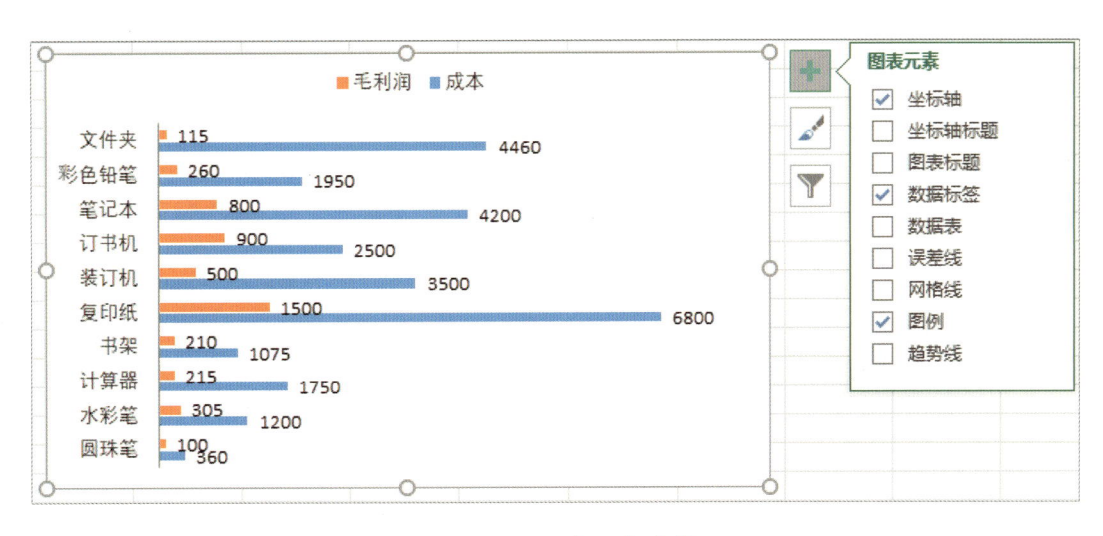

图 3-26 图表元素选择

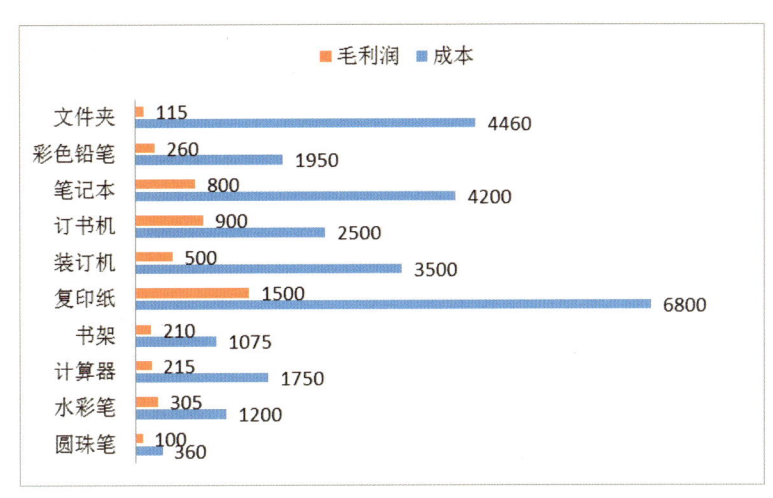

图 3-27 带有数据标签的簇状条形图

Step 01：制作如图 3-15 所示的复合饼图，在"设计"选项卡下"图表样式"组中选择"样式 8"选项，则可得到如图 3-28 所示的复合饼图。

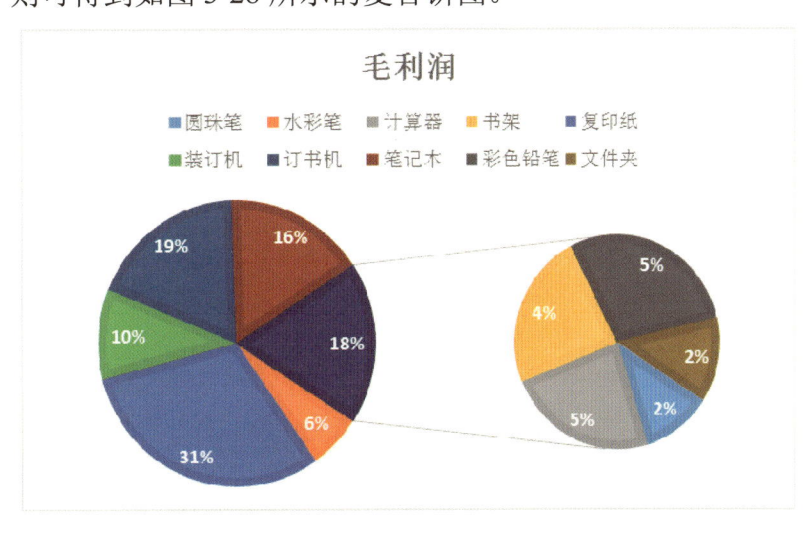

图 3-28 使用图表样式 8 的复合饼图

Step 02：单击图表右上角的"+"，可对图表标题、数据标签、图例的位置及内容进行设置，得到更符合个性化要求的图表，如图3-29所示。

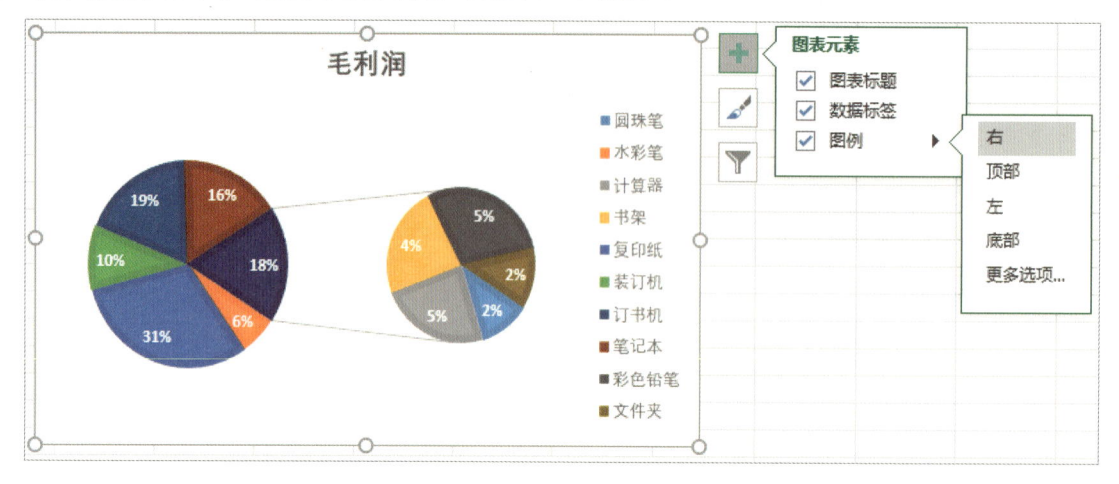

图3-29　图表元素设置

▶ **举一反三**：请大家尝试对数据标签进行设置，将图中的数据标签以数值的形式表现出来。

3．折线图数据标记点的设置

当多条折线交叉出现且数据比较多时，有时会不小心忽视一些重要数据，如果我们对重要数据进行特殊标记，就可以起到重点突出、一目了然的作用。

Step 01：选中表头及"订书机""装订机"两行数据，单击"插入"选项卡下"图表"组右下角的箭头，在弹出的"插入图表"对话框中的"所有图表"选项卡下选择"带数据标记的折线图"选项，则可得到如图3-30所示的重要数据未突出显示的折线图。

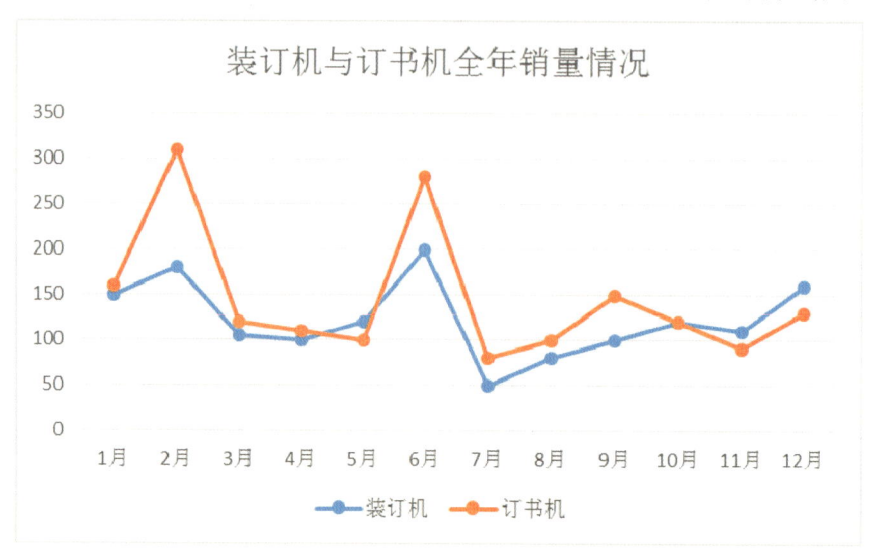

图3-30　重要数据未突出显示的折线图

Step 02：先单击选中折线，再双击需要重新标识的数据点，会弹出"设置数据点格式"对话框，如图3-31所示。单击"填充与线条"按钮（油漆桶图标），单击"标记"，在"数据标记选项"中单击"内置"单选按钮，在"类型"下拉列表中选择自己想要的标记点形状，选择或输入标记点大小，再在"填充"中选择填充样式和颜色，则可使数据点发生变化。

Step 03：设置装订机折线（蓝色）为最大值和最小值均突出显示为红色圆形，大小均为8；设置订书机折线（橙色）的最大值突出显示为菱形，最小值突出显示为三角形，大小均为8，则可得到如图3-32所示的重要数据突出显示的折线图。

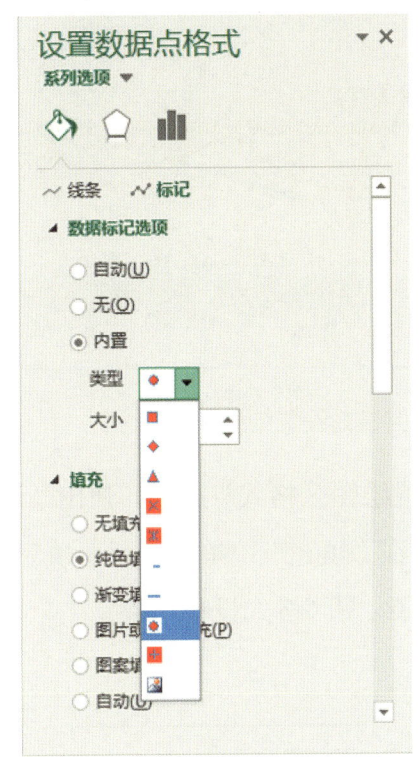

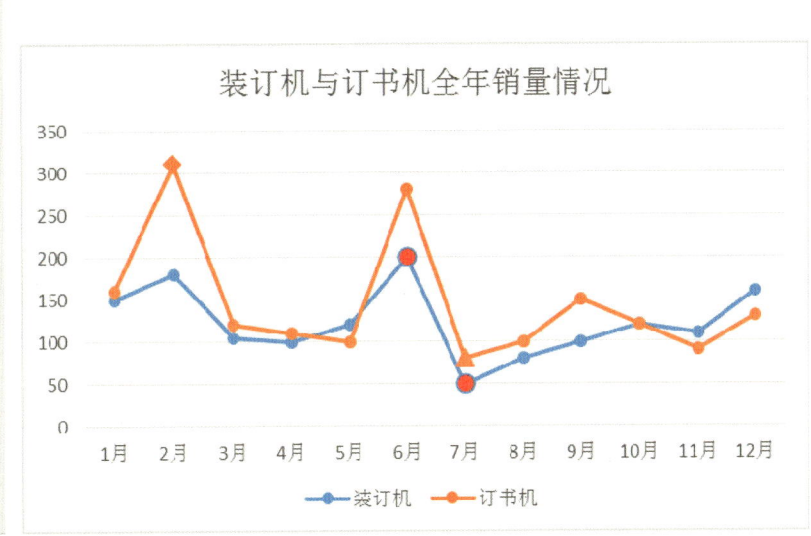

图3-31 "设置数据点格式"对话框　　图3-32 重要数据突出显示的折线图

举一反三：大家可以尝试对某折线图的所有数据点进行统一突出设置。

4. 图表区、绘图区美化

在Excel商务数据分析中，做好可视化图表之后，还要进行商务数据分析报告的撰写或汇报演示文档的制作，无论是在分析报告中还是在演示文档中，图表区和绘图区都要进行简单的美化，以使图表简洁、美观。

Step 01：使用如图3-32所示的折线图，在图表区右击，在弹出的快捷菜单中选择"设置图表区格式"选项，弹出如图3-33所示的对话框，在"填充"中单击"渐变填充"单选按钮，在"边框"中单击"实线"单选按钮，宽度设置为1.5磅，勾选左下角的"圆角"复选框，则可得到如图3-34所示的图标区格式设置结果。

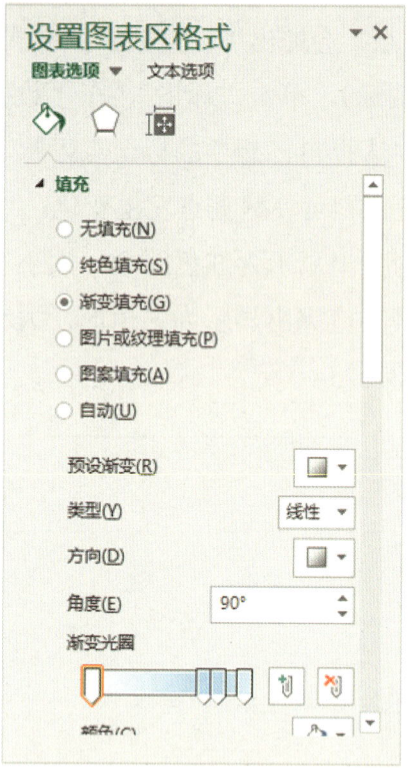

图 3-33 "设置图表区格式"对话框

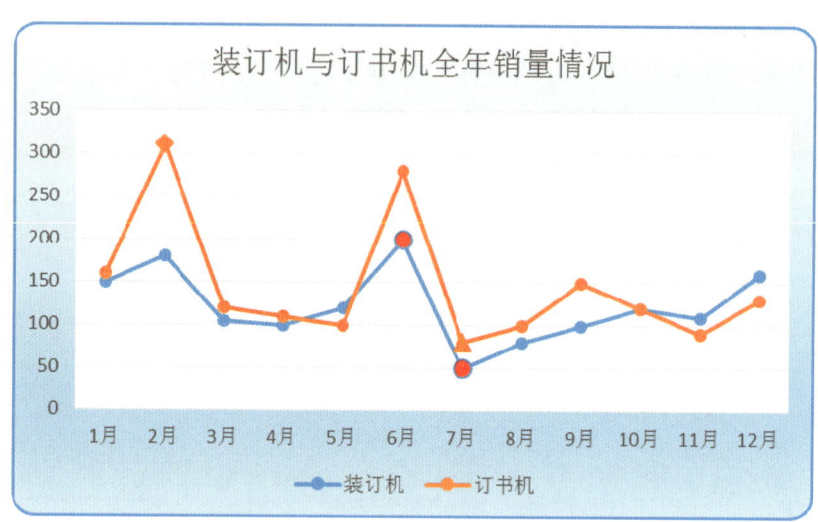

图 3-34 图表区格式设置结果

Step 02：在绘图区右击，在弹出的快捷菜单中选择"设置绘图区格式"选项，弹出"设置绘图区格式"对话框（与"设置图表区格式"对话框类似），在"填充"中单击"渐变填充"单选按钮，其他选项均使用默认值，则可得到如图 3-35 所示的绘图区格式设置结果。

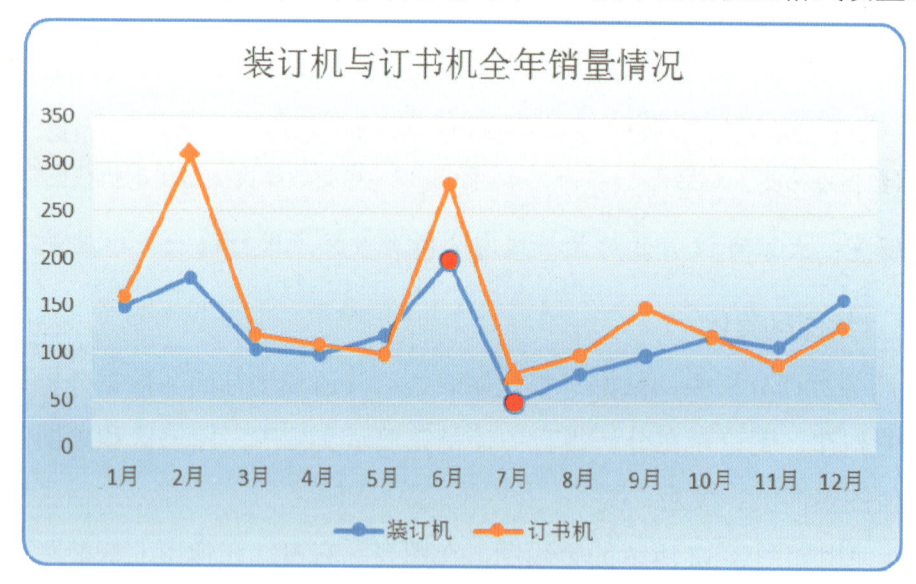

图 3-35 绘图区格式设置结果

▶ **举一反三**：大家可以尝试使用不同的填充和边框参数对图表区和绘图区进行设置，做出自己最满意的图表。

5. 坐标轴格式设置

在 Excel 中创建好图表后，图表中的坐标轴使用的是默认格式。有的时候默认格式可能满足不了数据分析精细度及准确度的要求，这时就需要通过坐标轴格式设置对坐标轴刻度、网格线等进行细化。

1）垂直轴（数值轴）刻度设置

Step 01：选中"某店铺 1 月份办公用品销售情况"工作表中的"商品名称""销售金额"两列数据，单击"插入"选项卡下"图表"组右下角的箭头，在弹出的"插入图表"对话框中的"所有图表"选项卡下选择"簇状柱形图"选项，得到一个水平类别标签倾斜的柱形图，选中该图，将鼠标指针放在右侧中间的定位点上向右拖动鼠标，得到如图 3-36 所示的柱形图。

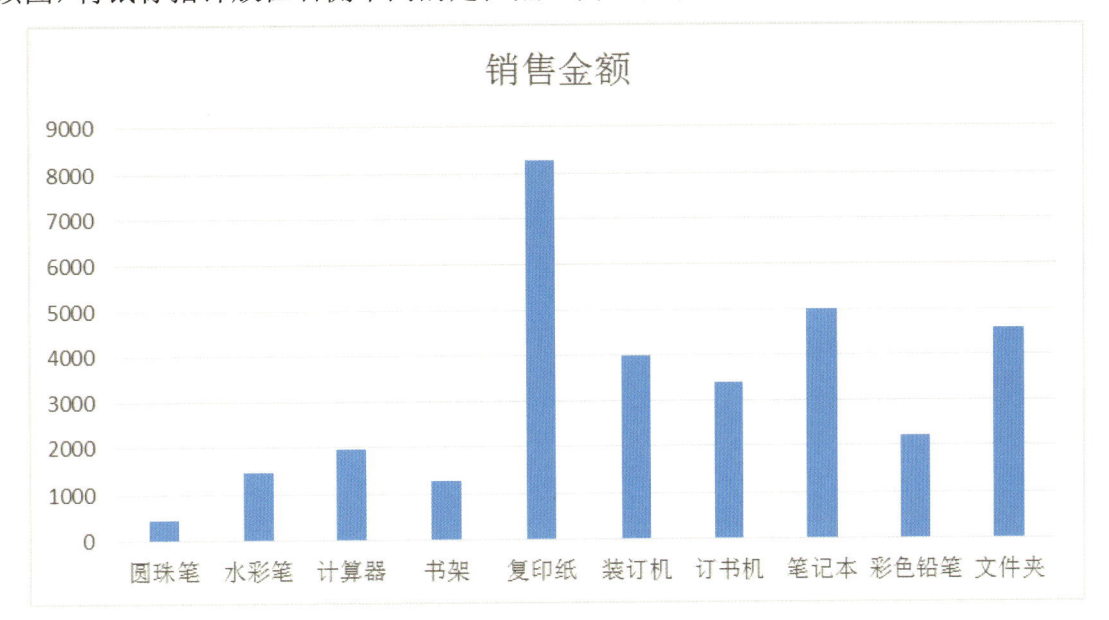

图 3-36　使用默认坐标轴设置的柱形图

通过图 3-36 可以看出，由于垂直轴（数值轴）刻度间隔为 1000，因此有些数据不容易一眼看出来，这时就需要对垂直轴的数据刻度进一步进行设置。

Step 02：选中垂直轴，这时垂直轴四周会出现一个方框，右击，在弹出的快捷菜单中选择"设置坐标轴格式"选项，弹出如图 3-37 所示的"设置坐标轴格式"对话框，将"最大值"改为"8500.0"，"主要"改为"500.0"，得到一个刻度间隔为 500 的柱形图，选中该图，将鼠标指针放在上面中间的定位点上向上拖动鼠标，可得到如图 3-38 所示的柱形图。

选择"图表工具"→"布局"功能菜单选项，单击工具栏中的"设置所选内容格式"按钮。

由图 3-38 可以看出，数据的可读性明显加强。

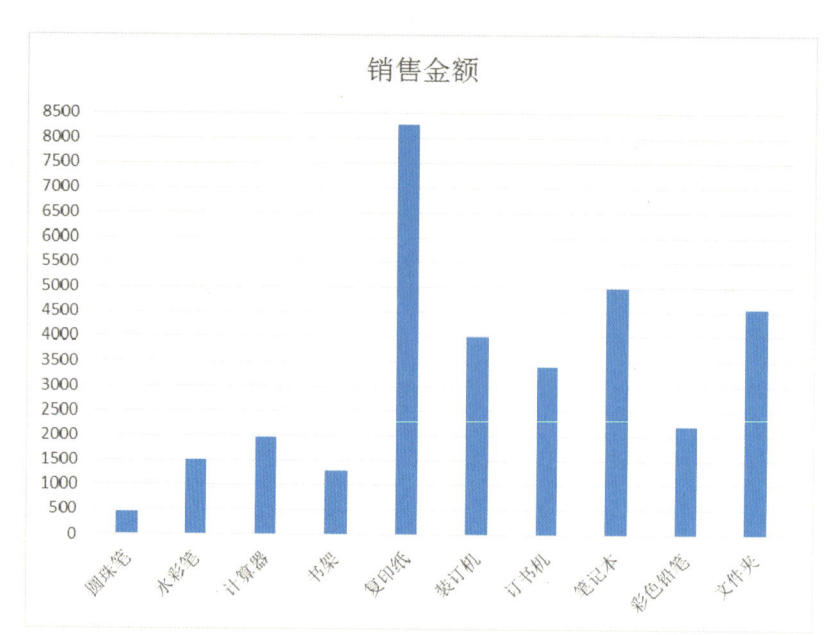

图 3-37 "设置坐标轴格式"对话框　　　　图 3-38 刻度间隔修改后的柱形图

Step 03：如果不想改变刻度间隔，则可添加次要网格线。选中垂直轴，右击，在弹出的快捷菜单中选择"添加次要网格线"选项，则以 200 的间隔增加次要网格线，选中该图，将鼠标指针放在上面中间的定位点上向上拖动鼠标，则可得到如图 3-39 所示的柱形图。

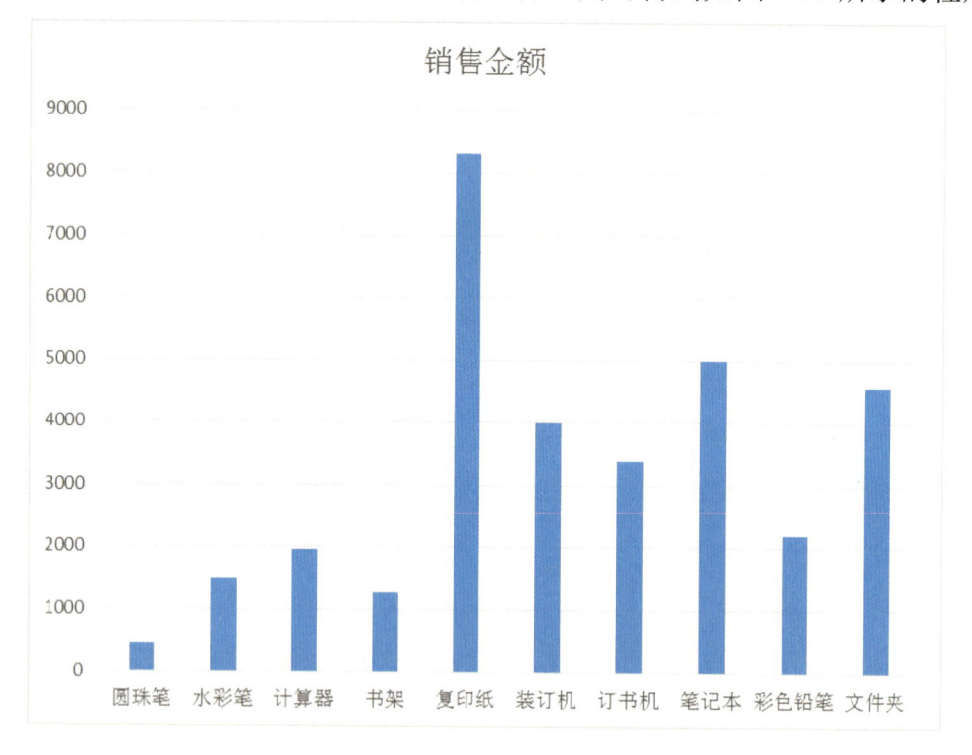

图 3-39　添加了次要网格线的柱形图

由图 3-39 可见，数据显示更加精细化，读图更加便捷。

2）水平轴（类别轴）、垂直轴字体设置

从图 3-36 到图 3-39，都是通过拉宽或拉长柱形图以使数据显示更加清晰，增强图表可读性的。但是有的时候由于文档或演示文档中空间有限，图表无法放大，这时就需要改变水平轴或垂直轴的字体，以增强图表可读性。

Step 01：选中"某店铺 1 月份办公用品销售情况"工作表中的"商品名称""销售金额"两列数据，单击"插入"选项卡下"图表"组右下角的箭头，在弹出的"插入图表"对话框中的"所有图表"选项卡下选择"簇状柱形图"选项，则可得到原始的柱形图。

Step 02：选中水平轴文字，右击，在弹出的快捷菜单中选择"字体"选项，将"大小"设置为 7，得到如图 3-40 所示的柱形图。同样可以将垂直轴字体变小以达到缩小垂直高度的目的，大家可自行尝试设置。

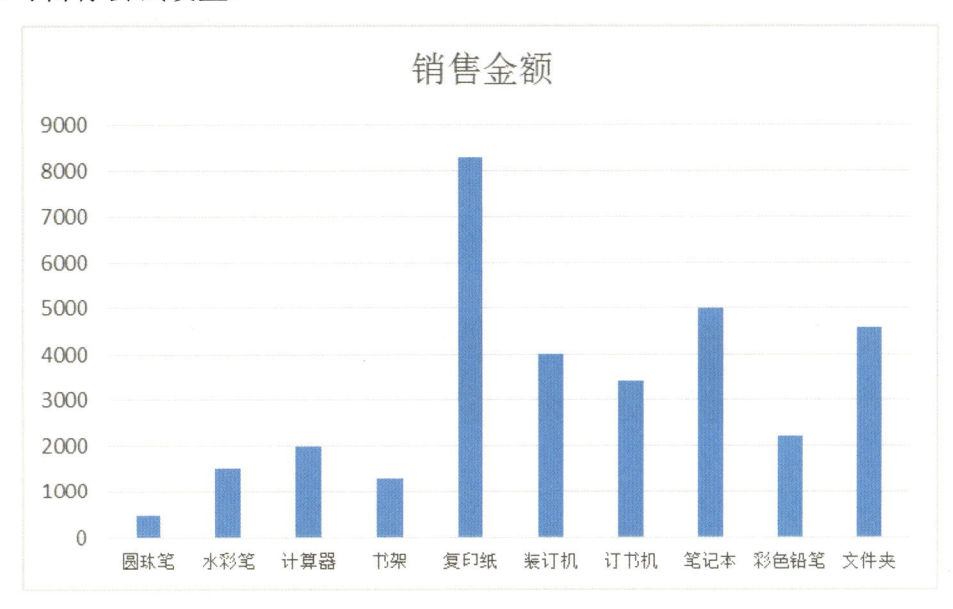

图 3-40 水平轴字体缩小后的柱形图

四、Excel 仪表盘制作

Excel 仪表盘的名称来源于汽车方向盘前面的仪表盘，其简单直观，是一个重要的可视化图形，一般常用于显示某项重要指标的达成情况。在 Excel 中，仪表盘是通过插入圆环图+饼图，并对其数据系列格式和数据标签格式进行设置得到的。

1. 仪表盘基本布局及任务说明

仪表盘制作要领是三个圆环图加上一个饼图。仪表盘数据由六大部分组成：内圈（刻度）、预警色带、外圈、刻度标签（仪表盘上显示的数字）、指针、中心点。商品库存仪表盘样图如图 3-41 所示。大家也可以举一反三，根据自己的需求做出更漂亮的仪表盘。

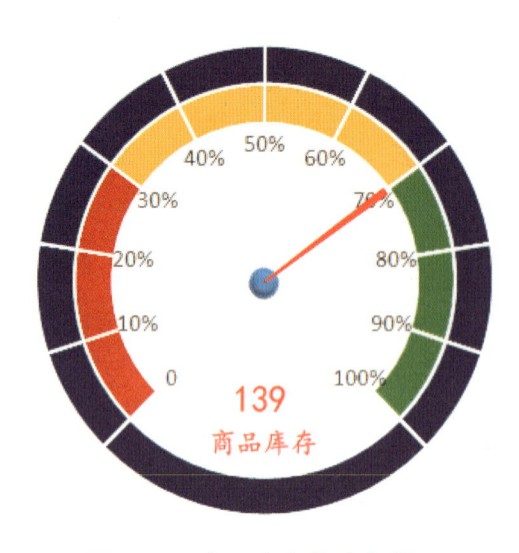

图 3-41 商品库存仪表盘样图

由图 3-41 可见，仪表盘上面有刻度的部分占整个圆环的四分之三，即 270°，下面的留白部分占四分之一，即 90°。大家也可以根据实际情况进行空间分配。本任务仪表盘显示的是商品库存情况，当库存小于 30%时进入红色预警区，需要做好进货准备；当库存小于 20%时必须补充货源。本任务商品库存数据来自"仪表盘制作.xlsx"中的"库存清单"工作表，最大商品库存数为 200。

2. 数据准备

（1）内圈（刻度）、预警色带、外圈。这三个数据刻度一致，均为上面部分的 270°分成 10 等份，每份 27°，下面部分独占 90°，所以基本数据为 0、27 重复 10 次，最后一组数据 0、90。数据之间间隔 0 是为了将刻度标签对应到刻度线上。

（2）刻度标签。刻度标签是在仪表盘内圈上显示的具体刻度数值，如图 3-41 中的 0~100%。为了将刻度数值对应到刻度线上，刻度标签的数字应放在 0 所对应的单元格右边。仪表盘数据准备如图 3-42 所示。

图 3-42 仪表盘数据准备

（3）指针。指针第一个数据取决于右边的商品库存数据，根据商品库存数据自动调整。第一个数据=商品库存值/库存最大值×270（相当于计算指针从 0 开始沿着仪表盘顺时针旋转多少度），本任务中为 139/200×270=187.65；第二个数据=2，为固定值，是指针的占位，如果想让指针再细一点可选择 1.5；第三个数据=360-前两个数据。这样三个数据就拼成了 360°。

（4）商品库存。商品库存数据可链接到库存清单中的库存最新数据，只要库存清单中的数据发生变化，该数据就自动变化。为了模拟实际工作中该数据的变化，我们在取值时对该数据使用了 INDEX 函数，能够返回表格或区域中的值或值的引用。在商品库存下面的单元格中输入公式"=INDEX(库存清单!C2:C12,RANDBETWEEN(1,11))"，意思是从库存清单中的库存数量中随机选择 1 个数据添加到商品库存中。其中，RANDBETWEEN(1,11)是指随机取一个 1～11 的整数。按 F9 键，该随机数会随时变化。

（5）中心点。中心点就是仪表盘中心的小圆点，也是使用饼图制作的，该值取 1，这样做出来的原点是一个整圆。

3．仪表盘制作步骤

Step 01：打开"仪表盘制作.xlsx"

Step 02：选中 A1:C23 数据区域，单击"插入"选项卡下"图表"组右下角的箭头，在弹出的"插入图表"对话框中的"所有图表"选项卡下选择"圆环图"选项，得到 3 个圆环图，如图 3-43 所示，将图表标题和图例删除。

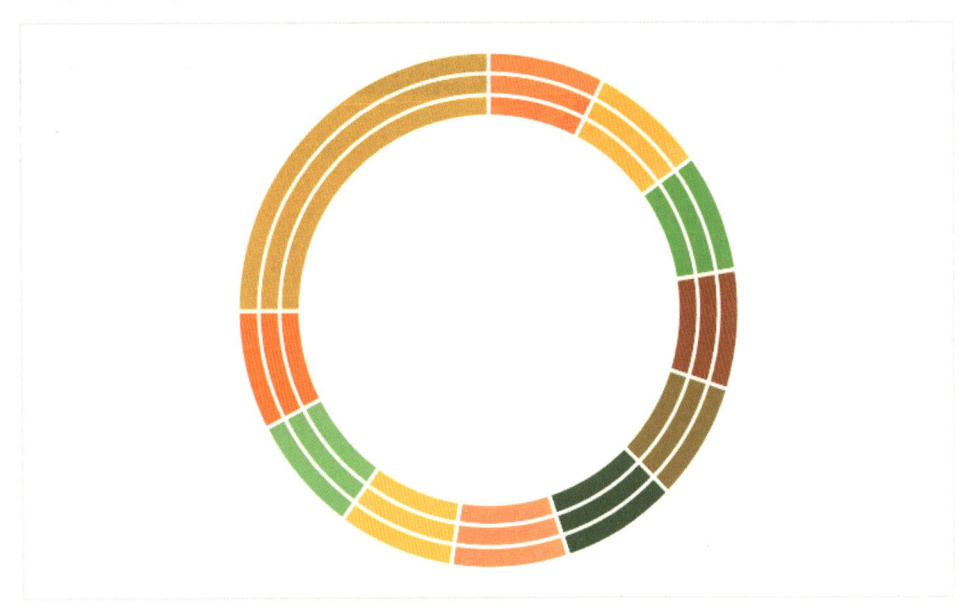

图 3-43 初始圆环图

Step 03：选中任一圆环，在弹出的"设置数据系列格式"对话框中选择"系列选项"，将"第一扇区起始角度"设置为 225°。为什么是 225°呢？因为圆环图和饼图默认的第一扇区起始点为上部中间位置，如图 3-44 所示，我们现在要重设第一扇区起始点位置，要把 90°的区域移到下面。对照 3-41 可以看出，相当于把第一扇区起始点顺时针移动了(270/2+90)=225°。将"圆环图内径大小"设置为 50%，把每个圆环都变粗一点，这样视觉效果比较好。

Step 04：选中外圈，在"设置数据系列格式"对话框中选择"填充与线条"选项（油漆桶图标），在"填充"中选择"纯色填充"，颜色选择"标准色"中的"深蓝"，完成外圈的设置。

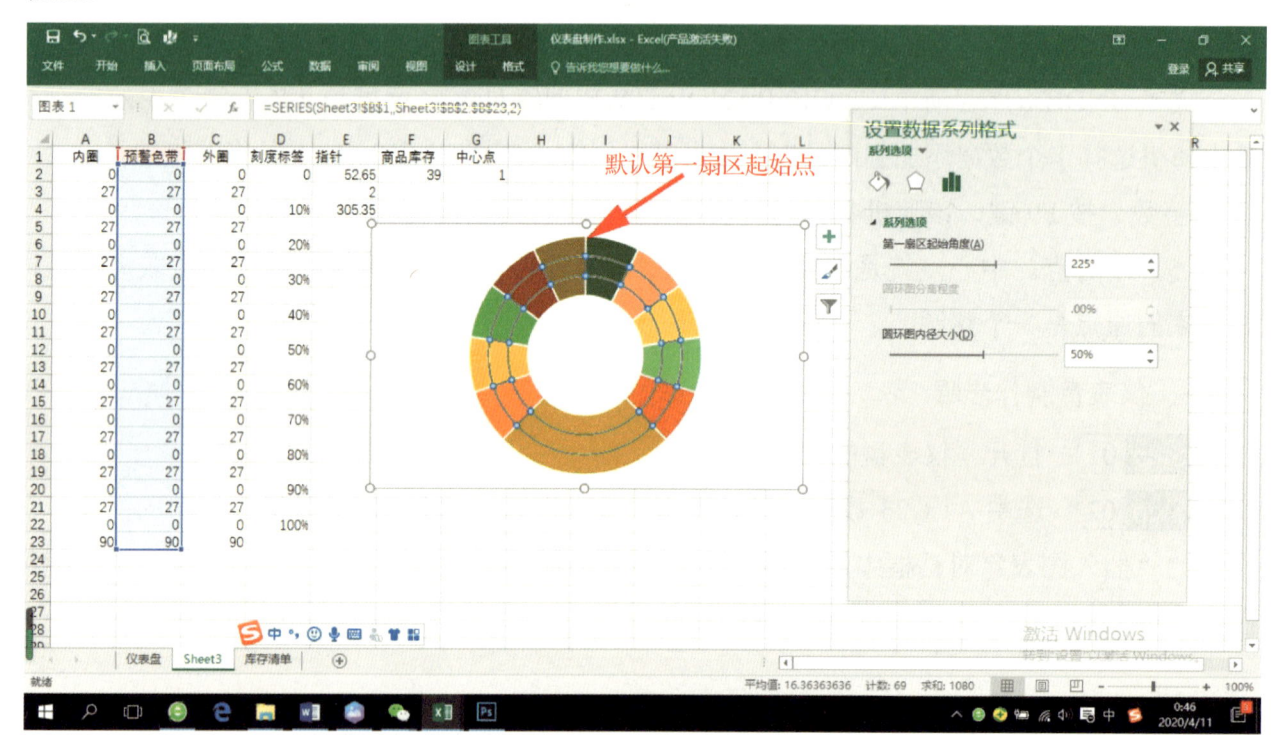

图 3-44　设置数据系列格式

Step 05：选中预警色带的 90°区域，在"设置数据系列格式"对话框中的"填充"中选择"无填充"。分别选中从 0 开始的 3 个 27°区域，填充"标准色"中的"深红"。分别选中上面的 4 个 27°区域，填充"主题颜色"中的"金色，个性色 4"。分别选中右边的 3 个 27°区域，填充"主题颜色"中的"绿色，个性色 6，深色 25%"，完成预警色带的设置。预警色带的颜色也可以使用默认的颜色，为与样图有所区别，本任务使用默认的颜色。

Step 06：选中内圈，在"设置数据系列格式"对话框中的"填充"中选择"无填充"。右击，在弹出的快捷菜单中选择"添加数据标签"选项，则内圈数据出现在图表中。右击，在弹出的快捷菜单中选择"选择数据"选项，弹出如图 3-45 所示的对话框，在"水平（分类）轴标签"中单击"编辑"按钮，弹出"轴标签"对话框，如图 3-46 所示，将其"轴标签区域"设置为 D2:D22（刻度标签数据区域）。单击"确定"按钮，弹出的"设置数据标签格式"对话框，如图 3-47 所示，在"标签选项"中，勾选"类别名称"复选框，取消勾选"值""显示引导线"复选框，完成内圈设置。

图 3-45　"选择数据源"对话框　　　　图 3-46　"轴标签"对话框

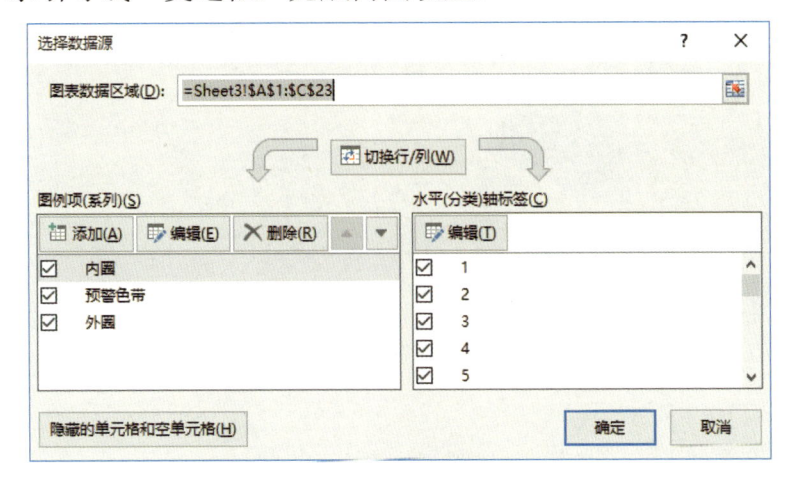

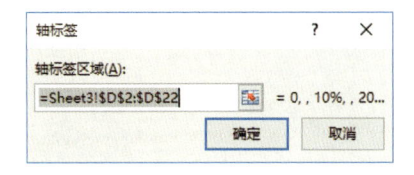

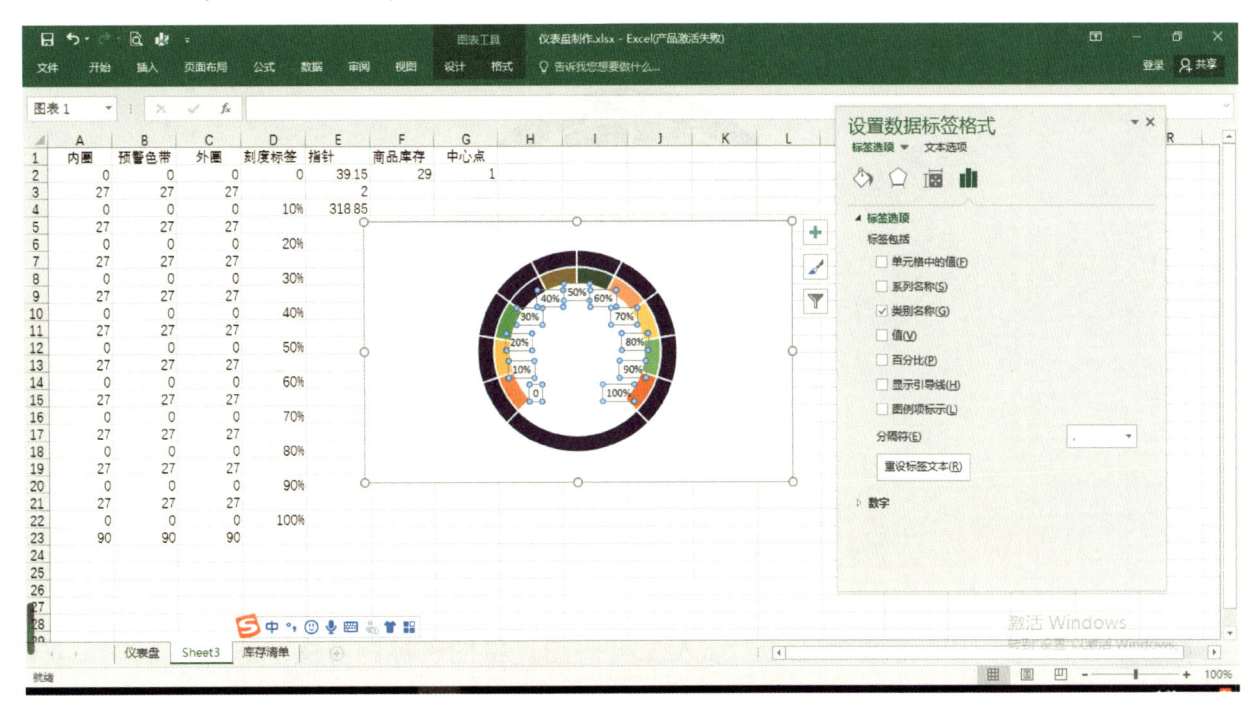

图 3-47　设置数据标签格式

Step 07：选中指针数据区域，插入二维饼图，得到如图 3-48 所示的指针原始图，将图表标题及图例删除。在"设置图表区格式"对话框中将填充设置为"无填充"，边框设置为"无线条"，按住 Shift 键拖动对角点将饼图缩小到外圈与预警色带内圈重合或比预警色带内圈稍小。在"设置数据系列格式"对话框中将"第一扇区起始点"设置为 225°，将饼图分离程度设置为 5%，方便后续分扇区设置操作。分别选中最大和次大的两个扇区，设置其填充为"无填充"，边框为"无线条"。选中最小的扇区，设置其填充和边框均为"红色"。完成指针设置，将指针与圆环图组合到一起，如图 3-49 所示。

图 3-48　指针原始图

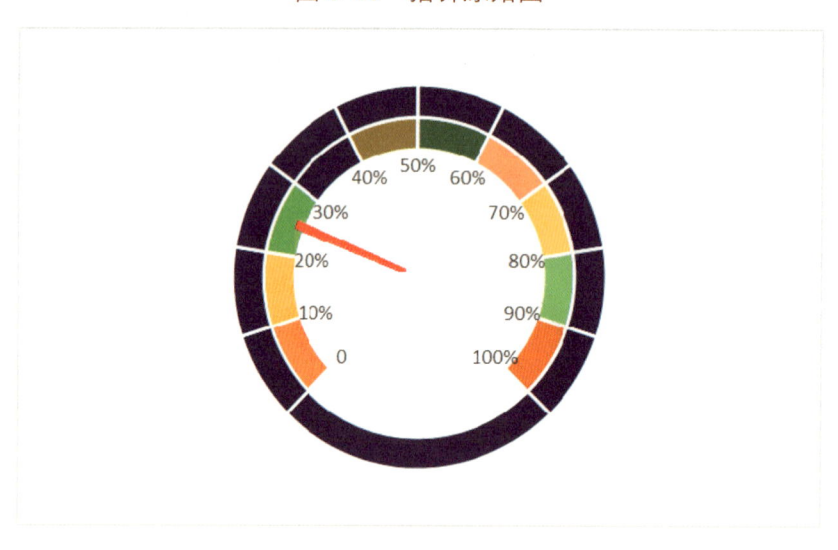

图 3-49　指针设置完成图

Step 08：选中中心点数据区域，插入二维饼图，将图表标题及图例删除。在"设置图表区格式"对话框中将填充设置为"无填充"，边框设置为"无线条"，按住 Shift 键拖动对角点将饼图缩小到与指针匹配的程度。选中饼图，将其边框设置为"无线条"，在"格式"选项卡中将其形状效果设置为"预设 1"，如图 3-50 所示。将中心点移动到仪表盘中心位置，完成仪表盘制作。

Step 09：在图表下部插入一个文本框，输入"商品库存"，设置文本格式为红色、楷体、字号大小为 16，将文本框设置为"无填充""无边框"。双击选中外圈的 90°区域，右击，在弹出的快捷菜单中选择"添加数据标签"选项，将数据标签"90"拖曳到文本框上面，在编辑栏输入公式"=$F$2"（商品库存值单元格），选中"90"，设置文本格式为红色、楷体，字号大小为 16，就做好了一个美观的仪表盘。仪表盘最终效果图如图 3-51 所示。

项目三 客户情况分析

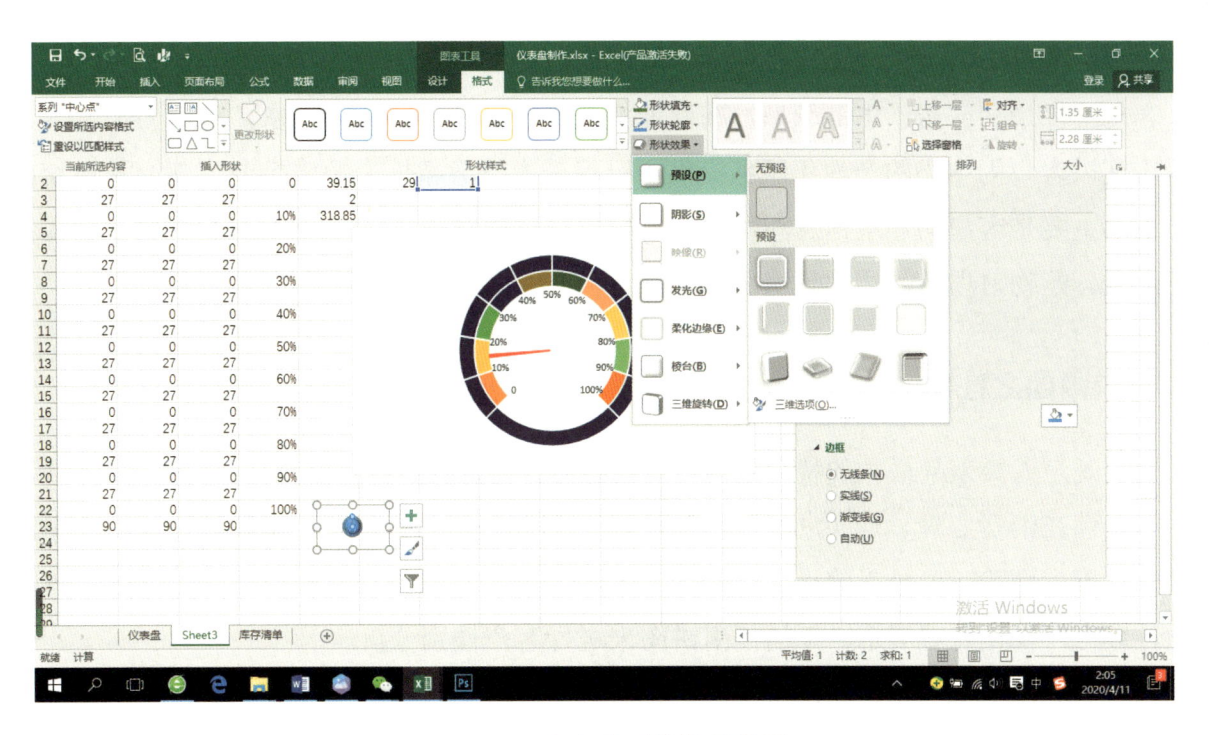

图 3-50 中心点形状效果设置

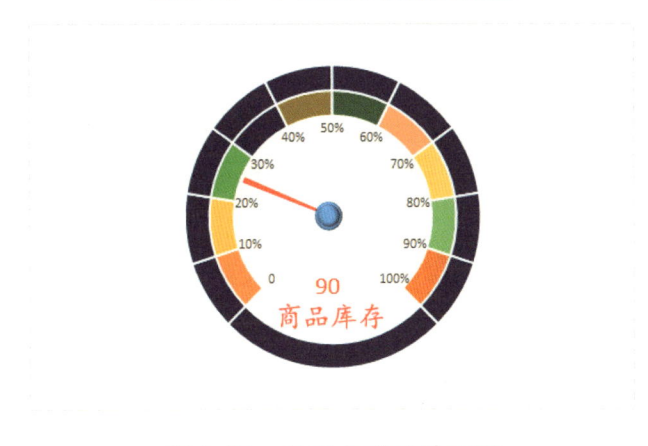

图 3-51 仪表盘最终效果图

> **拓展提高**
>
> 扫描右侧二维码可以学到更多的拓展知识。

任务2 客户画像

"顾客是上帝""客户是我们的衣食父母",这些话听起来有些夸张,但却是服务行业通行的准则。随着互联网行业的高速发展,产品购买渠道日益丰富,商家除了要保证商品质量过关,还要把客户放在第一位,站在客户的角度思考问题,确定商品的主要受众。客户画像是

77

能够客观、准确、可视化地描述目标客户的工具或方法。

客户画像最初应用于电商领域，在商业实践中，客户信息内容丰富，包罗万象，客户画像为实施以客户为中心的个性化服务提供了可能。本任务数据来源于企业内部交易系统的后台记录，主要是客户的登录信息和购买行为数据。下面跟随小 A 一起对客户的性别、年龄、分布区域、购物习惯及购买力等情况进行分析，为运营人员制定销售策略提供依据。

一、客户画像之性别

性别既是人类差异最大的特征之一，又是群体行为、偏好和需求等方面的基本影响因素，男性和女性在消费心理、购买动机、商品选择上都有比较大的差异。在商品营销活动中，性别的价值不言而喻。商品卖给谁、性别上有多大差异、男性和女性谁的购买力度更大等均可以通过数据可视化直观展示。下面使用饼图来进行客户性别分析。

1. 删除客户网名重复项

在"客户信息"工作表中，有很多客户一次购买了很多商品或一个月内有多次购买行为，如果不进行重复数据的删除，就会造成数据分析结果不准确，所以在进行客户性别和年龄分析时，应删除客户网名重复项。

Step 01：打开"销售数据.xlsx"，复制"客户信息"工作表，并将新工作表命名为"客户信息-去重复网名"。

Step 02：单击"数据"选项卡下"数据工具"组中的"删除重复项"按钮，在弹出的"删除重复项"对话框中单击"取消全选"按钮，然后勾选"客户网名"复选框，如图 3-52 所示。单击"确定"按钮，在弹出的警告框中继续单击"确定"按钮，则客户网名重复的记录只留下第一条，其余的全部被删除。

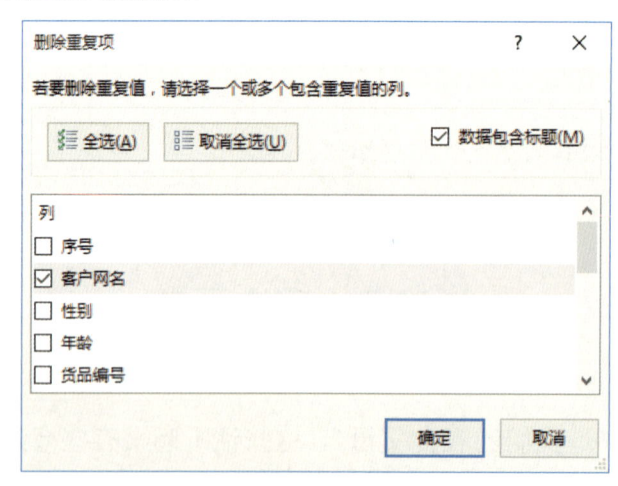

图 3-52 "删除重复项"对话框

2. 性别分析图制作

Step 01：在"客户信息-去重复网名"工作表原数据右侧添加"男性人数""女性人数"两列。

Step 02：单击编辑栏左侧的"fx"按钮，找到 COUNTIF 函数（功能为计算某个区域中满足给定条件的单元格数目），在弹出的"函数参数"对话框中设置单元格区域（Range）和计算条件（Criteria），如图 3-53 所示，其中 C:C 代表 C 列，可计算出购买客户中的男性人数，采用同样的方法计算出购买客户中的女性人数。

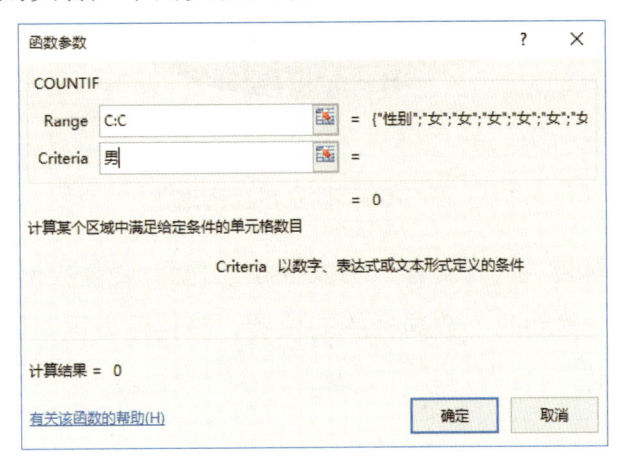

图 3-53　COUNTIF 函数参数设置

Step 03：选中 M1:N2 单元格区域，在"插入"选项卡下"图表"组中单击"插入饼图或圆环图"下拉按钮，选择"三维饼图"选项，如图 3-54 所示。

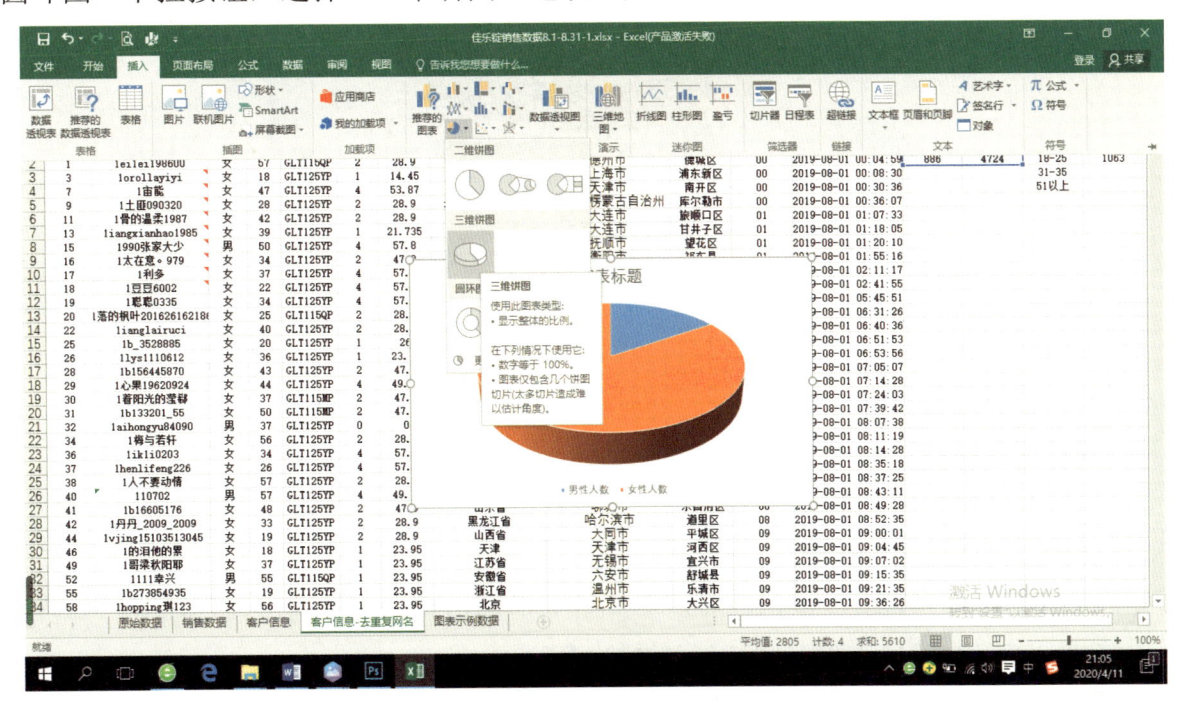

图 3-54　插入三维饼图

Step 04：选中插入的图表，单击"设计"选项卡，单击"快速布局"下拉按钮，选择"布局1"选项，得到如图 3-55 所示的性别占比图表。

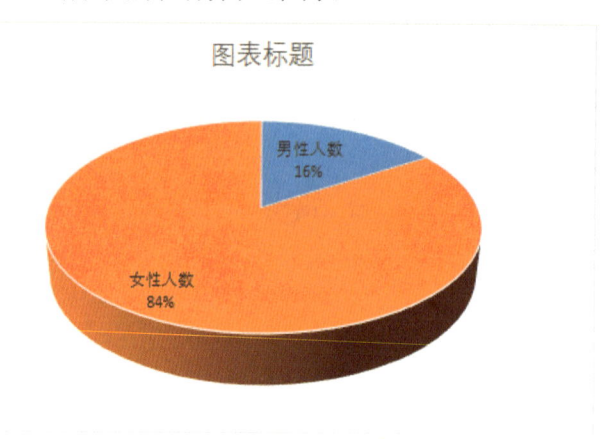

图 3-55　性别占比图表

Step 05：更改图表标题为"成交客户男女性别比例"，设置数据标签字体为"楷体，12"，设置文字颜色为"白色"，移动两个数据标签的位置，美化图表区，最终得到店铺买家的性别占比图表，如图 3-56 所示。

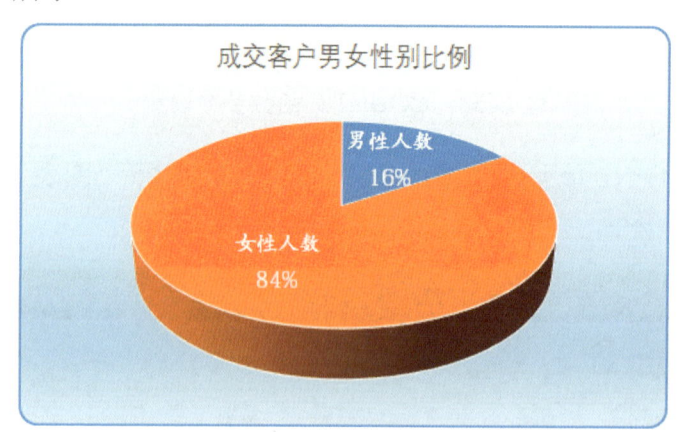

图 3-56　图表美化之后的效果

由图 3-56 可见，在购买奶片产品的客户中，女性占绝大部分，男性仅占 16%，所以可以在购买页面适当添加一些女性其他用品的购买链接或广告，以增加关联购买率。

二、客户画像之年龄

不同年龄的人群，对不同商品的购买习惯、消费力度是不一样的。通过对成交客户年龄进行分析，卖家可以掌握各年龄段的客户对店铺商品的消费程度，以便更有针对性地调整店铺销售策略。下面使用气泡图来进行客户年龄分析。

Step 01：打开"销售数据.xlsx"，打开"客户信息-去重复网名"工作表，在右边空白处添加"年龄段""年龄段统计""各年龄段占比"3 列。

Step 02：在"年龄段"列中输入"18-25""26-30""31-35""36-40""41-50""51 以上" 6 个年龄段，如图 3-57 所示。

Step 03：在"年龄段统计"列第一个单元格中使用 COUNTIFS 函数，该函数是 COUNTIF 函数的扩展，可以将多个条件应用于跨多个区域的单元格，并返回符合所有条件的单元格个数，具体公式为"=COUNTIFS(D:D,">=18",D:D,"<=25")"，其中 D:D 的意思为选择 D 列。本公式最后结果为从 D 列中选出客户年龄满足大于或大于 18 岁，同时小于或等于 25 岁的单元格个数。采用同样的方法计算出"26-30""31-35""36-40""41-50"年龄段的数据。"51 以上"年龄段的计算公式为"=COUNTIFS(D:D,">=51")"。年龄段统计表如表 3-2 所示。

图 3-57　新增年龄段列数据输入示例

表 3-2　年龄段统计表

年 龄 段	年龄段统计	各年龄段占比
18-25	601	10.71%
26-30	1767	31.50%
31-35	1928	34.37%
36-40	694	12.37%
41-50	433	7.72%
51 以上	187	3.33%
合计	5610	100%

Step 04：将光标放置于"各年龄段占比"列第一个单元格（本任务中为 Q2 单元格），输入公式"P2/$P$9"，按 Enter 键，设置单元格格式为"百分比，2 位小数"，向下拖动 Q2 单元格右下角的填充柄，得到各年龄段占比，如表 3-2 所示。

Step 05：选中"年龄段""年龄段统计""各年龄段占比"三列数据（合计行不选），单击"插入"选项卡下"图表"组中的"插入散点图或气泡图"下拉按钮，选择"三维气泡图"选项，如图 3-58 所示。

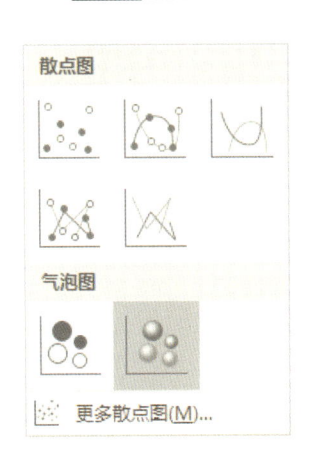

图 3-58　插入三维气泡图

Step 06：在图表区右击，在弹出的快捷菜单中选择"选择数据"选项，弹出如图 3-59 所示的"选择数据源"对话框，单击"添加"按钮，弹出"编辑数据系列"对话框，如图 3-60 所示。

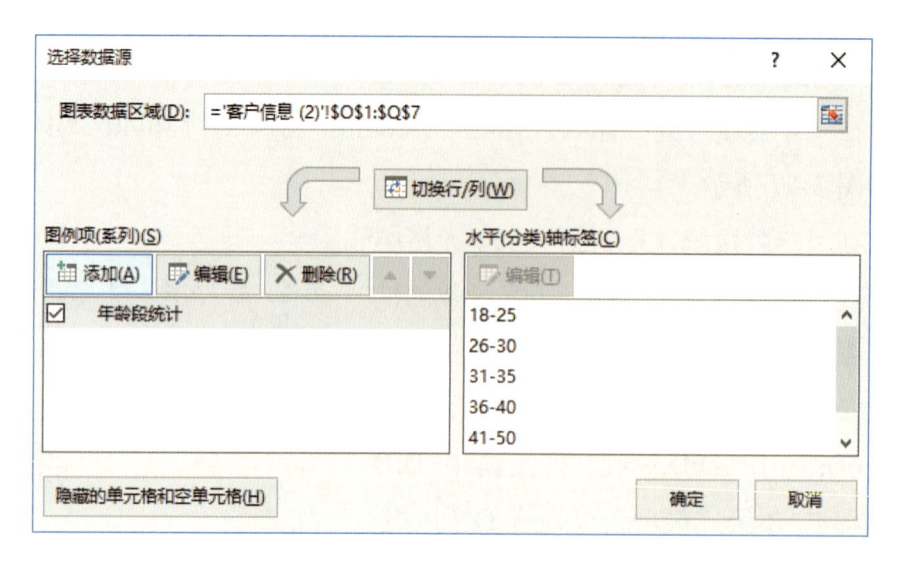

图 3-59 "选择数据源"对话框

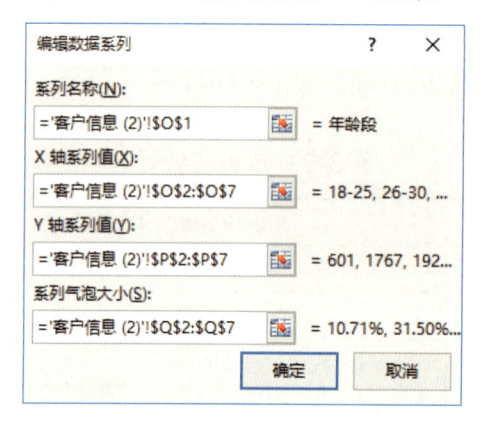

图 3-60 "编辑数据系列"对话框

Step 07：在"编辑数据系列"对话框中，设置系列名称为"年龄段"，X 轴系列值为"年龄段"列的数据，Y 轴系列值为"年龄段统计"列的数据，系列气泡大小为"各年龄段占比"列的数据，如图 3-60 所示。单击"确定"按钮，得到如图 3-61 所示的数据源选择结果。

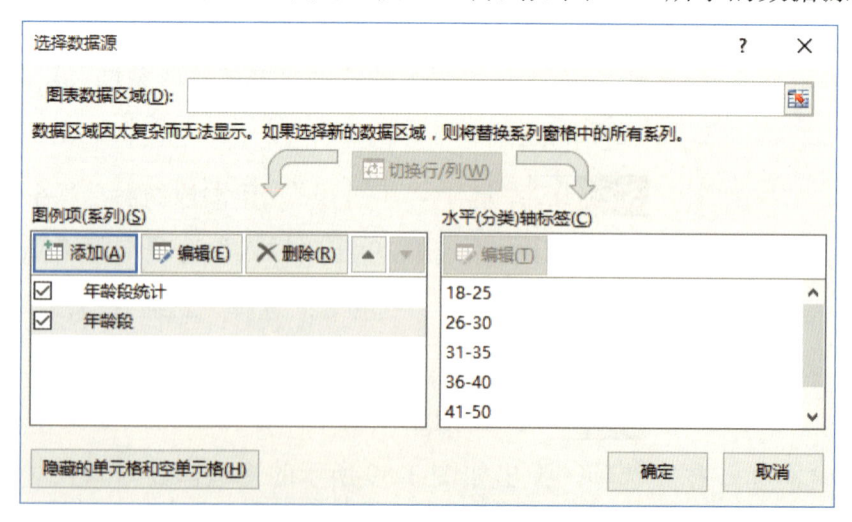

图 3-61 数据源选择结果

Step 08：单击"确定"按钮，调整图表大小，删除图例，得到如图3-61所示的原始气泡图。

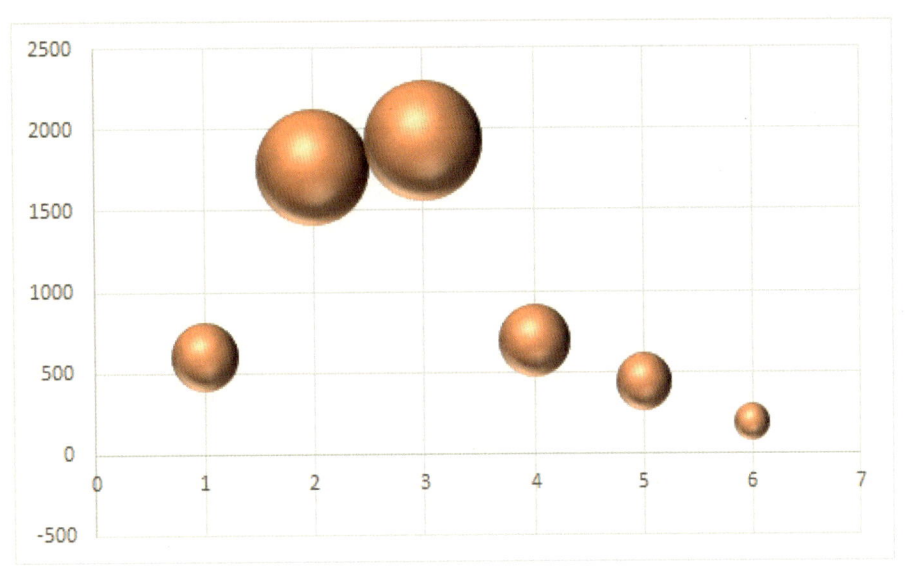

图 3-62　原始气泡图

Step 09：在数据系列（气泡）上右击，在弹出的快捷菜单中选择"设置数据系列格式"选项，在弹出的"设置数据系列格式"对话框中选择"填充"，在"填充"中勾选"依数据点着色"复选框或选中一个个气泡个性化填充颜色，得到如图3-63所示的气泡图。

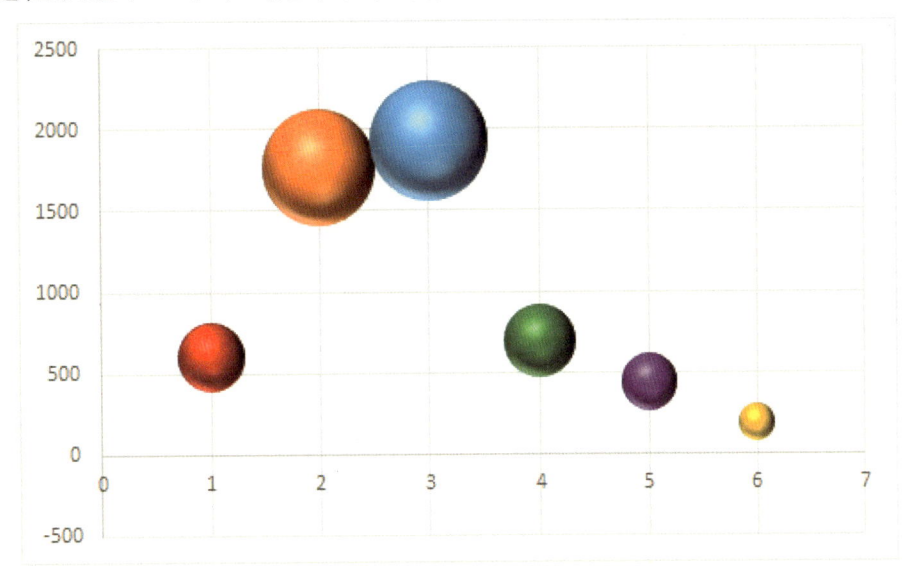

图 3-63　个性化填充颜色后的气泡图

Step 10：在数据系列（气泡）上右击，在弹出的快捷菜单中选择"添加数据标签"选项，则气泡旁边出现数据。再次右击，在弹出的快捷菜单中选择"设置数据标签格式"选项，在弹出的"设置数据标签格式"对话框中的"标签选项"中勾选"X值""气泡大小"复选框，取消勾选"Y值""显示引导线"复选框，在"标签位置"中单击"靠上"单选按钮，在"分隔符"下拉列表中选择"(分行符)",如图 3-64 所示,得到如图 3-65 所示的带数据标签的气泡图。

图 3-64 "设置数据标签格式"对话框

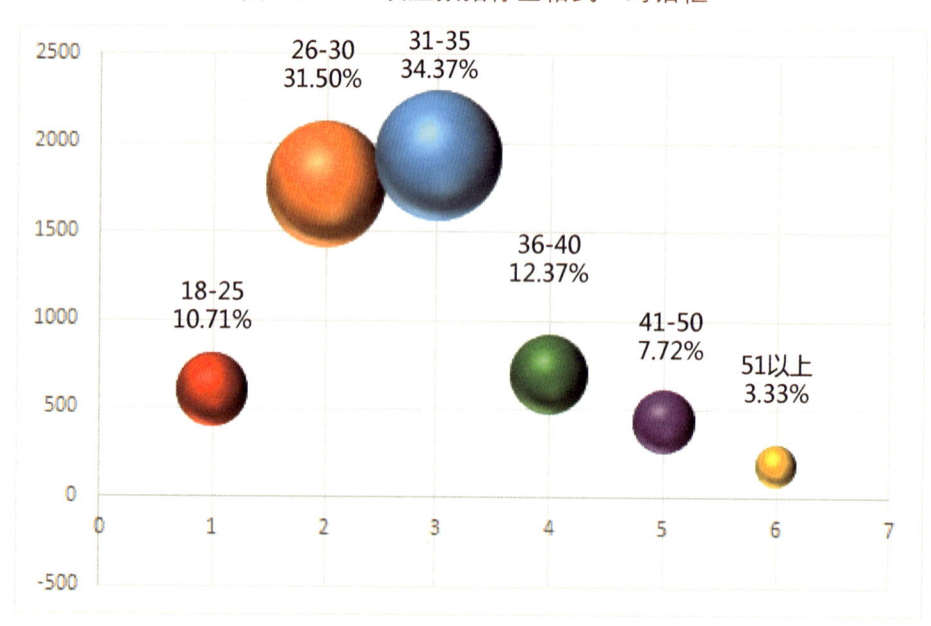

图 3-65 带数据标签的气泡图

Step 11:为图表加上标题"客户年龄分布图",在图表区右击,在弹出的快捷菜单中选择"设置图表区格式"选项,对图表进行美化,最终效果如图 3-66 所示。

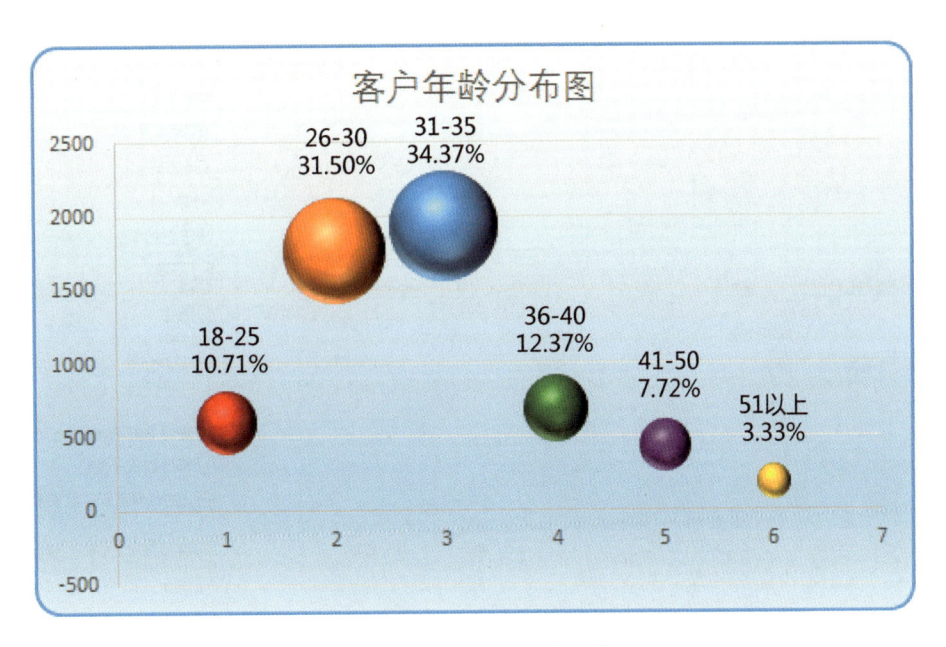

图 3-66　美化后的图表

由图 3-66 可见，在购买奶片产品的客户中，31～35 岁和 26～30 岁年龄段占比很大，达到 65.87%，而 41 岁以上年龄段只占到 11.05%。所以本店铺商品的客户群集中在 26～35 岁，大部分都是宝爸宝妈，超过 41 岁的人群很少购买。所以应该选择一些婴幼儿产品作为关联销售产品。

大家可进一步分析产生这一情况的原因，并策划针对不同年龄段客户的营销活动。

三、客户画像之分布区域

通过对客户所在直辖市/省/自治区进行分析，商家可掌握各直辖市/省/自治区客户分布情况，从而对客户量较大的前 3 个直辖市/省/自治区进一步分析客户都分布在哪些市或地区，以此为依据有针对性地进行商品推荐和促销活动，增加店铺销量和盈利。下面使用条形图和柱形图来进行用客户分布区域分析。

1. 直辖市/省/自治区客户分布

Step 01：打开"销售数据.xlsx"。

Step 02：单击"客户信息-去重复网名"工作表数据区域任一单元格，按 Ctrl+A 组合键，选中所有数据。单击"数据"选项卡下"排序和筛选"组中的"排序"按钮，在弹出的"排序"对话框中选择主要关键字为"直辖市/省/自治区"，次序为"升序"，如图 3-67 所示。

Step 03：单击"数据"选项卡下"分级显示"组中的"分类汇总"按钮，在弹出的"分类汇总"对话框中选择分类字段为"直辖市/省/自治区"，汇总方式为"计数"，选定汇总项为"客户网名"，如图 3-68 所示，单击"确定"按钮。

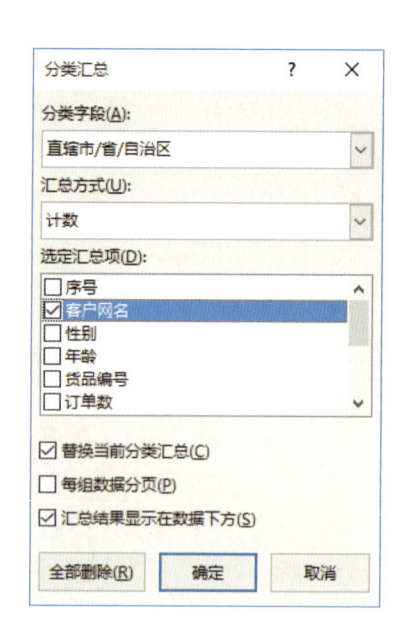

图 3-67　按照直辖市/省/自治区进行升序排序示例　　　　图 3-68　"分类汇总"对话框

Step 04：单击分级显示区中的"2"，得到如图 3-69 所示的分类汇总数据。

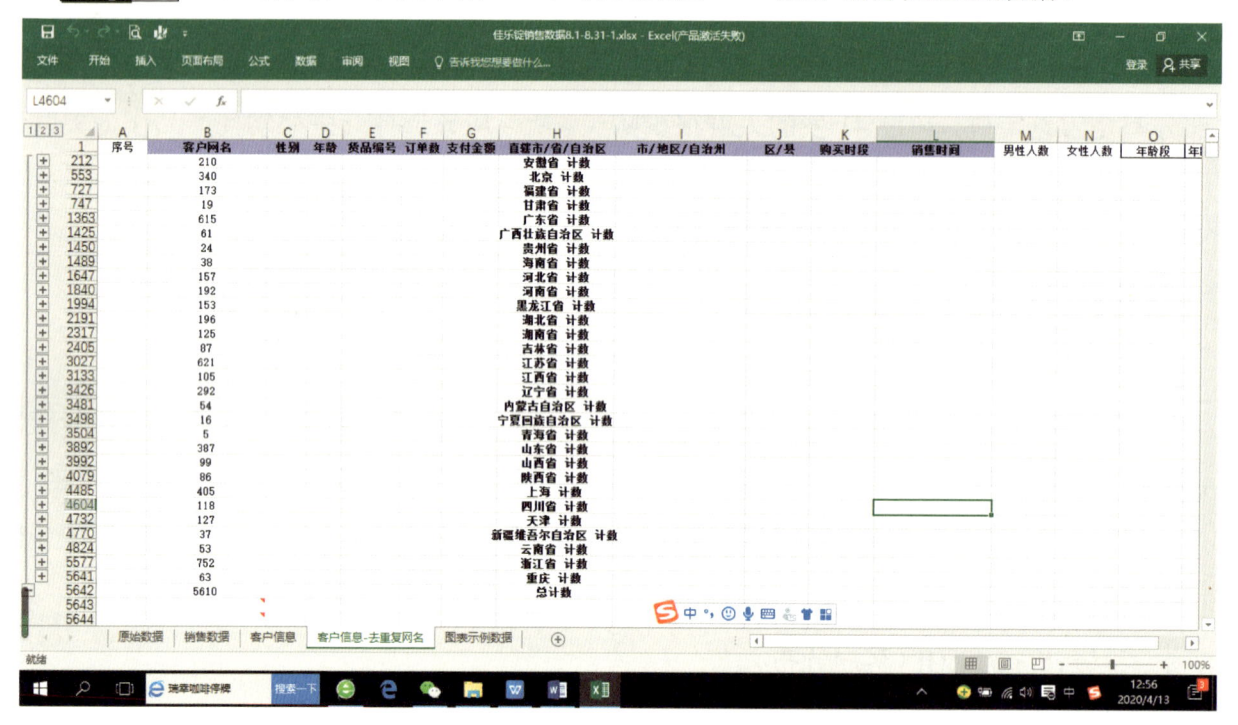

图 3-69　分类汇总数据

Step 05：选中"直辖市/省/自治区""客户网名"两列数据（总计数行除外），单击"开始"选项卡下"编辑"组中的"查找和选择"选项下的"定位条件"子选项（按 Ctrl + G 组合键也可以达到同样的效果），在如图 3-70 所示的"定位条件"对话框中单击"可见单元格"单选按钮，单击"确定"按钮，选中可见单元格数据，按 Ctrl+C 组合键复制可见单元格数据。

Step 06：新建"客户信息-区域分析"工作表，选中 A1 单元格，按 Ctrl+V 组合键将可见单元格数据粘贴到新工作表中，将"客户网名"列移到 C 列，并将列标题改为"客户分布"。

Step 07：在 A1 单元格中输入"省市自治区"，在 A2 单元格中输入公式"=left(B2,2)"，则从 B2 单元格中取 2 个字符，向下拖动 A2 单元格右下角的填充柄，得到所有客户所在省、市、自治区的名称。

Step 08：选中 A2:A31 单元格区域，按 Ctrl+C 组合键，将光标置于 A2 单元格，右击，在弹出的快捷菜单中选择"选择性粘贴"选项下的"值"子选项，则将公式转换为数值。将"直辖市/省/自治区"列删除，得到如图 3-71 所示的数据。

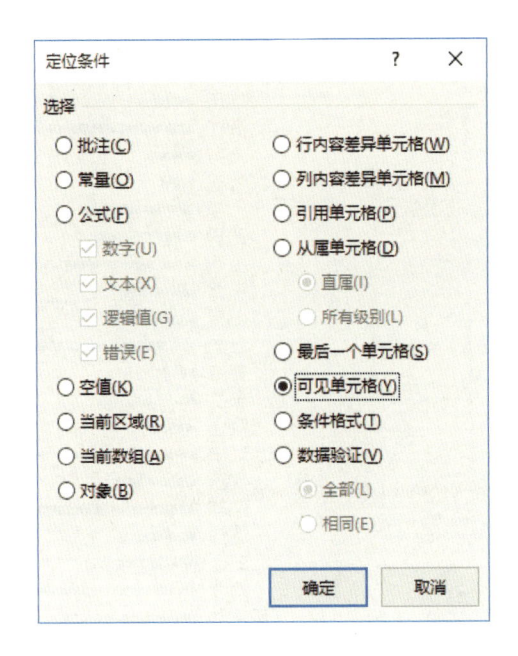

图 3-70　"定位条件"对话框

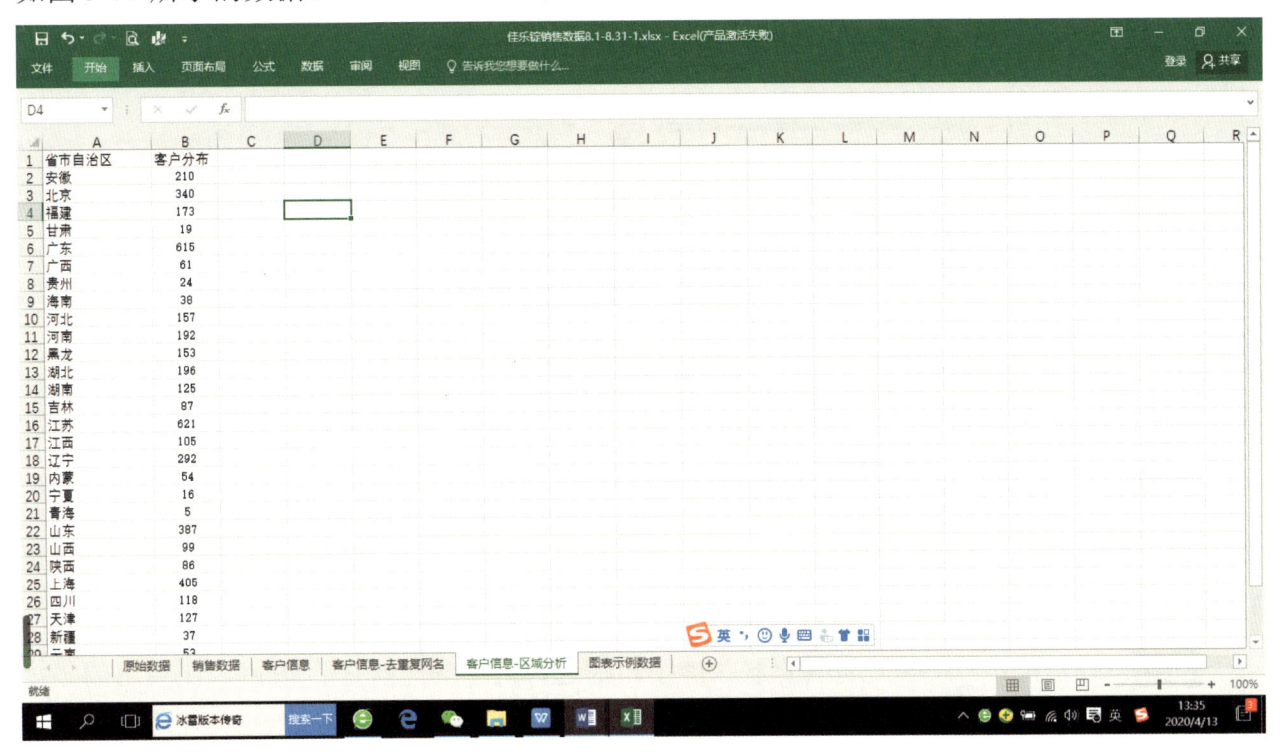

图 3-71　区域分析数据最终结果

Step 09：选中两列数据，单击"插入"选项卡下"图表"组中的"插入柱形图或条形图"下拉按钮，选择"二维条形图"选项，将图表纵向拉长，得到如图 3-72 所示的条形图。通过图 3-72 可明显地看出，浙江、江苏和广东是客户分布最广泛的区域。

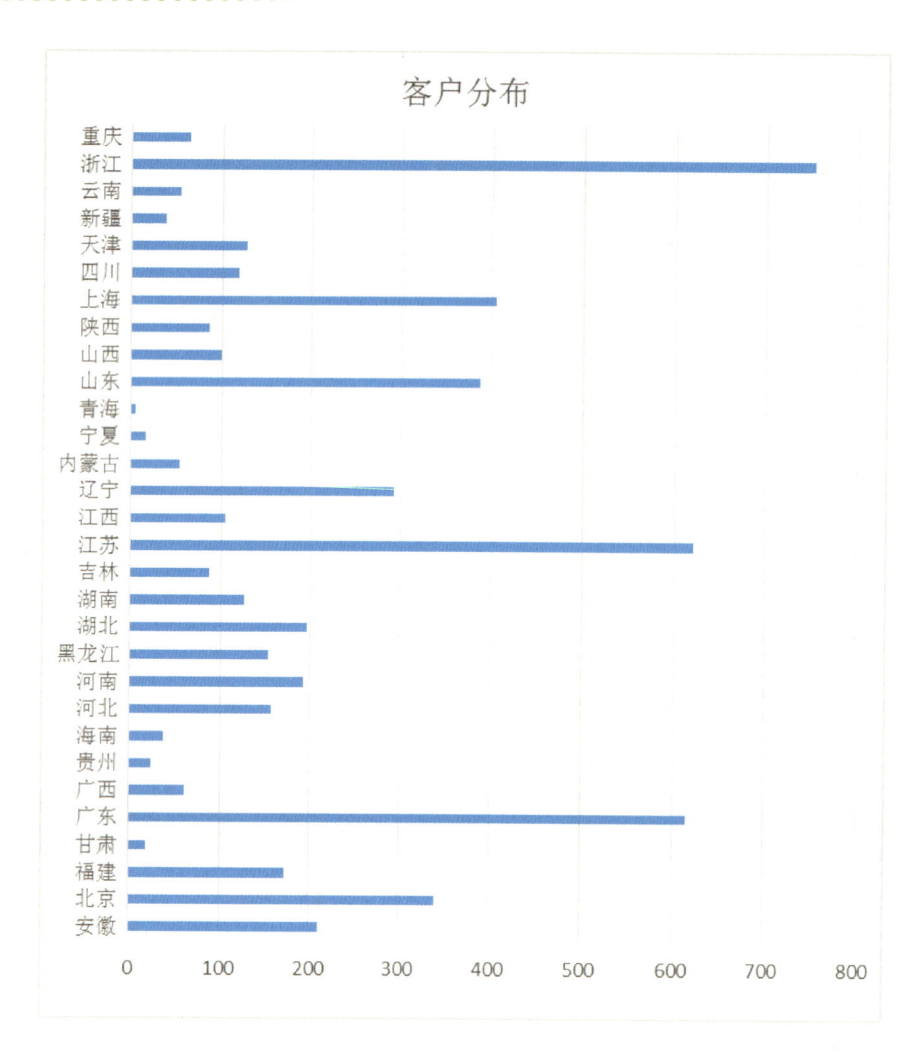

图 3-72　各省、市、自治区客户分布图

2．二级地市客户分布

下面以浙江省为例来分析客户主要分布在哪些二级地市。

Step 01：打开"客户信息-去重复网名"工作表，单击"数据"选项卡下"分级显示"组中的"分类汇总"按钮，在弹出的"分类汇总"对话框中单击"全部删除"按钮，将按"直辖市/省/自治区"进行的分类汇总删除。

Step 02：单击"数据"选项卡下"排序和筛选"组中的"排序"按钮，在弹出的"排序"对话框中单击"添加条件"按钮，以"直辖市/省/自治区"为主要关键字，以"市/地区/自治州"为次要关键字进行排序，如图 3-73 所示。

Step 03：单击"数据"选项卡下"分级显示"组中的"分类汇总"按钮，在弹出的"分类汇总"对话框中选择分类字段为"市/地区/自治州"，汇总方式为"计数"，选定汇总项为"客户网名"，单击"确定"按钮。

Step 04：采用与直辖市/省/自治区客户分布中 Step 04 相同的方法将从"舟山市"到"杭

州市"的"客户网名""市/地区/自治州"两列中的可见单元格数据复制到"客户信息-区域分析"工作表中,将"客户网名"改为"客户分布",将"市/地区/自治州"改为"二级地市",并将"客户分布"列移到"二级地市"列右侧。

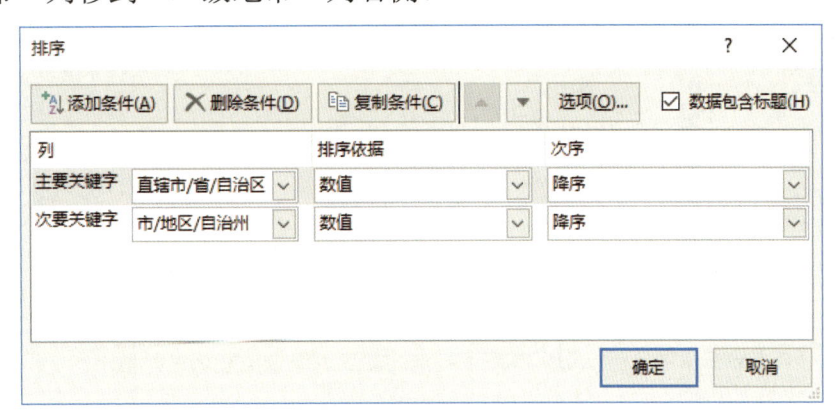

图 3-73 按照直辖市/省/自治区、市/地区/自治州两个条件进行降序排序示例

Step 05:在"客户分布"左侧插入一列,选中"二级地市"列所有数据,单击"数据"选项卡下"数据工具"组中的"分列"按钮,将"二级地市"分为"XX 市"和"计数"两列,将"计数"列删除,得到如图 3-74 所示的二级地市客户分布数据。

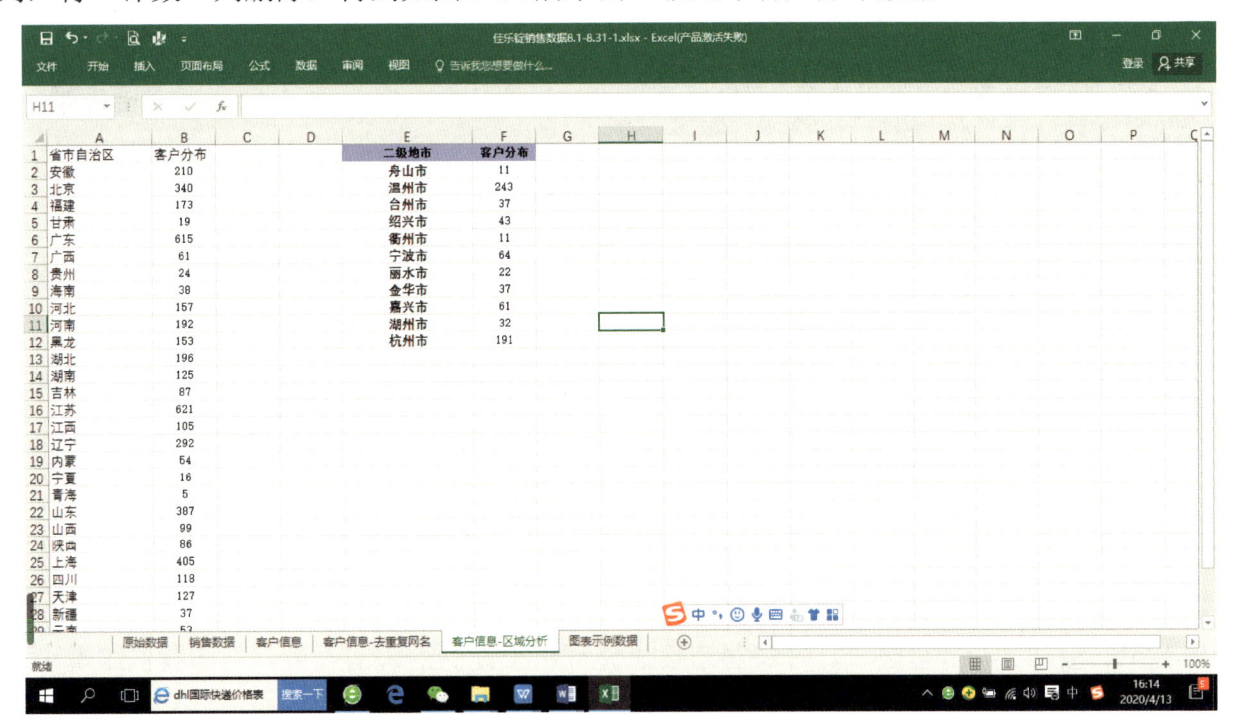

图 3-74 二级地市客户分布数据

Step 06:选中"二级地市""客户分布"两列数据,插入二维柱形图,得到如图 3-75 所示的二级地市客户分布图。

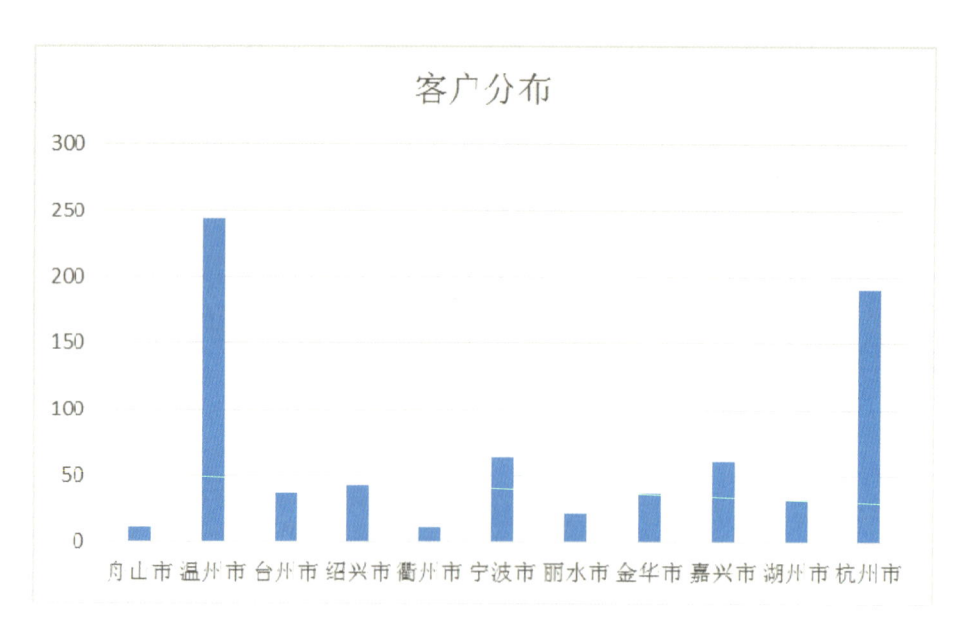

图 3-75 二级地市客户分布图

由图 3-75 可见，浙江省的客户大量分布在温州市和杭州市。

> **举一反三**：大家可以对江苏省和广东省的客户分布情况进行分析。

> **拓展提高**
> 扫描右侧二维码可以学到更多的拓展知识。

任务3 客户价值分析

对一个公司或企业来说，不同的客户所能带来的利益相差很大。作为一名合格的营销人员，区分不同价值的客户是必须学会的基本技能。分析目标客户的购买特征、需求、喜好及购买力等特点，有针对性地进行营销，可以节省大量成本。

在带教师傅的指导下，小 A 对现有的客户数据进行了整理，添加了客户类别项，根据客户购买频次、购买金额及以往有无购买记录等对客户价值进行分析，将客户划分为 VIP 客户、一般客户、潜在客户和老客户，并将客户信息整理出来提供给营销人员。下面我们跟着小 A 一起进行客户价值分析。

一、根据客户购买记录添加 VIP 客户和一般客户

根据客户购买记录进行 VIP 客户和一般客户的添加，添加原则应因商品而异。本任务所

选商品单价较低，因此添加原则为月购买 4 次以上（不含 4 次）或购买金额在 100 元及以上的客户为 VIP 客户；月购买 1～4 次并且购买金额低于 100 元的客户为一般客户。

▶ **注意**：关于 VIP 客户的界定要根据商品类型、品牌和价格灵活进行，如对于小发卡之类的小商品，购买金额在 10 元及以上就可界定为 VIP 客户。

1. 客户购买次数计算

Step 01：打开"销售数据.xlsx"。

Step 02：复制"客户信息"工作表，将新工作表命名为"VIP 客户"。

Step 03：在"VIP 客户"工作表中，在"直辖市/省/自治区"列左侧插入一列，输入列标题"购买次数"。

Step 04：选中"购买次数"列第一个单元格，单击编辑栏左侧的"*fx*"按钮，弹出"插入函数"对话框。

Step 05：在"搜索函数"输入框中输入"countif"，按 Enter 键，选择"COUNTIF"函数，如图 3-76 所示，单击"确定"按钮。

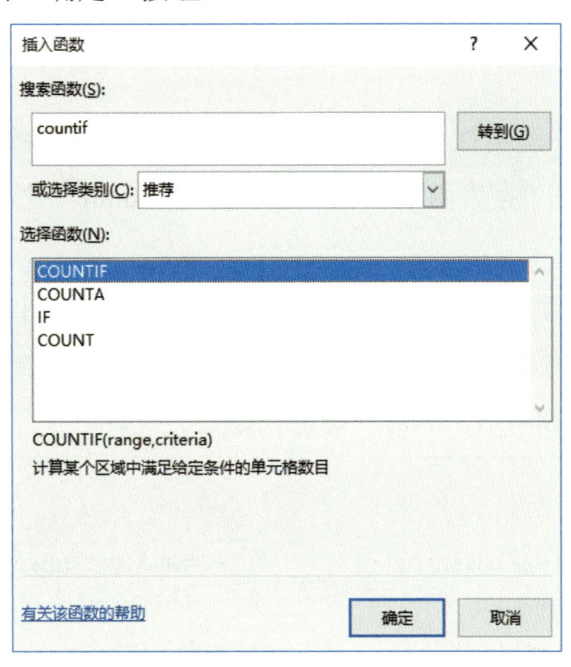

图 3-76 "插入函数"对话框

Step 06：在"Range"输入框中输入计数范围"B$2:B$13785"，在"Criteria"输入框中输入计数条件"B2"，如图 3-77 所示，该函数用于计算 B 列所有与 B2 单元格客户网名相同的单元格个数，也就是 B2 单元格客户本月的购物次数，单击"确定"按钮。

▶ **注意**：在输入计数范围时一定要在行号前加"$"符号，以确保计数范围包含所有的客户网名，其中 13785 只是一个预估数，大家可以根据手头数据量大小灵活选用。

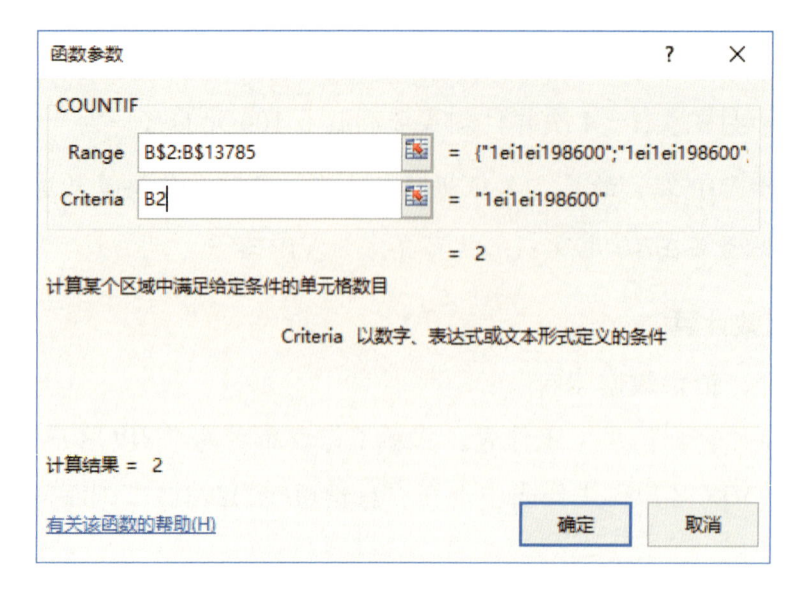

图 3-77　COUNTIF 函数参数设置

Step 07：向下拖动该单元格右下角的填充柄，自动计算出各客户的购买次数。

2．客户购买金额计算

Step 01：在"VIP 客户"工作表中，在"支付金额"列左侧插入一列，输入列标题"客户购买总金额"。

Step 02：选中"客户购买总金额"列第一个单元格，单击编辑栏左侧的"*fx*"按钮，弹出"插入函数"对话框。在"搜索函数"输入框中输入"sumif"，按 Enter 键，选择"SUMIF"函数，单击"确定"按钮。

Step 03：在"Range"输入框中输入求和条件范围"B$2:B$13785"，在"Criteria"输入框中输入求和条件"B2"，在"Sum_range"输入框中输入用于求和计算的实际单元格范围"H$2:H$13785"，如图 3-78 所示，单击"确定"按钮。

图 3-78　SUMIF 函数参数设置

> **注意**：在输入求和条件范围、求和单元格范围时一定要在行号前加"$"符号，以确保求和范围包含所有的客户网名。

Step 04：向下拖动该单元格右下角的填充柄，自动计算出各客户的购买总金额。

3. 添加客户类别及客户类别限定

Step 01：在"客户网名"列左侧插入一列，输入列标题"客户类别"。

Step 02：选中"客户类别"列，单击"数据"选项卡下"数据工具"组中的"数据验证"按钮，弹出"数据验证"对话框。

Step 03：在"设置"选项卡下的"允许"下拉列表中，选择"序列"选项。

> **注意**：要勾选"提供下拉箭头"复选框。如果可以让单元格留空，则勾选"忽略空值"复选框，如图3-79所示。

Step 04：在"来源"输入框中输入"VIP客户,一般客户,潜在客户"。

> **注意**：不同客户之间一定要使用英文逗号隔开。

Step 05：在"出错警告"选项卡下的"标题"输入框中输入"输入有误"，在"错误信息"输入框中输入"只能输入'VIP客户,一般客户,潜在客户'中的一种"，如图3-80所示，单击"确定"按钮。

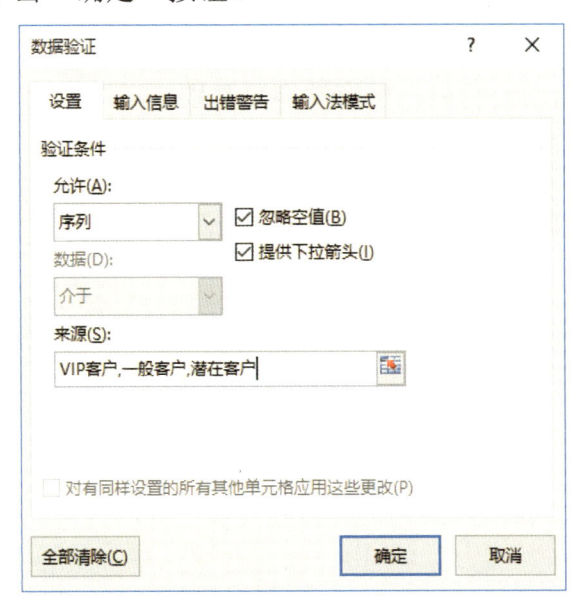

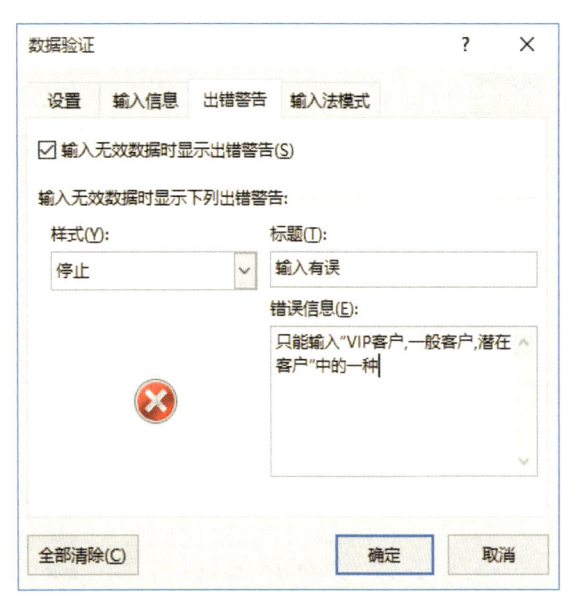

图 3-79 "设置"选项卡　　　　　图 3-80 "出错警告"选项卡

4. 客户类别内容添加

Step 01：选中"客户类别"列第一个单元格，单击编辑栏左侧的"*fx*"按钮，弹出"插入函数"对话框。

Step 02：在"搜索函数"输入框中输入"if"，按 Enter 键，选择"IF"函数，单击"确定"按钮。

Step 03：在"Logical_test"输入框中输入条件表达式"OR(J2>4,H2>=100)"，在"Value_if_true"输入框中输入满足条件返回值"VIP客户"，在"Value_if_false"输入框中输入不满足条件返回值"一般客户"，如图3-81所示，单击"确定"按钮。

> 注意：在输入表达式时，一定要根据数据的实际情况输入单元格名称，不可生搬硬套。

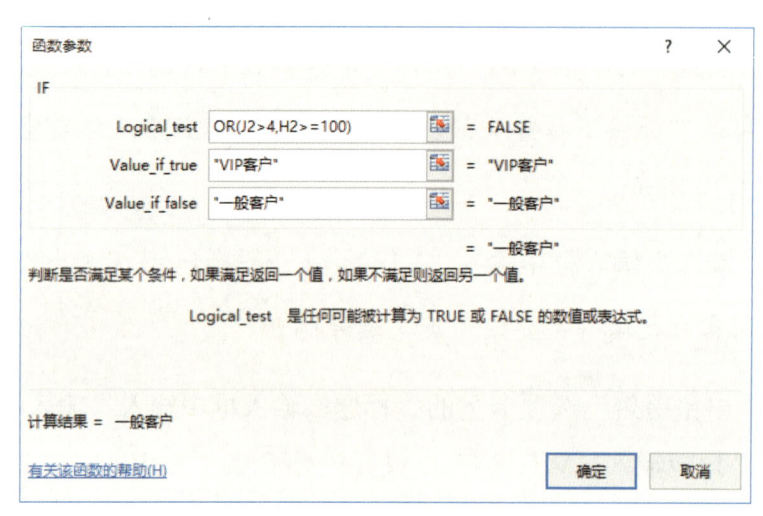

图 3-81 IF 函数参数设置

Step 04：向下拖动该单元格右下角的填充柄，自动填充相应的客户类别。

5. 将一般客户从"VIP 客户"工作表中分离

Step 01：在"VIP 客户"工作表中，单击"数据"选项卡下"排序和筛选"组中的"排序"按钮，弹出"排序"对话框。

Step 02：在"主要关键字"下拉列表中选择"客户类别"选项，单击"确定"按钮，如图 3-82 所示。

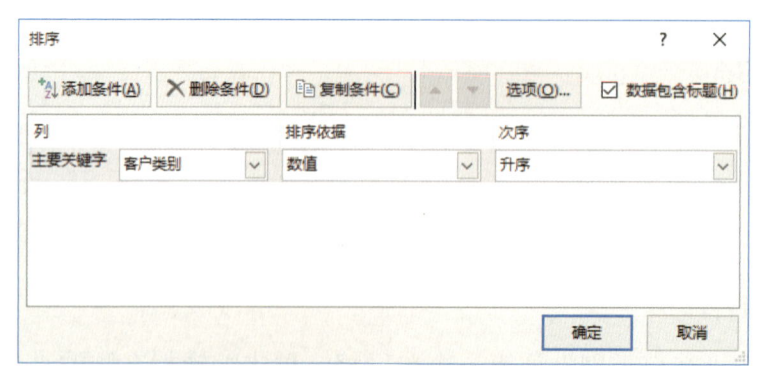

图 3-82 "排序"对话框

Step 03：选中所有客户类别为"一般客户"的行，按 Ctrl+X 组合键进行剪切。

Step 04：新建"一般客户"工作表，按 Ctrl+V 组合键将剪切的一般客户信息粘贴到新工作表中。

Step 05：打开"VIP 客户"工作表，复制表头字段；打开"一般客户"工作表，在行标 1 处右击，在弹出的快捷菜单中选择"插入复制的单元格"选项，为"一般客户"工作表添加表头字段。

二、根据客户购买记录添加潜在客户和老客户

根据客户购买记录进行潜在客户的添加，添加原则：曾经购买过商品，但近一段时间没有购买记录的客户为潜在客户；曾经购买过商品，近一段时间有购买记录的客户为老客户。不同的公司对于潜在客户、老客户的购买间隔时间界定不同，本任务通过将 8 月与 6 月的客户网名进行比对，将 6 月有购买记录但 8 月没有购买记录的客户界定为潜在客户，将 6 月和 8 月都有购买记录的客户界定为老客户。

1. 潜在客户和老客户界定

Step 01：打开"客户网名对照表.xlsx"。

Step 02：在"6 月客户网名"列右侧添加"对比结果"列和"客户类别"列。

Step 03：选中"对比结果"列第一个单元格，单击编辑栏左侧的"*fx*"按钮，弹出"插入函数"对话框，选择 MATCH 函数，在"Lookup_value"输入框中输入要查找匹配的值所在单元格名称；在"Lookup_array"输入框中输入要查找的值的连续单元格区域；在"Match_type"输入框中输入"Lookup_value"和"Lookup_array"数值匹配的方式，其中-1 表示大于查找，0 表示精确查找，1 表示小于查找。MATCH 函数参数设置如图 3-83 所示。

图 3-83　MATCH 函数参数设置

Step 04：单击"确定"按钮，若找到匹配的值，则给出该值在查找范围内第一次出现的行数；若未找到匹配的值，则出现无效数据"#N/A"。向下拖动该单元格右下角的填充柄，自动填充相应的对比结果。

Step 05：选中"客户类别"列第一个单元格，单击编辑栏左侧的"fx"按钮，弹出"插入函数"对话框，选择 IF 函数，在"Logical_test"输入框中输入"ISERROR(C2)"，意思是当 C2 单元格的数据无效时；在"Value_if_true"输入框中输入"潜在客户"；在"Value_if_false"输入框中输入"老客户"。总体翻译下来就是，当对比结果为无效数据（6 月购买过产品的客户，在 8 月没有购买记录）时，客户类别为潜在客户，否则客户类别为老客户。IF 函数参数设置如图 3-84 所示。

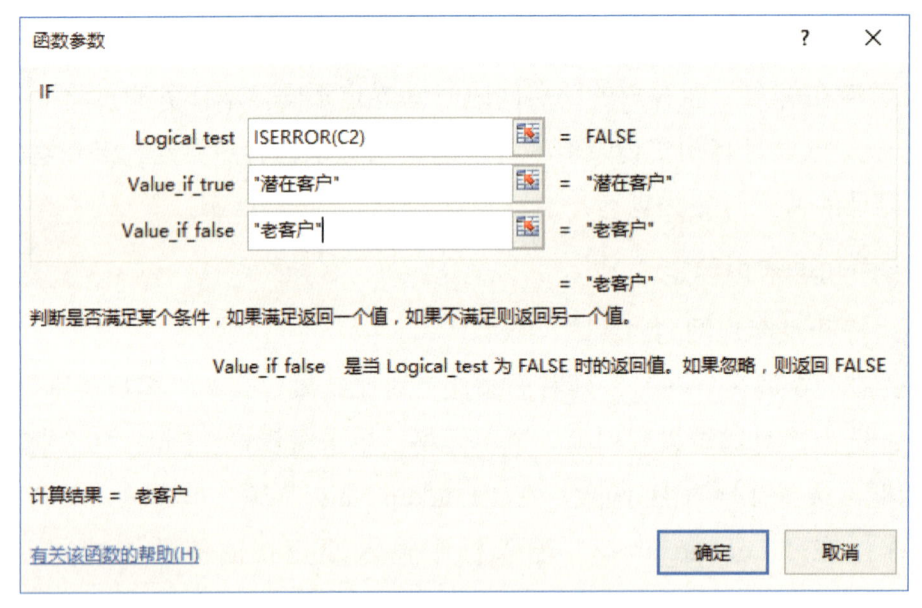

图 3-84　IF 函数参数设置

Step 06：向下拖动该单元格右下角的填充柄，自动填充相应的客户类别。

2. 客户类别整理

Step 01：选中"客户类别"列，单击"开始"选项卡下"编辑"组中的"排序和筛选"下拉按钮，选择"升序"选项，将数据按照老客户在前、潜在客户在后的顺序进行排列。

Step 02：分别新建"老客户""潜在客户"工作表，将相应数据复制到新工作表中，完成客户分类。

Step 03：新建"客户信息.xlsx"文件，选中"老客户""潜在客户"工作表，右击，在弹出的快捷菜单中选择"移动或复制"选项，弹出图 3-85 所示的对话框，在"工作簿"下拉列表中选择"客户信息.xlsx"选项，单击"确定"按钮。

Step 04：打开"销售数据.xlsx"，选中"客户信息""客户信息-去重复网名""客户信息-区域分析""VIP 客户""一般客户"5 个工作表，采用与 Step 03 同样的操作，将 5 个工作表移动到"客户信息.xlsx"文件中，形成完整的客户信息文件。

图 3-85　"移动或复制工作表"对话框

三、客户价值分析步骤

1. 准备工作

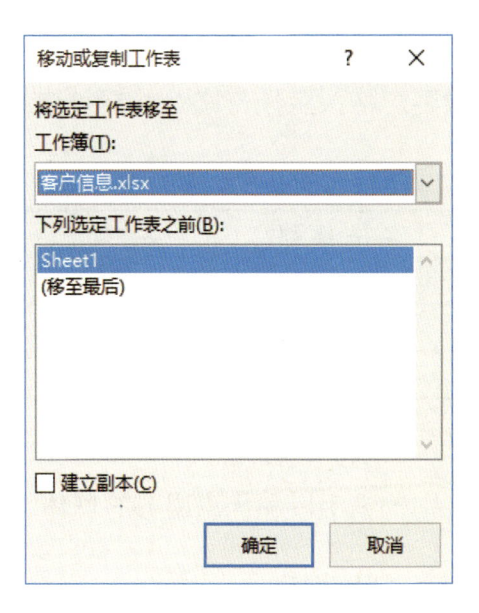

Step 01：打开"客户信息.xlsx"，打开"VIP 客户"工作表。

Step 02：选中"客户类别"列除列标题之外的所有数据，按 Ctrl+C 组合键复制数据，单击 B2 单元格，右击，在弹出的快捷菜单中选择"选择性粘贴"选项下的"值"子选项，将原单元格中的公式转换为数值，以方便后续操作。

Step 03：采用同样的操作将"客户购买总金额""购买次数"两列中的公式转换为数值。

Step 04：单击"数据"选项卡下的"删除重复项"按钮，在弹出的对话框中勾选"客户网名"复选框，将重复客户数据删除。

Step 05：打开"一般客户"工作表，采用与 Step 02 同样的方法将"一般客户"工作表中的"客户类别""客户购买总金额""购买次数"三列中的公式转换为数值。

Step 06：采用与 Step 04 同样的方法将"一般客户"工作表中的重复客户数据删除。

2. 客户价值分析

Step 01：打开"VIP 客户"工作表，在 A2 单元格中输入 1，在按住 Ctrl 键的同时向下拖动填充柄，可以看到 VIP 客户总人数为 319 个。

Step 02：打开"一般客户"工作表，在 A2 单元格中输入 1，在按住 Ctrl 键的同时向下拖动填充柄，可以看到一般客户总人数为 5291 个。

Step 03：打开"VIP 客户"工作表，选中 H321 单元格，单击"开始"选项卡下"编辑"组中的"自动求和"按钮，计算出 VIP 客户当月购买金额为 35504.52 元。

Step 04：打开"一般客户"工作表，选中 H5293 单元格，单击"开始"选项卡下"编辑"组中的"自动求和"按钮，计算出一般客户当月购买金额为 153322.04 元。

Step 05：在"VIP 客户"工作表原数据下面制作表格，如表 3-3 所示，填入客户数和购买金额，计算客户占比（VIP 客户占比=VIP 客户数/合计客户数，一般客户占比=一般客户数/

合计客户数）和购买金额占比（VIP 客户购买金额占比=VIP 客户购买金额/合计购买金额，一般客户购买金额占比=一般客户购买金额/合计购买金额），对客户价值进行分析。

表 3-3 客户价值分析表

客 户 类 别	客户数/个	客 户 占 比	购买金额/元	购买金额占比
VIP 客户	319	5.69%	35504.52	18.80%
一般客户	5291	94.31%	153322.04	81.20%
合计	5610		188826.56	

由表 3-3 可见，5.69%的 VIP 客户贡献了 18.80%的购买金额，所以 VIP 客户是需要提供特别营销手段和优惠服务的群体。

▶ **拓展提高**

扫描右侧二维码可以学到更多的拓展知识。

实战演练

本项目以 GLT 奶片一个月的销售数据为依托进行 Excel 商务数据可视化分析、客户画像及客户价值分析。下面请依据好孩子系列商品数据，进行以下客户情况分析。

（1）请使用下面给定的库存数据完成仪表盘的制作。

日　　期	出 库 数 量	库 存 数 量	备　　注
2020/3/1	40	460	最大库存数为 500。当库存小于 30%时进入红色预警区，需要做好进货准备；当库存小于 20%时必须补充货源
2020/3/3	60	400	
2020/3/7	30	370	
2020/3/9	39	331	
2020/3/12	55	276	
2020/3/15	52	224	
2020/3/17	42	182	
2020/3/20	45	137	
2020/3/23	30	107	
2020/3/26	40	67	
2020/3/31	25	42	

（2）根据性别、年龄和销售区域进行客户画像。其中，针对销售区域除了要分析直辖市/省/自治区的客户分布情况，对于客户分布最广泛的 3 个直辖市/省/自治区还需要分析二级地市的客户分布情况。在使用到图表时，请对图表进行美化，以适应图表使用场合。

（3）根据销售数据将客户划分为"VIP 客户""一般客户""潜在客户"，并统一放到新建的"客户信息.xlsx"文件中。

（4）根据客户信息数据对客户价值进行分析，并填写下表，将分析结果写到表下的横线上。

客户类别	客户数/个	客户占比	购买金额/元	购买金额占比
VIP 客户				
一般客户				
合计				

项目评价

项目实训评价表						
	内　　容		评　定　等　级			
	学 习 目 标	评 价 项 目	4	3	2	1
职业能力	能熟练使用图表功能进行数据可视化分析	能根据数据正确选择图表； 能正确插入图表； 能根据使用场合对图表进行美化； 能根据实际需求制作仪表盘				
职业能力	能熟练进行客户画像	能正确删除重复项； 能正确使用 COUNTIF 函数和 COUNTIFS 函数； 能对数据进行分类汇总操作； 能正确复制可见单元格数据				
	能准确进行客户价值分析	能正确使用 COUNTIF 函数； 能正确使用 SUMIF 函数； 能正确使用 MATCH 函数； 能正确设置单元格数据验证功能； 能跨文件进行工作表的移动或复制； 能正确进行客户价值分析表的设计和计算				
综合评价						

评定等级说明表	
等　　级	说　　明
4	能高质、高效地完成本项目学习目标的全部内容，并能解决遇到的特殊问题
3	能高质、高效地完成本项目学习目标的全部内容
2	能圆满完成本项目学习目标的全部内容，无须任何帮助和指导
1	能圆满完成本项目学习目标的全部内容，但偶尔需要帮助和指导

最终等级说明表	
等　　级	说　　明
优秀	80%的评价项目达到3级水平
良好	60%的评价项目达到2级水平
合格	全部评价项目都达到1级水平
不合格	有评价项目未达到1级水平

项目四 商品销售情况分析

项目描述

对商品销售情况进行分析，一方面要对商品销售情况进行整体把控，了解店铺销售现状；另一方面要通过对过往数据进行对比分析，认识销售规律，发现问题和不足，通过不断改进，解决问题，使店铺运营朝着良性方向发展。同时通过商品销售情况分析进行销售预测、战略规划，为上层决策提供量化依据。

在项目三中，小A已经学会对客户情况进行分析，对Excel函数和图表应用有了更深入的了解。本项目我们就跟着小A一起进行商品销售情况分析，研究哪些商品畅销，以及在哪些地域和时段商品销售情况比较好，哪些促销手段比较受欢迎，哪些问题导致了退货和退款。通过商品销售情况分析为店铺营销、铺货、物流走向、仓储布局等提供量化依据。

学习目标

- 学会对商品情况进行分析。
- 学会对销售情况进行分析。
- 学会对商品促销活动进行分析。
- 学会对退换货情况进行分析。

任务实施

任务1 商品情况分析

商品数据是商务数据分析的基础,包括商品的品牌、规格、单价、客户订单支付情况、收货地址、购买时间、促销方式等重要信息。商品数据的内容越全面,在进行商务数据分析时越能从各个角度获取有效信息,帮助企业判定不同品牌、不同地域、不同营销手段下客户对商品的关注度。

通过前期的客户情况分析,小A对商务数据分析有了一定的认识,信心满满地进入商品销售情况分析阶段,通过分析提取爆款商品、热销商品、转化率高的商品、复购率高的商品和滞销商品,将分析结果提供给销售和仓储管理人员,为更好地促进商品销售尽一份力。

一、冻结首行和首列

由于商品销售信息涉及的数据量比较大,在拖动滚动条查看比较靠后的数据时看不到标题行,或者在看一行中比较靠后的数据时看不到商品名称,因此会造成数据查阅不方便。这时可通过冻结首行和首列使标题行和最左列一直显示。

Step 01:打开"销售数据.xlsx"。

Step 02:单击"视图"选项卡下"窗口"组中的"冻结窗格"下拉按钮,选择"冻结首行"选项,如图4-1所示。

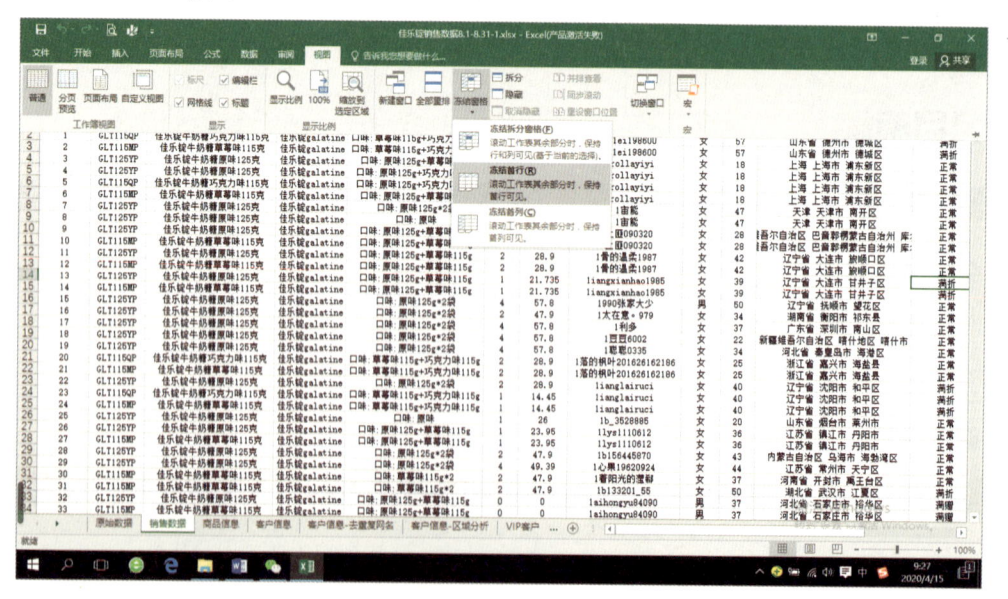

图4-1 冻结首行

Step 03：采用同样的方法冻结首列。

> **注意**：如果需要恢复到正常状态，则单击"视图"选项卡下"窗口"组中的"冻结窗格"下拉按钮，选择"取消冻结窗格"选项。

二、潜在爆款商品选择

爆款是指在商品销售过程中，供不应求、销售量很高的商品，通俗来说就是流量大、销量高、人气高、排名高、转化率高的商品。店铺有一款爆款商品，就拥有了流量提升的利器，店铺的转化率提高也将不再是难题。因此，商家会想尽办法打造爆款，选择潜在爆款商品是一个店铺成功的开始。爆款商品跟企业或店铺的销售目标有关，对不同类型的商品，爆款的定义不同。一般情况下，从一个月的销售数据来看，销量高、复购率高的商品就是潜在爆款商品，可以作为店铺主推商品。

1. 商品销量计算

Step 01：打开"销售数据.xlsx"。

Step 02：复制"销售数据"工作表，将新工作表命名为"销量计算"。

Step 03：按"支付金额"升序进行排序，将支付金额为 0 的赠品数据删除。

Step 04：将光标置于任意单元格，按 Ctrl+A 组合键将所有数据选中。

Step 05：单击"数据"选项卡下"排序和筛选"组中的"排序"按钮，弹出"排序"对话框，以"商品编号"为主要关键字，"客户网名"为次要关键字，按降序进行排序，两重排序设置如图 4-2 所示，排序结果如图 4-3 所示。

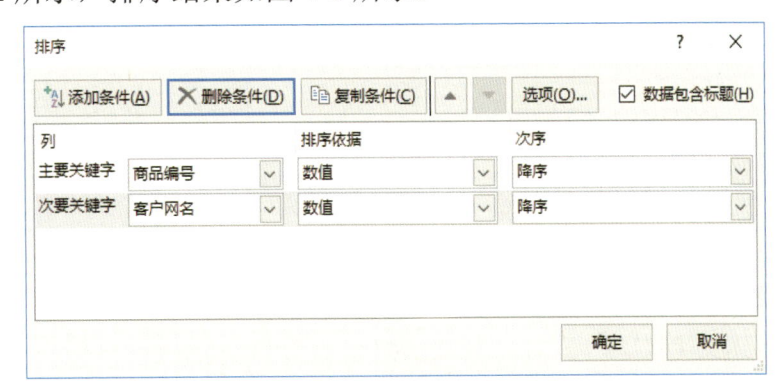

图 4-2　两重排序设置

由图 4-3 能够看出，GLT50Y2 商品所在行号为 2～10，共(10-2+1)=9 条记录；GLT125YP 商品所在行号为 11～6001，共(6001-11+1)=5991 条记录；GLT115QP 商品所在行号为 6002～8335，共(8335-6002+1)=2334 条记录；GLT115MP 商品所在行号为 8336～11471，共(11471-8336+1)=3136 条记录；GLT100SP 商品所在行号为 11472～11555，共(11555-11472+

1)=84条记录。这些行的数据后续分析中会用到，需要提前记录下来。

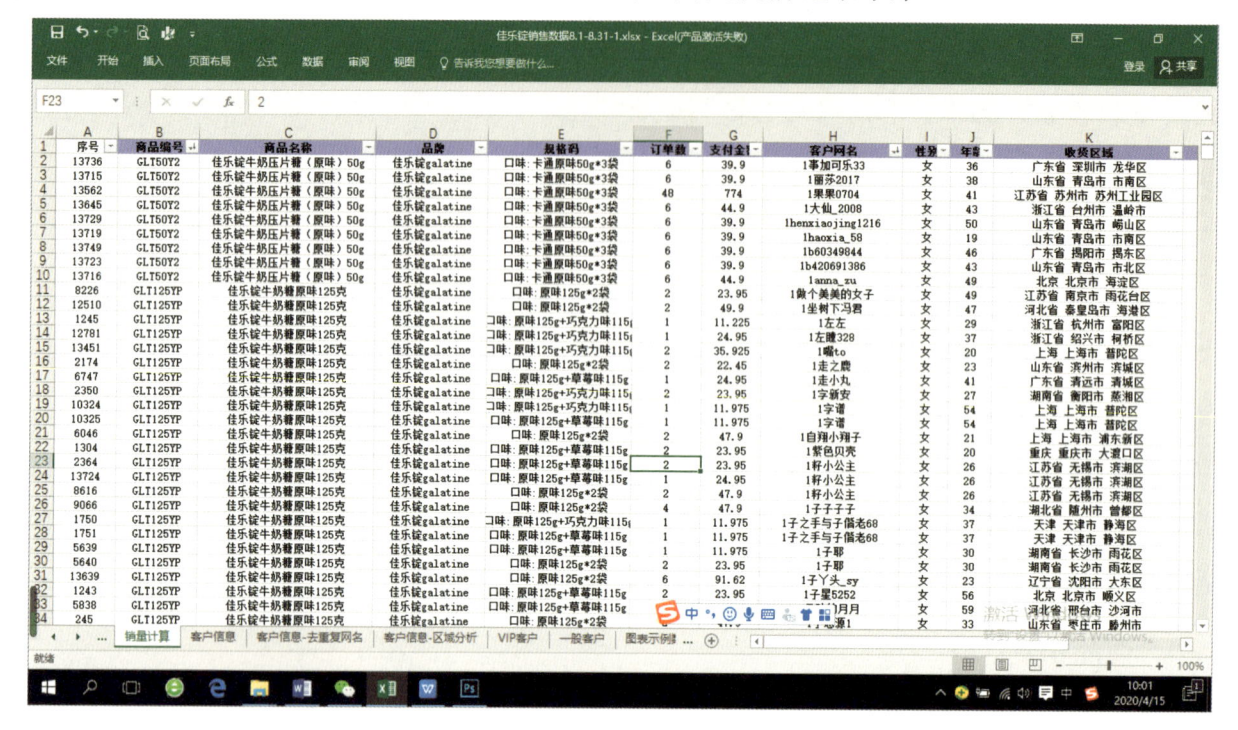

图4-3 排序结果

Step 06：单击"数据"选项卡下"分级显示"组中的"分类汇总"按钮，弹出"分类汇总"对话框，在"分类字段"下拉列表中选择"商品编号"选项，在"汇总方式"下拉列表中选择"求和"选项，在"选定汇总项"选区中勾选"订单数"复选框，单击"确定"按钮，如图4-4所示。

Step 07：单击左上角的"2"，得到如图4-5所示的商品销量计算结果。

图4-4 "分类汇总"对话框

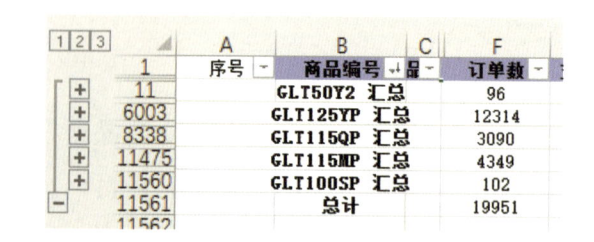

图4-5 商品销量计算结果

由图 4-5 可见，编号为 GLT125YP 的商品销量最好，具有打造爆款的潜质。

2．同一商品复购客户筛选

商品复购顾名思义是指购买过商品的客户产生的重复购买行为。商品复购率=复购客户数÷总购买客户数。例如，有 10 个客户购买了某种商品，6 个客户产生了重复购买行为，则复购率为 60%。

Step 01：新建"复购客户"工作表，将"销量计算"工作表中的内容复制到该工作表中。

Step 02：单击"数据"选项卡下"分级显示"组中的"分类汇总"按钮，在弹出的"分类汇总"对话框中单击"全部删除"按钮，取消分类汇总结果。

Step 03：选中"客户网名"列，在其左侧插入一列，输入列标题"购买次数"。

Step 04：选中"购买次数"列第一个单元格，使用 COUNTIF 函数计算同一商品不同客户的购买次数。

▶ **注意**：计算区域范围可参照"商品销量计算 Step 05"中每种商品的行数，如编号为 GLT50Y2 的商品所在行号为 2～10，其参数设置如图 4-6 所示；编号为 GLT125YP 的商品所在行号为 11～6001，其参数设置如图 4-7 所示。

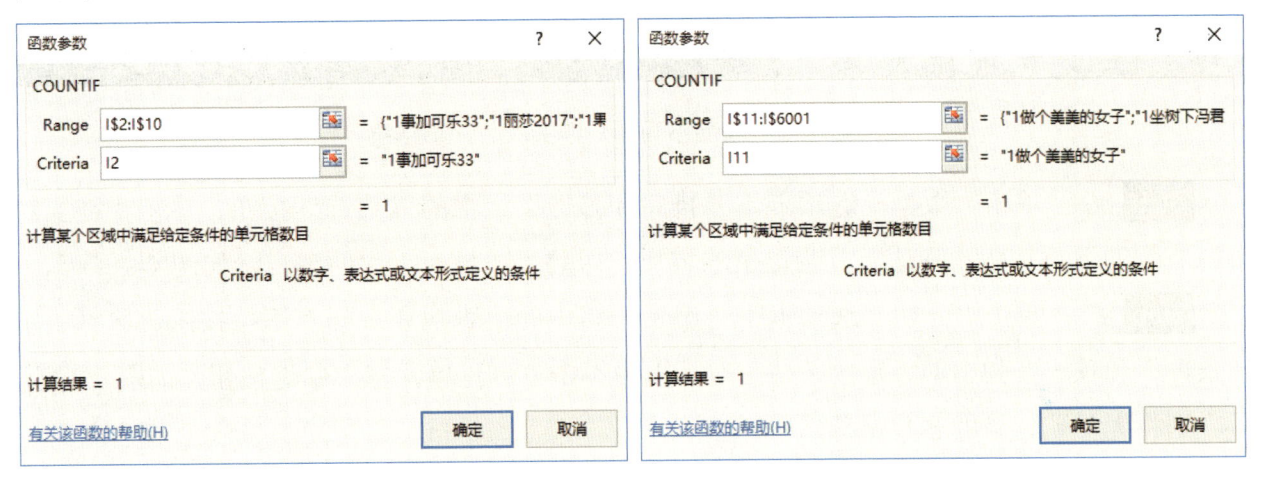

图 4-6　编号为 GLT50Y2 的商品客户购买次数计算参数设置

图 4-7　编号为 GLT125YP 的客户购买次数计算参数设置

▶ **注意**：在进行数据区域选择时，必须在行号前加"$"符号，因为我们选择的数据区域是固定的，而不是随着函数所在单元格的位置变化而变化的。如果不加"$"符号，那么数据区域会随着函数所在单元格位置变化而发生变化，得到的计算结果会发生偏差。例如，当在 I2 单元格完成函数设置，向下拖动填充柄时，I3 单元格的函数的数据区域会变为"I3:I11"，这跟编号为 GLT50Y2 的商品所在的行号不一致，会造成计算结果不准确。

Step 05：每种商品在第一个单元格计算完成后，向下拖动填充柄到该商品的最后一个单元格，即可完成同一商品不同客户购买次数的计算，如图4-8所示。选中H1:H11555单元格，在H2单元格右击，在弹出的快捷菜单中选择"选择性粘贴"选项下的"值"子选项，则将"购买次数"列中的公式转换为数值。

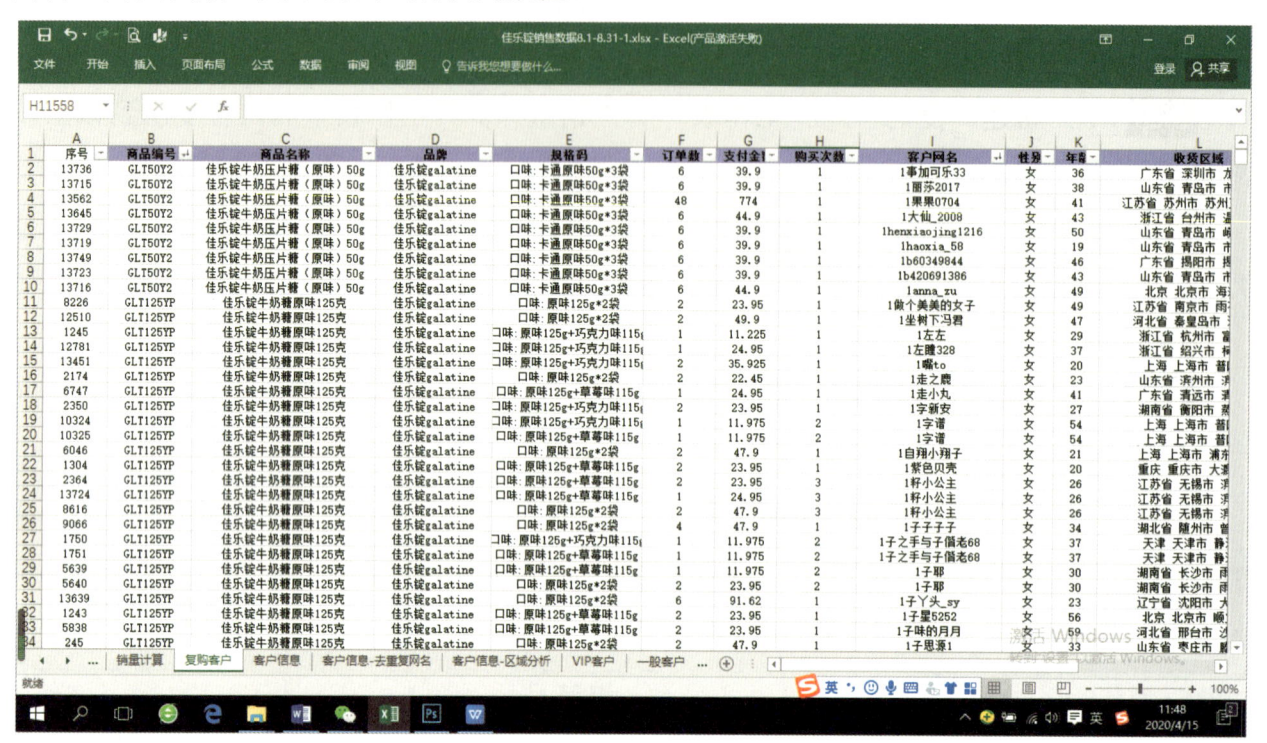

图4-8 同一商品不同客户购买次数计算结果

Step 06：单击"数据"选项卡下"排序和筛选"组中的"筛选"按钮，单击"购买次数"右侧的下拉按钮，筛选无复购记录的客户，即购买次数为1次的客户，如图4-9所示。

Step 07：单击"开始"选项卡下"编辑"组中的"查找和选择"下拉按钮，选择"定位条件"选项，在弹出的"定位条件"对话框中单击"可见单元格"单选按钮，如图4-10所示，则将无复购记录的客户全部选中。

Step 08：在筛选出的数据区域右击，在弹出的快捷菜单中选择"删除行"选项，则将所有的无复购记录客户数据删除。

Step 09：在"销量计算"工作表中选中第1行，右击，在弹出的快捷菜单中选择"复制"选项。回到"复购客户"工作表，在第一行行标处右击，在弹出的快捷菜单中选择"插入复制的单元格"选项，将被删除的标题行添加上。在"客户网名"字段处右击，在弹出的快捷菜单中选择"插入"选项，单击"活动单元格右移"，在插入的单元格中输入"购买次数"，则得到完整的复购客户购买记录。

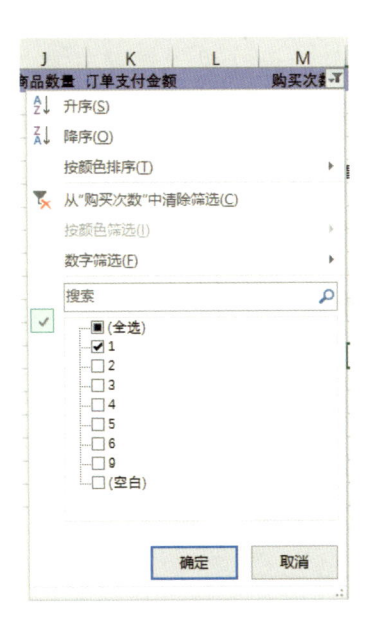

图 4-9　筛选无复购记录的客户　　　　图 4-10　"定位条件"对话框

3. 商品复购率计算

由于复购客户信息中存在重复客户记录，影响商品复购率计算的准确性，所以商品复购率计算的第一步就是删除重复客户记录。

Step 01：打开"复购客户"工作表。

Step 02：单击"数据"选项卡下"数据工具"组中的"删除重复项"按钮，弹出"删除重复项"对话框，单击"取消全选"按钮，勾选"客户网名"复选框，将重复客户记录删除。

Step 03：按照"商品编号"升序进行排序，之后进行分类汇总，分类汇总设置如图 4-11 所示，通过分类汇总计算每种商品的复购客户数。单击左上角的"2"，得到各种商品复购客户计算结果，如图 4-12 所示。

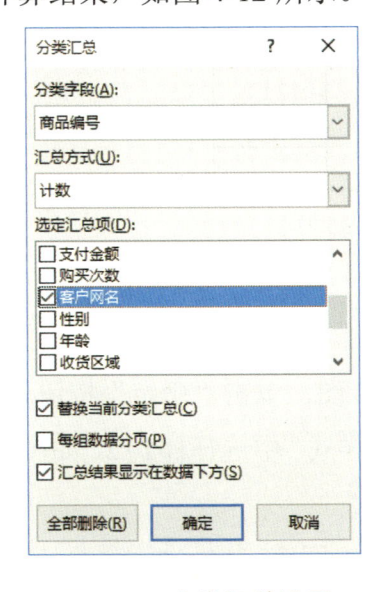

图 4-11　分类汇总设置　　　　图 4-12　各种商品复购客户计算结果

Step 04：在"复购客户"工作表中设计表格，将商品销量（见"销量计算"工作表）、复购客户等汇总结果填入，参照商品销量计算 Step 05 中各商品所占行数将总客户数填入（因为一个商品对应一个购买客户，所以商品所占行数=总客户数），商品复购率计算表如表 4-1 所示。

表 4-1 商品复购率计算表

商 品 编 号	商 品 销 量	复 购 客 户 数	总 客 户 数	复 购 率
GLT125YP	12314	930	5991	
GLT115QP	3090	284	2334	
GLT115MP	4349	270	3136	
GLT100SP	102	1	84	

Step 05：将光标置于"复购率"下方第一个单元格，输入公式"=复购客户数所在单元格/总客户数所在单元格"，将单元格格式设置为"百分比"，则可计算出 GLT125YP 商品的复购率为 15.52%。

Step 06：往下拖动该单元格右下角的填充柄，则可计算出 GLT115QP 商品的复购率为 12.17%，GLT115MP 商品的复购率为 8.61%，GLT100SP 商品的复购率为 1.19%。商品复购率计算结果如图 4-13 所示。

序号	商品编号	客户网名	性别	年龄	收货区域
	GLT125YP 计数	930			
	GLT115QP 计数	284			
	GLT115MP 计数	270			
	GLT100SP 计数	1			
	总计数	1485			

商品编号	商品销量	复购客户数	总客户数	复购率
GLT125YP	12314	930	5991	15.52%
GLT115QP	3090	284	2334	12.17%
GLT115MP	4349	270	3136	8.61%
GLT100SP	102	1	84	1.19%

图 4-13 商品复购率计算结果

Step 07：选中"商品编号""商品销量""复购率"三列数据，单击"插入"选项卡下"图表"组中的"插入柱形图或条形图"按钮，选择推荐的组合图，单击"确定"按钮。

Step 08：在图表右侧单击"图表样式"（笔刷）图标，在"样式"中选择样式2，如图 4-14 所示。

Step 09：在图表区右击，在弹出的快捷菜单中选择"设置图表区格式"选项，设置图表区边框为实线、蓝色（个性色 1）、1.5 磅、圆角，可得到如图 4-15 所示的可视化图表。

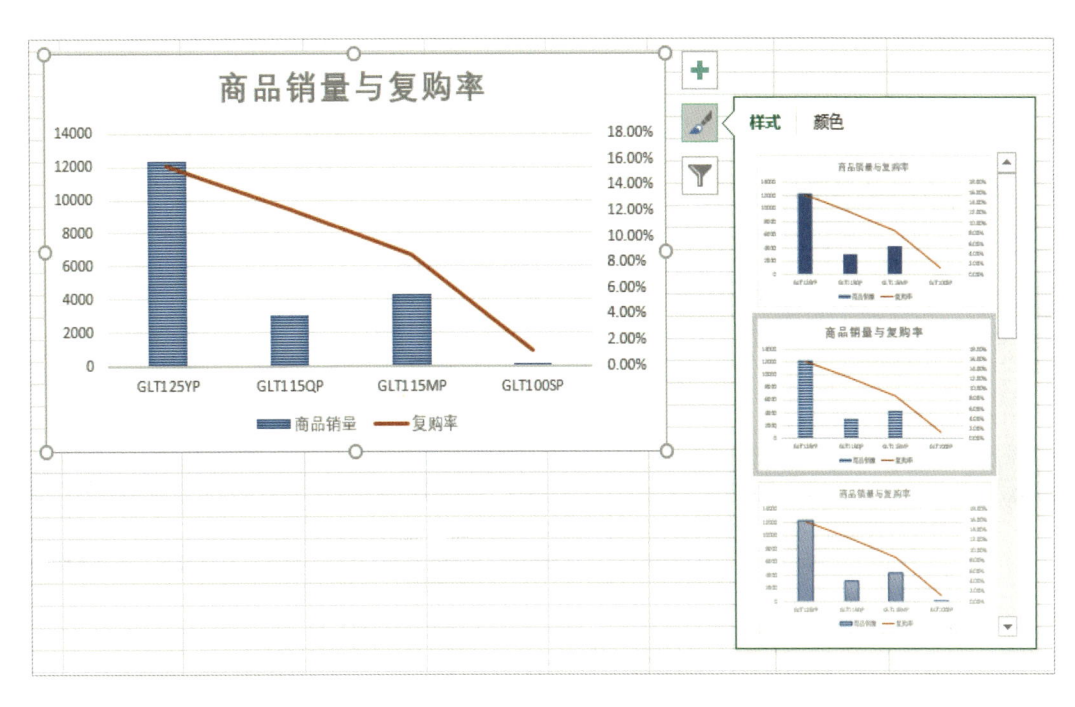

图 4-14　图表样式选择

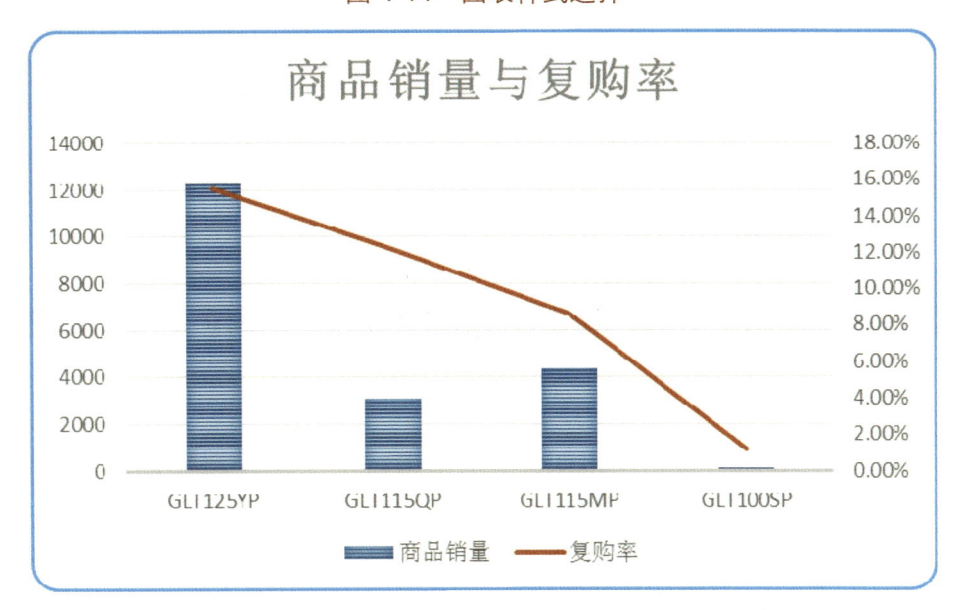

图 4-15　商品销量与复购率可视化图表

由前面的商品销量计算结果和复购率计算结果可以看出，编号为 GLT125YP 的商品销量和客户复购率都大幅度领先于其他商品，可以作为店铺爆款商品来打造。

三、热销商品筛选

热销商品的界定没有固定的标准，是不是热销商品和企业的预期、商品的类型、商品的供求情况等都有很大关系。一般情况下，人们把适合市场需求的、销量较高的商品称为热销商品。有些企业会按照销量排名或销售额占比来定义热销商品，如店铺一共有二三十种商品，将销量排在第二名到第五名之间，或者销售额占比达到 80%以上的商品定义为热销商品。一般对于单价较低的商品按销量排名来筛选热销商品，对于单价较高的商品按照销售额占比来筛选热销商品。本任务中的四种奶片价格差别不大，单价较低，所以应按照销量排名进行热销商品筛选。

Step 01：打开"销售数据.xlsx"，新建"热销商品"工作表。

Step 02：在"销量计算"工作表中按住 Ctrl 键选中"商品编号""订单数量"两列数据，如图 4-16 所示。

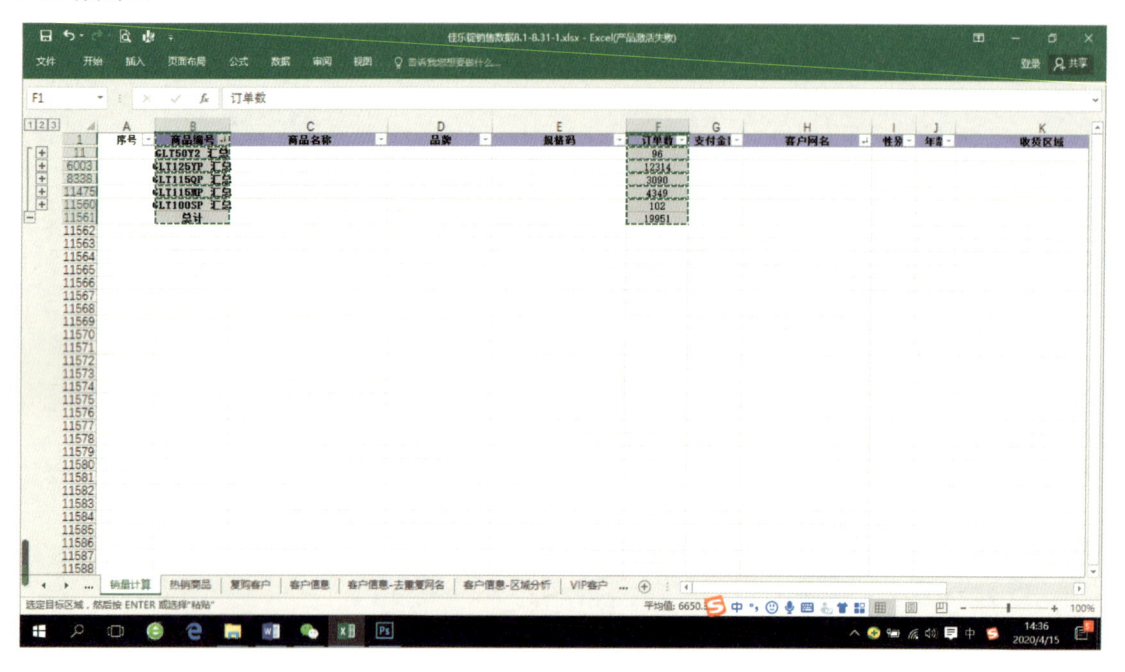

图 4-16　商品销量汇总结果选择

Step 03：按 Ctrl+G 组合键，弹出如图 4-17 所示的"定位"对话框，单击左下角的"定位条件"按钮，在"定位条件"对话框中单击"可见单元格"单选按钮，则将各类商品销量汇总结果全部选中，按 Ctrl+C 组合键复制选中内容。

图 4-17　"定位"对话框

Step 04：将光标置于"热销商品"工作表 A1 单元格，按 Ctrl+V 组合键将商品销量汇总结果粘贴到新工作表中。

Step 05：选中"商品编号""订单数"两列数据，单击"插入"选项卡下"图表"组中的"插入柱形图或条形图"下拉按钮，选择三维柱形图右边的彩色柱形图，得到如图 4-18 所示的可视化图表。

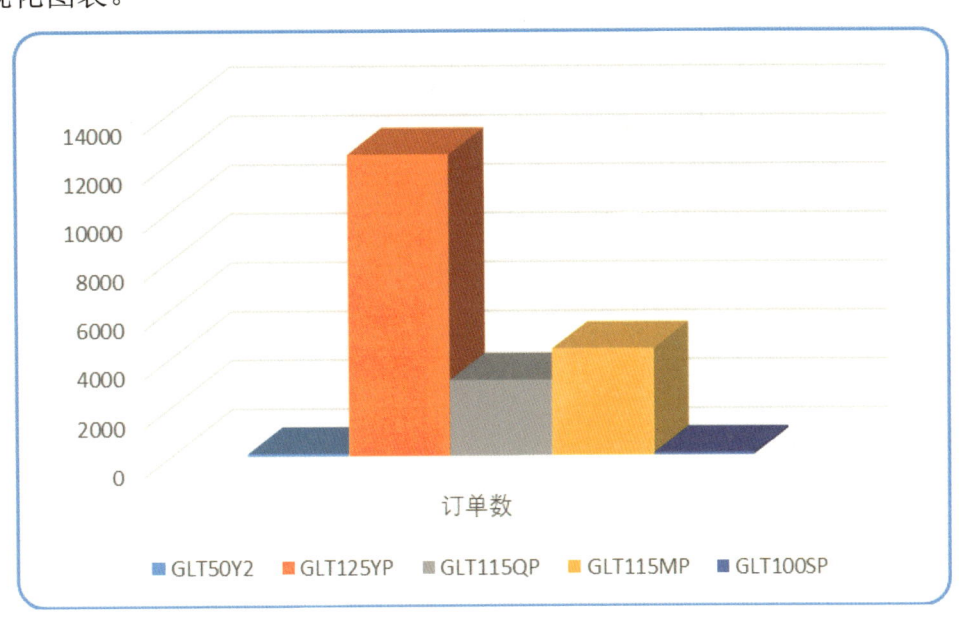

图 4-18　各类商品销量可视化图表

由图 4-18 可见，排名第二的是编号为 GLT115MP 的商品，按照热销商品的定义，可以认定这个商品为该店铺的热销商品。

四、滞销商品筛选

客户购买量为零是滞销商品的首要特征。滞销商品不是绝对的，有时只在局部地区是滞销商品。即便在同一地区，采用不同的销售渠道也可能出现截然不同的情况，并不一定是因为客户有什么不同，也许只是因为店铺的营销手段不一样。有的店铺多花了一点心思，抓住了客户的消费心理，就可能将别的店铺的滞销商品变成自己店铺的热销商品。

是否为滞销商品一般用动销率来衡量，不同类别的商品、不同的店铺和不同的销售渠道计算动销率的时间段是不同的，可以是周动销率、月动销率、年度动销率或某个时间段的动销率。不同类别的商品、不同的销售渠道对于使用动销率来衡量是否为滞销商品的标准不一样。例如，对于奶片之类的小零食，京东一般规定 45 天以内动销率小于 50% 可认定为滞销商品。

对于特定商品，其动销率计算公式为

商品动销率=(某时段内商品累计销售量÷某时段商品库存)×100%

Step 01：打开"热销商品"工作表。

Step 02：根据商品销量汇总结果，结合 8 月份商品库存情况，设计商品动销率计算表，将相应数据填入以 A9 单元格开始的表格区域，如表 4-2 所示。

表 4-2　商品动销率计算表

商品编号	8月份商品销量	8月份商品库存	月动销率
GLT50Y2	96	1002	
GLT125YP	12314	23799	
GLT115QP	3090	4473	
GLT115MP	4349	4580	
GLT100SP	102	1067	

> **注意**：表 4-2 中的"8 月份商品库存"为商品在 8 月份的平均库存，计算方法为(8 月初库存+8 月末库存)÷2。

Step 03：选中 D10 单元格，输入公式"=B10/C10"，计算出编号为 GLT50Y2 的商品月动销率，在 D10 单元格右击，在弹出的快捷菜单中选择"设置单元格格式"选项，将数字格式设置为"百分比"。

Step 04：向下拖动 D10 单元格右下角的填充柄，则可得到各类商品的月动销率，如图 4-19 所示。

	A	B	C	D
1	商品编号	订单数	8月份商品库存	
2	GLT50Y2 汇总	96	商品编号	商品库存
3	GLT125YP 汇总	12314	GLT50Y2	1002
4	GLT115QP 汇总	3090	GLT125YP	23799
5	GLT115MP 汇总	4349	GLT115QP	4473
6	GLT100SP 汇总	102	GLT115MP	4580
7	总计	19951	GLT100SP	1067
8				
9	商品编号	8月份商品销量	商品库存	月动销率
10	GLT50Y2	96	1002	9.58%
11	GLT125YP	12314	23799	51.74%
12	GLT115QP	3090	4473	69.08%
13	GLT115MP	4349	4580	94.96%
14	GLT100SP	102	1067	9.56%

图 4-19　各类商品的月动销率

Step 05：选中"商品编号""8 月份商品销量""月动销率"三列数据，单击"插入"选项卡下"图表"组右下角的箭头，选择"所有图表"选项卡下的"组合"选项，在"月动销率"下拉列表中选择"带数据标记的折线图"选项，如图 4-20 所示。单击"确定"按钮，图

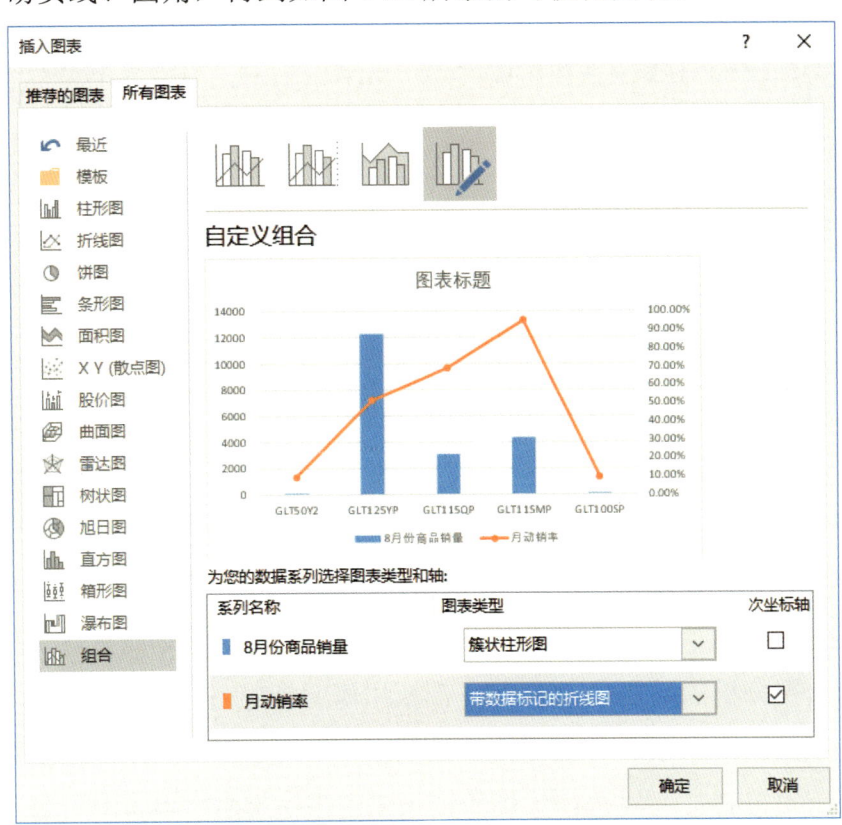

表边框选择 1.5 磅实线、圆角，得到如图 4-21 所示的可视化图表。

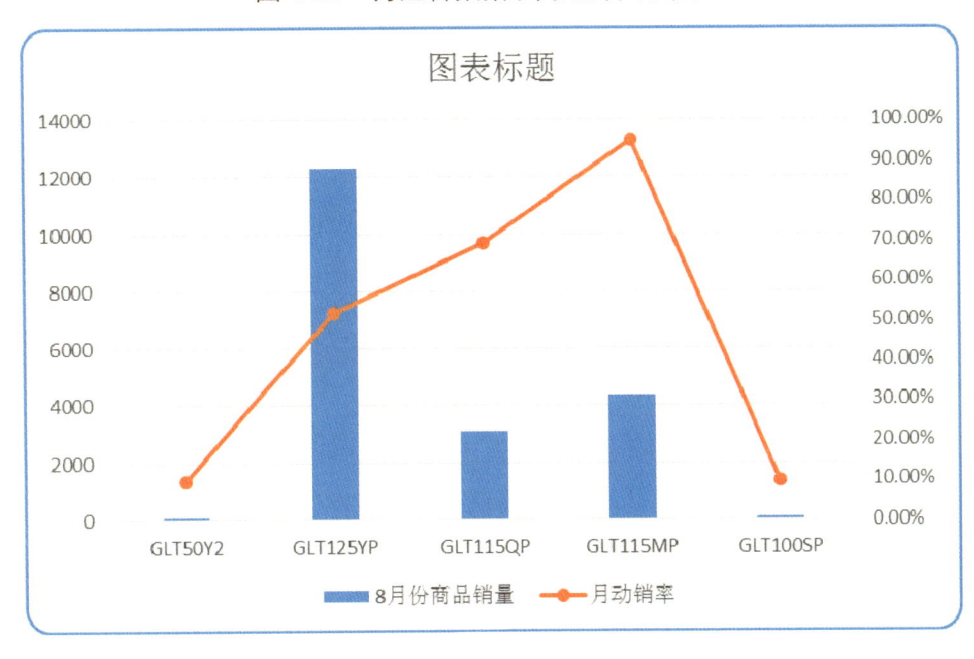

图 4-20　为组合数据系列选择图表类型

图 4-21　各类商品销量及月动销率可视化图表

由图 4-21 可见，编号为 GLT50Y2 和 GLT100SP 的商品 8 月份的销量和月动销率都低，可认定为滞销商品。

> **拓展提高**
> 扫描右侧二维码可以学到更多的拓展知识。

任务 2　销售情况分析

销售情况能够反映销售计划的完成情况，准确、及时地进行销售情况分析能够为店铺运营、品牌管理提供科学的依据，有利于建立恰当的人员及货品管理制度，快速对市场和客户行为做出反应，及时调整产品组合及库存结构，提高货品周转速度，提升销售额，减小库存压力。通过对商品转化率、客单价，以及不同时段、不同区域的销售情况进行对比分析，店铺经营者可了解商品销售变化情况，预测未来的商品销量和客户需求。店铺经营者可根据销售情况分析结果做出判断，指导后续的销售、库存设置、营销计划制订等工作。

了解到销售情况分析的重要性，小 A 在带教师傅的指导下开始了销售情况分析，期望通过自己的努力为后续的经营决策提供真实有效的数据。根据"销售额=访客数×商品转化率×客单价"这个公式可以知道，决定销售额的三大要素是访客数、商品转化率和客单价，本任务就根据这三大要素进行分析。

一、商品转化率计算

商品转化率是指在某一周期内，访问店铺并购买商品的人数与所有访问店铺的人数之比。计算方法：商品转化率=(产生购买行为的客户人数÷店铺的访客人数)×100%。例如，店铺的访客有 100 个，其中有 60 个购买了某种商品，则该商品转化率为 60%。

Step 01：打开"销售数据.xlsx"。

Step 02：复制"销量计算"工作表，将其命名为"商品转化率"。

Step 03：单击"数据"选项卡下"分级显示"组中的"分类汇总"按钮，在弹出的"分类汇总"对话框中单击"全部删除"按钮，取消分类汇总结果。

Step 04：按照"商品编号"进行分类汇总，计算每种商品的购买人数，具体设置如图 4-22 所示，各类商品购买人数汇总结果如图 4-23 所示。

Step 05：根据汇总结果，在"商品转化率"下方空白单元格中制作表格，可参考表 4-3 输入列标题，根据汇总结果将"商品编号""月购买客户数"填到表格中。月访客人数为 38616。

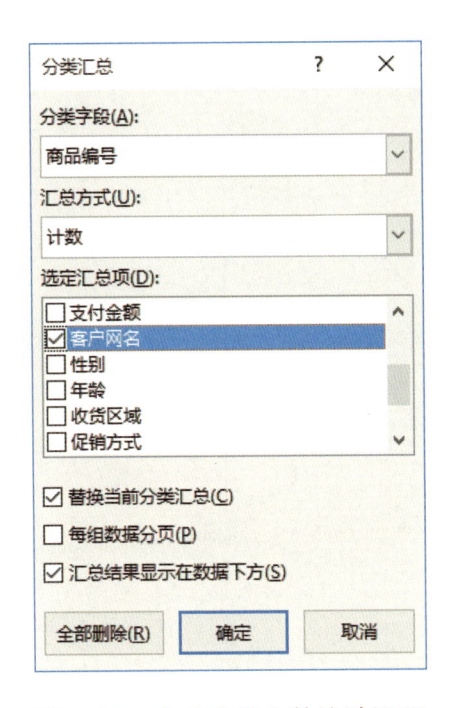

图 4-22　商品购买人数统计设置　　　　图 4-23　各类商品购买人数汇总结果

表 4-3　商品转化率计算表

商品编号	月购买客户数/个	月访客人数/个	商品转化率
GLT50Y2	9	38616	0.02%
GLT125YP	5991	38616	15.51%
GLT115QP	2334	38616	6.04%
GLT115MP	3136	38616	8.12%
GLT100SP	84	38616	0.22%

Step 06：将光标置于"商品转化率"下方第一个单元格，输入公式"=月购买客户数/月访客人数"，按 Enter 键确认，则计算出编号为 GLT50Y2 的商品转化率。

Step 07：向下拖动该单元格右下角的填充柄，计算出其他商品转化率。

Step 08：选中商品转化率数据区域，右击，在弹出的快捷菜单中选择"设置单元格格式"选项，在弹出的"设置单元格格式"对话框中选择"数字"选项卡下的"百分比"选项，如图 4-24 所示，则计算结果以百分数形式显示并保留 2 位小数。

Step 08：选中"商品编号""商品转化率"两列数据，单击"插入"选项卡下"图表"组中的"插入柱形图或条形图"按钮，选择"三维簇状柱形图"选项，对图表区进行适当美化，得到如图 4-25 所示的商品转化率比较图。

由图 4-25 可明显看出，编号为 GLT125YP 的商品转化率最高，编号为 GLT50Y2 的商品转化率最低，在进货和进行库存设置时应根据商品转换率情况提前做好计划。

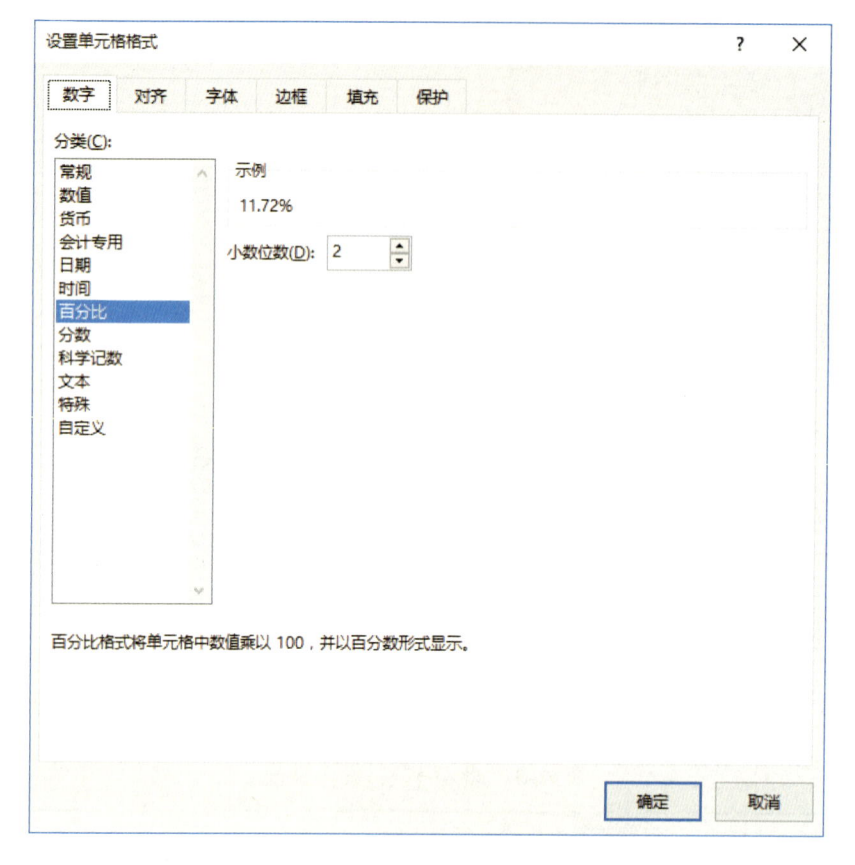

图 4-24 "设置单元格格式"对话框

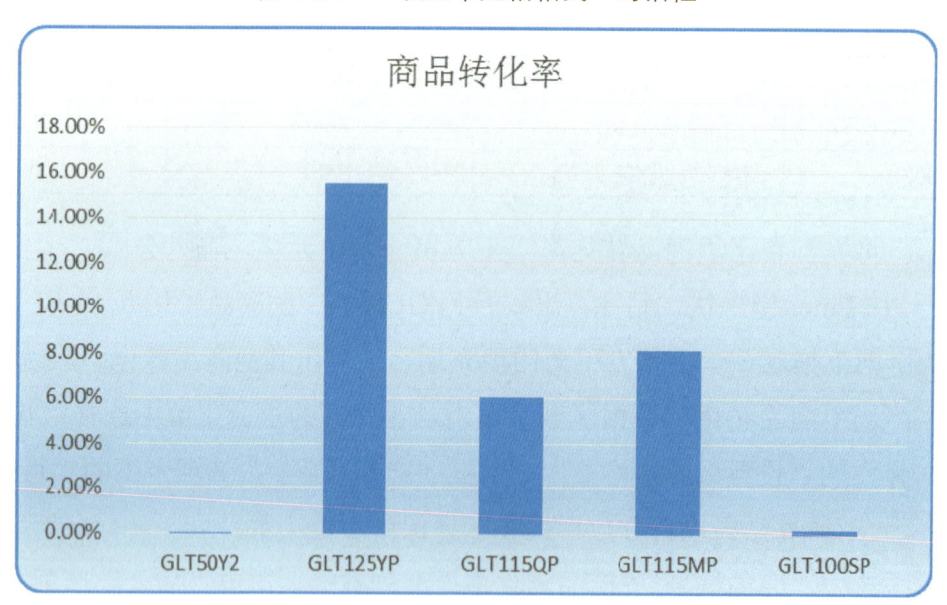

图 4-25 商品转换率比较图

二、客单价计算

客单价是指在一定时期内，每个客户平均购买商品的金额，计算公式为：客单价=店铺销售总额÷客户数。例如，日客单价=日店铺销售总额÷日客户数，月客单价=月店铺销售总额÷月客户数。对于店铺来说，在保证流量的前提下，客单价越高，就能够拥有越大的利润空间。例如，一家店铺的客单价为 10 元，利润点很高，达到了 50%，那么平均一个客户购买商品只赚 5 元；另一家店铺的客单价为 100 元，就算利润点比较低，只有 20%，那么平均一个客户购买商品也能赚 20 元。所以应朝着提高客单价的方向运营，让店铺不再单靠走量赚钱。

当然，提高客单价需要从长计划，首先要奠定好流量基础，等店铺的销量上来之后，再去选择价格比较高的同类商品出售；其次要提升服务质量，获得更高的商品转化率，使店铺和利润都进入良性循环发展状态。

1. 日客单价计算

Step 01：打开"销售数据.xlsx"。

Step 02：复制"销售数据"工作表，将新工作表命名为"客单价"。

Step 03：按照"支付金额"升序进行排序，支付金额为 0 的数据行均排在前面。

Step 04：将支付金额为 0 的数据记录全部选中，右击，在弹出的快捷菜单中选择"删除行"选项，将所有支付金额为 0 的数据记录全部删除。

▶ 注意：这一步操作的主要目的是将不能作为销售额计算的赠品数据全部删除，以免影响客单价计算的准确性。

Step 05：按照"序号"升序进行排序。

Step 06：在"客户网名"列右侧添加一列"不重复客户数"。在"不重复客户数"列第一个单元格中输入嵌套函数"=IF(COUNTIF($H$1:$H2,H2)=1,1,"")"，其中 H 列为"客户网名"列。

▶ 注意：该嵌套函数的作用是先用 COUNTIF 函数计算从 H1 单元格开始的选定范围内网名一样的客户个数，再用 IF 函数进行判断，如果计算结果为 1，则在相应单元格中输入 1，否则在相应单元格中输入空值，即不输入任何值，这样就可以使重复客户只计算一次。

Step 07：向下拖动该单元格右下角的填充柄，一直到 8 月份的最后一个单元格。

Step 08：选中"销售时间"列，在其右侧插入一列，单击"数据"选项卡下"数据工具"组中的"分列"按钮，选择"空格"作为分隔符，最后单击"完成"按钮，将"销售时间"列分为两列，将"销售时间"改名为"销售日期"，将右侧的一列命名为"销售时间"。

Step 09：按照"销售日期"对"支付金额""不重复客户数"进行分类汇总，具体设置如图 4-26 所示。

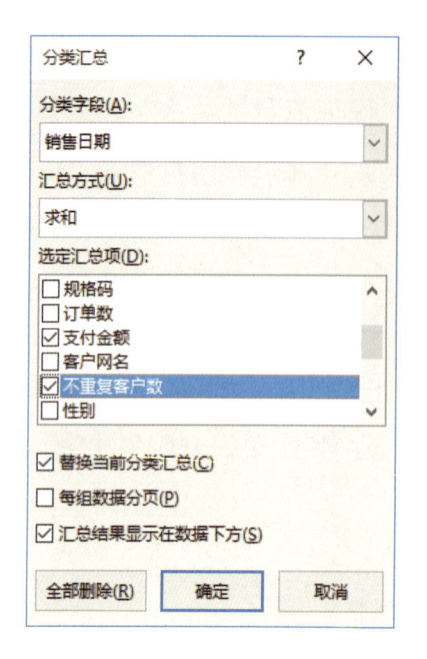

图 4-26　每日不重复客户数分类汇总设置

Step 10：单击"确定"按钮，单击左上角的"2"，可得到每日支付金额、不重复客户数汇总结果，如图 4-27 所示。

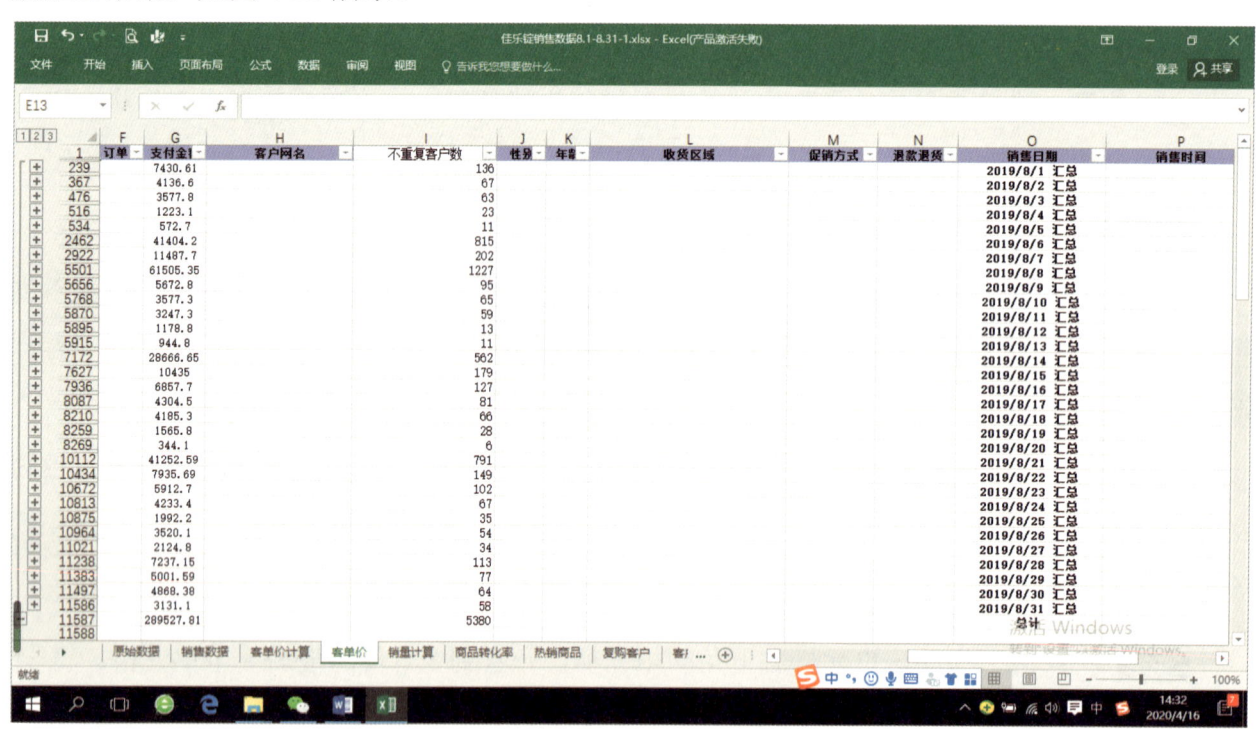

图 4-27　每日支付金额、不重复客户数汇总结果

Step 11：选中"销售日期""不重复客户数""支付金额"三列数据，单击"开始"选项卡下"编辑"组中的"查找和选择"按钮，选择"定位条件"选项，在弹出的对话框中选择"可见单元格"选项，按 Ctrl+C 组合键复制可见单元格数据。

Step 12：在"客单价"工作表左侧插入一个新工作表，命名为"客单价计算"，按 Ctrl+V 组合键将汇总结果复制到新工作表中。

Step 13：选中"销售日期"列数据，单击"数据"选项卡下"数据工具"组中的"分列"按钮，将"汇总"二字分到单独一列中，并将该列删除，将"销售日期"列移动到"支付金额"列左侧，将"不重复客户数"列右侧的列标题命名为"日客单价"，得到如图 4-28 所示的日客单价计算数据表。

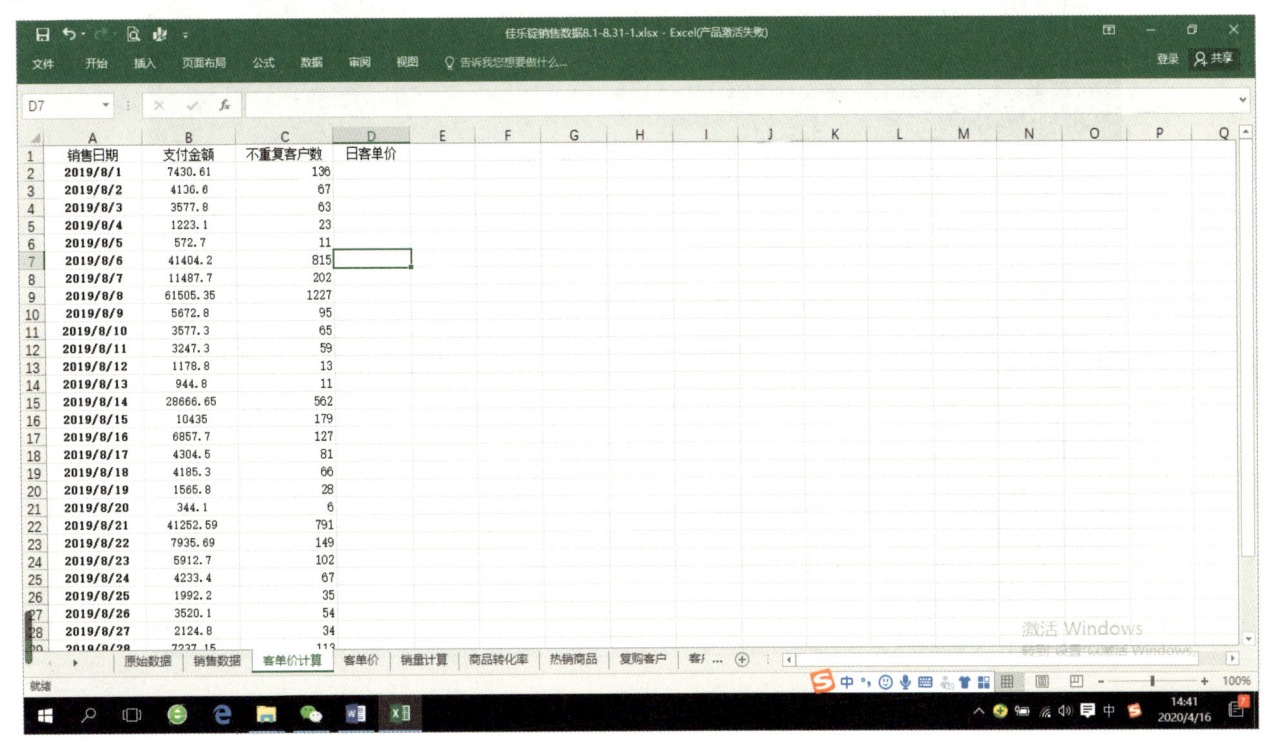

图 4-28　日客单价计算数据表

Step 14：在"日客单价"列第一个单元格中输入公式"=B2/C2"，按 Enter 键，将单元格格式设置为"数值，两位小数"，得到 8 月 1 日的客单价。向下拖动该单元格右下角的填充柄，得到 8 月份每天的客单价。

Step 15：选中"销售日期""日客单价"两列数据，单击"插入"选项卡下"图表"组右下角的箭头，单击"所有图表"选项卡下"条形图"选项下的"簇状条形图"子选项。在图表右侧单击笔刷图标，选择"样式 7"，得到如图 4-29 所示的条形图。

由图 4-29 可见，在 8 月份中，12 日、13 日、30 日的客单价明显较高。在实际操作中，可以把一年中每个月的日客单价都计算出来，通过折线图找规律，观察在一个月的什么时间段客单价比较高，以便有针对性地进行营销和补货。

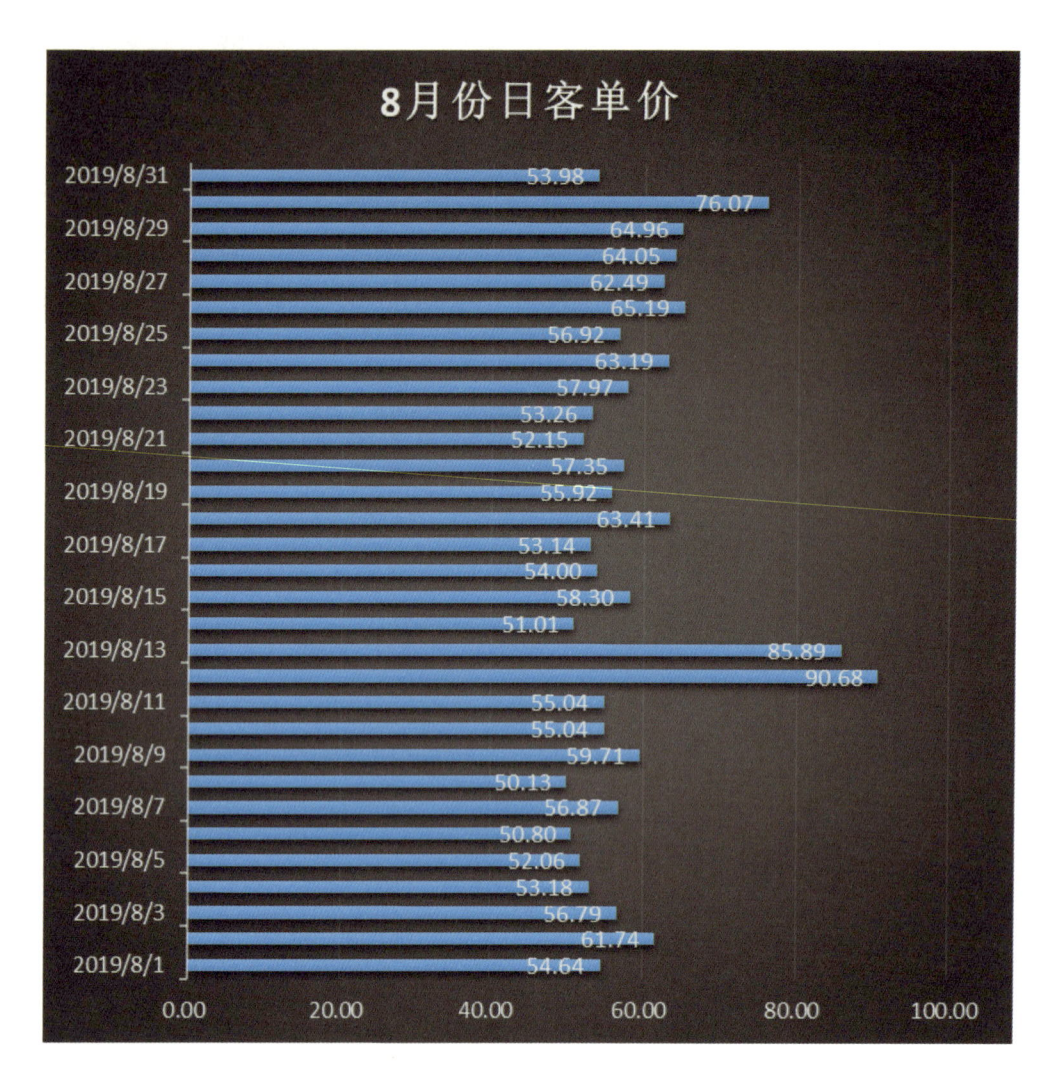

图 4-29 日客单价可视化条形图

2. 月客单价计算（以 8 月份的客单价计算为例）

Step 01：打开"客单价计算"工作表。

Step 02：在"日客单价"列右侧添加"月客单价"，将光标置于"月客单价"列第一个单元格，输入公式"=B33/C33"，其中 B33 为 8 月份"支付金额"汇总结果，C33 为"不重复客户数"汇总结果。

Step 03：按 Enter 键，得到 8 月份的月客单价为 53.82 元。

三、不同商品最佳销售时段筛选

Step 01：打开"销售数据.xlsx"。

Step 02：复制"销售数据"工作表，将新工作表命名为"销售时段"，将支付金额为 0 的数据记录全部删除，按照"商品编号"降序进行排序。

Step 03：在"销售时间"列左侧添加"销售时段"列，使用 MID 函数进行销售时段（精确到小时）提取。将光标置于"销售时段"列第一个单元格，单击编辑栏左侧的"fx"按钮。在弹出的"函数参数"对话框中输入 MID 函数的相应参数，如图 4-30 所示。向下拖动该单元格右下角的填充柄，直到所有的销售时段全部提取完成。

> **注意**：也可以直接在编辑栏中输入"=MID(O2,12,2)"，意思是从 O2 单元格的第 12 个字符开始取连续的 2 个字符。大家在操作时需要特别注意，空格也算一个字符。

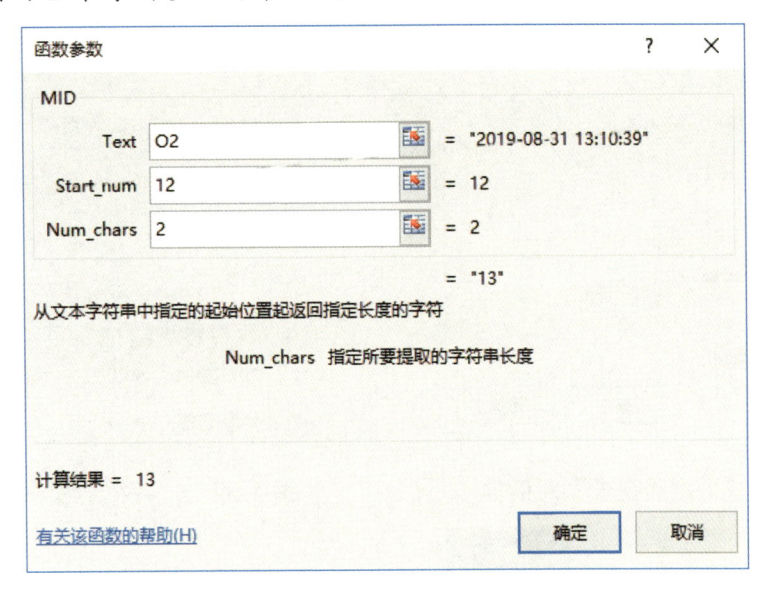

图 4-30　MID 函数参数设置

Step 04：按 Ctrl+A 组合键选中"销售时段"工作表中所有数据，单击"插入"选项卡下"图表"组中的"数据透视图"下拉按钮，选择"数据透视图和数据透视表"选项，在弹出的"创建数据透视表"对话框中选择要分析的数据及放置数据透视图的位置（本例放在当前工作表中），如图 4-31 所示。

Step 05：按照图 4-32 将"商品编号""销售时段"字段拖曳到"轴（类别）"编辑框中，将"订单数量"字段拖曳到"值"编辑框中，以计算不同商品不同销售时段的订单数量。

> **注意**：在"值"编辑框中，单击右侧下拉按钮，选择"值字段设置"选项，可选择所选字段数据计算类型，如图 4-33、4-34 所示。

Step 06：字段拖曳完成之后，将标题改为"不同商品不同时段销量图"，单击图表右侧的笔刷图标，选择"样式 9"，得到如图 4-35 所示的销量图。

由图 4-35 可以直观地看出，每种商品的最佳销售时段均出现在上午 10—11 点，上午 11—12 点的销量居于第二，之后一直到第二天凌晨商品销量呈现递减趋势。

Excel 商务数据分析

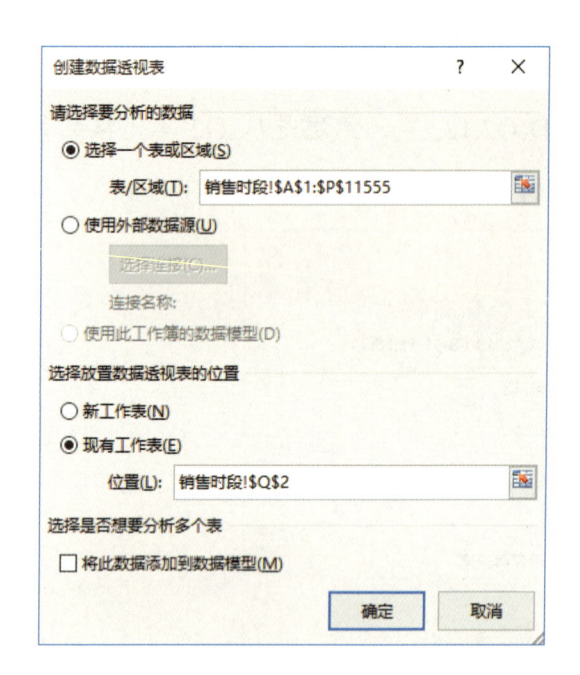

图 4-31 "创建数据透视表"对话框

图 4-32 "数据透视图字段"对话框

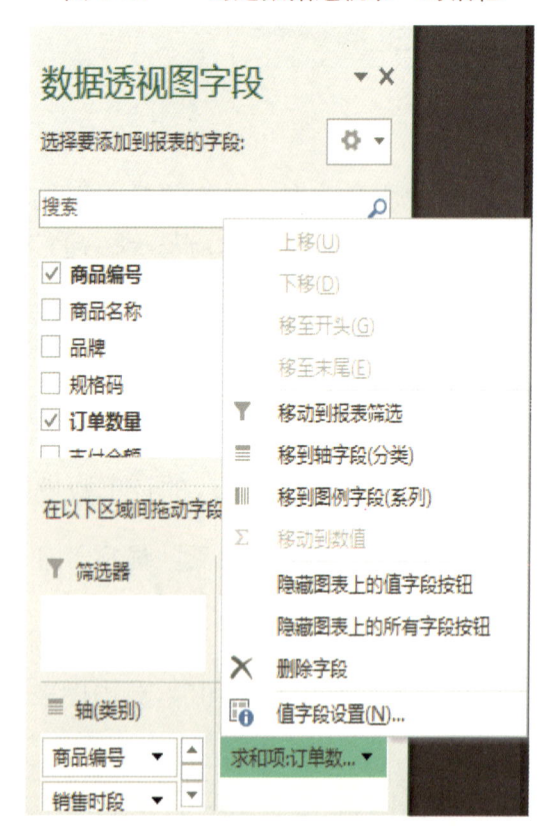

图 4-33 选择"值字段设置"选项

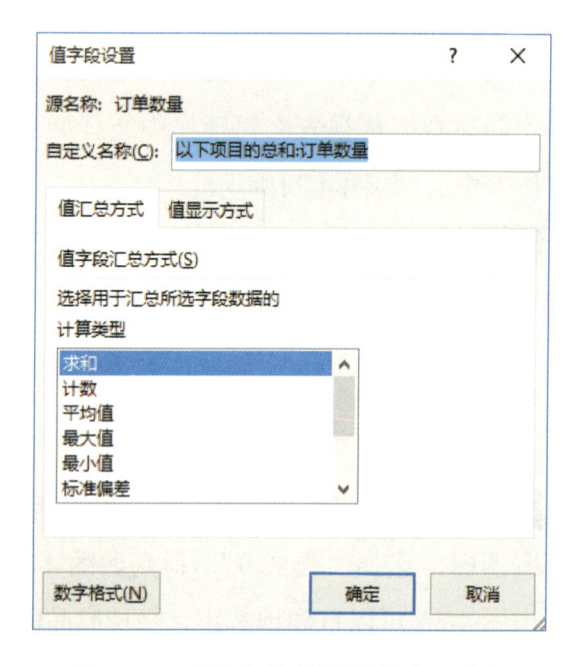

图 4-34 所选字段数据计算类型选择

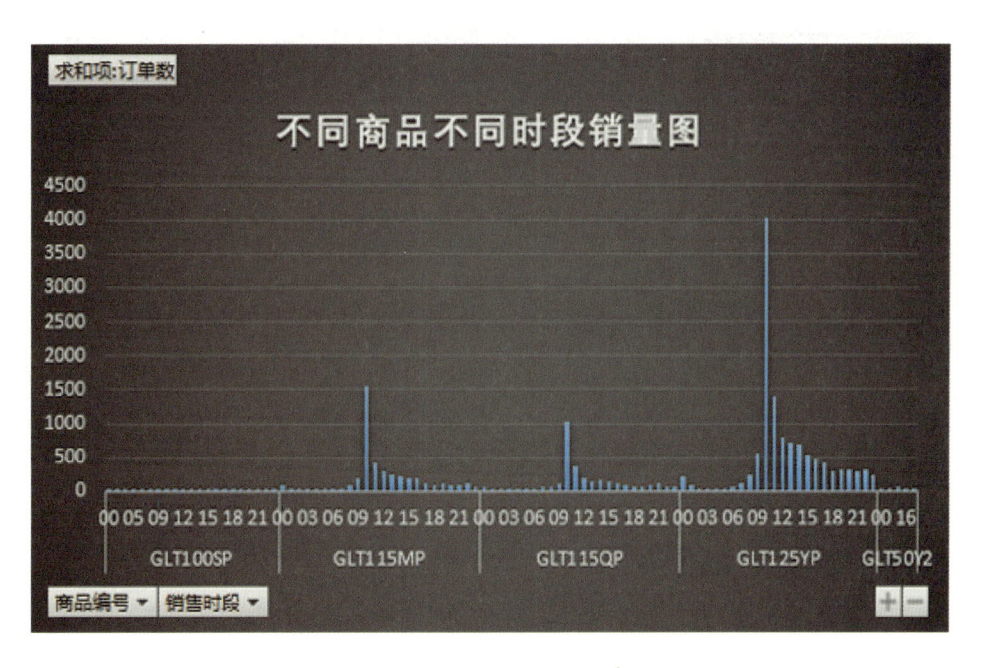

图 4-35　不同商品不同销售时段销量图

Step 07：单击图 4-35 左下角的"商品编号"下拉按钮，选择某种商品编码，如"GLT125YP"，可得到相应商品不同时段更加清晰的销量图，如图 4-36 所示。

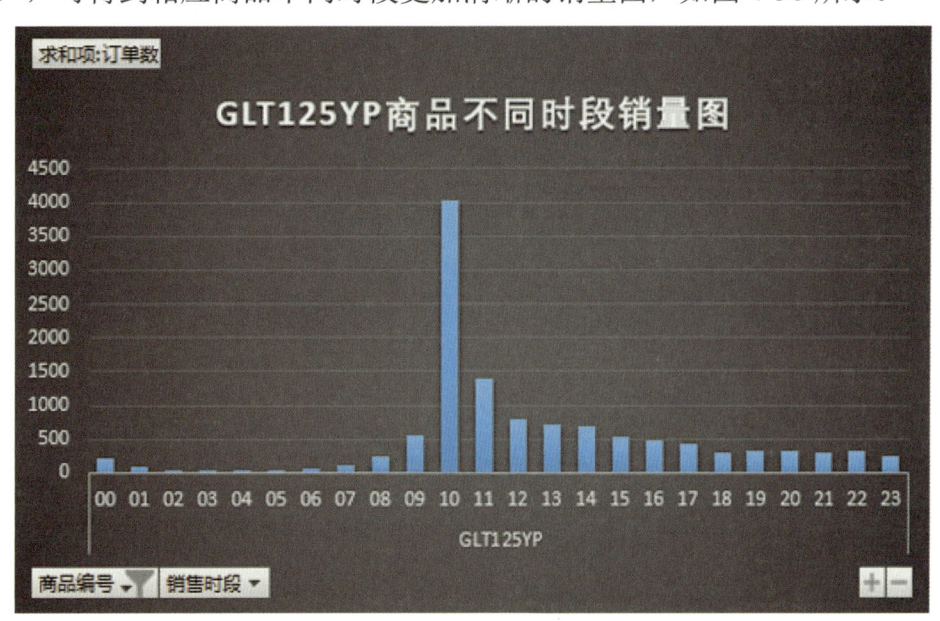

图 4-36　编号为 GLT125YP 的商品不同时段销量图

Step 08：单击图 4-35 左下角的"销售时段"下拉按钮，选择某一销售时段，如"10—12 点"，可得到从 10 点开始到 12 点所有商品更加清晰的销量图，如图 4-37 所示。

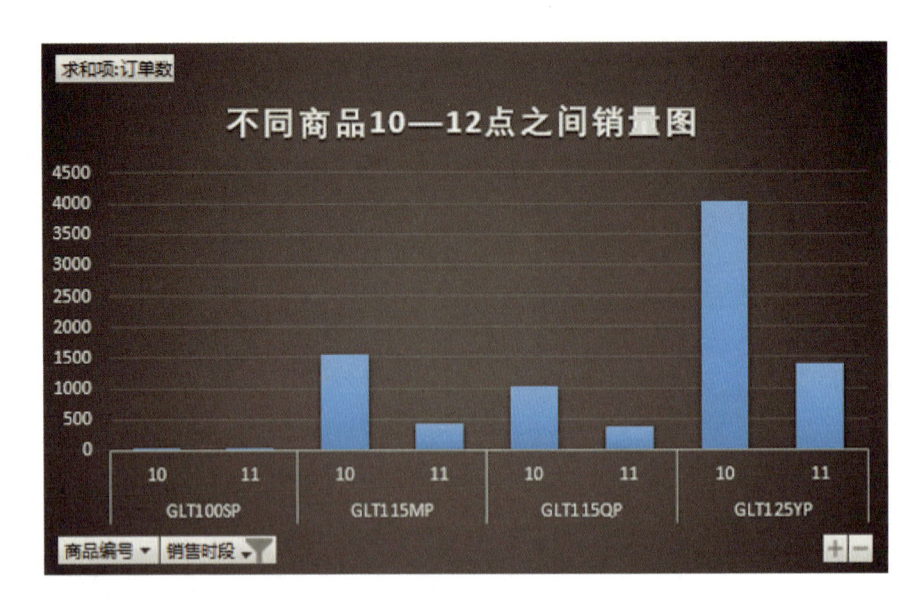

图 4-37　不同商品 10—12 点的销量图

四、各类商品最佳销售规格筛选

Step 01：打开"销售数据.xlsx",复制"销售时段"工作表,将新工作表命名为"规格码"。

Step 02：在"规格码"列右边插入新列,选中"规格码"数据口味后边的":",按 Ctrl+C 组合键将其复制到剪贴板。

Step 03：选中"规格码"列,单击"数据"选项卡下"数据工具"组中的"分列"按钮,在第 2 步"分隔符号"中勾选"其他"复选框,在后面的文本框中按 Ctrl+V 组合键,将刚刚复制的":"粘贴到文本框中,如图 4-38 所示。单击"完成"按钮,在弹出的警告框中单击"确定"按钮,完成规格码分离。

Step 04：将"规格码"列中数据为"19*14.5*1"的单元格内容复制到其右边的单元格中,将"规格码"列删除并将其右边列标题命名为"规格码"。

Step 05：按 Ctrl+A 组合键选中"规格码"工作表中所有数据,单击"插入"选项卡下"图表"组中的"数据透视图"下拉按钮,选择"数据透视图和数据透视表"选项,在弹出的"创建数据透视表"对话框中选择要分析的数据和放置数据透视表的位置(本例放在新工作表中),如图 4-39 所示,单击"确定"按钮。

Step 06：在新工作表中,按照图 4-40 将"商品编号""规格码"字段拖曳到"轴(类别)"编辑框中,将"订单数量"字段拖曳到"值"编辑框中,以计算不同商品不同规格码的销量。

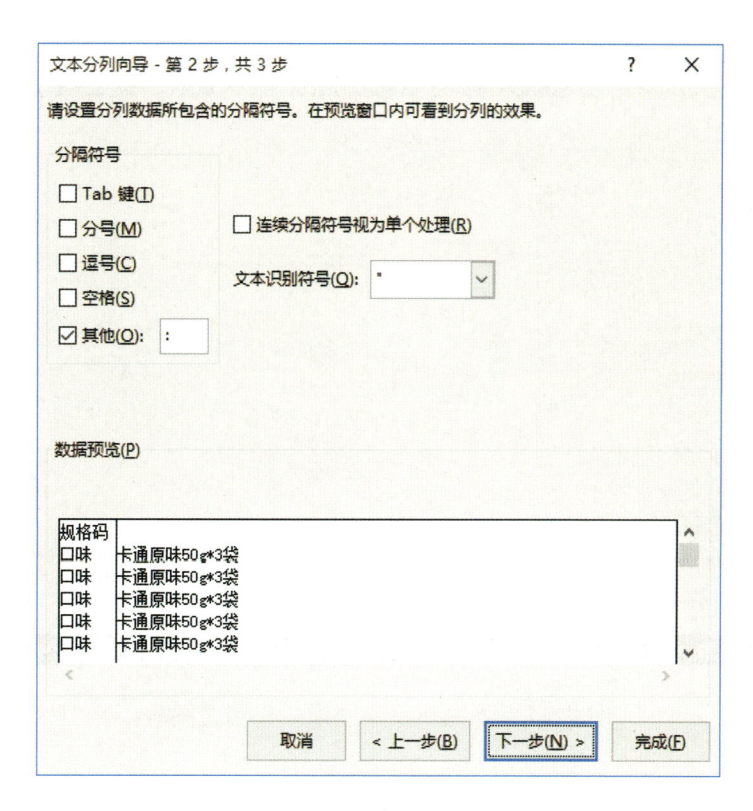

图4-38 分隔符号粘贴示意图

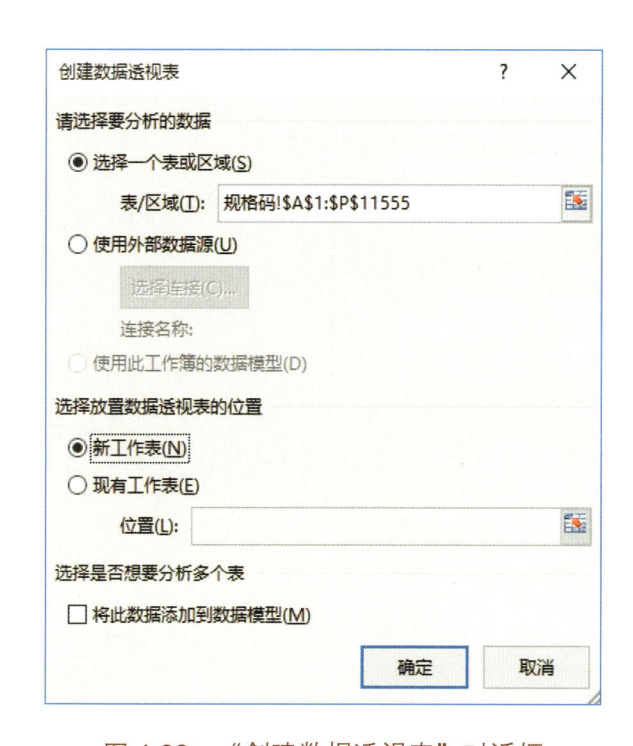

图4-39 "创建数据透视表"对话框

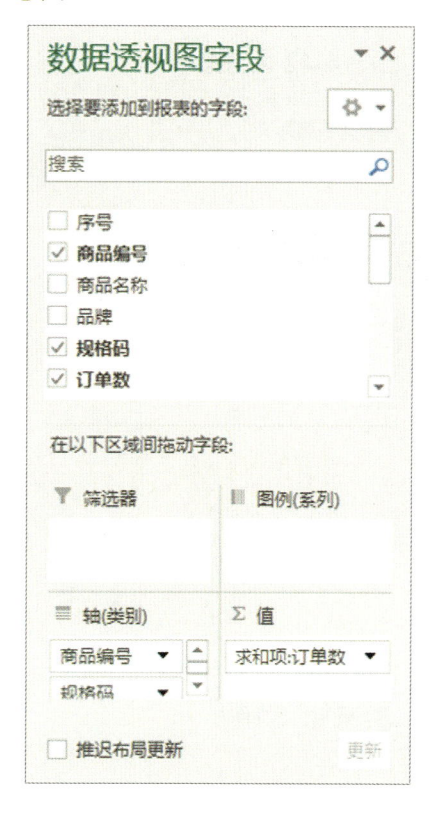

图4-40 "数据透视图字段"对话框

Step 07：字段拖曳好之后，可以看到在新工作表中数据透视表居左，数据透视图居中，"数据透视图字段"对话框居右，如图4-41所示。

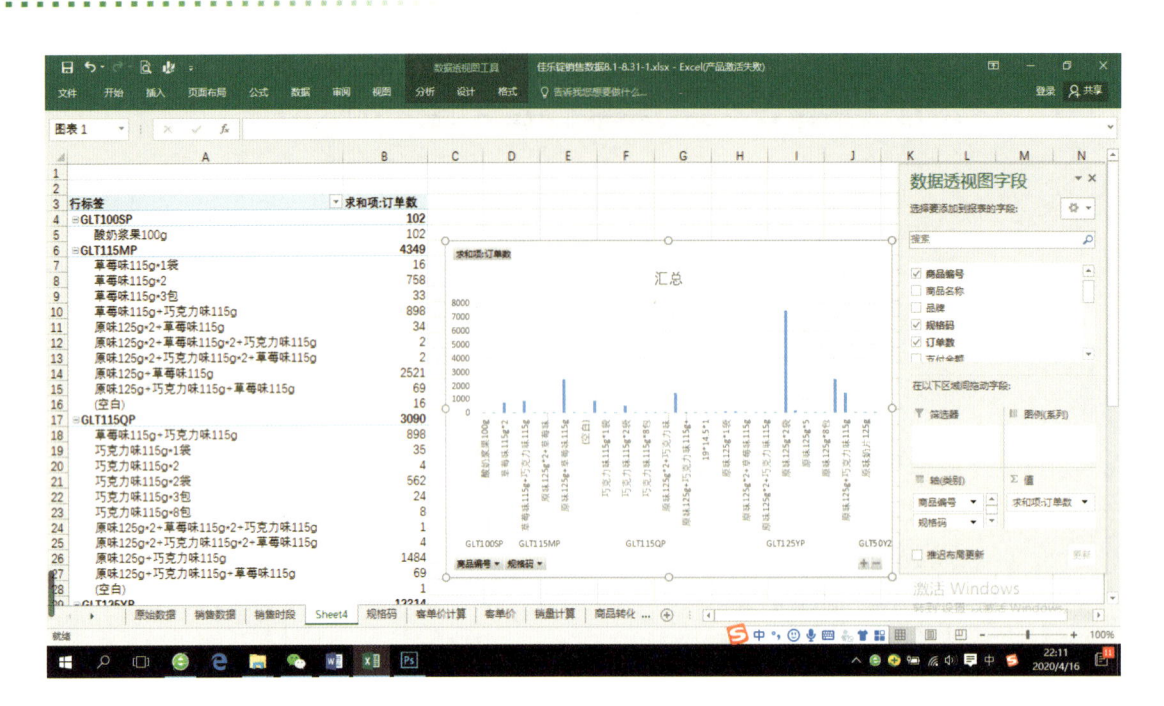

图 4-41 不同商品不同规格码销量图表

由图 4-41 可以看出，由于商品的规格数量比较多，在有限的屏幕上很难依据数据透视图看清每种规格的商品名称，这时可以把透视图横向拉宽一点，直到所有的商品规格都能显示出来，如图 4-42 所示。

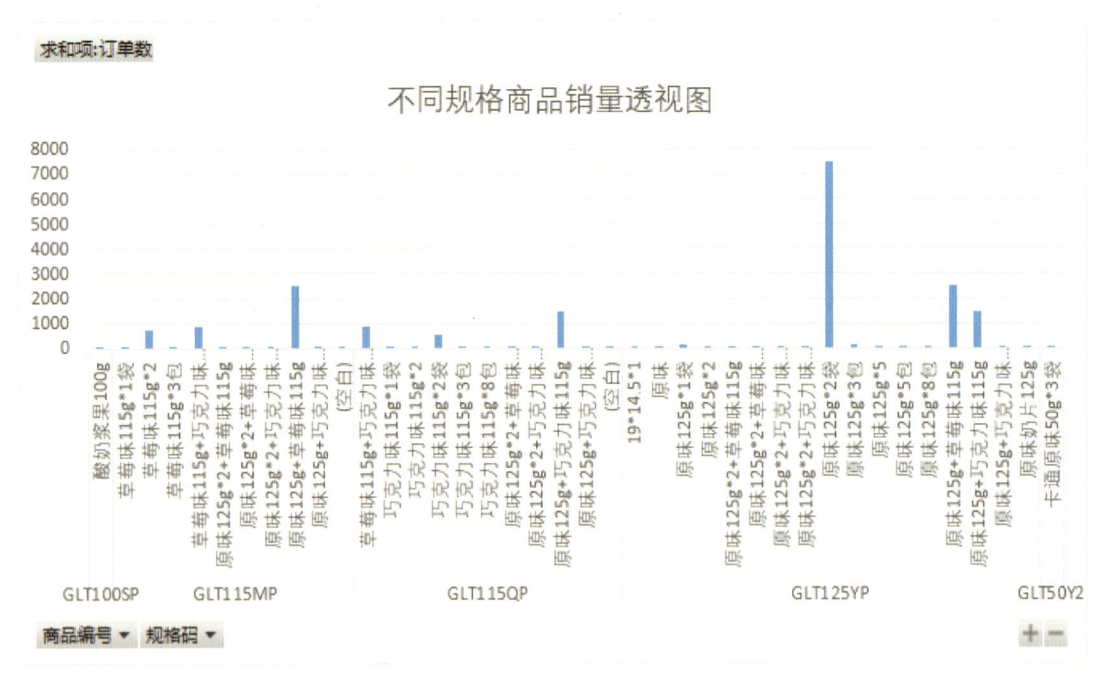

图 4-42 不同规格商品销量透视图

Step 08：在图 4-42 中，所有的规格码文字"躺倒"挤在一起，不方便阅读。这时可以通过对类别轴的文字对齐方式进行设置，让"躺倒"的文字竖起来。

Step 09：选中类别轴，右击，在弹出的快捷菜单中选择"设置坐标轴格式"选项，在

"设置坐标轴格式"对话框中单击"大小与属性"图标，文字方向选择"竖排"，如图 4-43 所示，可得到视觉效果和阅读体验更好的不同规格商品销量透视图，如图 4-44 所示。

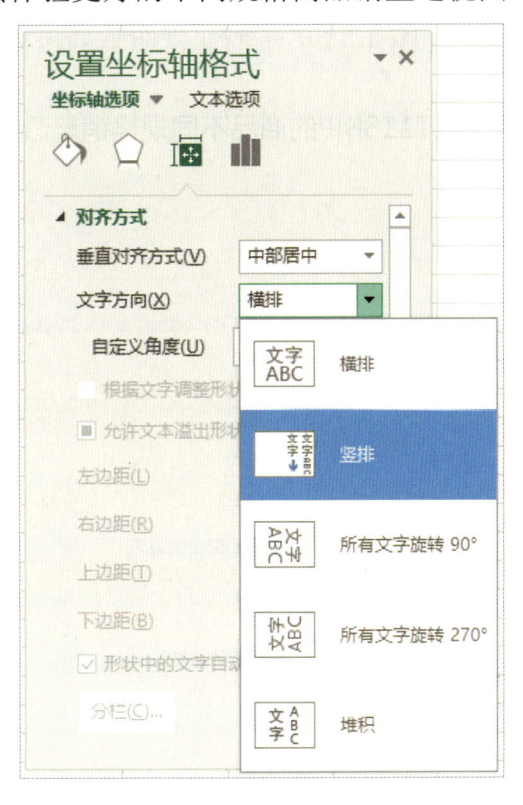

图 4-43 "设置坐标轴格式"对话框

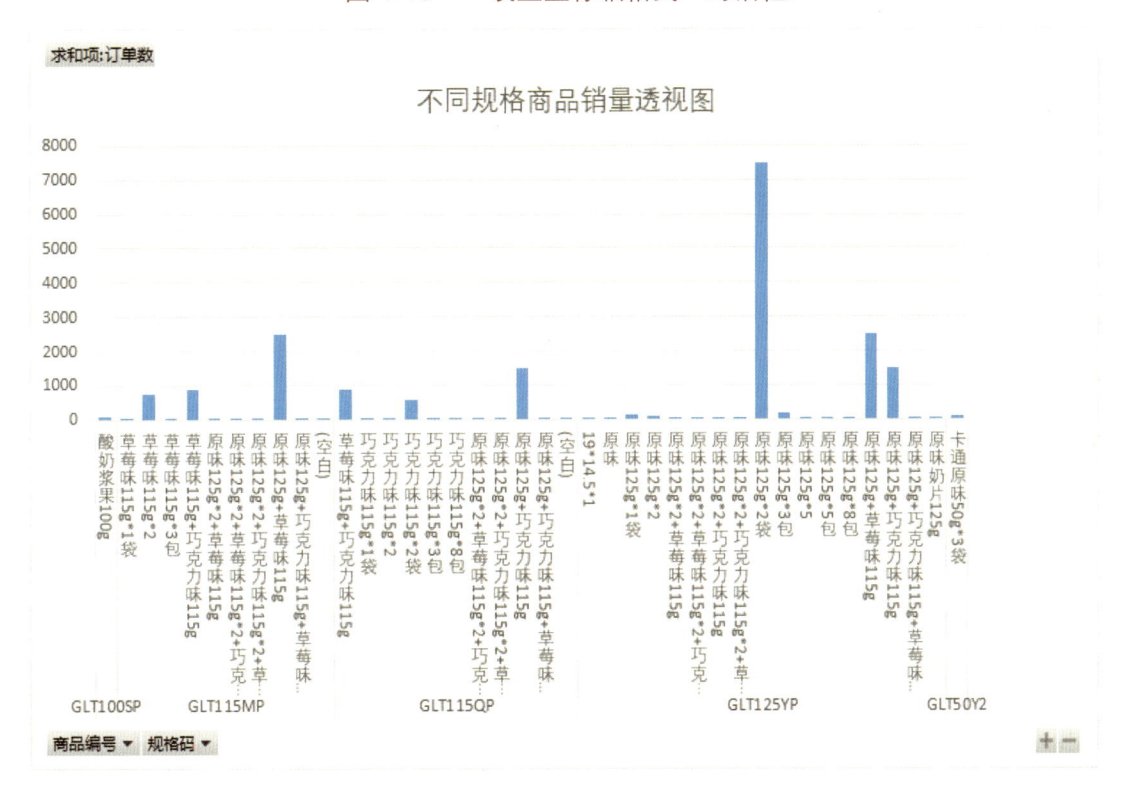

图 4-44 类别轴文字竖排效果图

Step 10：使用透视图在数据筛选方面的便捷性，还可以在数据透视图中通过商品编号选择一种商品进行查看，这时就比较清晰。例如，在商品编号中选择"GLT115MP"，并将图表类型设置为条形图，可以得到如图4-45所示的非常明晰的透视图。

编号为GLT115MP的商品不同规格销量透视图

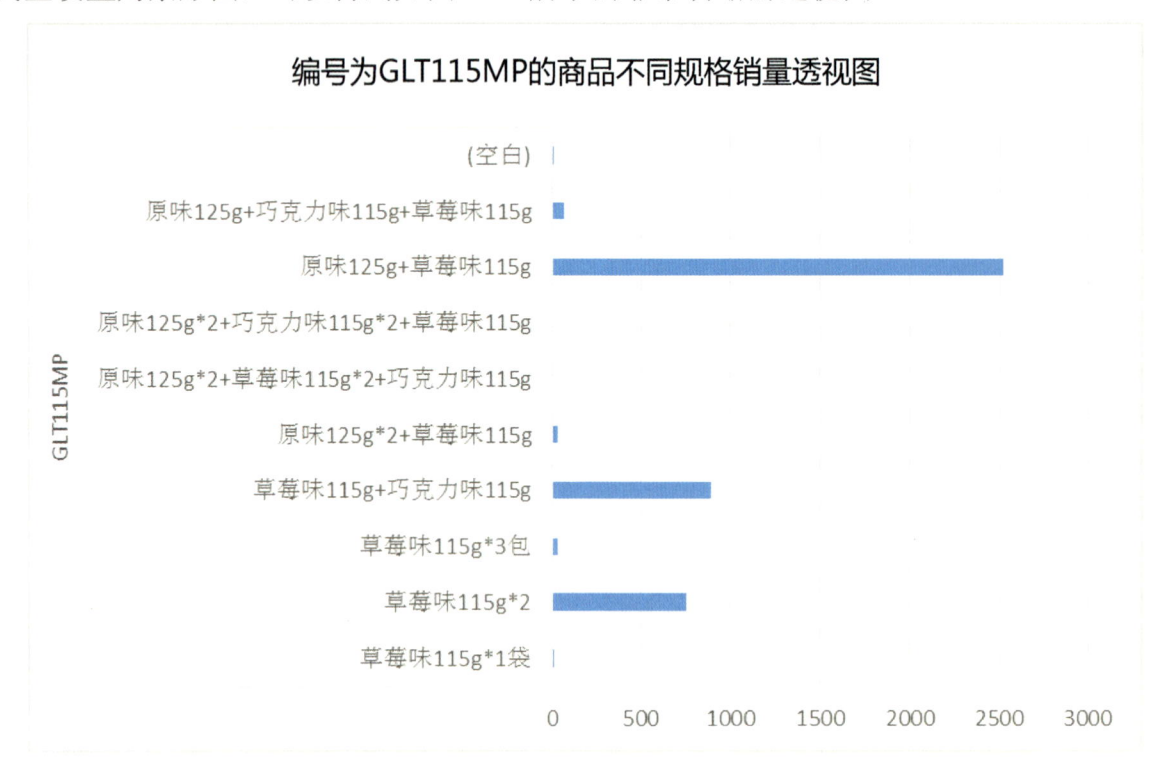

图 4-45　编号为 GLT115MP 的商品不同规格销量透视图

Step 11：将新工作表命名为"规格码透视图表"，并将其拖曳到"规格码"工作表的右侧。

通过以上透视图表，我们可以看到"原味 125g*2 袋"的销售情况最好，"原味 125g+草莓味 115g"的销量位居第二，"原味 125g+巧克力味 115g"的销量位居第三。根据不同规格商品的销量情况可以比较精确地安排补货，也可以为营销计划的制订提供依据。

五、各类商品最佳销售区域筛选

通过商品最佳销售区域筛选，店铺经营者可以掌握各直辖市/省/自治区的商品销售情况，并以此为依据对库存设置、物流走向、店铺铺货情况等进行调整，最大限度地节约物流和时间成本。

Step 01：打开"销售数据".xlsx，复制"销售数据"工作表，将新工作表命名为"销售区域"，在"销售区域"列右侧插入两列。

Step 02：单击"数据"选项卡下"数据工具"组中的"分列"按钮，将"销售区域"

列分成三列，并将这三列分别命名为"直辖市/省/自治区""市/地区/自治州""区/县"。

Step 03：按 Ctrl+A 组合键选中所有数据，单击"插入"选项卡下"图表"组中的"数据透视图"按钮，按照图 4-46 将"商品编号""直辖市/省/自治区"字段拖曳到"轴（类别）"编辑框中，将"订单数量"字段拖曳到"值"编辑框中，以计算不同商品在不同区域的订单数量。

Step 04：按直辖市/省/自治区进行不同商品销量汇总的结果如图 4-47 所示。由图 4-47 可以看出，由于直辖市/省/自治区较多，各种商品挤在一起，几乎看不出来哪种商品在哪个直辖市/省/自治区销量好，所以下面我们就分不同商品来看各直辖市/省/自治区销量情况。

图 4-46　数据透视图表字段拖曳示意图

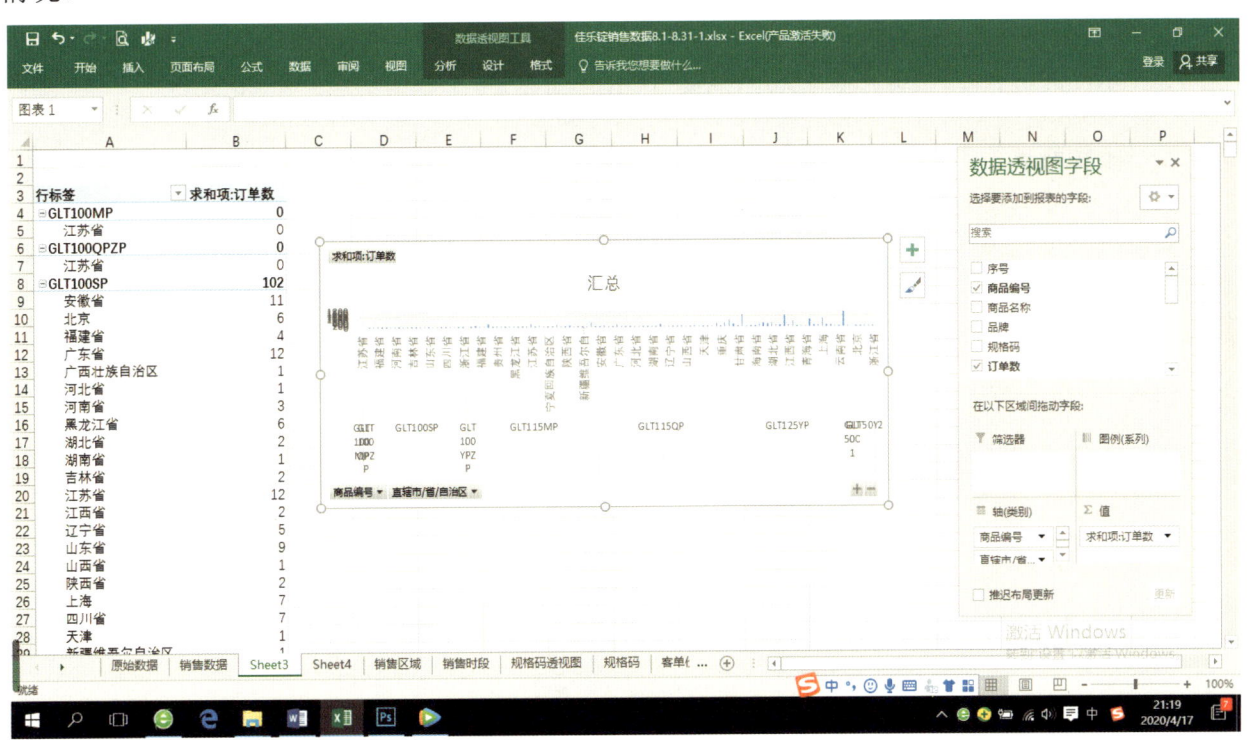

图 4-47　按直辖市/省/自治区进行不同商品销量汇总的结果

Step 05：在类别轴上右击，在弹出的快捷菜单中选择"设置坐标轴格式"选项，在"设置坐标轴格式"对话框中将文字方向设置为"竖排"，使类别轴文字竖排。单击图表中"商品

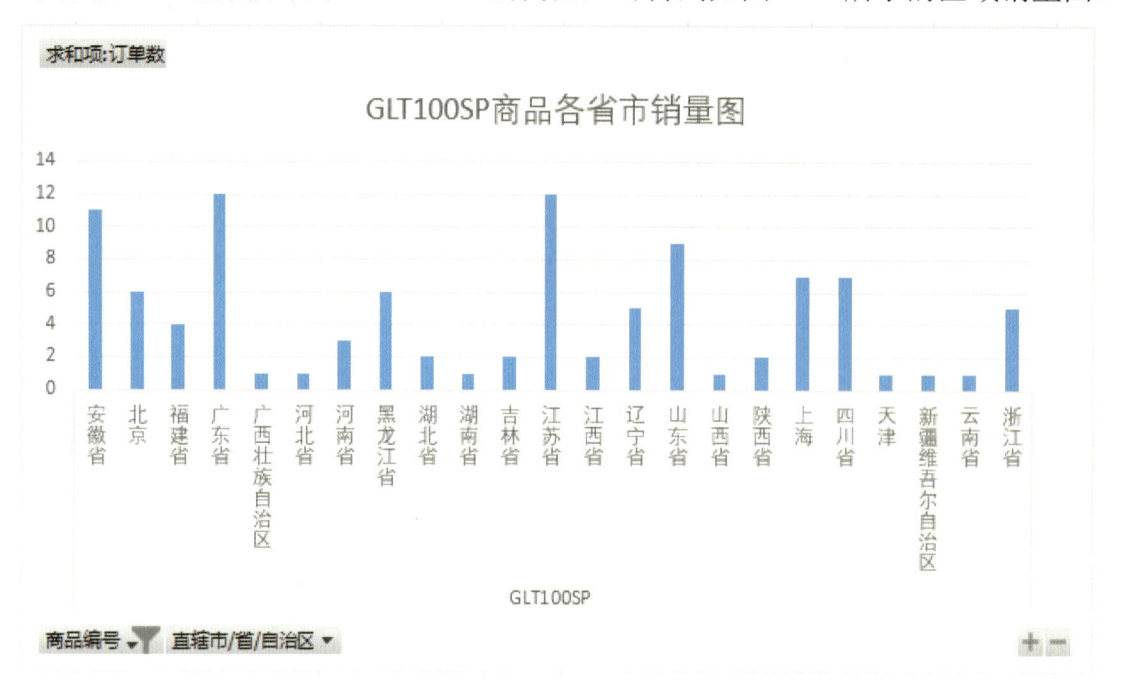

编号"下拉按钮,选择编号为 GLT100SP 的商品,可得到如图 4-48 所示的区域销量图。

图 4-48　编号为 GLT100SP 的商品区域销量图

Step 06：采用同样的操作可得到编号为"GLT115MP""GLT115QP""GLT125YP""GLT50Y2"的商品区域销量图,分别如图 4-49～图 4-52 所示。

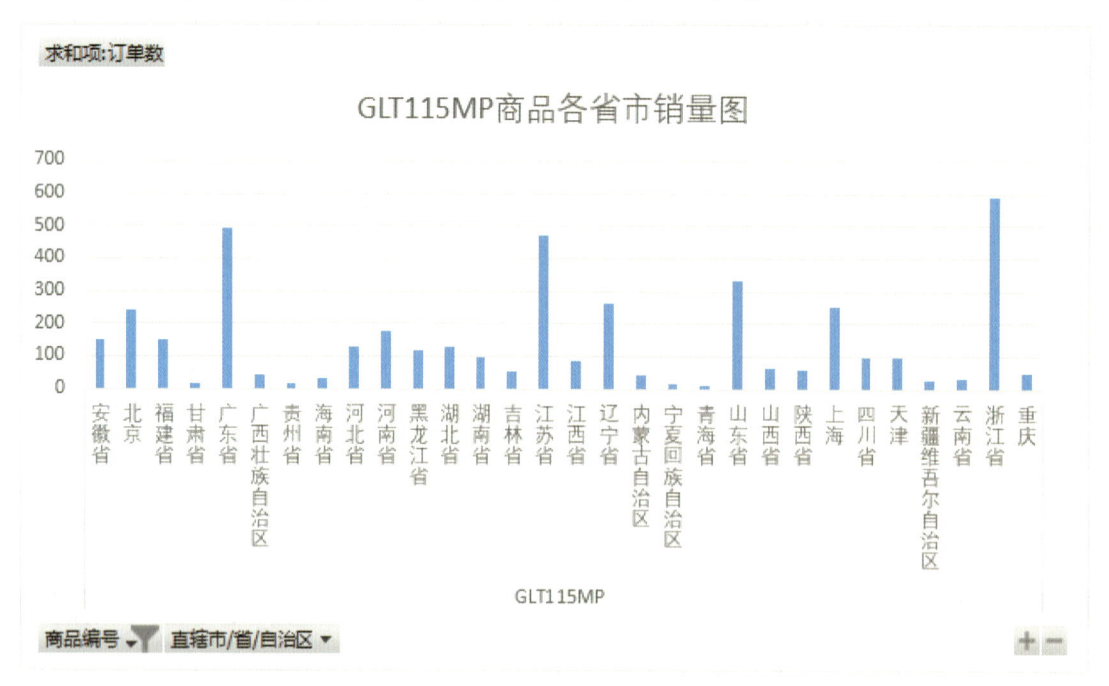

图 4-49　编号为"GLT115MP"的商品区域销量图

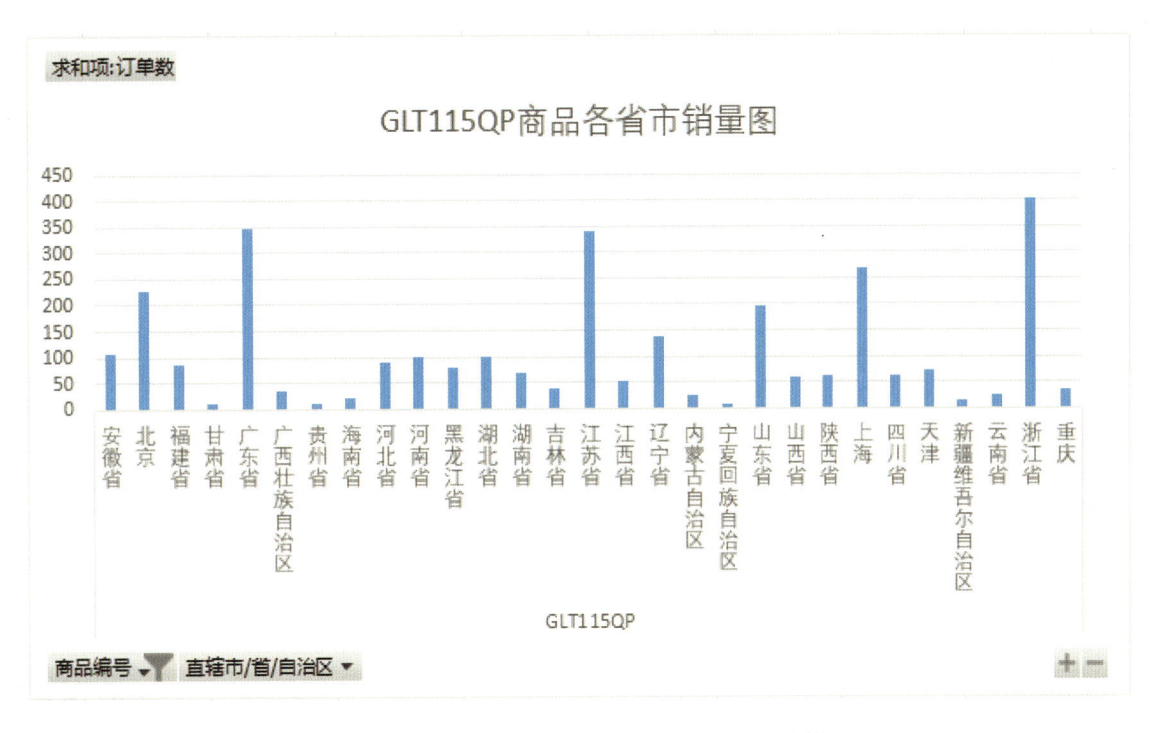

图 4-50　编号为"GLT115QP"的商品区域销量图

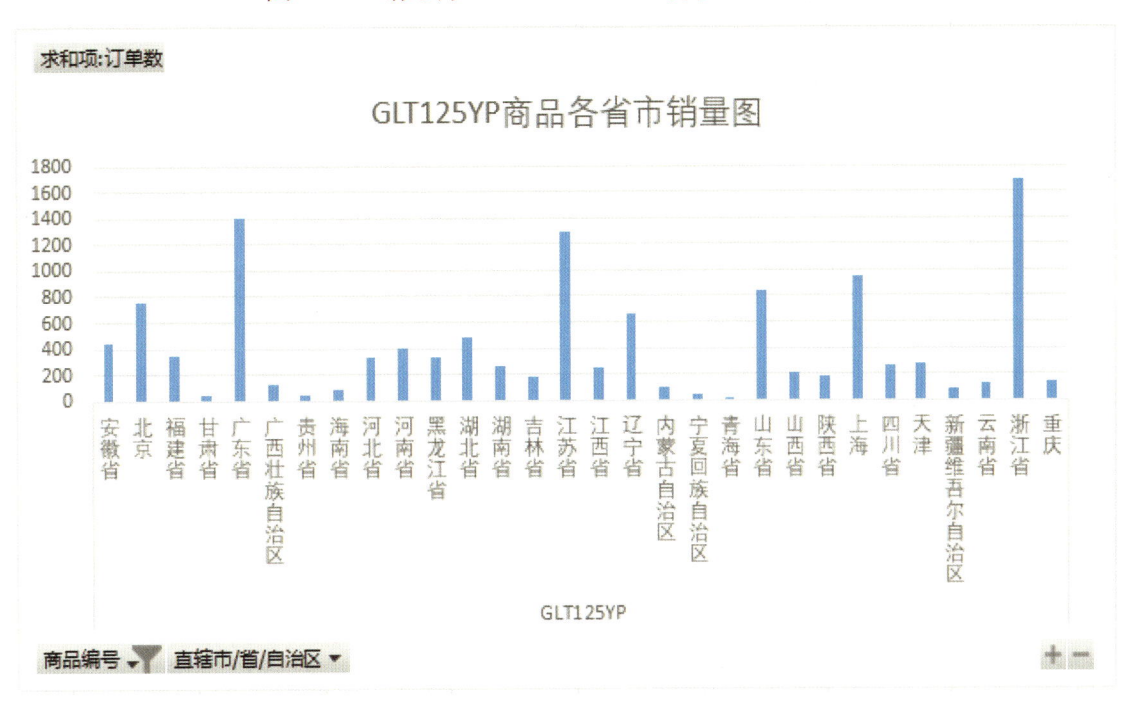

图 4-51　编号为"GLT125YP"的商品区域销量图

由图 4-48～图 4-52 可以看出，编号为 GLT125YP、GLT115QP、GLT115MP 的商品销量较高的区域集中在浙江省、江苏省和广东省；编号为 GLT100SP 的商品销量较高的区域集中在江苏省、广东省和安徽省；商品编号为 GLT50Y2 的商品销量较高的区域集中在江苏省、山东省和广东省。不同商品在不同区域的销量情况可为物流计划、仓储计划的制订等提供依据。

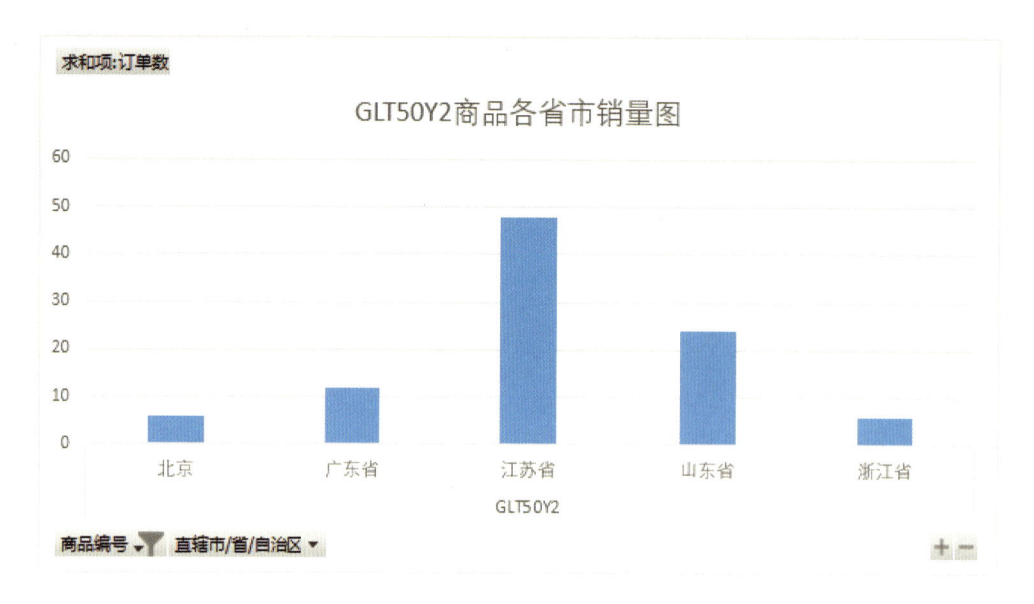

图 4-52　编号为"GLT50Y2"的商品区域销量图

> **拓展提高**
>
> 扫描右侧二维码可以学到更多的拓展知识。

任务 3　商品促销活动分析

商品促销是指运用各种积极的促销方式，吸引既有和潜在的客户，刺激其购买需求，以提高店铺的销售额。商品促销是提高商品销量最直接、最简单、最有效的方式之一。商品促销可以提高店铺销售额、客流量，进而提高商品转化率和店铺知名度等。店铺一般会在节假日（如春节、五一、国庆等）、平台大型活动（如"双十一""双十二""东京 618"等）、销售淡季、库存积压等情况下组织商品促销活动，一方面，可以提高店铺销售额，促进资金周转；另一方面，可以加速滞销品销售，减轻库存压力。

常见的线上商品促销方式有满赠、满减、满折、发放抵用券、返现或包邮等，具体采用什么样的促销方式要根据店铺的实际情况来定。万变不离其宗，店铺进行商品促销的目的就是通过让利来吸引更多的客户来消费，以获得更多的利润。

通过前面的商品情况分析、销售情况分析，小 A 已经能够比较熟练地使用 Excel 函数、数据透视图表等进行简单的数据分析，本任务我们就跟随小 A 一起进行商品促销活动分析。

一、店铺每日销量和销售额

本任务使用的数据为某电商店铺 8 月份的销售数据，我们先通过数据透视图来看一下该店铺 8 月份每日销量及销售额。

1. 每日销量情况

Step 01：打开"销售数据.xlsx"，复制"销售数据"工作表，将新工作表命名为"促销活动"。

Step 02：按 Ctrl+A 组合键选中所有数据，单击"插入"选项卡下"图表"组中的"数据透视图"按钮，选择透视图放置位置为"新工作表"，并将新工作表命名为"促销活动透视图"。

Step 03：将"销售日期"字段拖曳到"轴（类别）"编辑框中，将"订单数"字段拖曳到"值"编辑框中，以计算不同日期的销量。

Step 04：单击图表右侧的笔刷图标，在"颜色"中选择"颜色 3"，再对图表区和边框进行简单美化，得到如图 4-53 所示的每日销量统计图。

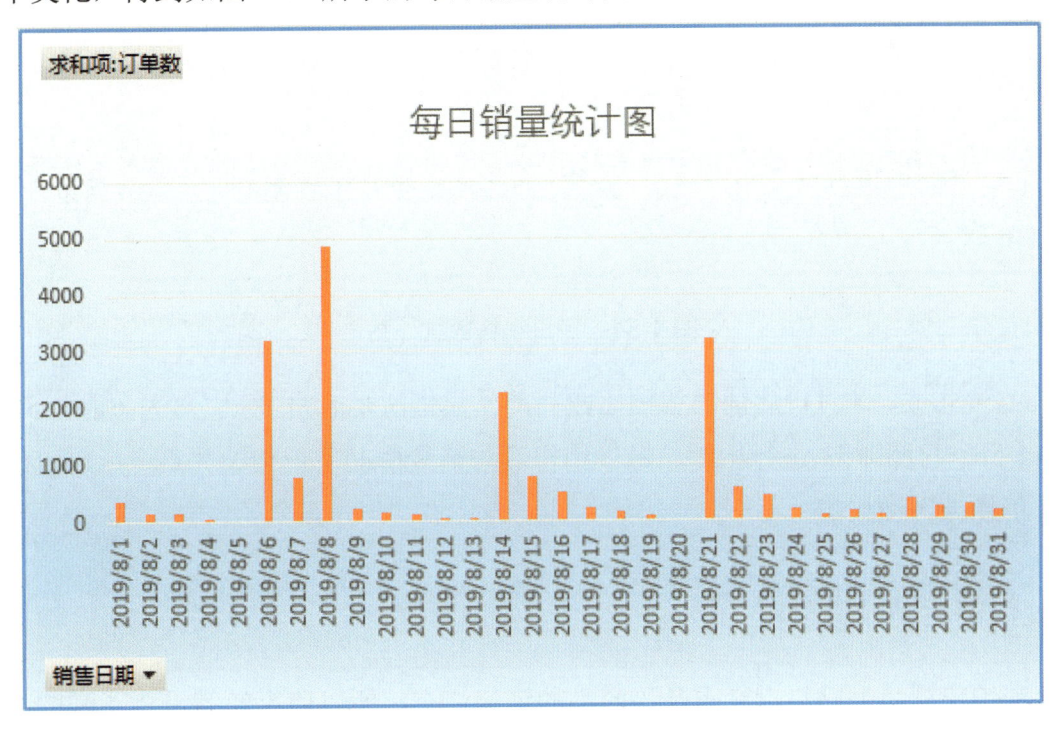

图 4-53　每日销量统计图

由图 4-53 可见，8 月份店铺销量比较大的 4 天依次是 8 月 8 日、8 月 6 日、8 月 21 日和 8 月 14 日。

2. 每日销售额情况

Step 01：打开"促销活动透视图"工作表。

Step 02：选中图表，在"数据透视图字段""值"编辑框中，单击"求和项:订单数"，选择"删除字段"将"订单数"字段删除。将"支付金额"字段拖曳到"值"编辑框中，以计算不同日期的销售额。

Step 03：单击图表右侧的笔刷图标，在"颜色"中选择"颜色9"，将图表标题改为"每日"，再对图表区和边框进行简单美化，得到如图4-54所示的每日销售额统计图。

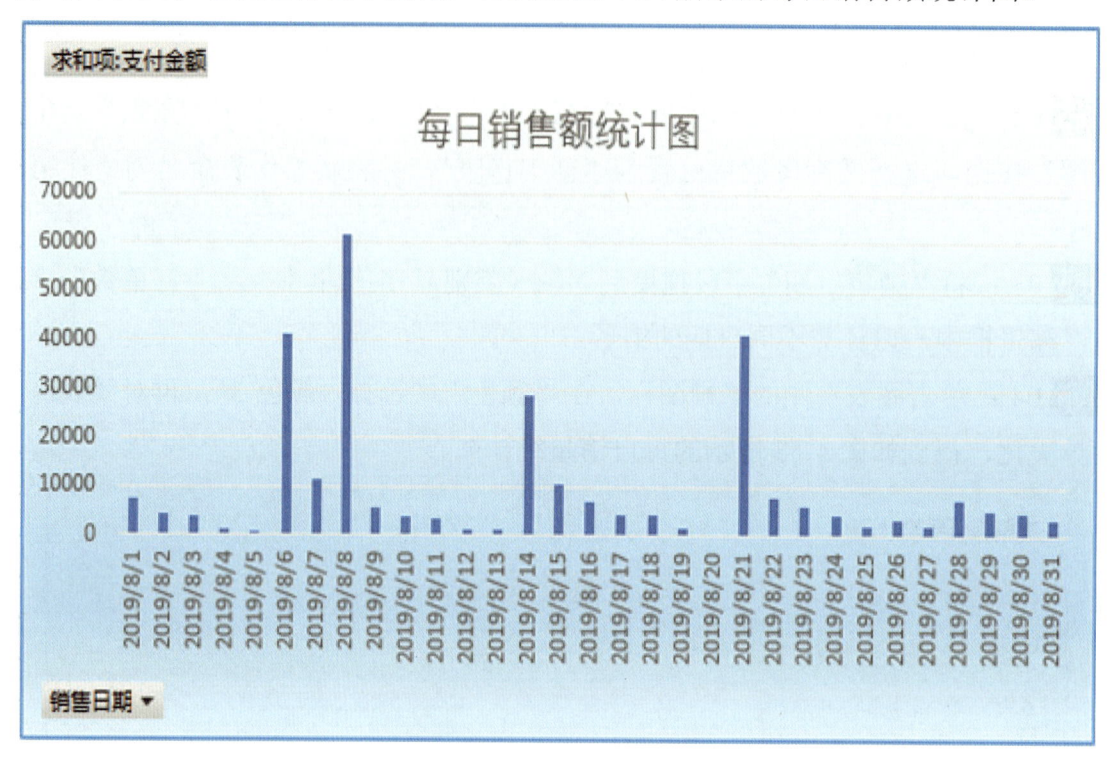

图 4-54　每日销售额统计图

由图4-54可见，8月份店铺销售额比较高的4天依次是8月8日、8月6日、8月21日和8月14日。与图4-53进行相比，每日销售额与销量情况呈正相关关系，所以下面进行促销活动分析均使用销售额。

二、店铺促销活动效果分析

因店铺销售商品为奶片，夏季是该商品的销售淡季，所以店家轮番采用了满赠、满减、满折等促销方式，以提升店铺客流量和销售额。下面通过数据透视图来看看每种促销方式效果如何。

1. 满赠

满赠是指购买商品满一定金额会赠送一些小包装或其他口味的商品，这是扩大客户体验，提高客户黏度的一种促销手段。

Step 01：打开"促销活动透视图"工作表，选中透视图。

Step 02：将"促销方式"字段拖曳到"筛选器"编辑框中，其他不变。

Step 03：在透视图"促销方式"中选择"满赠"，将图表类型改为"带数据标记点的折线图"，将图表标题改为"满赠销售额统计图"，将 4 个高点转折处的数据标记点大小改为"9"，填充颜色改为"红色"，具体设置如图 4-55 所示。得到如图 4-56 所示的满赠销售额统计图。

图 4-55　"设置数据点格式"对话框

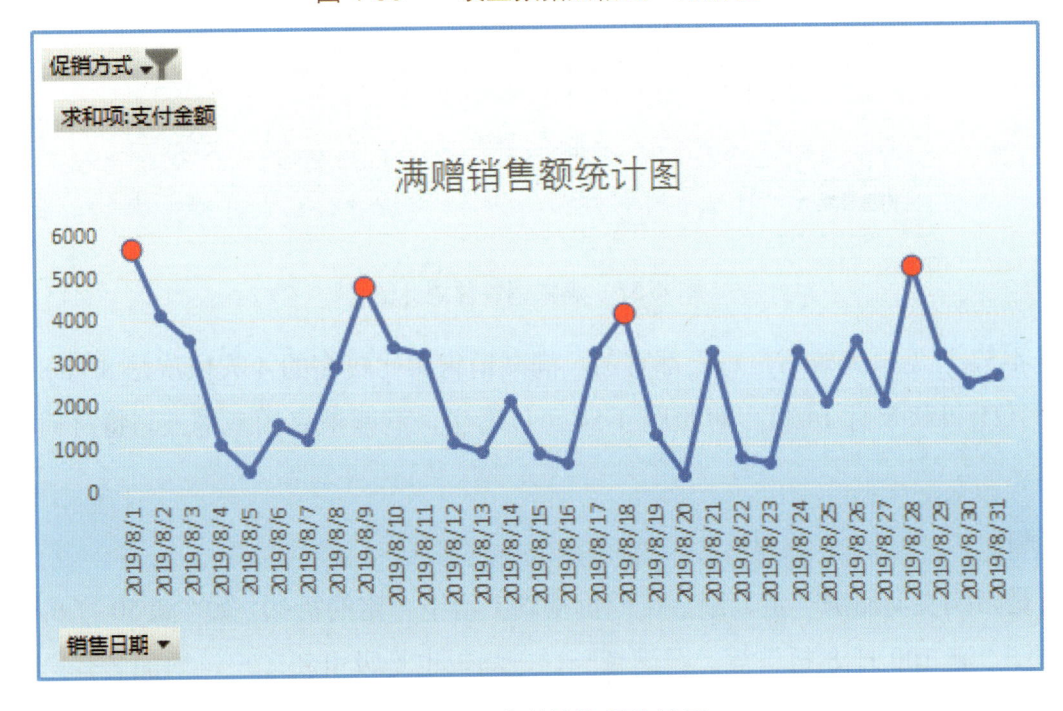

图 4-56　满赠销售额统计图

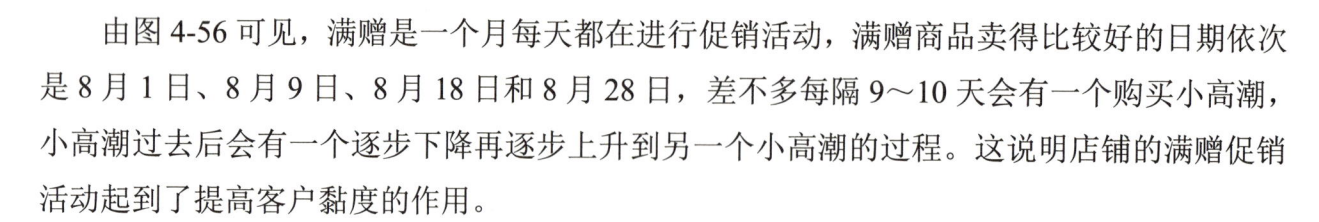

由图 4-56 可见，满赠是一个月每天都在进行促销活动，满赠商品卖得比较好的日期依次是 8 月 1 日、8 月 9 日、8 月 18 日和 8 月 28 日，差不多每隔 9～10 天会有一个购买小高潮，小高潮过去后会有一个逐步下降再逐步上升到另一个小高潮的过程。这说明店铺的满赠促销活动起到了提高客户黏度的作用。

2．满减

满减是指购买商品满一定金额会在付款时再减去部分金额，电商的满减活动可以分为满减优惠券和系统自动满减。满减是吸引新客户，增加老客户购买力的一种促销手段。

Step 01：打开"促销活动透视图"工作表，选中透视图。

Step 02：在透视图"促销方式"中选择"满减"，将图表标题改为"满减销售额统计图"，得到如图 4-57 所示的满减销售额统计图。

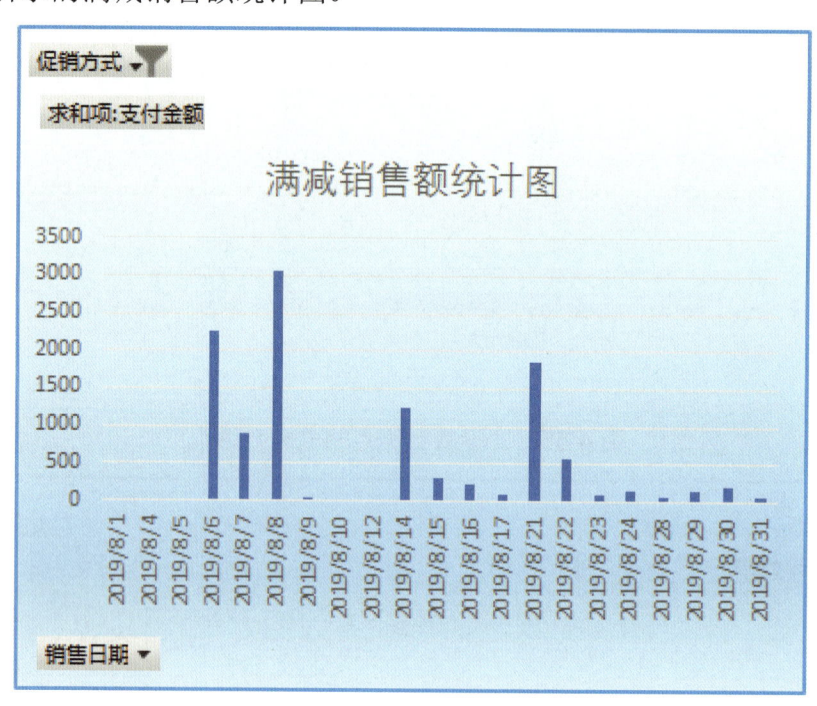

图 4-57　满减销售额统计图

由图 4-57 可见，满减不是每天都有的，满减销售额比较高的 4 天依次是 8 月 8 日、8 月 6 日、8 月 21 日和 8 月 14 日。对照图 4-54 可以看出，满减销售额基本上与每日销售额呈正相关关系。

3．满折

满折是指购买商品满一定金额会在原价基础上给予一定的折扣，如"满 50 打 9.5 折""满 80 打 9 折""满 100 打 8 折"等。跟满减一样，满折也是吸引新客户，增加老客户购买力的一种促销手段。

项目四　商品销售情况分析

Step 01：打开"促销活动透视图"工作表，选中透视图。

Step 02：在透视图"促销方式"中选择"满折"，将图表标题改为"满折销售额统计图"，得到如图 4-58 所示的满折销售额统计图。

由图 4-58 可见，满折也不是每天都有的，满折销售额比较高的 4 天依次是 8 月 8 日、8 月 6 日、8 月 21 日和 8 月 14 日。对照图 4-54、图 4-57 可以看出，满折销售额基本上与每日销售额、满减销售额呈正相关关系。

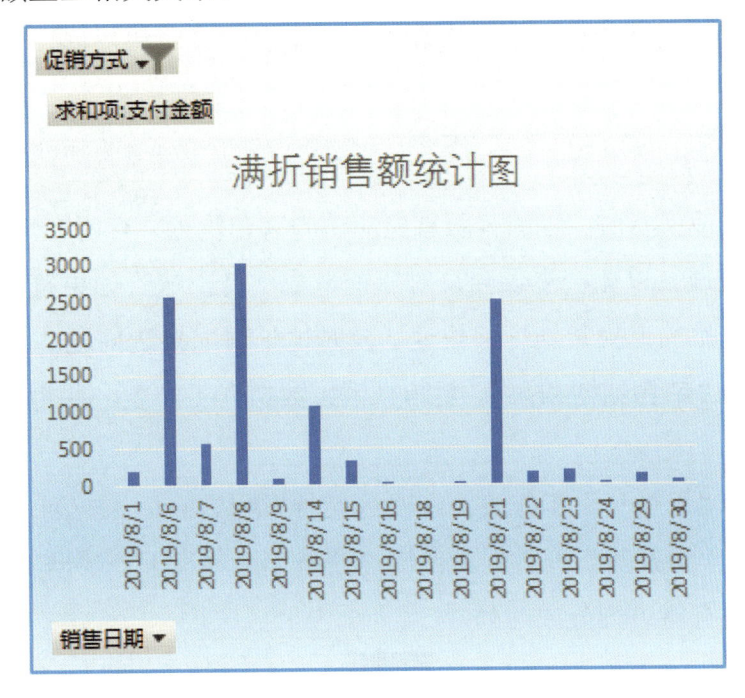

图 4-58　满折销售额统计图

这说明对于奶片这种耐耗、单价相对不高的商品来说，相比满赠，满减和满折更能调动客户的购买热情，对提高销售额大有裨益。

> **拓展提高**
>
> 扫描右侧二维码可以学到更多的拓展知识。

任务 4　退换货情况分析

大的电商平台，如京东、天猫、苏宁易购、1 号店等都支持 7 天无理由退货，这是平台为保障消费者权益做出的承诺。这样的做法使得这些平台赢得了客户的信任，也使得各平台入驻商家更加重视自家店铺商品的质量。退换货是网店经营者不希望发生的事情，无论是退货还是换货，都不仅会增加店铺的物流和时间成本，还会影响店铺的排名和口碑，对店铺的信誉及长远发展都存在着不良影响。对于食品类商品，消费者退换货的主要原因是商品质量、口味、包装、保质期或物流等没有达到其心理预期。因此，商家可以通过对客户退换货情况进行分析，找到客户退换货的原因，从自身着手解决问题，为客户提供良好的消费体验，从而赢得客户认可和良好口碑，促进店铺运营水平的提升。

下面我们跟着小A一起根据原始销售数据，对客户退换货情况进行分析，找出客户退换货的原因，为后续改善商品销售情况、提高服务质量提供方向和依据。

一、退换货原因分析

当客户申请退货或换货时，店铺客服首先应该与客户沟通，查明客户退货或换货的原因，做出合理的判断和处理，以免产生误会，对店铺造成不良影响。如果符合退换货条件，店铺客服应向客户提供完整的退换货地址，快速、及时地处理退换货问题。

Step 01：打开"销售数据.xlsx"，复制"销售数据"工作表，并将新工作表命名为"退换货"。

Step 02：打开"退换货"工作表，在"退换货"列右侧插入一列。

Step 03：选中"退换货"列数据，单击"数据"选项卡下"数据工具"组中的"分列"按钮，以空格为分隔符将该列分成两列。

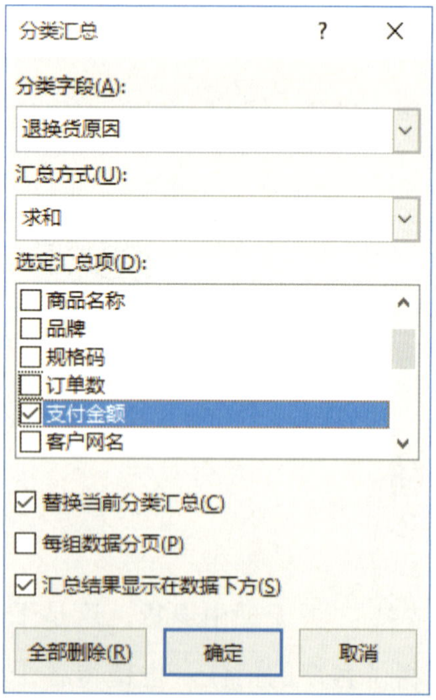

Step 04：将"退换货"改名为"退换货原因"，将其右侧列标题命名为"退换货方式"。

Step 05：以"退换货原因"为主要关键字，"退换货方式"为次要关键字，对所有数据按升序进行排序。

Step 06：单击"数据"选项卡下"分级显示"组中的"分类汇总"按钮，在弹出的对话框中选择分类字段为"退换货原因"，汇总方式为"求和"，选定汇总项为"支付金额"，如图4-59所示。单击"确定"按钮，单击左上角的"2"，可得到不同退换货原因的支付金额，如图4-60所示。

由图4-60可见，只有有退换货记录的数据才参与分类汇总。

Step 07：选中"支付金额"和"退换货原因"两列数据，单击"开始"选项卡下"编辑"组中的"查找

图4-59 按照退换货原因汇总支付金额

和选择"下拉按钮,选择"定位条件"选项,在弹出的对话框中单击"可见单元格"单选按钮,单击"确定"按钮。

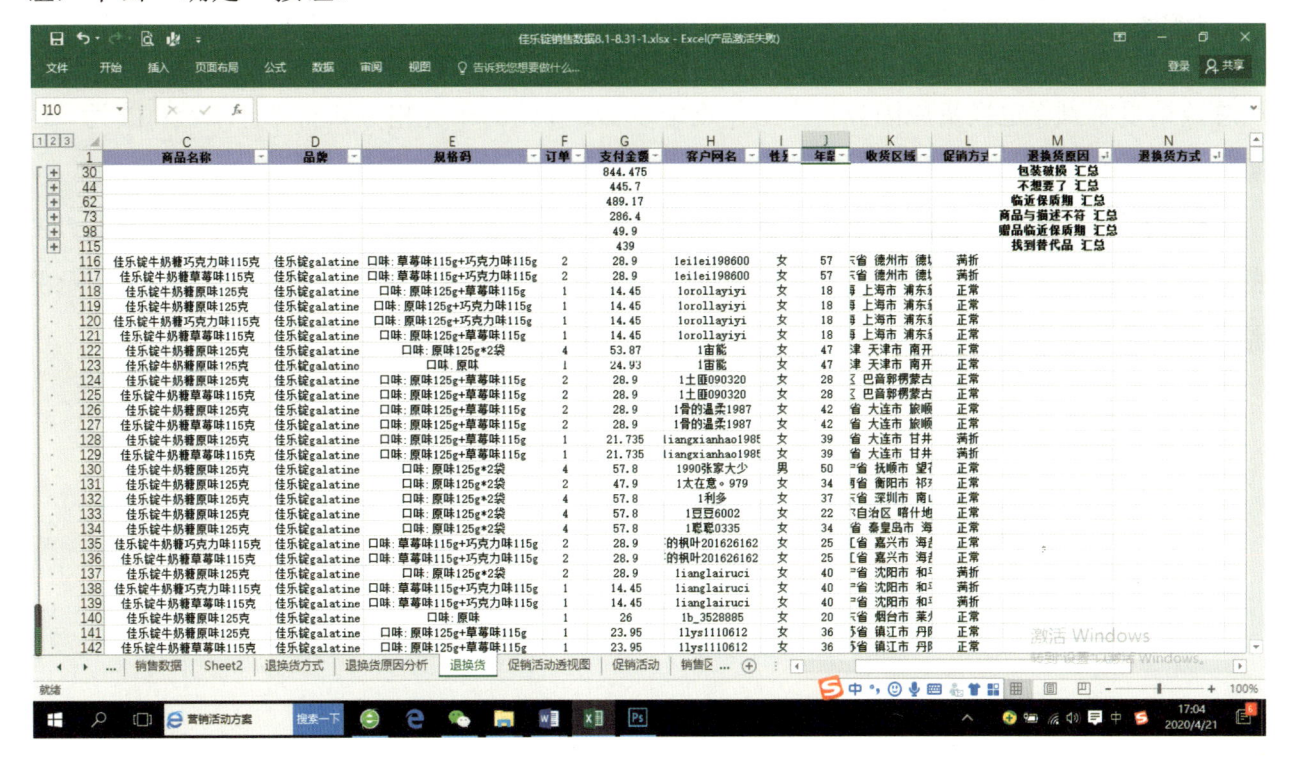

图 4-60 按照退换货原因对支付金额进行汇总的结果

Step 08:按 Ctrl+C 组合键,将数据复制到剪贴板中,在"退换货"工作表左侧插入新工作表,并将其命名为"退换货原因分析",按 Ctrl+V 组合键将数据复制到新工作表以 A1 开始的单元格中。

Step 09:将"退换货原因"列以空格为分隔符分成两列,将右侧内容为"汇总"的列删除,将"支付金额"列移到"退换货原因"列左侧,并将列标题改为"退换货金额"。

Step 10:单击"数据"选项卡下"分级显示"组中的"分类汇总"按钮,在弹出的对话框中选择分类字段为"退换货原因",汇总方式为"计数",选定汇总项为"订单数",如图 4-61 所示。单击"确定"按钮,可得到不同退换货原因的订单笔数。

▶ **注意**:这里的汇总方式选择的是"计数"而不是"求和",目的是计算有多少笔订单产生退换货,而不是有多少个订单产生退换货,这里一笔订单的订单个

图 4-61 按照退换货原因汇总订单笔数

数可能为 0（赠品）、1、2、3……所以，汇总方式使用计数更为合理。

Step 11：单击"数据"选项卡下"分级显示"组中的"分类汇总"按钮，在弹出的对话框中单击"全部删除"按钮，取消分类汇总结果。采用与 Step 08 同样的操作，将"订单数"汇总数据复制到"退换货原因分析"工作表中以 D1 开始的单元格中，将"订单数"改为"退换货订单笔数"。

Step 12：选中"退换货原因分析""退换货金额"两列数据，在"插入"选项卡下"图表"组中选择"三维簇状条形图"选项，对表格区域和边框进行美化，得到如图 4-62 所示的退换货金额示意图。

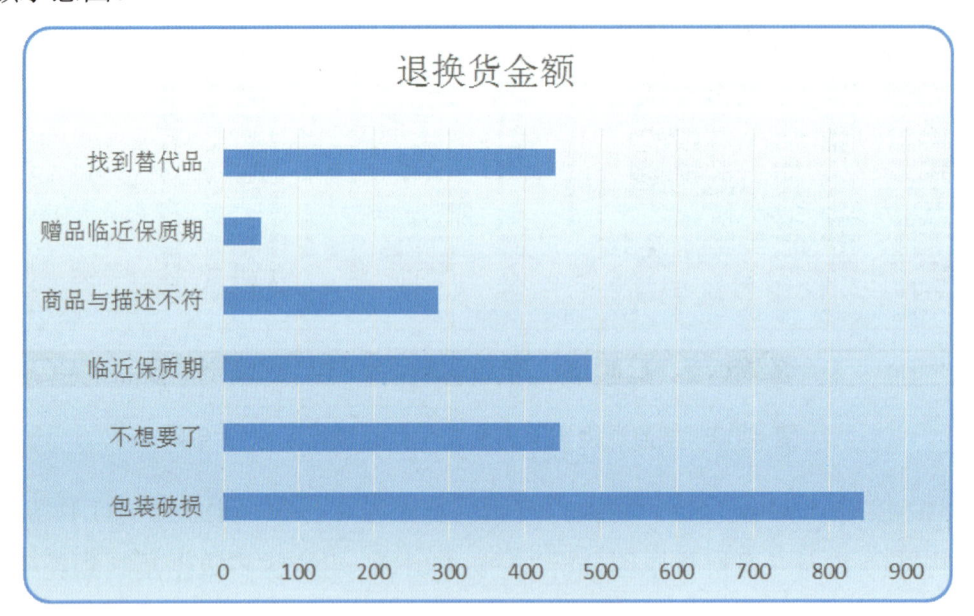

图 4-62　退换货金额示意图

Step 13：选中"退换货原因分析""退换货订单笔数"两列数据，在"插入"选项卡下"图表"组中选择"三维簇状条形图"选项，单击图表右侧的笔刷图标，选择"颜色"中的"颜色 3"，对条形颜色进行设置。对表格区域和边框进行美化，得到如图 4-63 所示的退换货订单笔数示意图。

由图 4-62 和图 4-63 可以看出：①由"包装破损"造成的退换货，无论是订单笔数还是退换货金额都是最高的，这时需要进一步分析造成包装破损的原因，如果在发货前包装就已经破损，那么在商品出库前一定要做好检视工作，及时发现包装破损产品，将其放入残次品区，避免发给客户；如果在运输过程中造成包装破损，那么店铺在发货时一定要根据商品特点，做好商品的防破损包装，如加上气泡袋、保护膜等。②由"临近保质期"造成的退换货，其退换货金额位于第二，订单笔数位于第三，这说明客户对食品类商品的安全越来越重视，如果这类情况发生得多，则对店铺的口碑会有较大影响，所以一定要把好商品出库关，不要把临近保质期的商品发出去。③由"赠品临近保质期"造成的退换货,其显著特点是订单笔数很多而退换货金额很低,这多少与店铺想把临近保质期的商品作为赠品售出,以减轻库存压力的想法有关,但是惨遭退货有点得不偿失,不仅会浪费时间,增加物流和重新发出货物的成本,还会给店铺造成不良影响。所以如果商家想把临近保质期的商品作为赠品搞活动,就一定要在活动说明里明确提出,让客户自愿选择,以名造成不必要的误会和不良后果。④最后两项退换货原因"不想要了""商品与描述不符",其实是商家进一步了解竞争对手信息和客户期望值的好机会,通过与客户进行充分的沟通,商家可以清楚地了解客户的诉求,为更好地做好店铺运营指明方向。

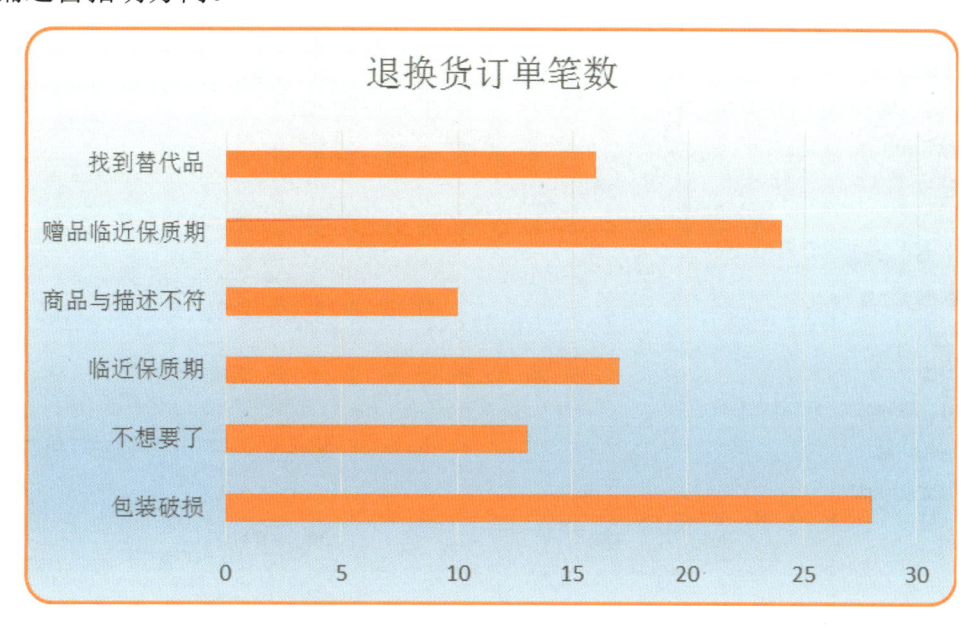

图 4-63　退换货订单笔数示意图

二、退换货方式分析

本任务中退换货方式有换货和退款两种,通过对退换货方式进行分析,可以了解客户在什么情况下会退款,在什么情况下会换货,为更好地做好客户服务提供量化依据。

Step 01:单击"数据"选项卡下"排序"组中的"分类汇总"按钮,在弹出的对话框中单击"全部删除"按钮,取消分类汇总结果。

Step 02:在"退换货"工作表左侧新建一个工作表,并将其命名为"退换货方式分析",将"退换货"工作表中有退换货记录的 108 条数据复制到新工作表中。

Step 03:将光标置于任意单元格,按 Ctrl+A 组合键选中所有数据,单击"插入"选项卡下"图表"组中的"数据透视图"按钮,在弹出的对话框中将放置数据透视图的位置选择到现有工作表数据下方,如图 4-64 所示。

Step 04：单击"确定"按钮，在如图 4-65 所示的"数据透视图字段"对话框中将"退换货方式"字段拖曳到"筛选器"编辑框中，将"退换货原因"字段拖曳到"轴（类别）"编辑框中，将"支付金额"字段拖曳到"值"编辑框中，得到数据透视图。对图表区进行简单美化，可得到如图 4-66 所示的退换货总金额图表。

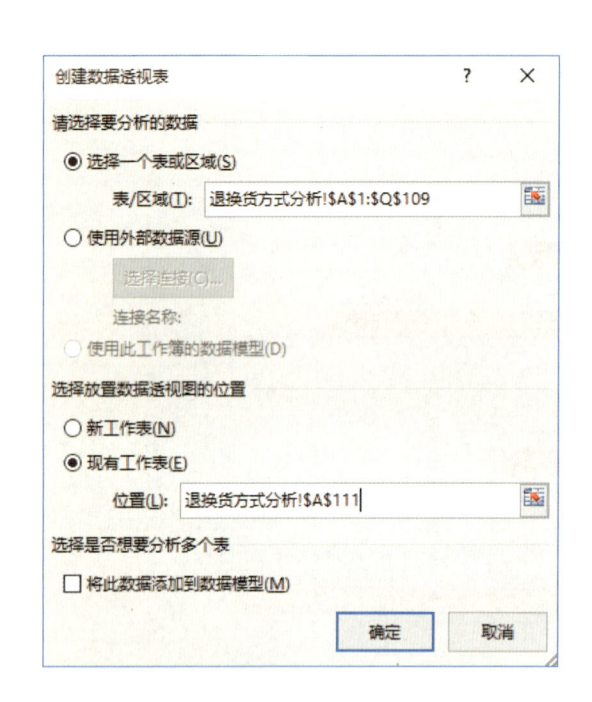

图 4-64　选择数据透视表放置位置 　　　　图 4-65　"数据透视图字段"对话框

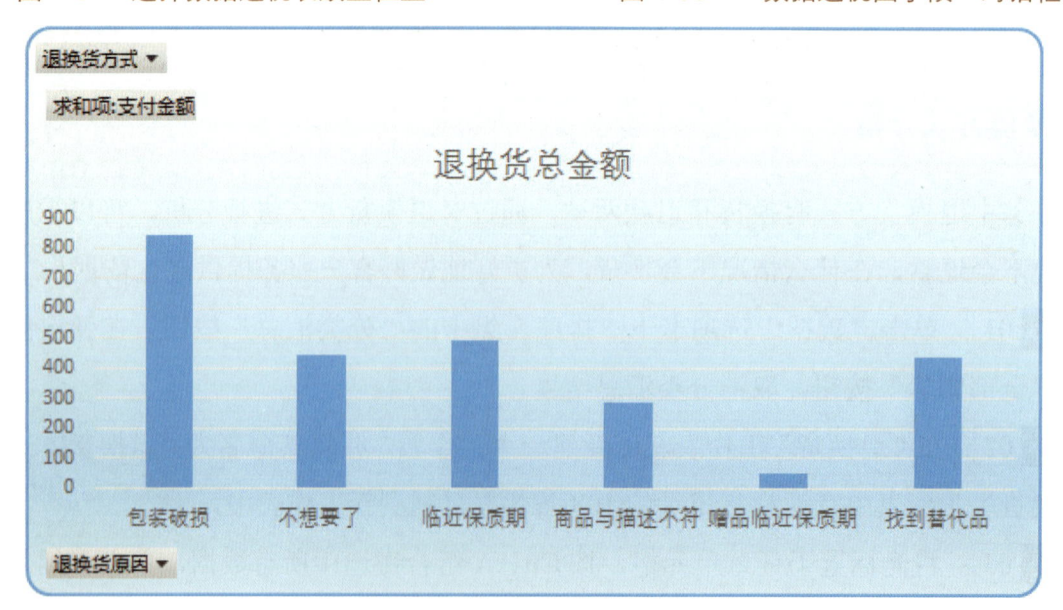

图 4-66　退换货总金额图表

Step 05：单击图表左上方的"退换货方式"下拉按钮，选择"换货"选项，得到如图4-67所示的换货总金额图表。

由图4-67可见，换货原因集中在"包装破损""临近保质期""赠品临近保质期"中，这说明客户对商品的认可度还是比较高的，店铺应抓住售后服务的机会提高客户黏度。

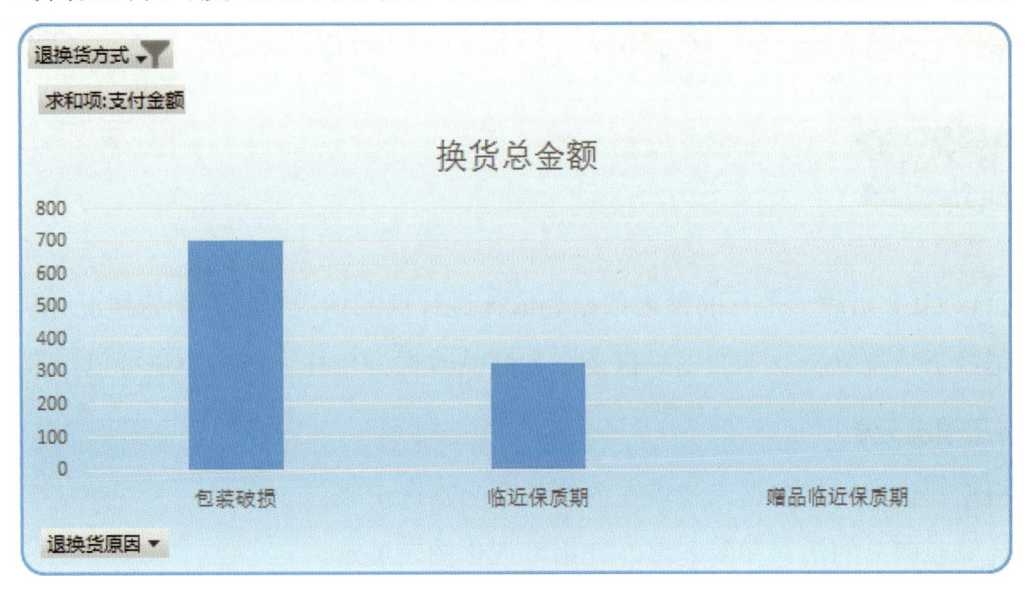

图 4-67　换货总金额图表

Step 06：单击图表左上方的"退换货方式"下拉按钮，选择"退款"选项，得到如图4-68所示的退款总金额图表。

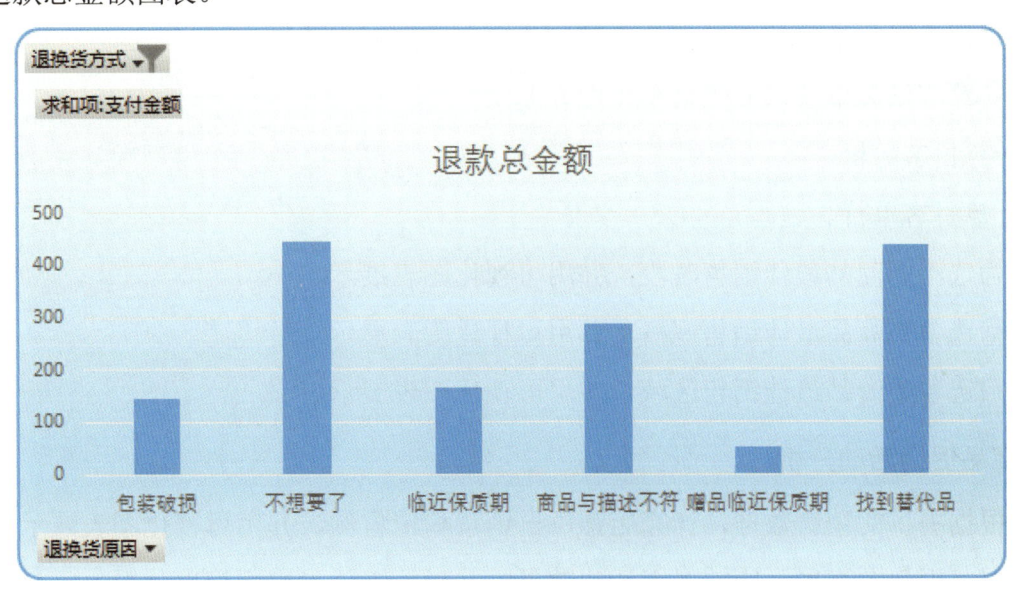

图 4-68　退款总金额图表

由图4-68可见，退款原因主要集中在"不想要了""找到替代品""商品与描述不符"中，这说明要退款的客户要么对商品价格不满意（因店铺出售的奶片为进口产品，价格差不多是国内同类产品的2倍），要么对口味不满意，要么商品没有满足客户的预期。这时可尝试与客户沟通，通过赠送品尝装给客户，让客户进行比较，以使客户成为店铺的回头客。

> **拓展提高**
>
> 扫描右侧二维码可以学到更多的拓展知识。

实战演练

本项目以GLT奶片一个月的销售数据为依托进行商品情况分析、销售情况分析、促销活动分析和退换货情况分析。下面以好孩子系列商品数据为依托，请大家进行以下数据分析。

1. 商品情况分析

（1）根据提供的销售数据，将潜在的爆款商品筛选出来。

（2）计算各商品的销量和复购率，并用可视化图表展示。

（3）将热销商品筛选出来，并用可视化图表展示。

（4）将滞销商品筛选出来，并用可视化图表展示。

2. 销售情况分析

（1）根据提供的销售数据，计算商品转化率，并用可视化图表展示。

（2）计算店铺客单价，并用可视化图表展示。

① 计算日客单价。

② 计算月客单价。

（3）筛选不同商品最佳销售时段，并用可视化图表展示。

（4）筛选各类商品最佳销售规格，并用可视化图表展示。

（5）筛选各类商品最佳销售区域，并用可视化图表展示。

3. 商品促销活动分析

（1）根据提供的销售数据，计算店铺每日销量和销售额，并用可视化图表展示。

（2）用可视化图表展示店铺促销活动效果，并对促销效果进行简单分析。

4. 退换货情况分析

（1）根据提供的销售数据，进行退换货原因分析，并用可视化图表展示。

（2）进行退换货方式分析，并用可视化图表展示。

项目评价

项目实训评价表							
	内　容			评 定 等 级			
	学 习 目 标	评 价 项 目	4	3	2	1
职业能力	能合理进行商品情况分析	能正确进行多重排序； 能按照要求正确进行分类汇总； 能正确使用COUNTIF函数； 能正确使用"定位条件"复制可见单元格数据； 能正确进行复购率计算； 能正确进行动销率计算； 能按照要求正确进行数据透视图字段拖曳操作； 能按照需求合理进行数据可视化展示				
	能合理进行销售情况分析	能正确进行商品转化率计算； 能正确进行店铺客单价计算； 能正确使用IF(COUNTIF())函数嵌套； 能正确使用数据透视图进行数据可视化展示； 能根据实际情况正确进行分列操作； 能正确进行坐标轴格式设置； 能对销售情况进行简单分析				
	能合理进行促销活动和退换货情况分析	能根据需要正确进行图表样式设置； 能正确进行折线图数据标记点格式设置； 能合理对图表进行美化； 能对促销活动结果进行简单分析； 能对退换货结果进行简单分析				
综合评价						

评定等级说明表	
等　级	说　明
4	能高质、高效地完成本项目学习目标的全部内容，并能解决遇到的特殊问题
3	能高质、高效地完成本项目学习目标的全部内容
2	能圆满完成本项目学习目标的全部内容，无须任何帮助和指导
1	能圆满完成本项目学习目标的全部内容，但偶尔需要帮助和指导

续表

最终等级说明表	
等　级	说　　明
优秀	80%的评价项目达到 3 级水平
良好	60%的评价项目达到 2 级水平
合格	全部评价项目都达到 1 级水平
不合格	有评价项目未达到 1 级水平

项目五 市场分析

项目描述

商品是在市场上进行销售的,我们需要对市场情况进行有效分析,包括对渠道进行分析,针对商品特性,选择合适的渠道;对竞争对手进行分析,根据商品定位,提供有针对性的销售策略,在稳定市场份额的前提下赶超竞品;对供应链进行分析,从供应链整体体系入手,不断优化销售链条,为经营决策提供重要依据。

在项目四中,小A已经学会如何对商品销售情况进行分析,能够通过销售数据了解店铺的运营情况,职业能力得到显著提升,对商务运营的理解也加深了许多。本项目我们就跟着小A一起通过对渠道、竞争对手、供应链进行分析,掌握渠道选择的方法,制定针对竞品的市场策略,优化供应链管理,保障企业正常运营。

学习目标

- 了解主流电商平台及其特点。
- 掌握渠道分析方法。
- 学会对竞争对手进行分析。
- 学会对供应链进行分析。

任务实施

任务1 渠道分析

商品从生产者手中转移到消费者手中是通过销售渠道完成的。影响销售渠道选择的因素有很多,如商品定位、客户的购买习惯、市场的季节性、市场竞争环境、企业规模、管理经验等。没有合适的销售渠道,再好的商品也无法售出。随着电子商务的发展,线上电商平台已经成为商品销售的主要渠道。了解主流电商平台的特点,选择适合商品销售的电商平台,学习各电商平台的入驻要求是商务运营人员的必修内容。

经过前面四个项目的学习,小A已经掌握了商务数据分析的基本方法,下面就使用前面学到的知识和技能,对商品销售渠道进行合理分析。

一、主流电商平台介绍

1. 阿里巴巴

阿里巴巴是一个综合的线上交易平台。阿里巴巴的主要特点是品牌大、知名度高、店铺多、货源充足等,其主页如图5-1所示。

图5-1 阿里巴巴主页

2. 淘宝

淘宝是中国购物网站中成交量非常高的一个网站,目前已开通海外淘等一系列便民购物服务。淘宝的主要特点是便捷、自由、板块内容丰富，其主页如图 5-2 所示。

图 5-2　淘宝主页

3．拼多多

拼多多是国内主流的手机购物 App，成立于 2015 年 9 月，客户可通过发起和朋友、家人、邻居等的拼团，以更低的价格拼团购买商品。拼多多以低价产品吸引、留住客户，其主要特点是价格优惠力度大、准入门槛低，其主页如图 5-3 所示。

图 5-3　拼多多主页

4．京东

京东是一个典型的 B2C 电商平台，以家电产品为主，涉足服装、图书、农产品等，拥有独立的物流，是企业和个人之间的交易平台。京东的主要特点是正品保障、优质的售后服务，其主页如图 5-4 所示。

图 5-4　京东主页

5．天猫商城

天猫商城深耕 B2C 领域，是纯开放平台，利润来自流量、广告和技术服务等。天猫商城的主要特点是规模大、商品种类多、流量大、知名度高，以及有阿里巴巴各方面的支持等，其主页如图 5-5 所示。

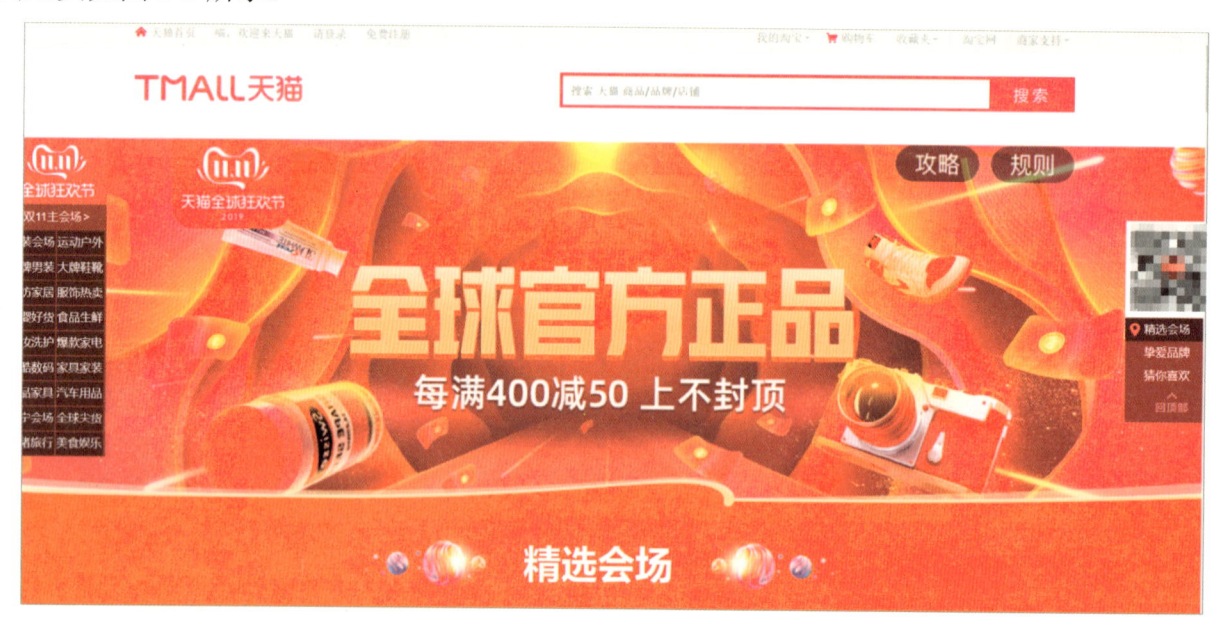

图 5-5　天猫商城主页

6．唯品会

唯品会是垂直 B2C 电商平台，它的定位是线上的二、三、四线品牌折扣零售平台，为品牌商在线上做库存的清理，主要消费群体是城市白领女性，采用闪购（限时折扣）模式。唯品会的主要特点是具有独家销售权和价格优势，其主页如图5-6所示。

图5-6 唯品会主页

7．考拉海购

考拉海购是阿里旗下以跨境业务为主的综合型电商平台，与全球100多个国家、9000多个品牌合作，销售品类涵盖母婴儿童、美容彩妆、家居生活、营养保健、环球美食、服饰鞋靴、数码家电等。考拉海购的主要特点是自营直采、品质保障，其主页如图5-7所示。

图5-7 考拉海购主页

除了以上介绍的电商平台，还有很多细分消费领域的线上渠道，如主打优质生活方式的

"小红书"，主打商品价值的"什么值得买"，主打日本代购的"豌豆公主"等。在进行销售渠道选择时，前期要做好市场调研，选择适合店铺商品展示和售卖的平台。

二、资质要求及入驻费用

值得注意的是，不同的电商平台对入驻企业的资质和资金要求不同，企业需要根据自身的实际情况进行匹配和甄选。

1. 了解准备入驻电商平台的资质要求

电商平台都会依据国家相关法律法规及自身定位和发展，设置入驻店铺的注册门槛，企业可以通过电商平台的官网进入相应的网页进行查看。

对于企业来说，入驻电商平台一般需要满足以下基本条件。

（1）企业注册资金满足一定要求。

（2）确保授权链条的完整，即申请入驻的企业拿到的授权能够逐级逆推回品牌商。

（3）所有入驻的企业必须给消费者提供正规发票，发票盖章的企业名称必须与和电商平台合作的企业名称一致。

（4）电商平台目前暂不接受未取得国家商标总局颁发的商标注册证或商标受理通知书的境外品牌的开店申请。

（5）卖家提供商标受理通知书（TM状态商标）的，注册申请时间须满6个月。

▶ **注意**：①电商平台资质要求会有所变化，实际以各电商平台最新公布的内容为准；②每个电商平台资质要求的查看路径大同小异，也可以直接联系电商平台客服咨询；③各大电商平台都在不断细化入驻商家的资质要求，根据企业商品特点确定对应项目的资质要求。

2. 了解准备入驻电商平台的入驻费用

电商平台通过收取企业相应的费用来支撑平台运作，为企业提供良好的服务。

各大电商平台特点不同，入驻费用不一（入驻费用和查找路径可能会因为电商平台经营要求有所变动，以企业申请时的信息为准）。企业在选择入驻电商平台时，要货比三家，根据商品情况、成本预算、企业发展、产品定位、市场细分等因素综合考虑，选择最适合自己商品销售的电商渠道。

三、渠道数据分析

电商平台各有优势，客户会根据具体购买需求来进行选择。在本任务中，我们通过客户偏好分析，来判断不同性别、不同年龄和不同地区客户对电商平台的选择情况，为企业选择电商渠道提供依据。下面我们通过实例来分析不同客户对电商平台的选择偏好。

1. 不同性别客户偏好

利用客户偏好数据，制作不同性别客户选择电商平台情况图。针对各大电商平台，分析不同性别客户对电商平台的选择偏好。

Step 01：打开"客户偏好.xlsx"中的"客户偏好"工作表，选中所有数据。

Step 02：单击"插入"选项卡下"图表"组中的"数据透视图"下拉按钮，选择"数据透视图和数据透视表"选项，在弹出的"创建数据透视表"对话框中选择放置数据透视表的位置为"新工作表"，将新工作表重命名为"客户偏好分析-性别"。

Step 03：在"客户偏好分析-性别"工作表的"数据透视表字段"对话框中，将"性别"拖曳到"列"编辑框中，将"平台"拖曳到"行"编辑框和"值"编辑框中，如图5-8所示，则可得到不同性别客户选择电商平台的统计数据，如图5-9所示。

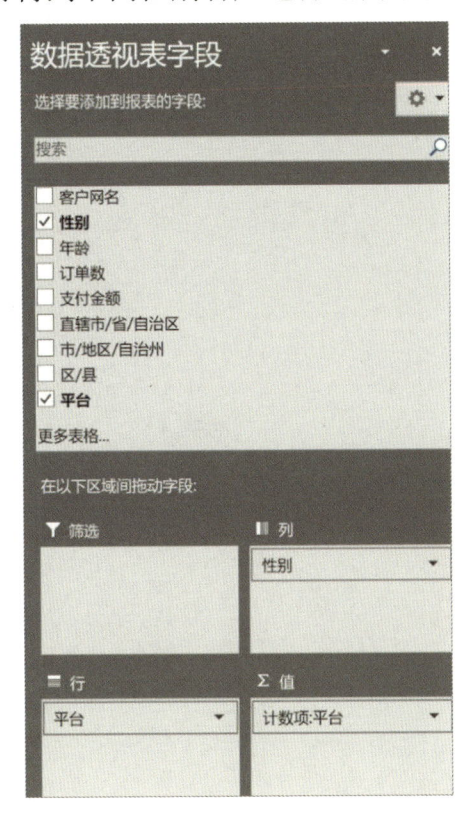

图5-8 "数据透视表字段"对话框

图5-9 不同性别客户选择电商平台的统计数据

Step 04：选中"行标签""男""女"三列数据，单击"插入"选项卡下"图表"组右下角的箭头，单击"所有图表"选项卡，选择"柱形图"选项，单击"确定"按钮，可得到如图5-10所示的柱形图。由图5-10可直观地看出不同性别客户在选择电商平台时的偏好情况。

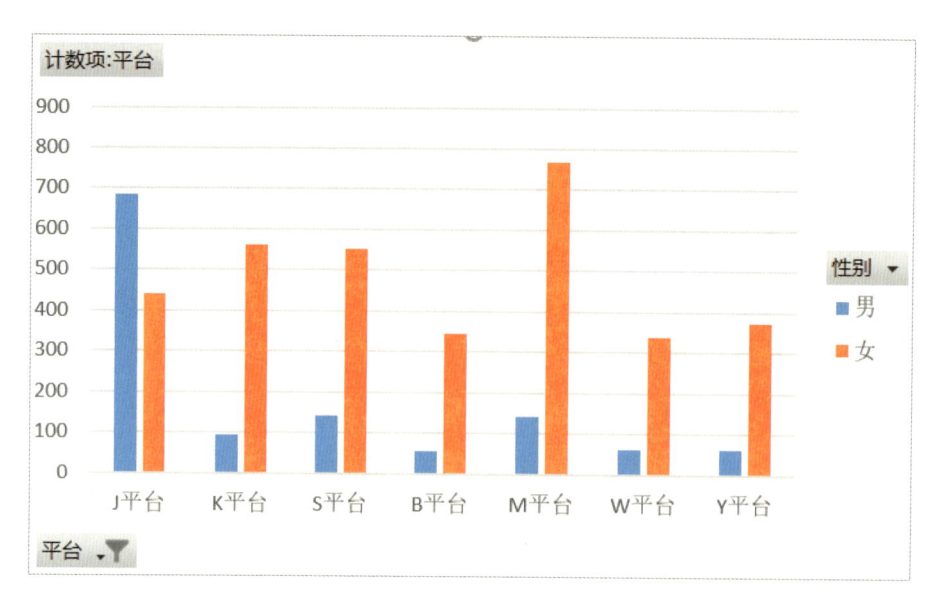

图 5-10 不同性别客户电商平台选择柱形图

Step 05：为了更清晰地查看数据，我们可以选择具体的电商平台查看不同性别客户的选择情况。以 J 平台为例，单击图表左下角的"平台"下拉按钮，在下拉列表中选择"J 平台"选项，结果如图 5-11 所示。

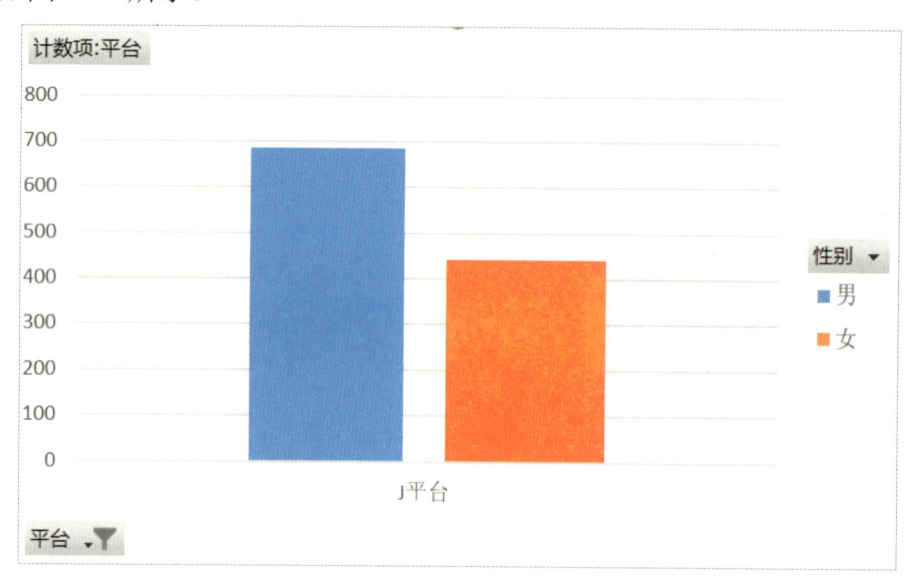

图 5-11 不同性别客户 J 平台选择情况图

由图 5-11 可见，在选择 J 平台的客户中，男性客户比女性客户多出约三分之一，说明男性对 J 平台的认可度更高。

Step 06：同样地，我们可以查看不同性别客户对各大电商平台的选择情况。单击图表右侧的"性别"下拉按钮，在下拉列表中选择"男"选项，结果如图 5-12 所示。

由图 5-12 可见，在各大电商平台中，男性客户对 J 平台的认可度最高，选择 J 平台的男性客户人数远高于其他电商平台，其次是 M 平台和 S 平台。

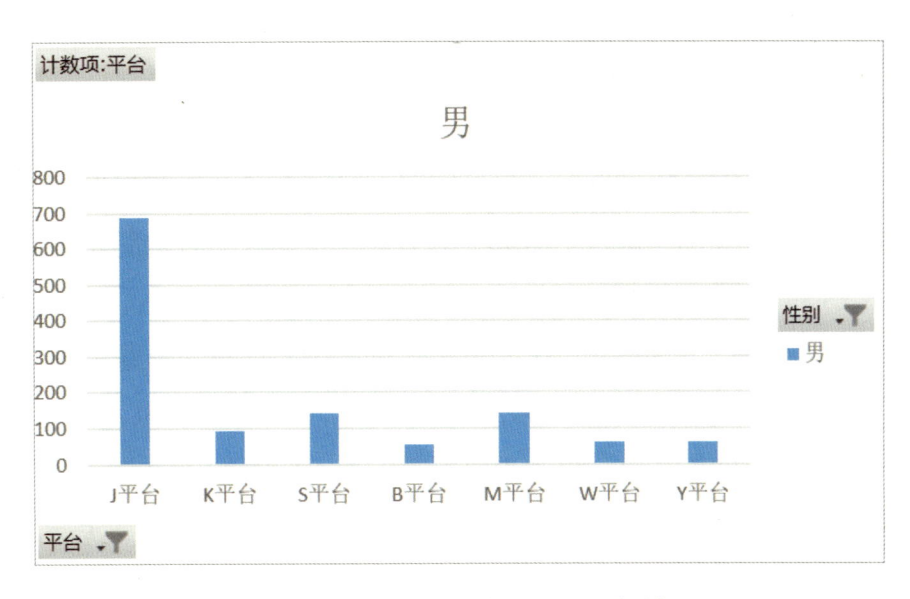

图 5-12　男性客户不同电商平台选择情况图

Step 07：单击图表右侧的"性别"下拉按钮，在下拉列表中选择"女"选项，结果如图 5-13 所示。

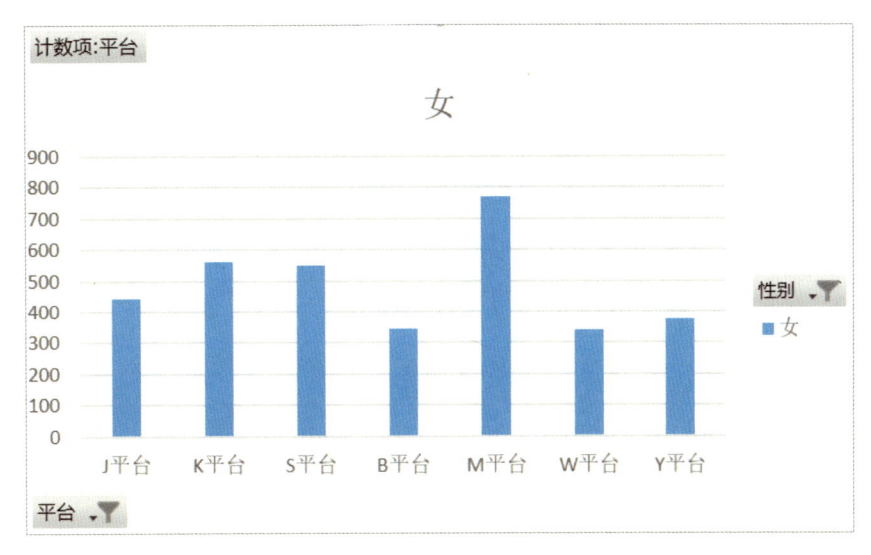

图 5-13　女性客户不同电商平台选择情况图

由图 5-13 可见，女性客户选择 M 平台的较多，其次是 K 平台和 S 平台。

由此可见，不同性别客户在选择电商平台时的偏好差距很大。总体来说，男性选择的电商平台较单一，主要以 J 平台为主。女性选择电商平台的偏好较平均，选择 M 平台、K 平台、S 平台的较多。由此可以断定，如果店铺商品主要消费群体为男性，则主要投放渠道可以选择 J 平台；如果店铺商品主要消费群体为女性，则可以根据商品情况选择 M 平台、K 平台和 S 平台。

2．不同年龄客户偏好

利用客户偏好数据，制作不同年龄客户选择电商平台情况图。针对各大电商平台，分析不同年龄客户对电商平台的选择偏好。

Step 01：打开"客户偏好.xlsx"中的"客户偏好"工作表，复制该工作表，并将新工作表命名为"客户偏好分析-年龄"。

Step 02：要分析不同年龄客户在选择电商平台时的偏好，需要制作年龄段辅助表格，辅助表格中包括"取值点"和"取值"两列。为方便统计，我们将辅助表格中"取值"列的数据划分为"18-25""26-30""31-35""36-40""41-50""51-70""71以上"7个年龄段。在"取值"前的单元格中输入"取值点"，把"取值"列年龄段的第一个数字输入左边对应的单元格中，如在"18-25"左边单元格中输入"18"，在"26-30"左边单元格中输入"26"，依次将7个年龄段的取值点输入完成，得到"取值点"列，如图5-14所示。

取值点	取值
18	18-25
26	26-30
31	31-35
36	36-40
41	41-50
51	51-70
71	71以上

图5-14 年龄段辅助表格

注意：这里设置取值点是为了方便之后在使用LOOKUP函数时可以引用对应的位置进行定位。

Step 03：在"客户偏好分析-年龄"工作表中，C列为"年龄"，选中J1单元格，输入"年龄段"。在"年龄段"列中，我们可以使用LOOKUP函数，根据客户年龄自动填入设置的年龄段范围，以便依据年龄段进行数据统计分析。在J2单元格中，输入公式"=LOOKUP(C2,$K$4:$K$10,$L$4:$L$10)"，该公式的功能是在辅助表格中"取值点"列寻找与C2单元格匹配的值，并返回相应"取值"列单元格的内容。

说明：LOOKUP函数是Excel中功能十分强大的查找引用函数，它有两种使用方式，即向量形式和数组形式，本步骤中使用的是LOOKUP函数的向量形式。LOOKUP函数的向量形式可以在单行或单列区域中查找值，然后返回第二个单行区域或单列区域中相同位置的值。

其语法为LOOKUP(lookup_value,lookup_vector,[result_vector])。

其中，lookup_value是要在lookup_vector中搜索的值，该值可以是数字、文本、逻辑值或单元格引用。本步骤中为单元格引用"C2"。

lookup_vector是要查找的值的范围，只包含一行或一列的区域。本步骤中查找范围为"$K$4:$K$10"，是固定的从K4到K10的区域，为绝对引用，所以要在行号和列号前加上"$"符号。

需要注意的是，lookup_vector中的值必须按升序排列，否则LOOKUP函数可能无法返回正确的值。如果LOOKUP函数在lookup_vector区域内找不到lookup_value的值，则会自动与lookup_vector区域中小于或等于lookup_value的最大值进行匹配。例如，在本步骤中，C2=32，而取值点中没有这个值，在取值点区域，小于或等于32的最大值为31，所以其返回的结果为31右边单元格中的值，即"31-35"。

result_vector是一个可选项，是在lookup_vector区域查找到的与lookup_value匹配的结果。

Step 04：将光标移动到 J2 单元格的右下角填充柄处，双击可得到年龄段的值，如图 5-15 所示。

客户网名	性别	年龄	订单数	支付金额	直辖市/省/自治区	市/地区/自治州	区/县	平台	年龄段		辅助表格	
eilei19860	女	32	2	28.9	山东省	德州市	德城区	亚马逊	31-35		取值点	取值
orollayiyi	男	31	1	14.45	上海	上海市	浦东新区	京东	31-35		18	18-25
1宙能	女	28	4	53.87	天津	天津市	南开区	考拉海购	26-30		26	26-30
土匪09032	女	28	2	28.9	维吾尔自治区	巴音郭楞蒙古自治州	库尔勒市	天猫	26-30		31	31-35
骨的温柔198	女	27	2	28.9	辽宁省	大连市	旅顺口区	唯品会	26-30		36	36-40
ngxianhao1	女	39	1	21.735	辽宁省	大连市	甘井子区	聚美优品	36-40		41	41-50
990张家大少	男	28	4	57.8	辽宁省	抚顺市	望花区	唯品会	26-30		51	51-70
太在意.97	女	34	2	47.9	湖南省	衡阳市	祁东县	聚美优品	31-35		71	71以上
1利多	女	37	4	57.8	广东省	深圳市	南山区	天猫	36-40			
1豆豆6002	女	22	4	57.8	维吾尔自治区	喀什地区	喀什市	考拉海购	18-25			
1聪聪0335	女	34	4	57.8	河北省	秦皇岛市	海港区	天猫	31-35			
枫叶2016261	女	25	2	28.9	浙江省	嘉兴市	海盐县	天猫	18-25			
ianglairuo	女	40	2	28.9	辽宁省	沈阳市	和平区	淘宝	36-40			

图 5-15　客户年龄段归类

Step 05：选中所有数据，单击"插入"选项卡下"数据透视图和数据透视表"按钮。在"数据透视图字段"对话框中将"平台"拖曳到"轴(类别)"编辑框中，将"年龄段"拖曳到"图例(系列)"编辑框中，将"平台"拖曳到"值"编辑框中，如图 5-16 所示。

Step 06：拖曳完成后，在数据透视表中将统计出不同年龄段客户电商平台选择数据，将此工作表重命名为"年龄筛选"，如图 5-17 所示。

同时可得到不同年龄段客户电商平台选择数据透视图，如图 5-18 所示。

计数项:平台	列标签						
行标签	18-25	26-30	31-35	36-40	41-50	51-70	总计
J平台	132	347	374	147	93	36	1129
K平台	69	208	223	81	54	21	656
S平台	72	210	234	92	60	24	692
B平台	30	134	158	46	20	13	401
M平台	88	299	329	101	65	29	911
W平台	41	121	148	45	36	10	401
Y平台	40	152	134	49	38	24	437
总计	472	1471	1600	561	366	157	4627

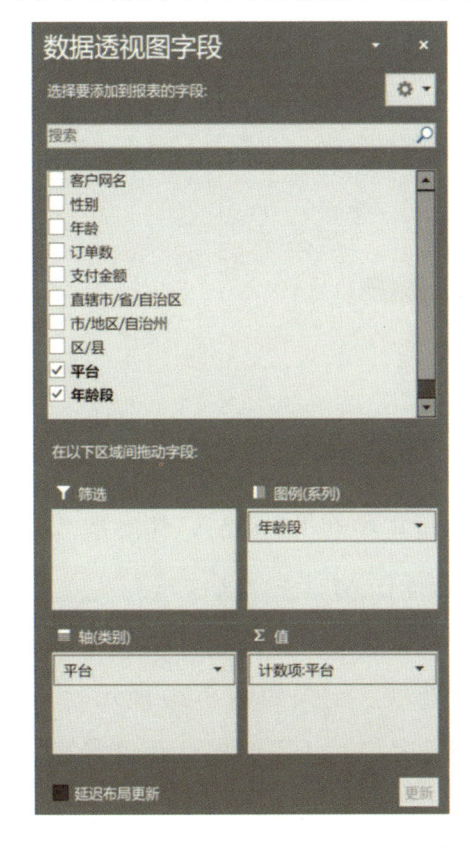

图 5-16　年龄段数据透视表字段选择　　图 5-17　不同年龄段客户电商平台选择数据透视表

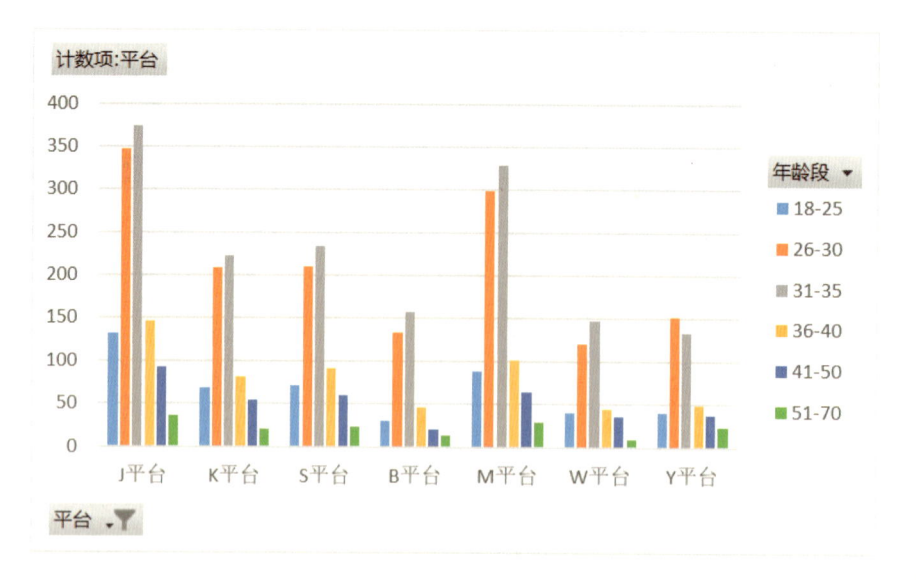

图 5-18 不同年龄段客户电商平台选择数据透视表

Step 07：为了更清晰地查看数据，我们可以选择某个电商平台查看不同年龄段客户选择情况。以 M 平台为例，单击图表左下角的"平台"下拉按钮，在下拉列表中选择 M 平台，结果如图 5-19 所示。

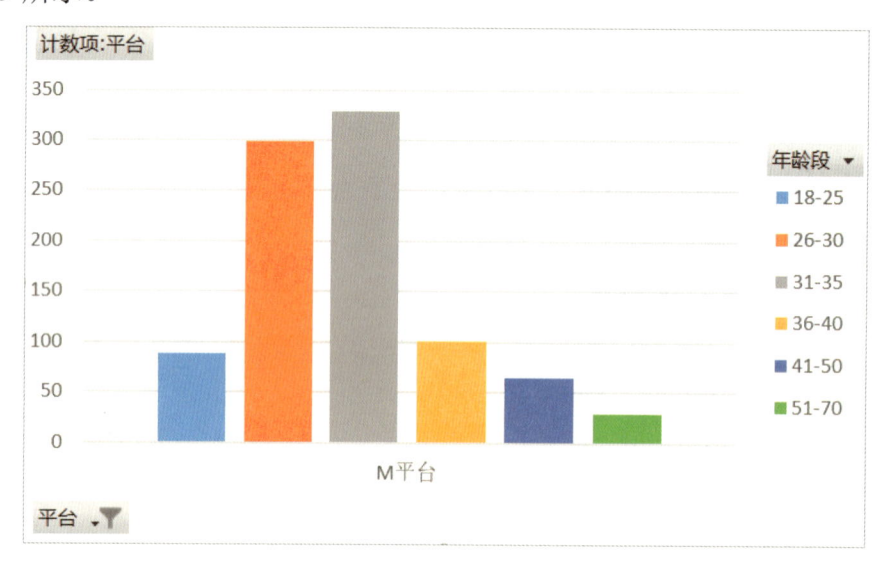

图 5-19 不同年龄段客户选择 M 平台数据透视图

由图 5-19 可见，在选择 M 平台的客户中，主要年龄段集中在"31-35"，其次是"26-30"。如果店铺商品的主要消费群体年龄段为"26-35"，则应选择在 M 平台开店。

Step 08：同样地，我们可以选择不同年龄段查看各大电商平台的选择情况。单击图表右侧的"年龄"下拉按钮，在下拉列表中选择"31-35"选项，结果如图 5-20 所示。

由图 5-20 可见，在各大电商平台中，"31-35"年龄段客户对 J 平台的认可度最高，其次是 M 平台、S 平台和 K 平台，而对 J 平台和 M 平台的认可度差距不是很大，在市场资源充足的情况下，可考虑选择两个以上渠道同时布局，如选择 J 平台和 M 平台作为线上电商的主打市场。在市场资源有限的情况下，如因店铺人员分配、渠道管理成本控制、店铺资质等原因只能选择一个渠道时，可优先考虑 J 平台。

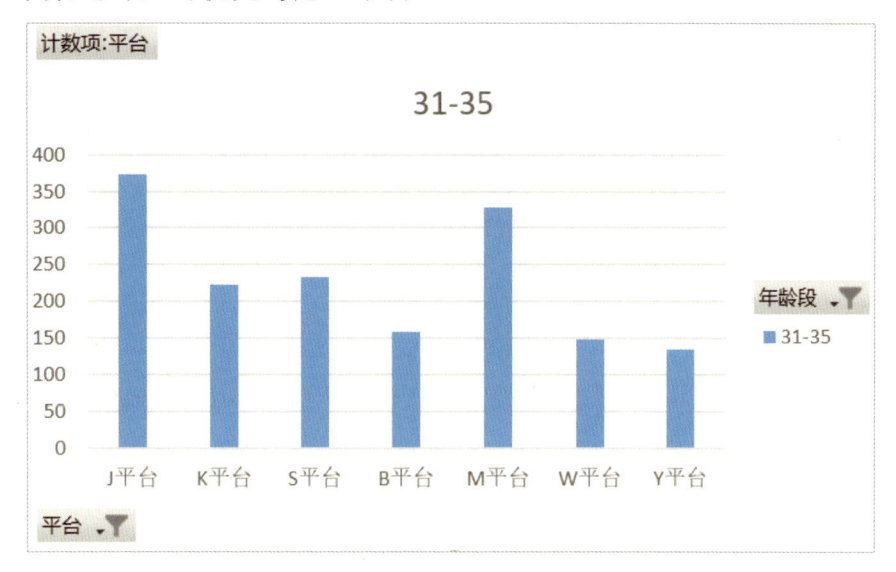

图 5-20 "31-35" 年龄段客户电商平台选择柱形图

年龄分析和性别、地区分析不同，随着客户群体年龄递增，消费能力增加，生活方式、社交活动等随之改变，市场布局至少要考虑未来 3～5 年的发展情况，依托数据进行分析、预测。因此，本任务中不同年龄客户偏好分析需要从 18 岁开始，分成不同年龄段进行单项分析。

Step 09：单击图表右侧的"年龄"下拉按钮，在下拉列表中选择"18-25"选项，结果如图 5-21 所示。

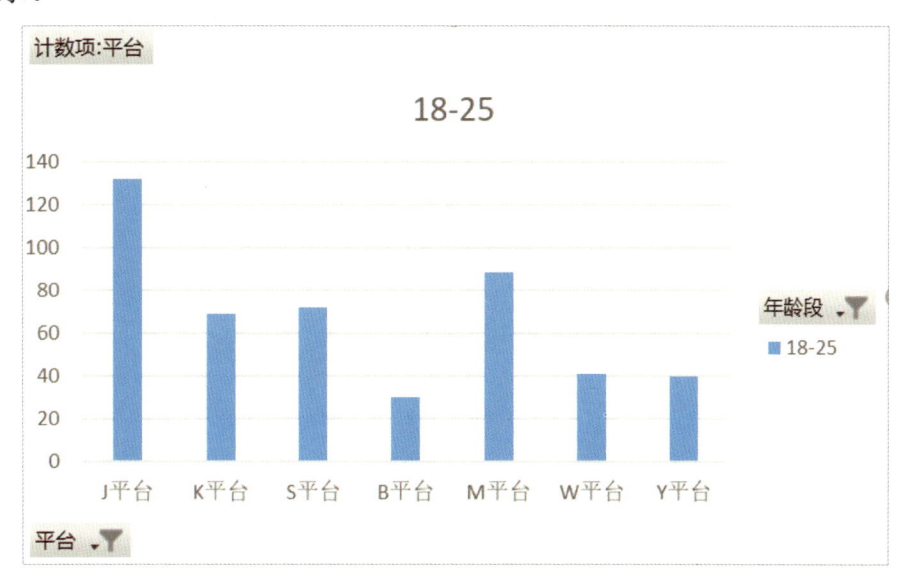

图 5-21 "18-25" 年龄段客户电商平台选择柱形图

由图 5-21 可见，"18-25" 年龄段客户对电商平台的选择主要集中在 J 平台、M 平台、S 平台和 K 平台。其中，选择 J 平台的人数远超其他平台。"18-25" 年龄段客户的消费水平较低，产品价格比较实惠的 B 平台似乎应该是这个年龄段客户的首选,但是因为物流速度、售后服务、产品质量等因素,这个年龄段的客户更倾向于在 J 平台购买食品类产品。

Step 10:单击图表右侧的"年龄"下拉按钮,在下拉列表中选择"26-30"选项,结果如图 5-22 所示。

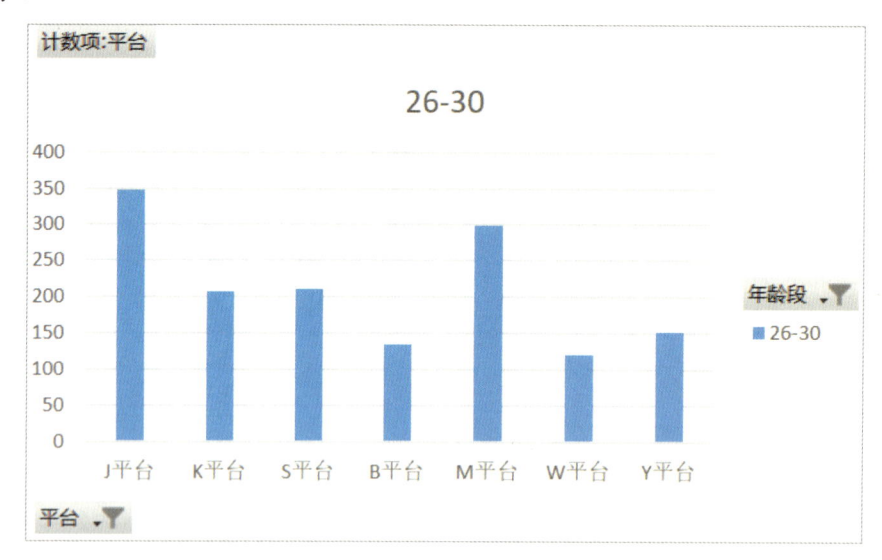

图 5-22 "26-30"年龄段客户电商平台选择柱形图

由图 5-22 可见,"26-30"年龄段客户选择 J 平台的较多,其次是 M 平台、S 平台和 K 平台。其中,J 平台和 M 平台的选择情况与"18-25"年龄段相比差距变小了,S 平台和 K 平台逐渐进入这个年龄段客户的视线并占据一席之地,除 J 平台、M 平台之外,其他平台选择情况差距不大。由此可见,这个年龄段的客户偏向于在多种电商平台购物。

Step 11:单击图表右侧的"年龄"下拉按钮,在下拉列表中选择"36-40"选项,结果如图 5-23 所示。

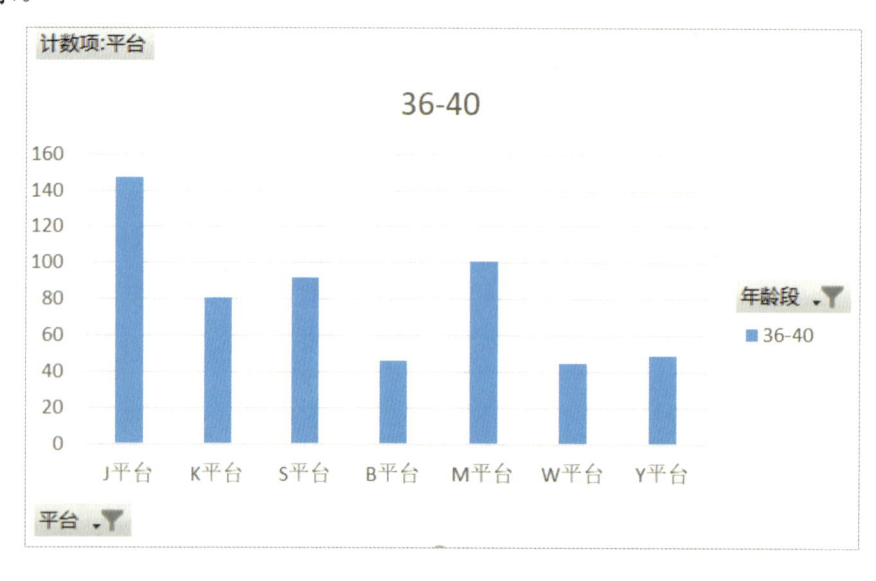

图 5-23 "36-40"年龄段客户电商平台选择柱形图

由图 5-23 可见,"36-40"年龄段客户对 J 平台依然比较信赖,在经过多个电商平台比较后,该年龄段客户希望在知名度较高、服务保障更全面、物流更快的电商平台购买商品,而 J 平台的物流是其差异化竞争的最大优势。

Step 12：单击图表右侧的"年龄"下拉按钮,在下拉列表中选择"41-50"选项,结果如图 5-24 所示。

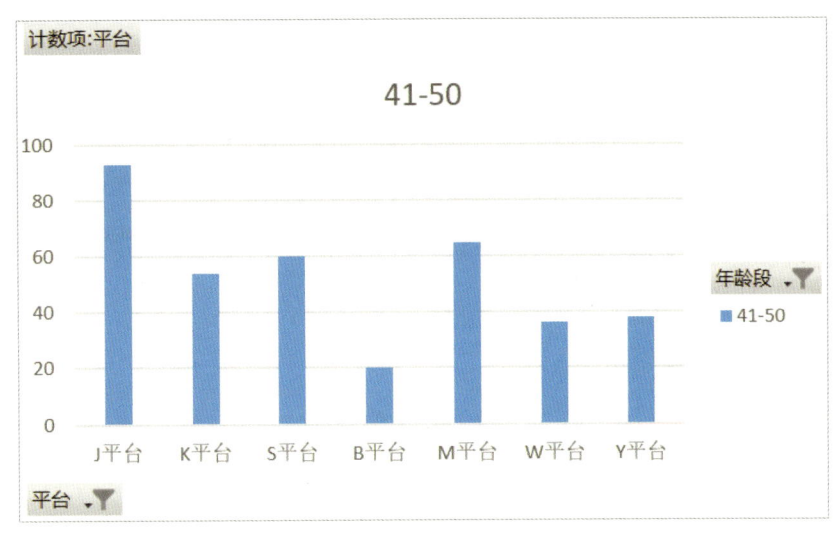

图 5-24　"41-50"年龄段客户电商平台选择柱形图

由图 5-24 可见,"41-50"年龄段客户和"36-40"年龄段客户的选择情况基本一致,其中 W 平台的选择情况有所上升,通过折扣方式购买品牌服饰等成为该年龄段客户的偏好之一,但 J 平台仍然是该年龄段客户的主要选择。

Step 13：单击图表右侧的"年龄"下拉按钮,在下拉列表中选择"51-70"选项,结果如图 5-25 所示。

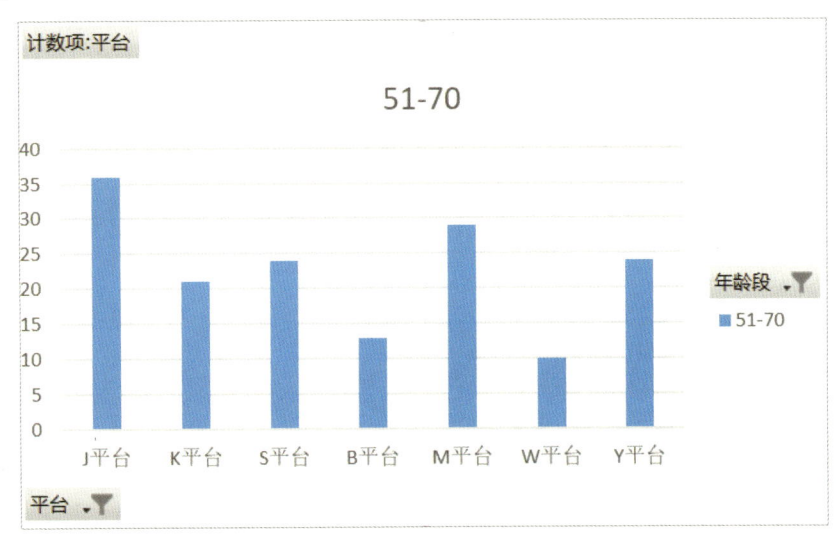

图 5-25　"51-70"年龄段客户电商平台选择柱形图

由图 5-25 可见,"51-70"年龄段客户在选择电商平台时更多考虑的是刚需、便利性和性价比。J 平台、M 平台和 Y 平台成为这个年龄段客户的主要选择,B 平台和 W 平台主打的消费类产品的购买量减少明显,或者转移到线下购买。

▶ **举一反三**:大家也可以选择不同电商平台,看看不同电商平台各年龄段客户的使用情况,并根据图表进行分析。

通过不同年龄段客户对电商平台的选择数据分析可以看出,不同年龄段客户选择线上购物渠道的偏好不同,应根据店铺产品属性和针对的消费群体进行具体分析。由图 5-20~图 5-25 可见,线上电商平台主要消费群体集中在 26~35 岁(包含两个年龄段),该年龄段客户选择最多的是 J 平台,其次是 M 平台、S 平台和 K 平台。可根据店铺的商品特色选择在以上渠道铺设更优质的资源,加大推广力度。

3. 不同地区客户偏好

我国不同地区的地形、气候、人文和经济条件各不相同,客户偏好自然有所区别。一般来说,我们可以把中国的直辖市/省/自治区分为七大地理地区进行比较分析。

(1) 东北(黑龙江省、吉林省、辽宁省)。

(2) 华东(上海市、江苏省、浙江省、安徽省、福建省、江西省、山东省、台湾省)。

(3) 华北(北京市、天津市、山西省、河北省、内蒙古自治区)。

(4) 华中(河南省、湖北省、湖南省)。

(5) 华南(广东省、广西壮族自治区、海南省、香港特别行政区、澳门特别行政区)。

(6) 西南(四川省、贵州省、云南省、重庆市、西藏自治区)。

(7) 西北(陕西省、甘肃省、青海省、宁夏回族自治区、新疆维吾尔自治区)。

下面利用客户偏好数据,制作不同地区客户选择电商平台情况图。针对各大电商平台,分析不同地区客户对电商平台的选择偏好。

Step 01:打开"客户偏好表.xlsx"中的"客户偏好"工作表。

Step 02:新建"地区辅助表",将七大地理地区复制到"地区辅助表"中,如图 5-26 所示。

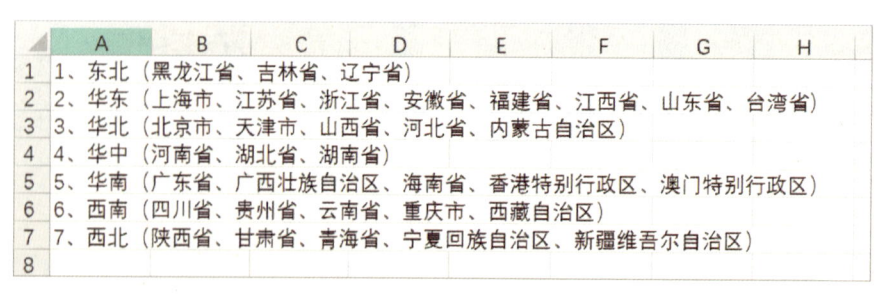

图 5-26 地区辅助表

Step 03：选中所有数据，单击"数据"选项卡下"数据工具"组中的"分列"按钮，在弹出的如图 5-27 所示的对话框中单击"分隔符号"单选按钮，单击"下一步"按钮。

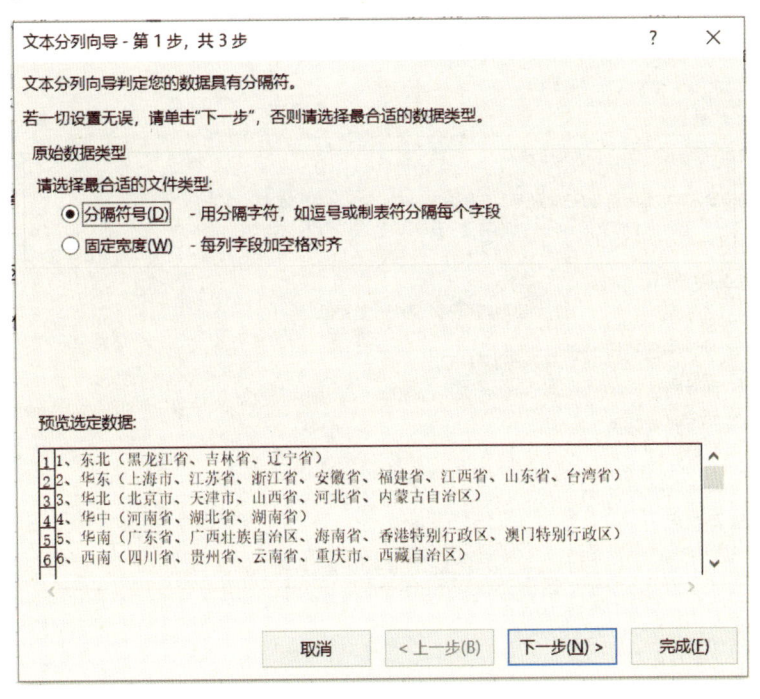

图 5-27　文本分列向导第 1 步

Step 04：因文本中各直辖市/省/自治区之间是以顿号分隔的，在默认分隔符中没有该符号，所以在弹出的如图 5-28 所示的对话框中的"分隔符号"选区中勾选"其他"复选框，在后面的文本框中输入"、"，单击"下一步"按钮。

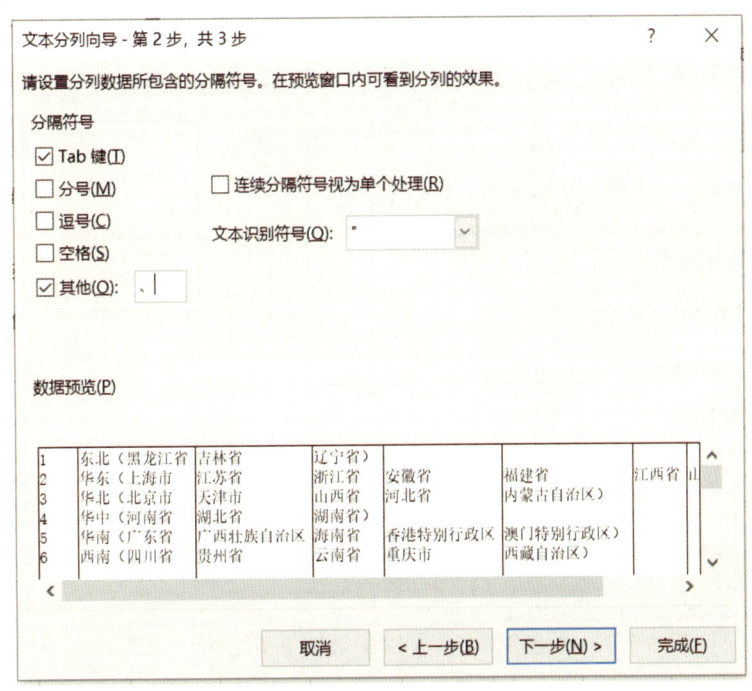

图 5-28　文本分列向导第 2 步

Step 05：当数据中有多个符号时，需要通过多次分列来处理数据。在 B 列右侧插入一列，选中 B 列，单击"数据"选项卡下"数据工具"组中的"分列"按钮，同样在"分隔符号"选区中勾选"其他"复选框，在后面的文本框中输入"("，如图 5-29 所示，单击"下一步"按钮。

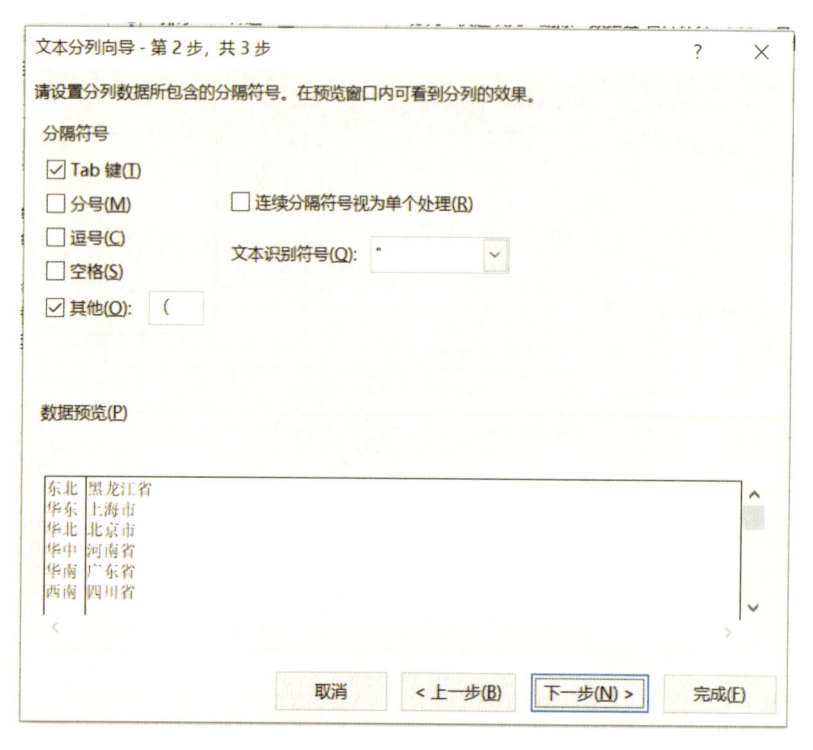

图 5-29　输入"("

Step 06：将分好列的数据，利用"替换"功能进行整理。选中所有数据，按 Ctrl+F 组合键，在弹出的"查找和替换"对话框中，单击"替换"选项卡。在"查找内容"文本框中输入")"，"替换为"文本框中保持为空，如图 5-30 所示，单击"全部替换"按钮，便可得到处理后的数据。采用同样的方法将";"替换掉。

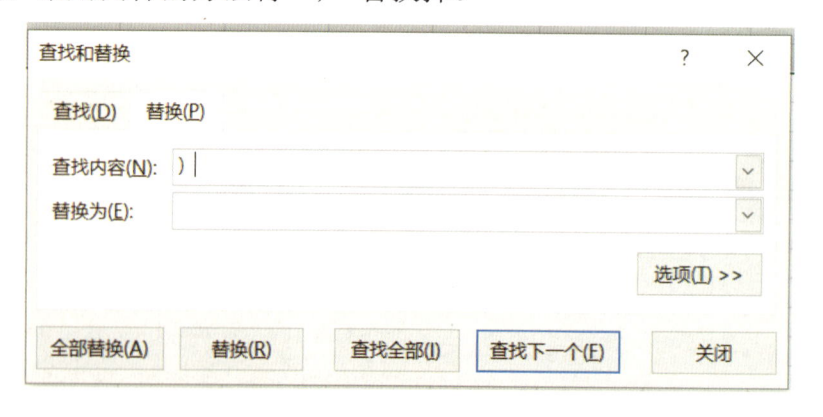

图 5-30　"查找和替换"对话框

Step 07：在"地区辅助表"中，选中 C1:E1 数据，右击，在弹出的快捷菜单中选择"复制"选项,在空白单元格中右击,在弹出的快捷菜单中选择"选择性粘贴"选项,在弹出的对话框中勾选"转置"复选框,如图 5-31 所示。依次处理其他行的数据,得到辅助表格,如图 5-32 所示。

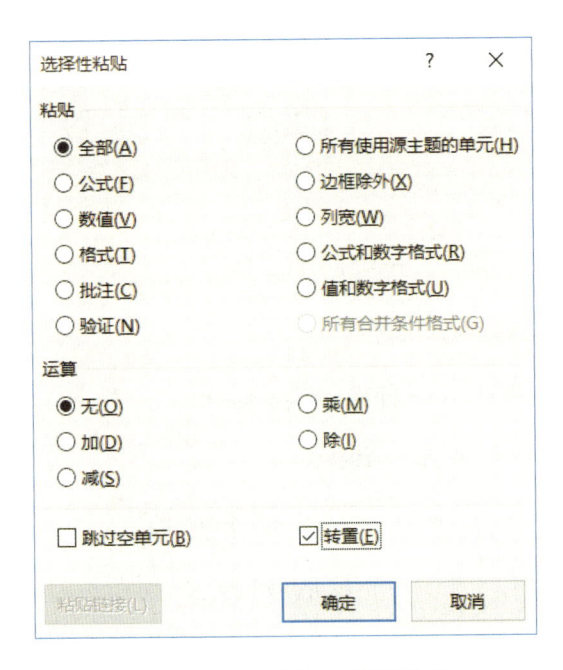

图 5-31　表格内容转置操作

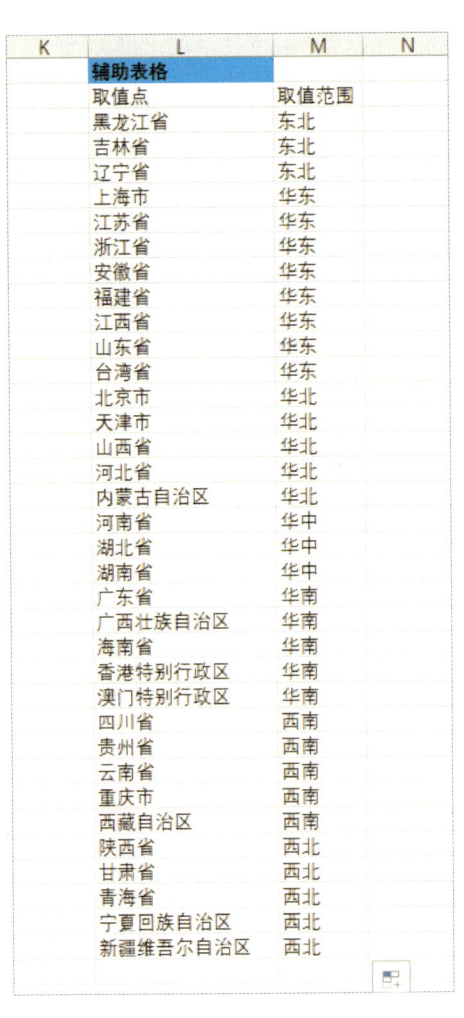

图 5-32　辅助表格

Step 08:在"平台"列后插入一列,在 J1 单元格中输入"地区"。将转置后的辅助表格中的数据复制到"客户偏好"工作表中的 L、M 列中,如图 5-33 所示。在 J2 单元格中输入公式"=VLOOKUP(F2,L:M,2,FALSE)",这里 VLOOKUP 函数用于搜索指定区域内首列满足条件的元素,确定待检测单元格在区域中的行序号,再返回选定单元格的值。其中,F2 是指客户所在直辖市/省/自治区,L:M 是指取值点和取值范围;2 是指在 L:M 单元格区域内取相应单元格的第 2 列数据的值;FALSE 代表精确匹配。

> 说明:VLOOKUP 函数是 Excel 中的一个纵向查找函数,用于按列查找,最终返回查找的单元格区域内相关列所对应的值。

其语法为 VLOOKUP(lookup_value,table_array, col_index_num,range_lookup)。

其中，lookup_value 为要查找的值，其数据类型可以是数值、单元格引用或文本字符串，本步骤中为单元格引用"F2"。

table_array 为要查找的单元格区域，本步骤中为 L:M 区域。

col_index_num 为返回数据在查找区域的第几列，输入数据类型为正整数，本步骤中为 2。

range_lookup 为精确匹配或模糊匹配，输入数据类型为 FALSE（或 0，精确匹配），或者 TRUE（或 1，或不填，模糊匹配）。

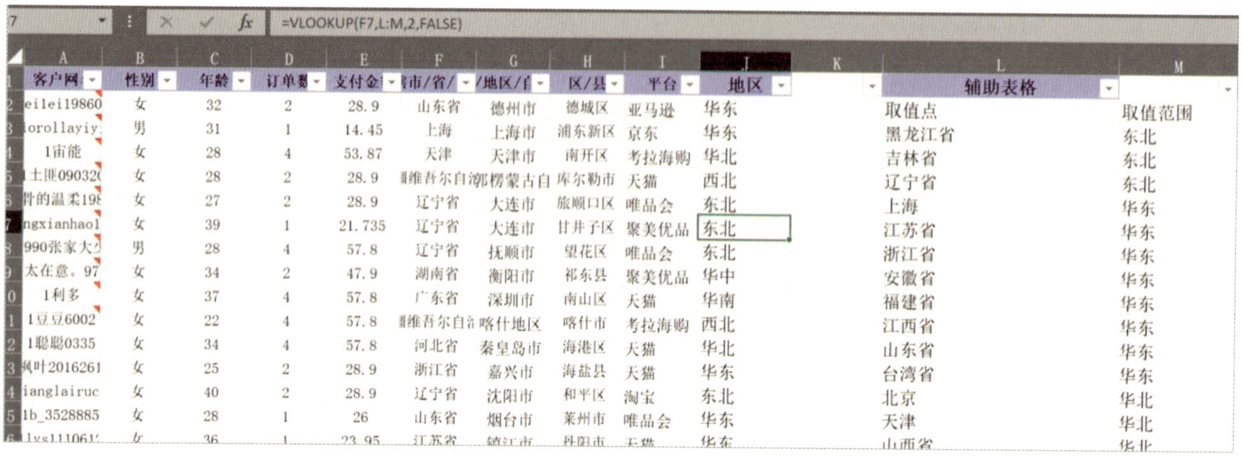

图 5-33 使用 VLOOKUP 函数返回地区值

> **注意**：在年龄偏好分析中，LOOKUP 函数用于从一行或一列中找出对应的数据，而 VLOOKUP 函数用于从由连续的几列构成的区域中找出对应的数据。

Step 09：输入公式后，单元格中返回 F 列对应的直辖市/省/自治区在辅助表格中的取值范围，即所属地区，将光标定位在 J2 单元格右下角，出现填充柄后双击，得到相关直辖市/省/自治区对应的地区信息。

Step 10：选中除辅助表格以外的所有数据，单击"插入"选项卡下"数据透视图和数据透视表"按钮。在"数据透视图字段"对话框中将"平台"拖曳到"轴（类别）"编辑框中，将"地区"拖曳到"图例（系列）"编辑框中，将"平台"拖曳到"值"编辑框中，如图 5-34 所示。

Step 11：字段拖曳好之后，在数据透视表中会统计出不同地区客户电商平台选择数据，将新工作表另存为"地区"工作表，如图 5-35 所示。

同时可得到不同地区客户电商平台选择数据透视图，如图 5-36 所示。

Step 12：为了更清晰地查看数据，可以选择具体的电商平台查看不同地区客户电商平台选择情况。例如，单击图表左下角的"平台"下拉按钮，在下拉列表中选择"B 平台"选项，结果如图 5-37 所示。

项目五　市场分析

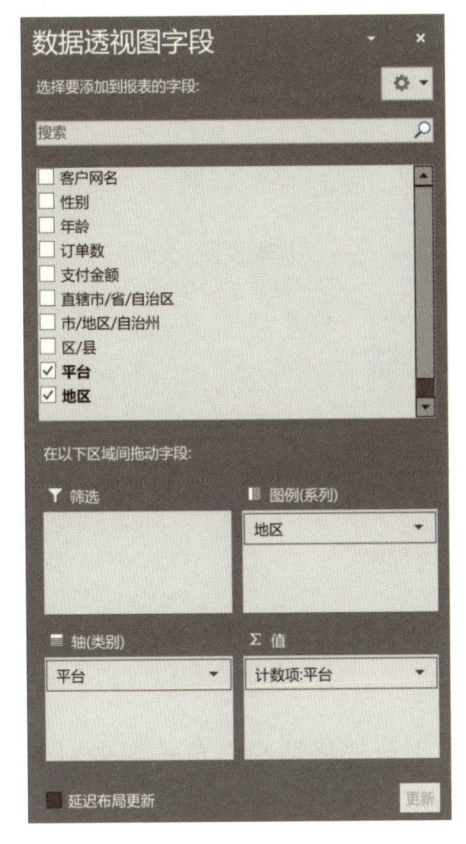

计数项:平台	列标签							
行标签	东北	华北	华东	华南	华中	西北	西南	总计
B平台	38	64	191	41	38	10	19	401
J平台	105	145	547	144	106	31	51	1129
K平台	61	92	318	90	55	10	30	656
M平台	72	127	437	110	86	29	50	911
S平台	84	104	301	77	66	27	33	692
W平台	41	55	202	50	27	11	15	401
Y平台	39	62	200	57	52	12	15	437
总计	440	649	2196	569	430	130	213	4627

图 5-35　不同地区客户电商平台选择数据透视表

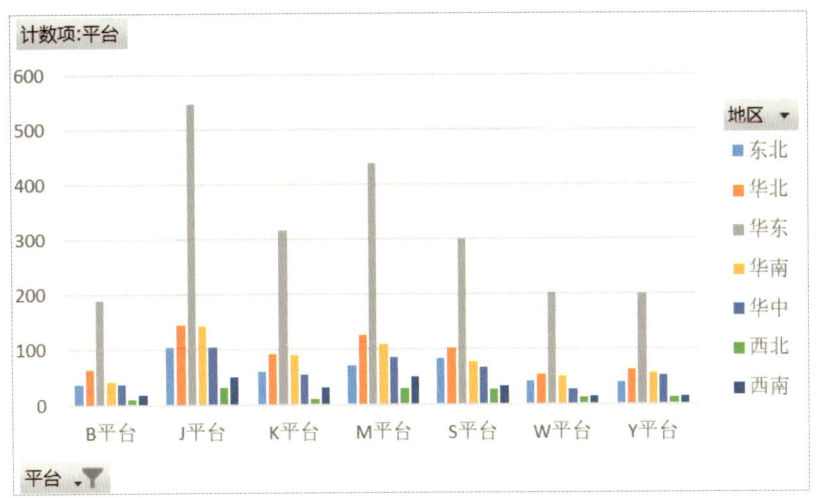

图 5-34　地区数据透视表字段选择

图 5-36　不同地区客户电商平台选择数据透视图

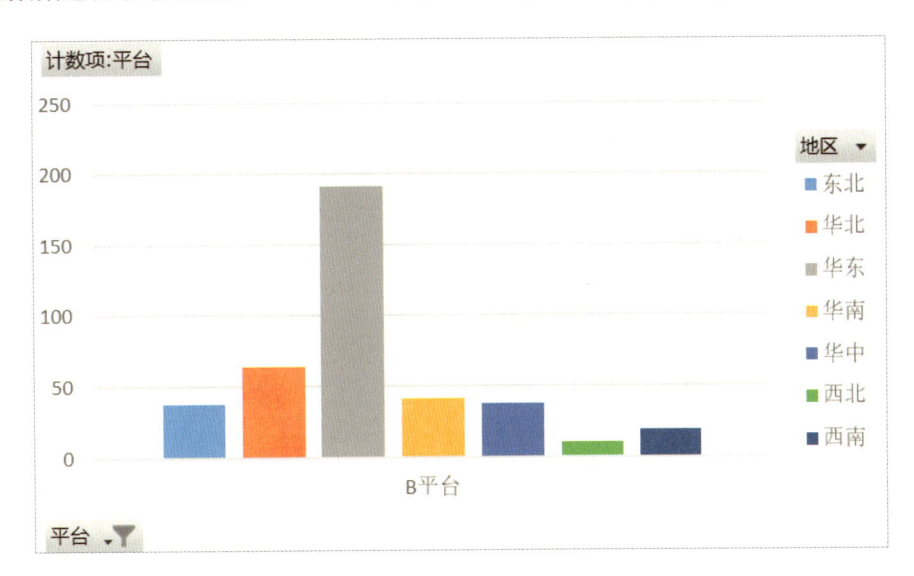

图 5-37　不同地区客户选择 B 平台数据透视图

由图 5-37 可见，选择 B 平台的客户主要来自华东地区，其次为华北地区，来自西北地区的客户较少。

Step 13：采用同样的方法，可以查看不同地区客户对各大电商平台的选择情况。单击图表右侧的"地区"下拉按钮，在下拉列表中选择"华东"选项，结果如图 5-38 所示。

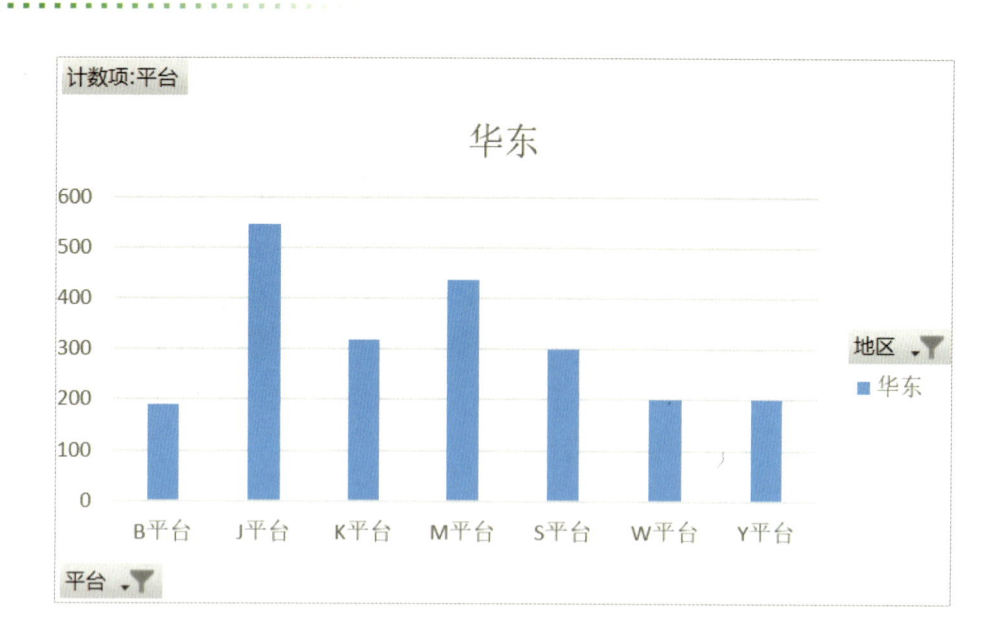

图 5-38　华东地区客户电商平台选择数据透视图

由图 5-38 可见，在各大电商平台中，华东地区客户对 J 平台的认可度最高，其次是 M 平台、K 平台和 S 平台。

Step 14：采用同样的方法，可以查看其他地区客户电商平台选择情况。单击图表右侧的"地区"下拉按钮，在下拉列表中选择"东北"选项，结果如图 5-39 所示。

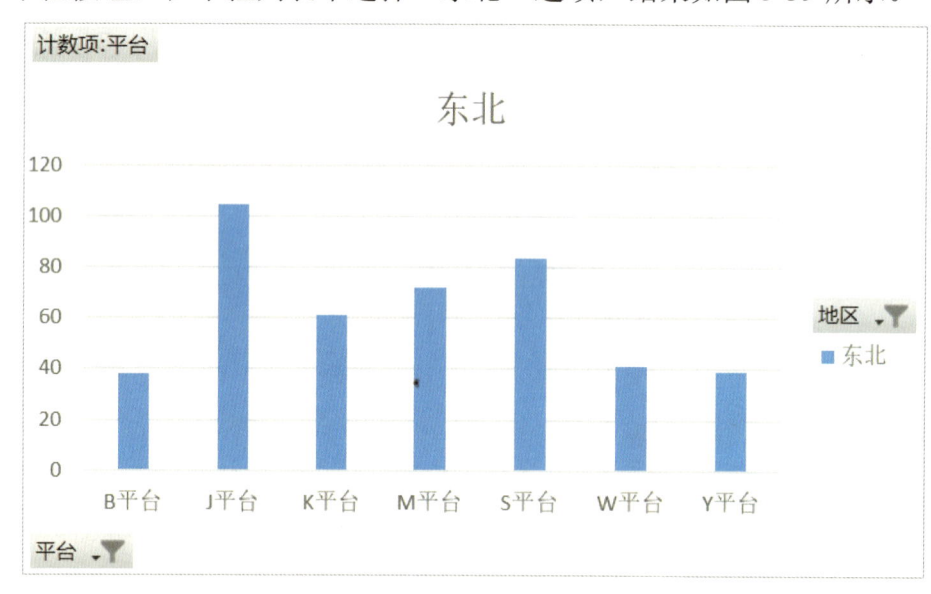

图 5-39　东北地区客户电商平台选择数据透视图

Step 15：考虑到不同地区客户的消费情况差异，我们对交易金额数据进行统计分析，查看不同地区客户在各大电商平台的消费情况。在"客户偏好"工作表中选中"支付金额""平台""地区"三列数据，插入新的数据透视图表，如图 5-40 所示，可作为交叉印证，支持渠道选择策略。

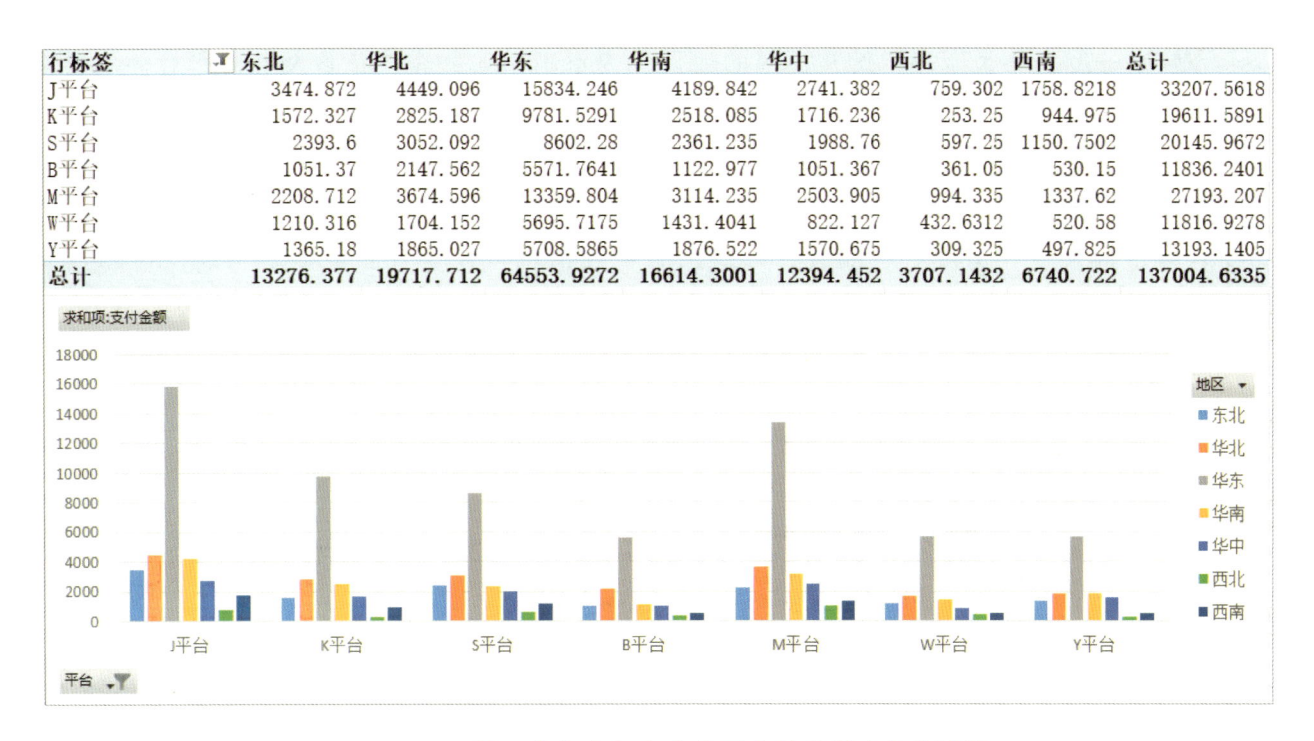

行标签	东北	华北	华东	华南	华中	西北	西南	总计
J平台	3474.872	4449.096	15834.246	4189.842	2741.382	759.302	1758.8218	33207.5618
K平台	1572.327	2825.187	9781.5291	2518.085	1716.236	253.25	944.975	19611.5891
S平台	2393.6	3052.092	8602.28	2361.235	1988.76	597.25	1150.7502	20145.9672
B平台	1051.37	2147.562	5571.7641	1122.977	1051.367	361.05	530.15	11836.2401
M平台	2208.712	3674.596	13359.804	3114.235	2503.905	994.335	1337.62	27193.207
W平台	1210.316	1704.152	5695.7175	1431.4041	822.127	432.6312	520.58	11816.9278
Y平台	1365.18	1865.027	5708.5865	1876.522	1570.675	309.325	497.825	13193.1405
总计	13276.377	19717.712	64553.9272	16614.3001	12394.452	3707.1432	6740.722	137004.6335

图 5-40　不同地区客户在各大电商平台的支付金额统计情况

由图 5-40 可见，华东地区客户在各大电商平台中消费金额最高。

Step 16：单击图表右侧的"地区"下拉按钮，在下拉列表中选择"华东"选项，结果如图 5-41 所示。

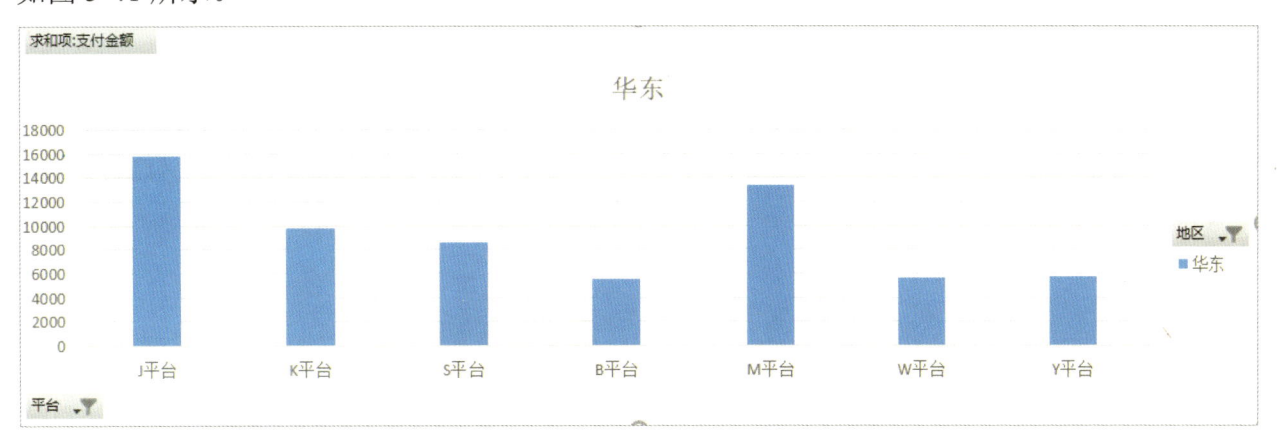

图 5-41　华东地区客户在各大电商平台支付金额统计情况

由图 5-41 可见，华东地区客户消费最高的是 J 平台，其次是 M 平台、K 平台和 S 平台。

由以上分析可见，不同地区客户在选择电商平台时，首选 J 平台，J 平台受到各地区客户的高度认可。在所有地区中，华东地区无论是购物人数还是支付金额都高于其他地区。因此，在目前的渠道分布中，J 平台是重点渠道，华东地区是重点区域。

▶ **举一反三**：大家可以选择不同的地区，查看不同地区客户在各大电商平台的消费情况，进行相应的分析。

在不同性别客户偏好分析中，女性选择 M 平台的更多，因此，针对 M 平台的渠道布局要有侧重地在营销方案、产品设计、线上服务及市场合作等方面更多地考虑女性客户的喜好。

在不同年龄客户偏好分析中，26～35 岁为主力消费群体。该年龄段客户主要选择的电商平台为 J 平台，其次为 M 平台。因此，店铺在 J 平台和 M 平台的产品设计和选择上要更符合该年龄段客户的需求和审美。

在不同地区客户偏好分析中，我们可以根据地区市场策略分别考虑，如针对华东地区的客户主要布局 J 平台和 M 平台，针对东北地区的客户主要布局 J 平台和 S 平台。

通过对不同性别、不同年龄和不同地区客户选择的电商平台进行数据分析，我们可以清晰地看到本店铺产品在 J 平台的销售情况较其他平台更好，店铺可以加大在 J 平台的市场投入。例如，可使用 J 平台数据分析工具进行具体的数据分析，通过使用有效的引流工具、增加广告投放等方式扩大品牌影响力，从而提高市场份额。

在本项目的其他任务中，我们将进行竞争对手分析和供应链分析，结合本任务的渠道分析，小 A 可以综合所有数据分析结果掌握目前店铺的市场情况，出具市场分析报告。

▶ **拓展提高**

扫描右侧二维码可以学到更多的拓展知识。

任务 2 竞争对手分析

在市场经济条件下，企业竞争是不可避免的，尤其在热门行业、需求量大的产品和服务、门槛低的产品中，竞争尤为激烈。企业在确定业务领域时，必须对行业和竞争对手进行深入的分析，做到知己知彼。

分析竞争对手的目的是了解竞争对手。通过竞争对手分析企业可以更敏锐地了解市场动向，不断提升企业在行业中的竞争力。竞争对手分析可以通过五个层次来进行，从低到高分别为确定对手名单、分析对手状况、掌握对手方向、洞悉对手策略和引导对手行为，如图 5-42 所示。

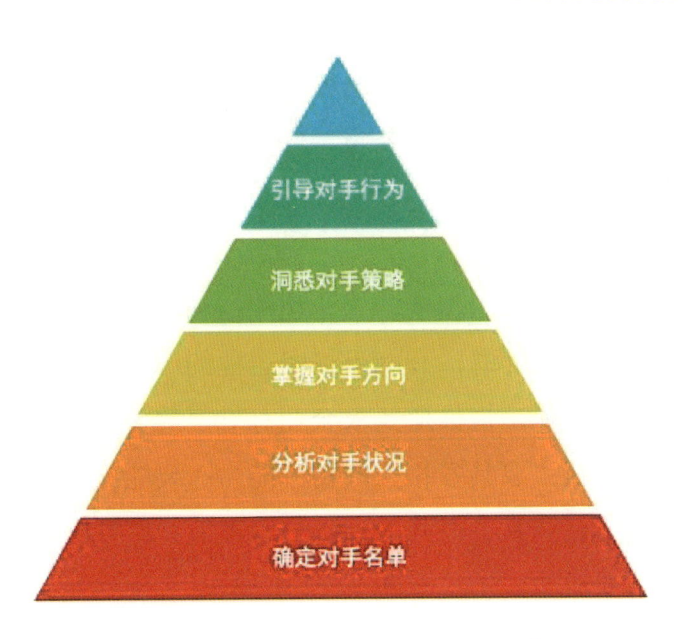

图 5-42　竞争对手分析的五个层次

一、渠道策略分析方法

在竞争中，想要突出自己的产品，很重要的一点是在生产销售中做到针对性和差异化。通过渠道策略分析，标注出各个层面的核心竞争对手、潜在竞争对手，进而实施相关的策略。在渠道策略分析中需要量化竞争对手，主要从渠道长度、渠道宽度、渠道广度和渠道深度四个方面来量化。

1. 渠道长度

渠道长度是指渠道层次的数量，即产品在渠道的流通过程中经过多少个中间环节，有多少层的中间商参与其销售的全过程。中间环节是指同一产品的买方、卖方及转移商品所有权的机构和个人。商品在分销过程中经过的中间环节越多，渠道就越长；反之，渠道就越短。

一般来说，渠道长度可以划分为四种基本类型，即零层渠道、一层渠道、二层渠道和多层渠道。

零层渠道是指企业直接把产品或服务销售给消费者或客户的渠道模式，一般适用于大型或贵重产品，以及技术复杂、需要提供专门服务的产品。

一层渠道是指只有一个中间环节的渠道模式。在消费品的营销过程中，这个中间环节就是零售商；在生产资料的营销过程中，这个中间环节可能是批发商或代理商。

二层渠道是指经过两个中间环节的渠道模式。在消费品的营销过程中，二层渠道通常由批发商和零售商组成，也可以由代理商和零售商组成；在生产资料的营销过程中，二层渠道由代理商和批发商组成。

多层渠道是指经过三个及以上中间环节的渠道模式。这种渠道模式是进出口商品常采用的模式。另外,在一些顾客较为分散的消费品零售市场中,也会适当采用这种渠道模式,如一级批发商、二级批发商和零售商,或代理商、批发商和零售商等。

零层渠道又称短渠道,也称直接渠道。一层、二层、多层渠道又称长渠道,也称间接渠道。

(1) 短渠道的优缺点。

短渠道的优点:渠道越短,成本越低,企业越能控制最终零售价格,越容易给客户提供全面的服务,可以及时获取消费信息,有利于提高企业的服务质量。短渠道的缺点:网络分散,市场覆盖面较小。通常来说,短渠道要求企业有雄厚的资金实力、较强的经营管理能力和丰富资源。要能够大量存货;要具备相应的物流能力;要能够高效率地承担起批发和零售的职能;要对产品的销售、流通具有很强的控制与管理能力;要具备相应专业知识和相应的人力资源来有效地执行上述活动。

(2) 长渠道的优缺点。

长渠道的优点:渠道越长,市场覆盖面越大,越有利于生产企业通过控制中间环节来增强自己的竞争优势,如减轻仓储运输费用、销售人员费用和管理费用压力等。长渠道的缺点:渠道越长,成本越高,运输速度越慢,生产企业对产品最终零售价格的控制能力就越小,对产品流程和运输的控制能力也就越小。另外,渠道越长,越容易出现服务水平参差不齐的现象,越需要渠道成员之间的相互协调和合作,对生产企业管理水平的要求也就越高。

2. 渠道宽度

渠道宽度是指销售渠道的每个层次使用同类中间商数目的多少。一般来说,产品从生产者手中转移到消费者手中如果经过两个及以上同类中间商,则称为宽渠道;如果只经过一个中间商,则称为窄渠道。在实际运用中要根据商品属性来进行渠道宽度的选择,一般有如下四种策略。

(1) 宽渠道策略。

宽渠道策略又称普遍性分销策略或密集性分销策略,是指生产者尽可能通过许多批发商和零售商推销自己的产品。由于使用的中间商比较多,面宽路广,销售量大,方便消费者随时随地买到产品,因此宽渠道策略适用于消费者经常购买的日用消费品和工业用品中的标准化、通用化程度比较高的小件产品。

(2) 宽窄渠道结合策略。

宽窄渠道结合策略是指生产者在某一地区仅通过少数几个中间商来推销产品。这种策略应用范围广,尤其适用于选购品、特殊品和工业用品中的零部件,因为这些产品的使用者比较注重产品的品牌和商标。由于各个企业的具体情况不同,所选择的销售渠道的宽窄长短也不一样,有的企业选择"短而宽"的销售渠道,有的企业选择"长而窄"的销售渠道。

（3）窄渠道策略。

窄渠道策略是指生产者在一定地区、一定时期内针对一种产品只选择一家批发商（或代理商）或零售商推销产品。采用独家专营性销售渠道，生产者和中间商签署书面合同，规定中间商不得再销售其他竞争性同类产品。独家专营性销售渠道适用于工业机械等领域中消费者特别重视品牌但使用面比较窄的特殊产品，以及需要加强售后服务的高档耐用品，如奢侈品等。

（4）多渠道策略。

多渠道策略是指生产者通过多渠道将同一种产品销售到不同市场或同一市场上，如生产者将同一种产品通过不同的销售渠道送到不同市场上，或者生产者通过两条及以上销售渠道将同一种产品送到同一市场上。例如，门锁制造商通过杂货批发商、小五金批发商等渠道将产品卖给家庭客户。企业可以通过家居卖场、建材商店、代理商等不同的销售渠道将产品分别送到广大消费者、各企事业单位、各类型公司中。制造商采取多渠道策略，比采取单渠道策略更有竞争力。

3. 渠道广度

渠道广度是渠道宽度的一种扩展和延伸，是指厂商选择经销某种产品的渠道数目，主要有单渠道和多渠道两种类型。单渠道是指生产商仅利用一条渠道进行某种产品的分销。多渠道是指生产商利用多条不同的渠道进行某种产品的分销。

在实际中，大多数生产商采用多渠道进行分销。多渠道的优势有很多，如可以为企业扩大市场覆盖面、降低渠道成本、更好地满足客户需求、提高产品的交易量等。采用多渠道也有很多不利的方面，如在一个细分市场上，多渠道容易产生渠道冲突。当新渠道独立性很强时，合作困难，不容易控制。因此，需要根据企业目前的发展阶段、产品特性、市场范围等因素综合考量渠道广度。

4. 渠道深度

渠道深度是生产商在对自身及所在行业进行系统思考的基础上精心构造的，以自身为核心的，包括代理商、经销商和最终客户在内的深度营销价值链。渠道深度分销可以加强产品的稳定产出。

渠道深度挖掘是企业拓展渠道、挖掘市场潜力，以及做透、做精、做深的关键，是营销的目标，对从事消费品生产销售的企业来说尤为重要。例如，你可以在偏远乡镇和村庄购买到娃哈哈的矿泉水、八宝粥，却买不到可口可乐，这和地推的渠道有关系。

我国目前仍然存在地区收入差异较大的问题，市场高度复杂，企业应针对不同地区的客户，采取不同的营销策略和市场策略。针对消费水平较高的人群的产品，多在细分市场和头部城市进行布局，如奢侈品的渠道大多是品牌店；针对大众消费品，进行渠道深度挖掘和保持良好的运营是企业产品销售的重点之一。

二、竞争对手排行分析

竞争对手排行分析适合在对单个指标下若干个对象的强弱进行分析时使用。例如，在对渠道广度这个指标进行分析时，可以对竞争对手进行排行，从而看出竞争对手渠道广度情况。

Step 01：打开"竞争对手渠道广度强弱.xlsx"，在表格中提供了事先收集的10个企业的产品覆盖的城市数量，即"渠道广度-城市数"，这个数量表示企业渠道发展的规模，如图5-43所示。

> 注意：要同时考察多个变量间的相关关系，一一绘制它们之间的简单散点图十分麻烦，因此可利用散点图矩阵来同时绘制各个变量的散点图，这样可以快速发现多个变量间的主要相关性。

图5-43 "渠道广度-城市数"工作表

企业	渠道广度-城市数
对手D	328
对手A	295
本企业	291
对手I	270
对手E	235
对手G	198
对手B	172
对手H	166
对手C	154
对手F	132
平均值	224.1

Step 02：选中"企业""渠道广度-城市数"两列数据，单击"插入"选项下"图表"组右下角的箭头，在弹出的"插入图表"对话框中单击"所有图表"选项卡，选择"XY散点图"选项，如图5-44所示。

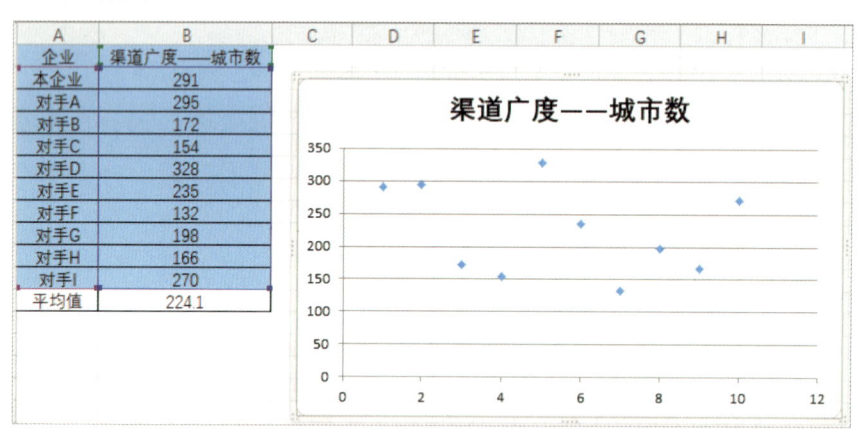

图5-44 插入"XY散点图"

Step 03：由于散点图上的点比较小，不能清晰地展示数据的分布情况，为了更清晰地展示数据之间的关系，可以选择气泡图以美化图表。选择气泡图后，制作出的气泡图气泡面积较大，如图5-45所示。可以右击气泡，在弹出的快捷菜单中选择"设置数据系列格式"选项，在"设置数据系列格式"对话框中修改气泡的面积、颜色等，如图5-46所示。最终得到便于观察的渠道广度图，如图5-47所示。

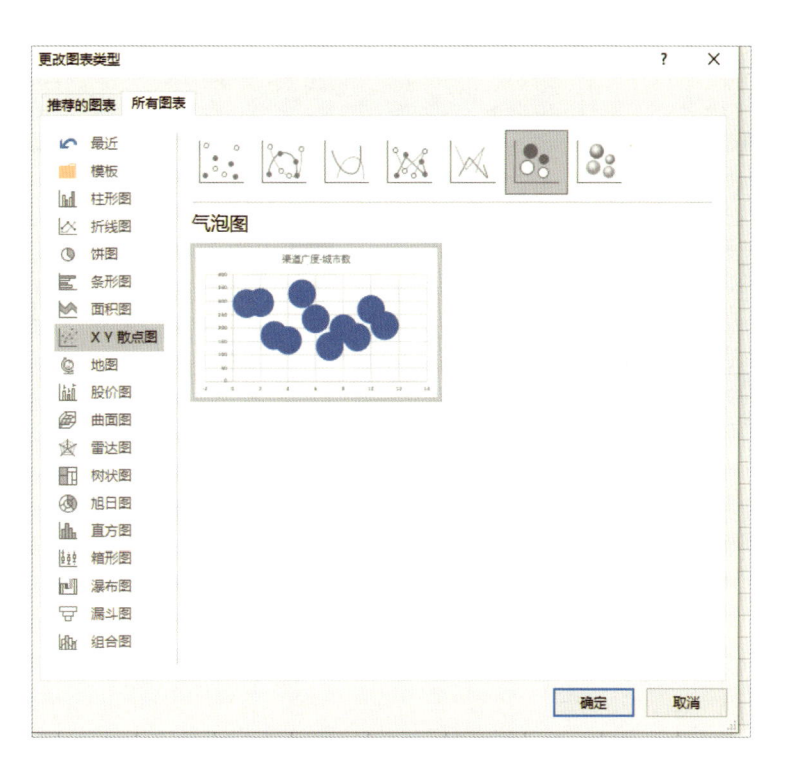

图 5-45　气泡图

从图 5-47 中可以明显地看出，在整个行业中，本企业的渠道广度处于第二梯队，与对手 D 存在一定差距，与对手 A 差距不大，同时可以看到对手 I 紧随其后。说明本企业的产品在市场上具有一定的竞争力，短期需要针对对手 A 和对手 I 制定相应的营销策略，扩大优势，减小差距，并分析对手 D 的竞争优势，制订长期市场品牌方案。

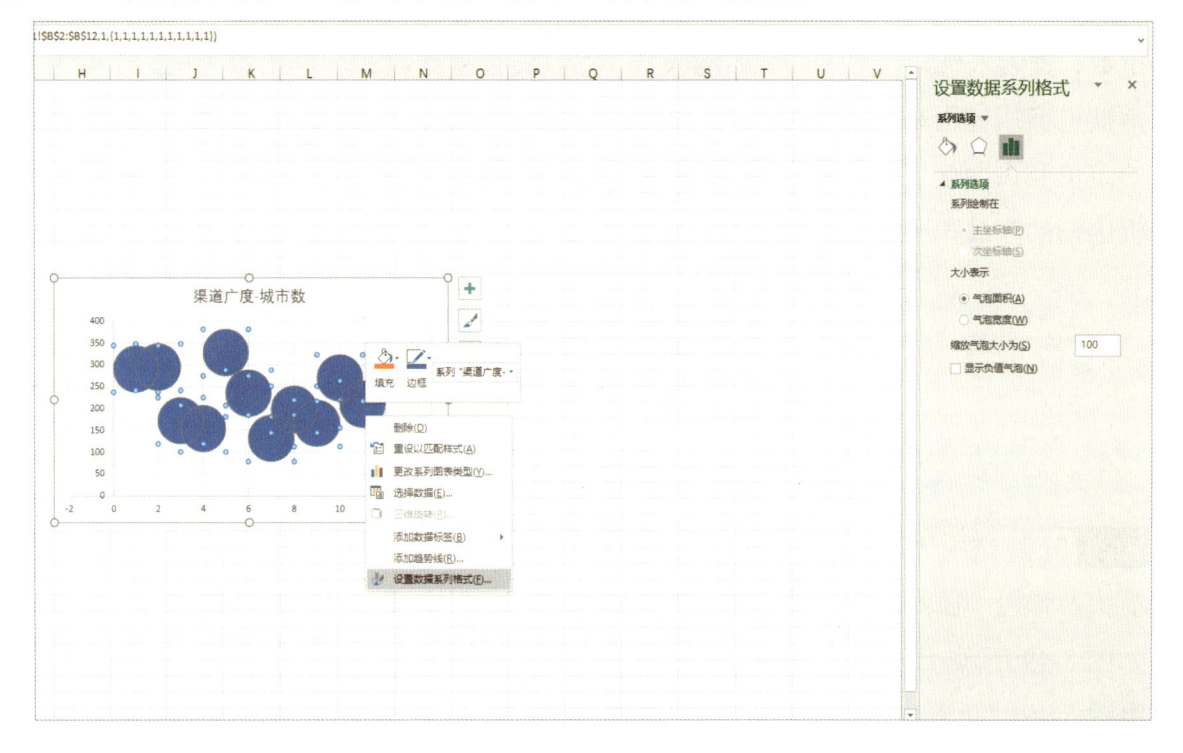

图 5-46　调整气泡图

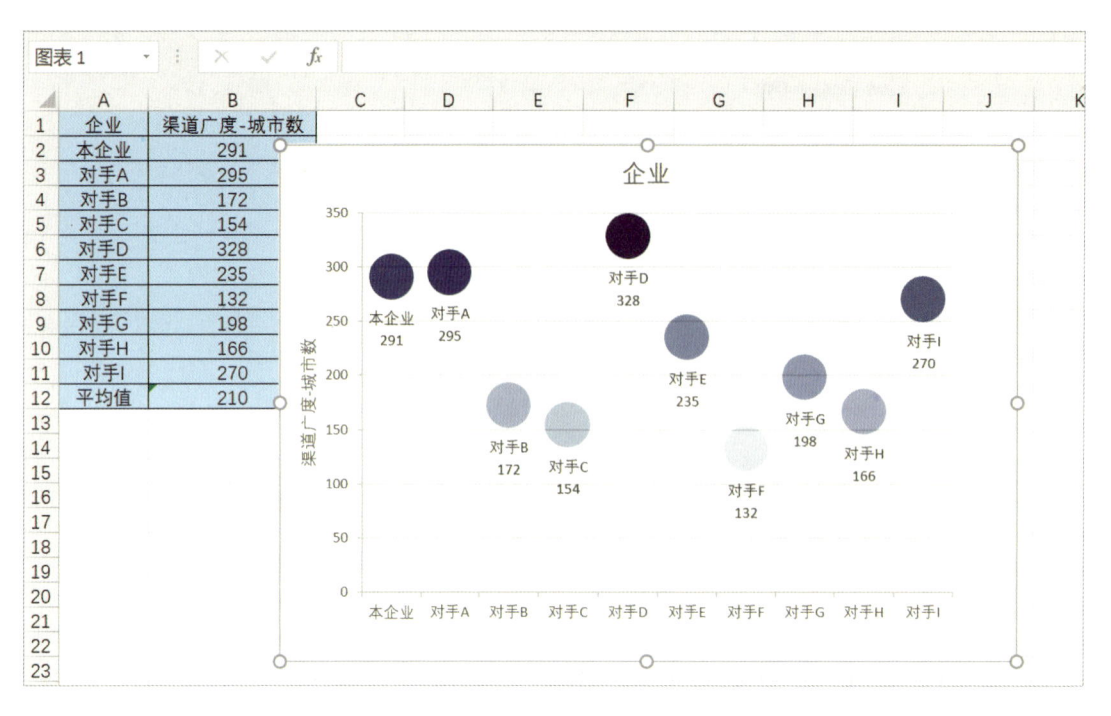

图 5-47　便于观察的渠道广度图

三、竞品数据分析

下面针对 GLT 旗舰店及其竞争对手，从流量指数、搜索人气、收藏人气、加购人气、支付转化率指数和客群指数这几方面进行分析。

Step 01：打开"竞争对手.xlsx"，在原始数据中，我们可以看到三家店铺的数据，包括流量指数、搜索人气、收藏人气、加购人气、支付转化率指数和客群指数（见图 5-48），这些指标常被电商店铺用来分析网店经营情况。通过流量指数、搜索人气、收藏人气，可以分析店铺的定位及页面是否满足客户的需求等；通过加购人气、支付转化率指数、客群指数，可以分析店铺的产品和服务是否能很好地服务客户。

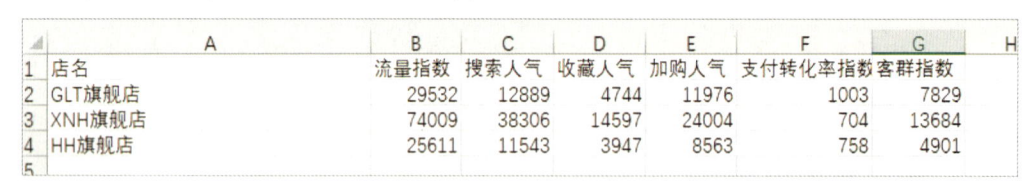

图 5-48　GLT 旗舰店及其竞争对手数据指标

Step 02：选中"店名""流量指数"两列数据，单击"插入"选项卡下"图表"组右下角的箭头，弹出"插入图表"对话框，单击"所有图表"选项卡，选择"簇状柱状图"选项，结果如图 5-49 所示。

由图 5-49 可以看出，流量最大的是 XNH 旗舰店，其流量是 GLT 旗舰店流量的两倍多，是 HH 旗舰店流量的将近三倍。流量指数低应考虑以下因素。

（1）店铺首页的主图是否突出了产品主要卖点，是否能够吸引买家。

（2）价格跟同行相比是否高了，价格不但会影响支付转化率，还会影响点击率。

（3）标题中是否有吸引客户的关键词（如厂家定制、厂家直销，以及一些打折促销类的营销性关键词等）。

店名	流量指数	搜索人气	收藏人气	加购人气	支付转化率指数	客群指数
GLT旗舰店	29532	12889	4744	11976	1003	7829
XNH旗舰店	74009	38306	14597	24004	704	13684
HH旗舰店	25611	11543	3947	8563	758	4901

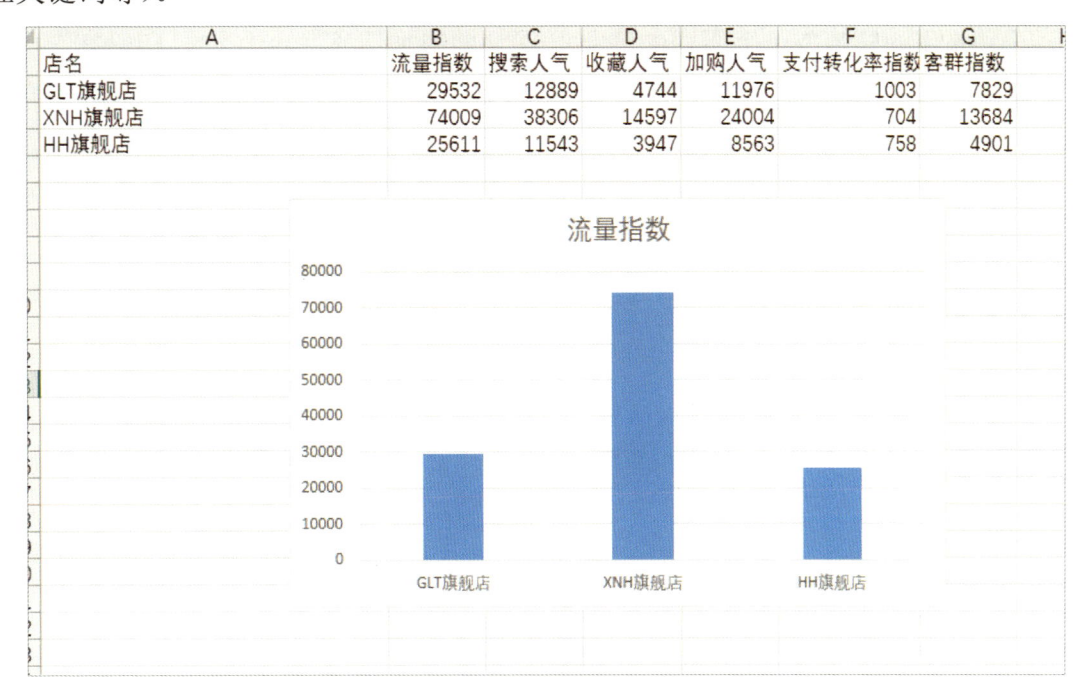

图 5-49　流量指数簇状柱形图

近 30 天成交金额的高低也会在一定程度上影响点击率，很多人都喜欢看近期销量比较高的产品。

那么如何提高店铺流量呢？一般可以从以下几个方面着手改进。

（1）做好店铺定位和商品定位。只有定位准确，商品优势才能展现出来，面向的客户群体才会精准，才能提高支付转化率，从而提升商品排名。

（2）优化主图。客户在网购时是看不到实物的，一般只能通过图片大致判定商品的信息，所以商家在优化主图的时候一定要保证主图简洁明了，突出商品特点。

（3）优化标题。标题可以说是吸引客户点击的一个基础门槛。标题要精准把握客户需求，有自己的特色和恰当的商品描述。

（4）优化商品详情页。细致全面的商品详情页能够让客户对商品有全面的了解，不仅能减轻客服的工作量，还能避免一些不必要的纠纷。

（5）优化商品关键词。切忌盲目选择热点关键词，要选择符合商品定位及优势的关键词，这样才能在获得流量的同时，精准地匹配到客户，才能在提高流量的同时提高支付转化率。

（6）主题营销。可以利用节假日进行有针对性的营销，如在临近母亲节时，文案可以换成"买的不是商品,而是对母亲的爱",用这种营销方式引起客户共情心理,提高商品购买率。

(7)低价引流。在商品分类中引入低价商品,当买家按价格进行排序时,商品排序就会比较靠前。但是采用这个方法的前提是物超所值,否则被投诉、扣分,反而会把信用做差,得不偿失。

(8)巧用赠品。与竞争对手所送的赠品区别化并附加情感功能(如打印给客户一封短信或贺卡);赠品与店铺商品有关联,可给商品带来最直接的价值感;赠品的品质需要严格把关。

Step 03:采用与 Step 02 同样的操作,选中"店名""搜索人气"两列数据,插入簇状柱形图,结果如图 5-50 所示。

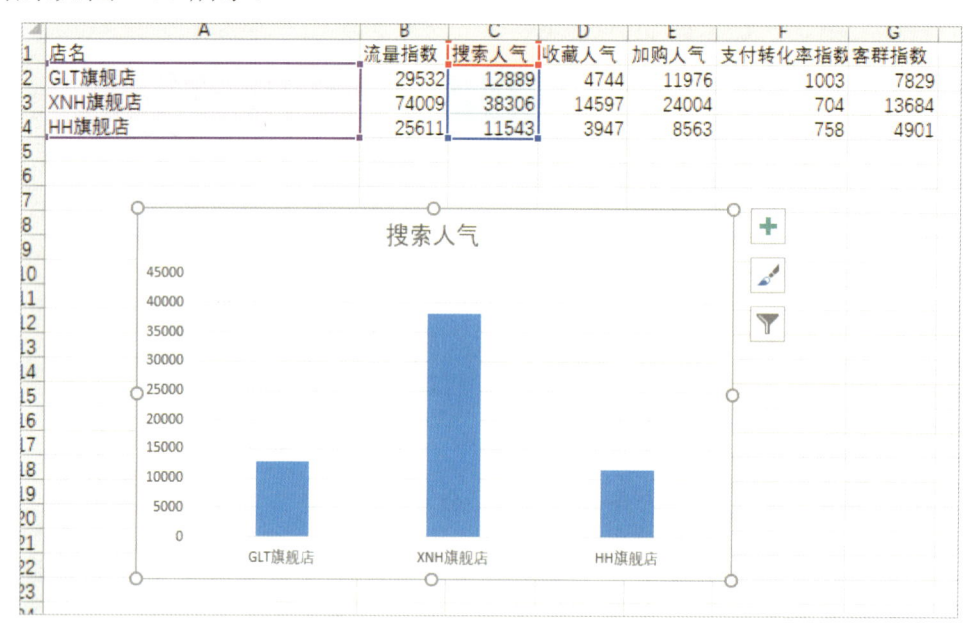

图 5-50 搜索人气簇状柱形图

由图 5-50 可以看出,搜索人气最高的是 XNH 旗舰店,其次是 GLT 旗舰店和 HH 旗舰店。

Step 04:选中"店名""收藏人气"两列数据,插入簇状柱形图,结果如图 5-51 所示。

由图 5-51 可以看出,XNH 旗舰店的收藏人气最高,其次是 GLT 旗舰店,最后是 HH 旗舰店。

Step 05:选中"店名""加购人气"两列数据,插入簇状柱形图,结果如图 5-52 所示。

由图 5-52 可以看出,HH 旗舰店的加购人气最低,GLT 旗舰店的加购人气居中,XNH 旗舰店的加购人气最高,约为 HH 旗舰店的 2.8 倍,GLT 旗舰店的 2 倍。

若加购人气相对可观,而支付转化率指数较低,则可考虑是不是因为基础销量低,客户评价少,所以加购的客户处于犹豫观望的状态。若加购人气和支付转化率指数都较低,则可从以下几方面着手改进。

(1)搜索关键词。主要看搜索结果页商品是否跟店铺商品品种相近。若搜索结果页商品与店铺商品品种差异较大，则说明关键词不够精准，客户无法通过搜索关键词进入店铺挑选商品。

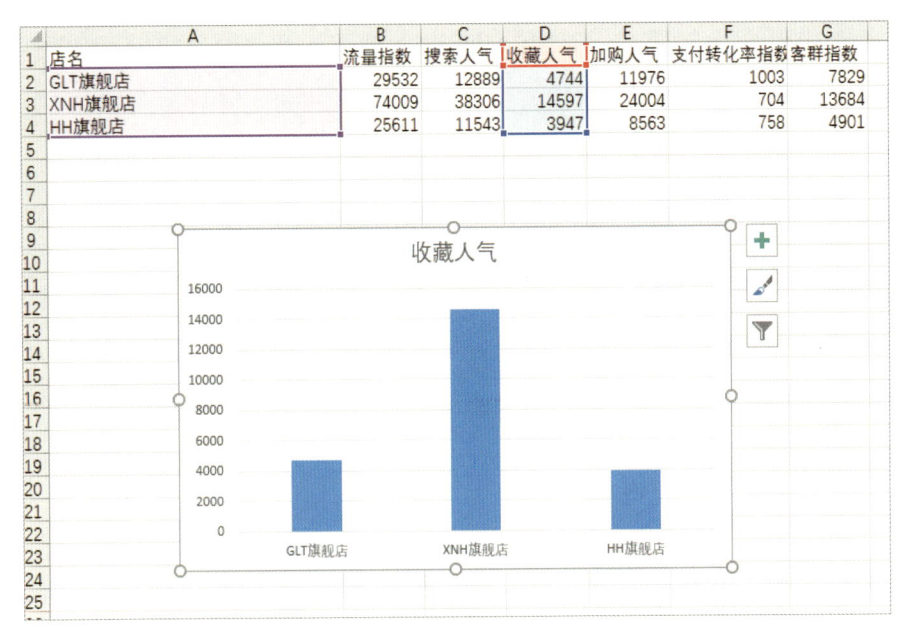

图 5-51　收藏人气簇状柱形图

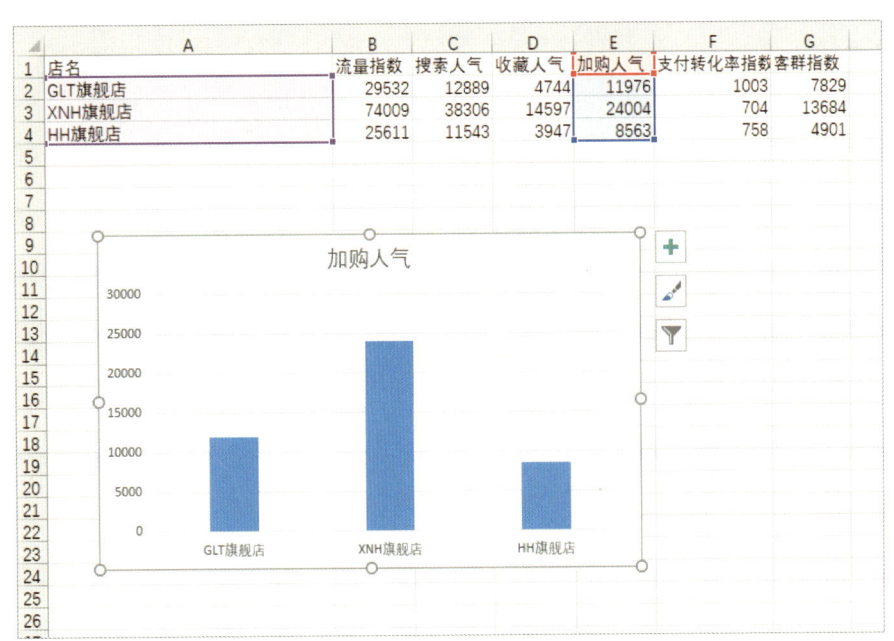

图 5-52　加购人气簇状柱形图

（2）详情页。首先了解评论区是否有明显差评，及时沟通差评处理情况；其次与热销竞品详情页进行比较，找到详情页优化的方向。

（3）同类商品价格。搜索同类商品，了解店铺商品在价格上是否有竞争优势。

Step 06：选中"店名""支付转化率指数"两列数据，插入簇状柱形图，结果如图 5-53 所示。

支付转化率是指在统计时间内，支付买家数占访客数的比例，即来访客户转化为支付买家的比例。由图 5-53 可见，三家旗舰店中支付转化率指数最高的是 GLT 旗舰店。支付转化率指数越高，说明商品定位越准确，对客户吸引力越大。影响支付转化率的因素主要有商品描述、销售目标、商品评价和客户服务。

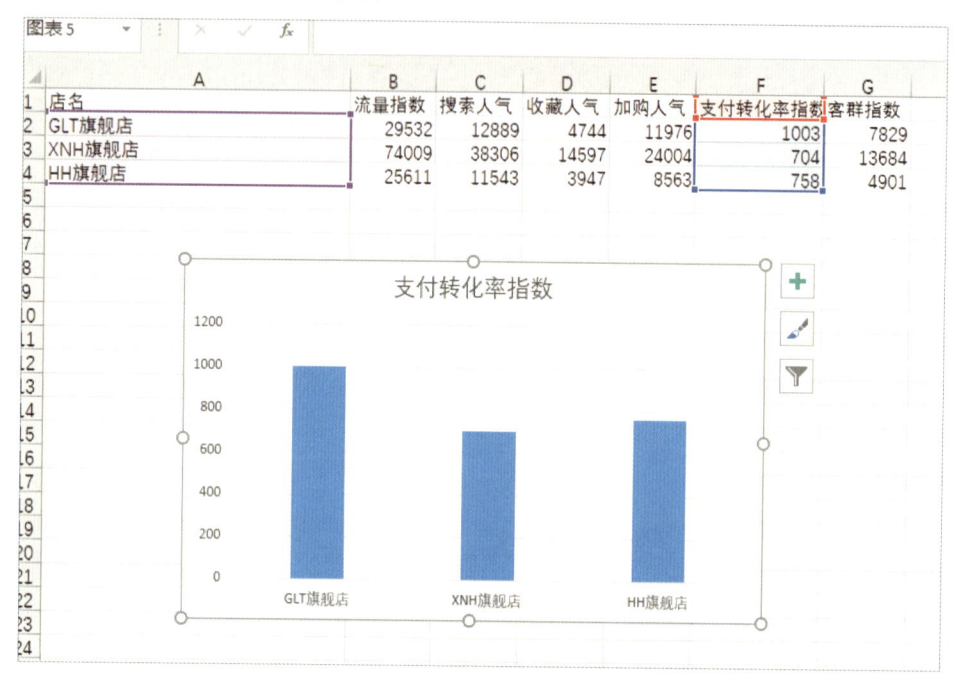

图 5-53　支付转化率指数簇状柱形图

若店铺支付转化率较低，则应考虑以下几个原因。

（1）标题与商品属性不匹配。这是导致跳失率大的重要原因，也是导致店铺支付转化率下降的原因。跳失率=商品详情页跳出访客数/商品详情页访客数。简单地说，跳失就是指访客只访问了一个页面就离开了，较高的跳失率不利于店铺支付转化率的提高。

（2）销量低。人们倾向于购买销量高的商品，以降低购物风险。从消费心理上来看，销量高的商品质量更有保障。

（3）价格因素。在同一个市场中，线上购物使消费者能够很方便地货比三家，因此同一类商品的价格优势成为消费者考虑的重要因素。

（4）同行竞争。同行竞争一直存在，在商品质量并无明显区别的前提下，竞品营销策略尤为重要。

（5）客户评价。客户评价是影响支付转化率的重要因素之一，客户经常通过好评率及评论区的具体评价来判定商品质量。商家重视评论区的反馈并及时响应，对提高店铺支付转化率有明显作用。

（6）商品主图和商品详情页。商品主图是吸引客户的首要因素，商品详情页是客户选择是否购买商品的重要依据。

（7）商品定位人群。依据商品特性，确定主要客户人群。商品的定价和营销策略，都应依据商品的客户人群来制定。

（8）周期性影响。有些商品有周期性的销售淡旺季，如羽绒服、空调等。在销售旺季时应考虑相应增加临时客服人员，在销售淡季时可通过反季清仓销售或开发适合本季节的产品来增加店铺的支付转化率。

（9）品牌影响。店铺应建立适合商品定位的品牌文化，树立相应的品牌形象，这样可以有效提升客户黏度，从而稳定支付转化率的基数。

（10）客服质量。专业的客服不仅需要熟悉店铺的商品细节，还要清楚商品上新情况和店铺促销活动，针对不同客户需求做出快速反应，并进一步进行沟通以提高支付转化率。

Step 07：选中"店名""客群指数"两列数据，插入簇状柱形图，结果如图5-54所示。

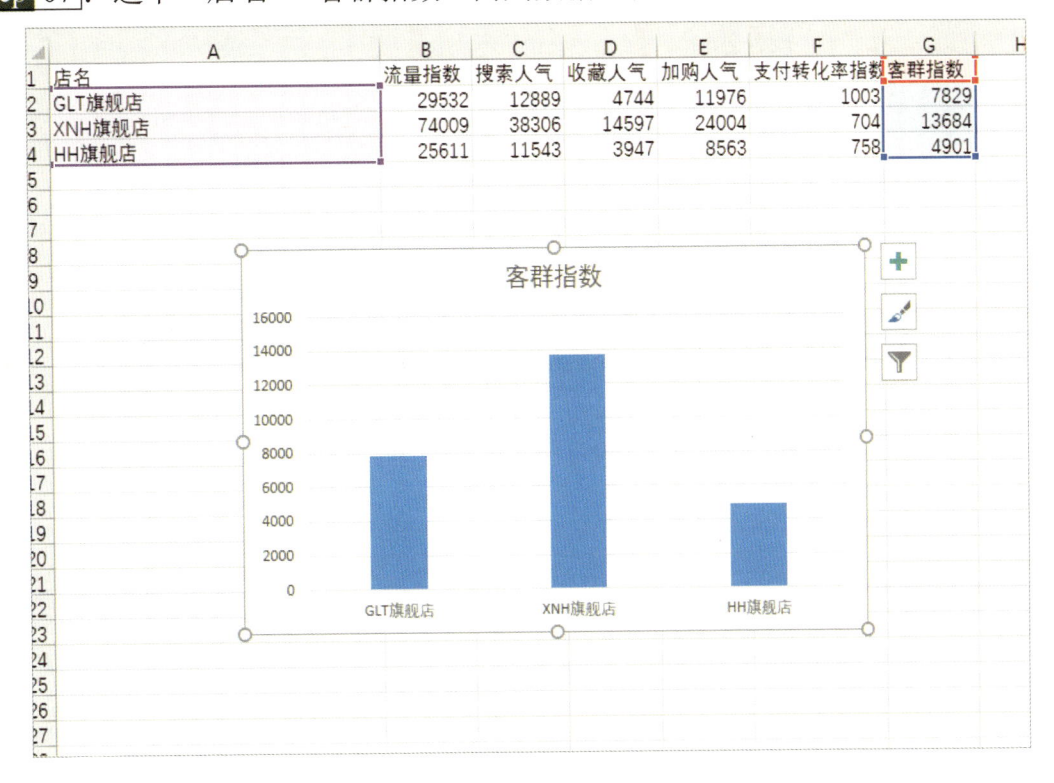

图5-54 客群指数簇状柱形图

客群指数是指在一个选定的周期内，支付成交客户数指数化后的指标。这个指标越高，代表支付客户数越多。由图5-54可见，国内品牌XNH旗舰店的客群指数最高，GLT旗舰店的客群指数大约是同为国外品牌的HH旗舰店的2倍。

Step 08：当需要将所有指标同时进行对比时，可选中全部数据，插入簇状柱形图，结果如图5-55所示。

Step 09：因为所有指标在同一个维度下衡量，"支付转化率指数"的数值太小，所以显示不太明显。这时可选中图表，单击"设计"选项卡，选择不同样式，或者选择"添加图标元素"→"数据标签"选项,将数值标记在每个柱形图上,这样可使数值的显示很清楚,结果如图 5-56 所示。

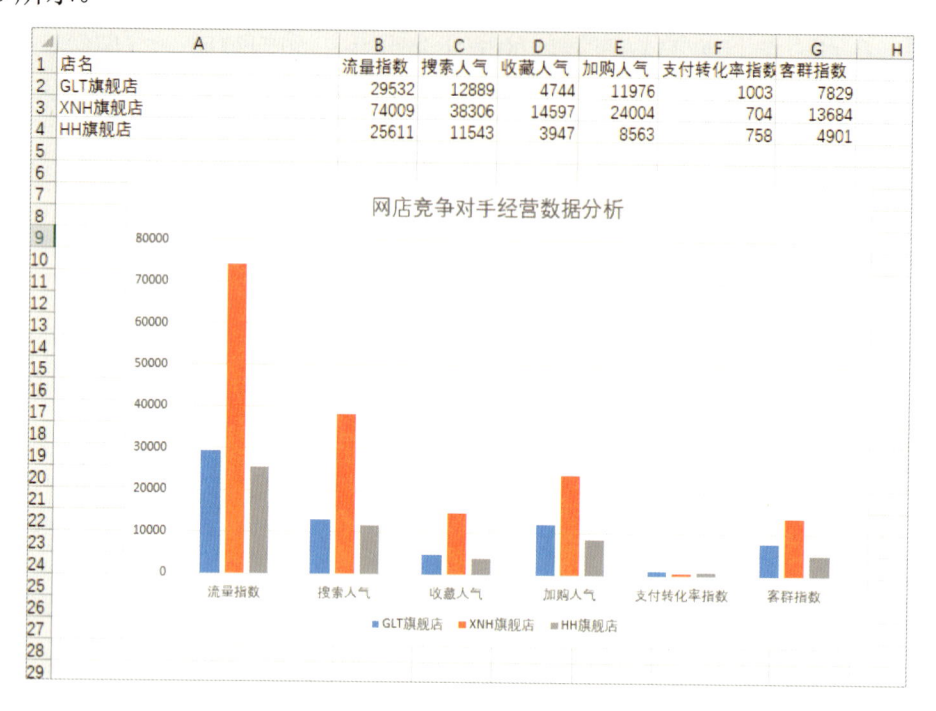

图 5-55　所有指标对比簇状柱形图

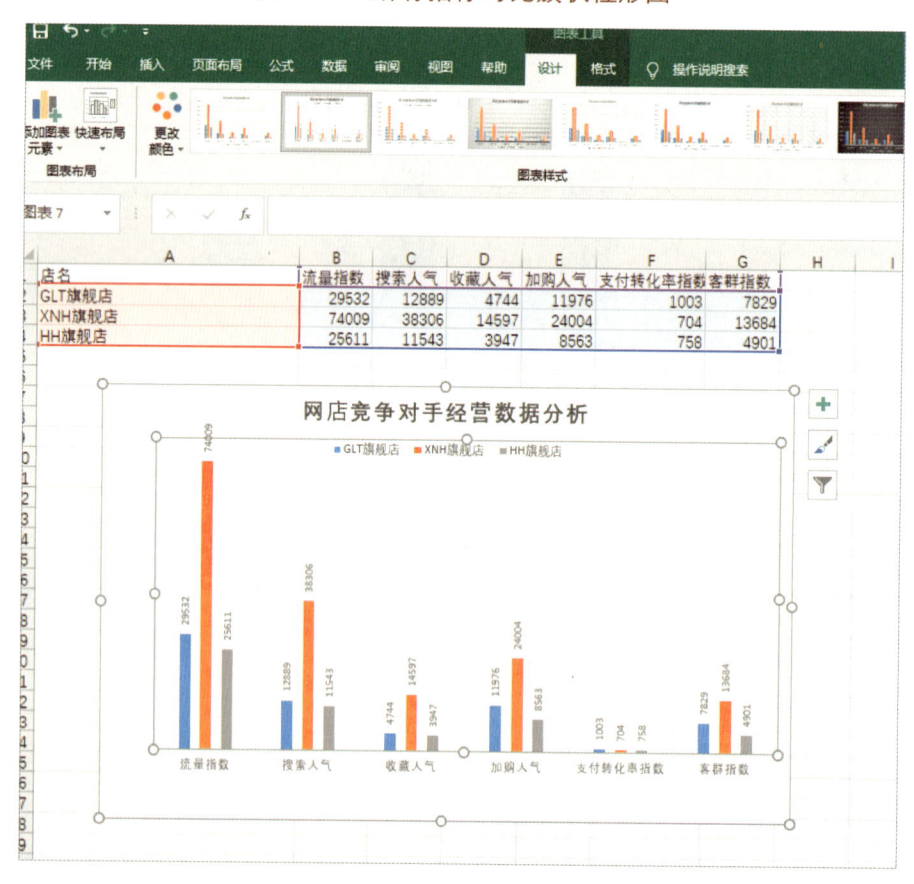

图 5-56　添加数据标签

按照以上步骤进行全面分析后，如果没有明显需要提升的地方，则要考虑商品是否符合市场需要，商品是否已经因时代更替而被更好的商品替代了，是否需要重新进行店铺定位和商品选择。

> **▶ 拓展提高**
> 扫描右侧二维码可以学到更多的拓展知识。

任务 3　供应链分析

供应链通过对信息流、物流和资金流的控制，从采购原材料开始，制作成中间产品及最终产品，最后通过销售网络把产品送到消费者手中。供应链将供应商、制造商、分销商、零售商和最终客户连成了一个整体的功能网，如图 5-57 所示。供应链不仅是一条从供应商到最终客户的物流链、信息链、资金链，还是一条价值链，物料在供应链上因加工、包装、运输等过程而增加价值，给相关企业带来收益。

信息流　资金流

供应商 → 制造商 → 分销商 → 零售商 → 最终客户

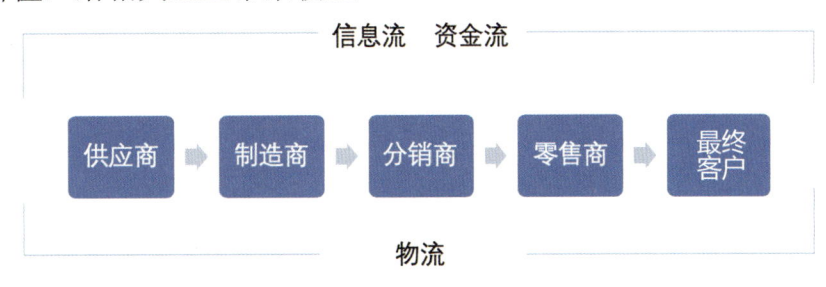

物流

图 5-57　供应链图示

一、供应链系统特征

供应链是一个系统，是由相互作用、相互依赖的若干部分结合而成的，具有特定功能的有机整体。供应链系统特征主要体现在以下五个方面。

1. 供应链的整体功能

供应链的整体功能是供应链伙伴间的功能集成，而不是简单叠加。在整个供应链上，集成所有合作伙伴的资源，不断优化和建设，以提高企业的综合竞争力。

2. 供应链系统的目的性

供应链系统有着明确的目的，即在复杂多变的竞争环境下，以最低的成本、最快的速度、最好的质量，为客户提供最好的产品和服务，通过不断提高客户的满意度来赢得市场，这一目的也是供应链上各成员企业的共同目的。

3. 供应链上合作伙伴间的密切关系

供应链上各主体之间具有竞争、合作、动态等多种性质的供需关系，这种关系是基于共同利益的合作伙伴关系。供应链系统目标实现，受益的不是一个企业，而是一个企业群体。供应链管理改变了企业的竞争方式，核心企业通过与供应链上的上下游企业之间建立战略合作伙伴关系，使每个企业发挥各自的优势，在价值增值链上达到多赢互惠的效果。因此，供应链上各成员企业具有局部利益服从整体利益的系统观念。

4. 供应链系统的环境适应性

在经济全球化迅速发展的今天，企业面对的是一个迅速变化的买方市场，客户在时间方面的要求也越来越高，不但要求企业按时交货，而且要求的交货期越来越短，这就要求企业能对不断变化的市场做出快速反应，开发出定制的个性化产品去占领市场，赢得竞争。

供应链系统具有灵活、快速响应市场的能力，通过对各节点企业业务流程的快速组合，加快对客户需求变化的反应速度，各主体通过聚集而相互作用，不断地适应环境。

5. 供应链系统的层次性

运作单元、业务流程、成员企业、供应链系统，整个运作环境构成了不同层次上的主体，每个主体都具有自己的目标、经营策略、内部结构和生存动力。

二、产品生命周期与对应的供应链策略

产品生命周期由开发期、引入期、成长期、成熟期和衰退期组成，如图 5-58 所示。

开发期 ➡ 引入期 ➡ 成长期 ➡ 成熟期 ➡ 衰退期

图 5-58 产品生命周期图

以常规制造产品为例，其五个生命周期各有特点，也有相应的供应链策略，具体如表 5-1 所示。

表 5-1 与生命周期对应的供应链策略

生命周期	特　　点	供应链策略
开发期	● 开发期，即产品的设计期，是产品制造的基础。之后产品更新改进都是在这个基础上进行的	

续表

生命周期	特　　点	供应链策略
引入期	● 无法准确地预测需求量。 ● 订单状况不是很稳定。 ● 零售商不敢储备新产品。 ● 大量促销活动。 ● 产品未被市场认可。 ● 夭折的比例比较高	● 供应商参与新产品的设计开发。 ● 在产品投入市场前制订完善的供应链支持计划。 ● 原材料小批量采购。 ● 高频率、小批量发货。 ● 保证高度的产品可得性和物流灵活性。 ● 避免缺货发生。 ● 避免生产环节和供应链末端的大量存储。 ● 安全追踪系统，及时消除安全隐患或追回问题产品。 ● 供应链各个坏节信息共享
成长期	● 市场需求稳定。 ● 营销渠道简单明确。 ● 竞争性产品开始进入市场	● 批量生产、较大批量发货、较多存货，以降低供应链成本。 ● 做出战略性的客户服务，进一步吸引客户。 ● 为客户提供高水平服务。 ● 通过供应链各方的协作提高竞争力。 ● 在管控成本的前提下，提高服务质量
成熟期	● 竞争加剧。 ● 销售增长放缓。 ● 一旦缺货，将被竞争产品替代。 ● 市场需求相对稳定，市场预测较为准确	● 建立配送中心。 ● 建立线上销售渠道。 ● 利用第三方物流企业降低供应链成本，并为客户增加价值。 ● 通过延期制造、消费点制造来改善服务。 ● 减少成品库存
衰退期	● 市场需求急剧下降。 ● 价格下降	● 对是否提供配送支持及支持力度进行评价。 ● 对供应链进行调整以适应市场变化。 ● 进行零售商数量的调整及关系调整

为了详细了解整个产品生命周期与对应的供应链策略，本任务引进传统纸媒行业的案例进行分析，以某时尚女刊杂志的生命周期为例，按照产品生命周期来分析每个阶段对应的供应链策略。

1. 开发期

开发期是产品的初创时期，首先要有一个集合的概念和各板块的初步构想，所有的更新改进都是围绕这个主题概念，在构想出来的板块中进行内容充实和创新的，前期要考虑盈利模式和可拓展的领域。该时尚女刊定位人群为 30 岁左右的女性，先通过调研数据研究这个年龄段女性感兴趣的话题、对生活品质的要求、能接受的价格定位等信息，为挑选合适的广告商、进行广告软文撰写提供支撑。

2. 引入期

引入期是确定这个产品是否适应市场和满足市场需求，是否能够进行可持续的商业运作和发展的关键时期。在引入期，市场的反应存在诸多的不确定性，这个阶段的特点是订单量不稳定，零售商不敢有太多的存货，如果没有一系列合适的供应链策略配合产品发行，则新产品在引入期夭折的可能性很高。在引入期，供应链各个环节的信息要及时共享，这样才能快速、有效地应对市场变化。二级渠道商要对市场情况做出迅速反应，给供应商预留充分的调整策略的时间。

该时尚女刊在全国发行，在产品投入市场前须制订一整套完善的供应链支持计划。考虑到市场反应，在前期进行发行时，先小批量印刷、小批量发货，再根据实际市场需求进行调整，以减少前期印刷和物流成本。

3. 成长期

经历了引入期，产品会迎来成长期，成长期产品发展的黄金时期，市场需求已较为稳定，营销渠道通路也已基本打通，虽然竞品也在陆续进入市场，但还未构成威胁。在供应链策略上，该时尚女刊开始大批量发行，抢占市场的曝光率，进一步提升品牌知名度。同时较大批量地生产和发货，会相应降低产品的供应链成本。企业在管控成本的前提下，也会提高服务质量，以保证产品在行业中的口碑和可持续发展的竞争力。

在成长期，该时尚女刊会配合当期主题，在发行城市举办相对应的落地活动，邀请客户参加；也会联系渠道商，结合客户定位人群和广告产品，随刊附赠当季小礼品；还有些已入驻企业，进行内部发行，会针对企业女员工举办有仪式感的交互式活动。这些活动在有效提高销量的同时，也会提高客户对该时尚女刊品牌的认可度和客户的黏度。

4. 成熟期

在成熟期，行业中竞品之间的竞争加剧，在进行商品数据分析时应加强对竞品销售情况的分析，商品的销售市场需求相对稳定，市场预测较为准确。

在成熟期，该时尚女刊的发行量除活动促销期之外，已不会有太大的变化。在此阶段，在供应链策略上主要考虑两点：一是如何进一步减少库存。可通过发行量的预测、发行城市的促销活动、免费提供活动的期刊等方式减少库存，盘活资金。二是建立线上销售渠道。传统行业应结合市场发展趋势，在产品的销售思路和展现形式上做必要的变通。该时尚女刊为了增加营收，打通线上销售渠道，在 M 平台上开设品牌店铺，根据当期主题做宣传预售，再按照已有的预售量印刷，这样做不仅增加了营收，而且使印刷量更加精确，能显著提高成本控制水平。

5. 衰退期

随着数字时代的到来，客户大规模转移到了移动端，这对传统纸媒来说是一个致命的打击，使纸媒品牌进入衰退期。

在衰退期，该时尚女刊也从此前的全国销量榜首发展到现在不得不寻求新的发展方向。在供应链策略上，首先缩减了全国的渠道，主打一、二线城市的市场，从而节约了物流成本；其次整合团队做线上销售，加大 M 平台店铺每期预售和各种订阅促销赠礼力度；最后全面进入数字转型期，编辑团队做线上内容，从卖纸质产品转向卖电子期刊产品，随着转型升级，相应的供应链发生了巨大变化。

三、供应链成本分析

随着大数据时代的到来，市场发生了巨大的变化，客户的需求由从前的被供给发展到现在的主动定制化需求，供应链系统也在经历着前所未有的更迭创新。

如今，消费者需求的高要求与多样化、市场的激烈竞争、市场和劳务竞争的全球化、可持续发展的要求、疫情防控的影响等，都成为优化供应链管理、降低企业生产经营成本要关注的重点问题。

面对严峻的考验，在激烈的市场竞争环境中，企业经营者应使企业战略与供应链系统战略协同，将企业自身资源与供应链系统资源优化整合，实现在提高服务质量的同时降低成本，在快速响应客户需求的同时给予客户更多的选择自由。传统的成本分析方法已经不能满足经营情况变化的需求，因为大多数传统的计算方法只关注企业运营时的内部成本，缺乏在进行供应链管理时对整体的把控及跨组织、跨企业的协作管理。因此，供应链成本分析应从三个层次、四个区域、五个方面通盘考虑。

1. 供应链成本分析的三个层次

（1）直接成本。

直接成本是指生产每单位产品所产生的成本，如原材料、配套资源、劳动力和机器成本等。直接成本主要由原材料和劳动力的价格决定。

（2）作业成本。

作业成本是指产品生产及交付过程中所产生的成本。作业成本主要由企业的组织结构所决定。

（3）交易成本。

交易成本是指供应商和客户进行信息沟通产生的所有成本。交易成本主要源自企业与供应链上其他合作伙伴之间的交易。

举一个具体的例子，一家智能小车制造企业要引进某品牌的智能小车，对此进行成本分析。如果购买 10 台以下智能小车，则价格为 6000 元/台。如果一次购买 10 台以上智能小车，则价格降到 5000 元/台。可以看到，采购数量的增加，获得了可观的价格折扣，这会带来直接成本的降低。但其他方面的成本也会相应增加，由于运送的物品变多了，物流成本会增加；由于该企业不需要马上用到所有智能小车，多余的智能小车需要存放在仓库中，库存持有成本会增加，同时占用了企业的流动资金，流动资金占用量大可能会影响企业的生产经营。

进行供应链成本分析须从全方位考虑，对供应链各环节所产生的成本进行分析，优化供应链的整体结构，以获得成本的有效降低。

2. 供应链成本分析的四个区域

供应链成本分析的重点在于四个区域：营销网络的形成、产品的设计研发、生产网络的构建和供应链流程的优化。

（1）营销网络的形成。

营销网络的形成与企业能提供的产品种类和服务、选择合作伙伴的条件等有关，基于这些信息形成营销网络，企业需要重点考虑的因素有产品的上市时间、客户细致化的需求、产品自身的质量把控、销售网络的整体布局，以及与合作伙伴之间的合作深度等。这时产生的成本主要集中在作业成本和交易成本上。制定产品的销售策略需要因地制宜，地区经济文化不同，人们的消费能力、习惯、风俗都会相应改变，形成适应这种变化的营销网络是将产品投放到市场中进行销售的前提。

例如，一款口味超辣的零食（以下简称 A 零食）在江南市场销量不佳，库存严重积压，很可能面临退出市场的风险，而该产品在川渝地区却火爆热销，经常销售断货，供不应求。这时就应合理进行地区间的调配，确保总体库存成本降低。过于频繁、量太大的调配会导致作业成本激增，包括物流成本、人工成本；太少量、不及时的调配又会引起客户流失成本、缺货成本和江南市场库存持有成本的上升。面对这种情况，更为合理的供应链策略是，查看 A 零食的历史销售数据，结合商品销售人员的市场预测、客户反馈情况，考虑一定的库存持有成本风险等综合因素，预计产品在各地区的销量比例。按照数据分析结果对供应链进行优化，包括是否需要快速配货、物流信息系统相应进行更新等。

（2）产品的设计研发。

产品的设计研发涉及交易成本、作业成本和部分直接成本。产品的设计研发将直接影响企业与供应链上其他合作伙伴的合作深度。一些产品需要在设计阶段就与供应商进行紧密配合，如无人机、机器人这些对零部件有较高要求的产品，在设计时，就需要与供应商确认产品的设计要求，甚至对供应商提出个性化定制产品零部件的需求，从而产生较高的交易成本，但由于与供应商建立的是长期稳固的合作伙伴关系，后期的批量生产会降低后期的作业成本和交易成本，达到把控整体成本的效果。

（3）生产网络的构建。

生产网络的构建是指制造商与各供应商（包括代加工伙伴）之间的网络布局，涉及沟通成本、信息交流成本、管理作业成本和购买组件的直接成本。

供应链上的各合作伙伴，都希望能把企业的生产基地布局到靠近大客户和重要合作伙伴的地理位置上，这样能节约物流成本和沟通成本。但在构建生产网络时，切忌从单个成本类别方面考虑片面地做出决策，以免造成总体成本不降反升的负面效果。例如，三、四线城市的劳动力成本相对较低，可以获得较低的直接成本，但是当地劳动力作业不熟练等因素会带来更高的作业成本和交易成本；虽然一、二线城市劳动力作业熟练、效率高，可以降低作业成本和交易成本，但当地劳动力成本和租金成本会导致直接成本的增加。所以在生产网络的构建上要充分考虑各方面的成本，以达到最优效果。

（4）供应链流程的优化。

供应链流程的优化可从采购流程、生产流程和价格流程三个方面进行，以降低直接成本和作业成本。进行供应链流程的优化，需要分析整个生产流程，找到适合商品销售的库存最佳点，分析供应链中的薄弱环节，优化供应链流程，降低成本。

3. 供应链成本分析的五个方面

供应链成本与产品生命周期息息相关。若产品生命周期长，则供应商选择、供应链关系构建、供应链流程设计等方面所需的交易成本较低；若产品生命周期短，则初期所需的投资成本相对较大，有些产品在市场上的销售时间甚至比开发时间还短，遇到这种情况，制造商可能会面临投资无法收回的风险，为了控制和降低风险，制造商可通过以下五个方面来降低供应链成本。

（1）企业经营者的支持。

缺乏企业经营者的支持，成本控制将很难做到。要让企业经营者了解供应链管理对企业生产运营的重要性，提高对供应链管理的重视程度。

（2）高效的信息管理系统。

高效的信息管理系统可帮助企业与供应链上的合作伙伴更好地协同工作，并能有效地挖掘更多的合作机会，如进行知识整合和技术共享等，同时还能有效管控成本、优化现有资源。

（3）跨企业、跨部门合作。

在推行供应链成本管理时，需要供应链上下游企业和本企业内部不同部门协同参与，因此实现高效的跨企业、跨部门合作可有效管控成本。

（4）采购总成本拆解。

对采购总成本进行拆解，分析各部分成本情况，找出成本高的原因，有针对性地降低成本。管控和降低采购成本，将直接影响产品的直接成本。

(5) 建立绩效考核机制。

在起关键作用的成本上,建立绩效考核机制。先确定关键因素,再确定指标完成程度,最后给出测评结果。这种考核机制有助于发现问题,能够帮助企业及时采取相应措施。

四、库存管理数据分析

库存管理数据分析是供应链分析中非常重要的环节,科学合理地进行库存管理不仅可以降低企业的库存量,还可以降低企业的综合成本,对提升企业的效益意义重大。下面通过相关案例对库存管理数据进行分析。

1. 项目背景

A 企业为了降低库存成本,同时保持快速响应市场的能力,要合理地进行库存管理。本任务通过分析 A 企业第一季度库存管理数据,为企业采购及库存管理工作提供相应的信息和决策依据。

2. 库存分析

Step 01:打开"库存管理表.xlsx"中的"第一季度库存"工作表。

Step 02:选中"月份""月平均库存余额(万元)"两列数据,单击"插入"选项卡下"图表"组中的"插入柱形图或条形图"按钮,在"二维柱形图"中选择"簇状柱形图"选项,如图 5-59 所示,结果如图 5-60 所示。

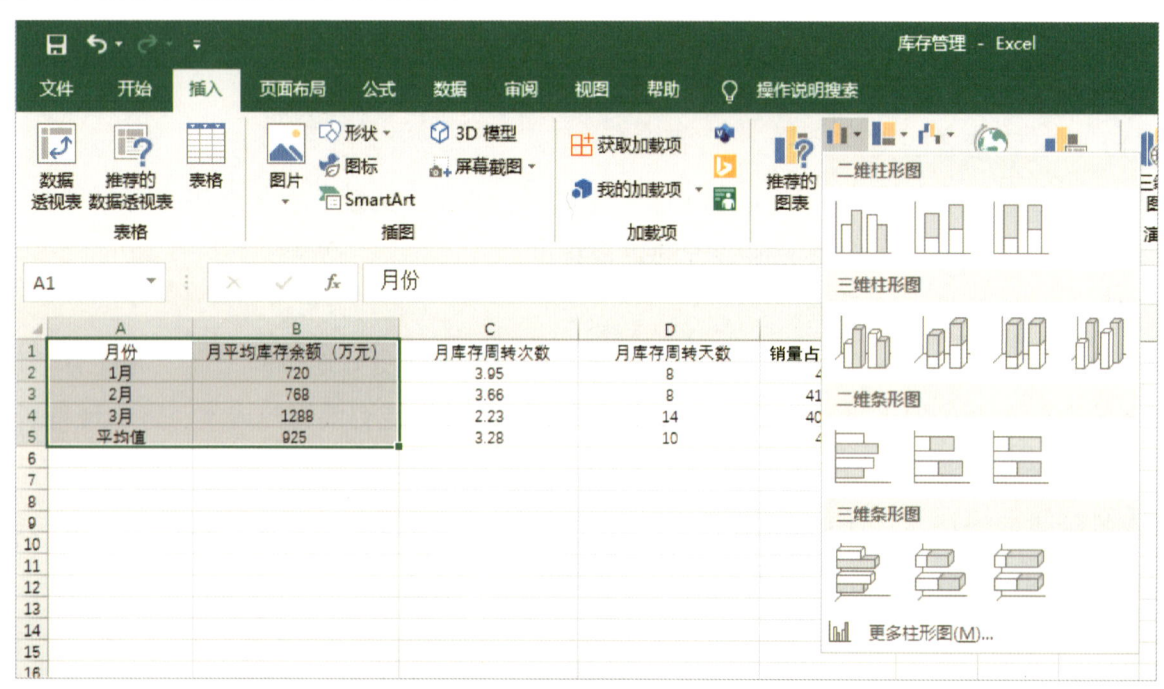

图 5-59 插入簇状柱形图

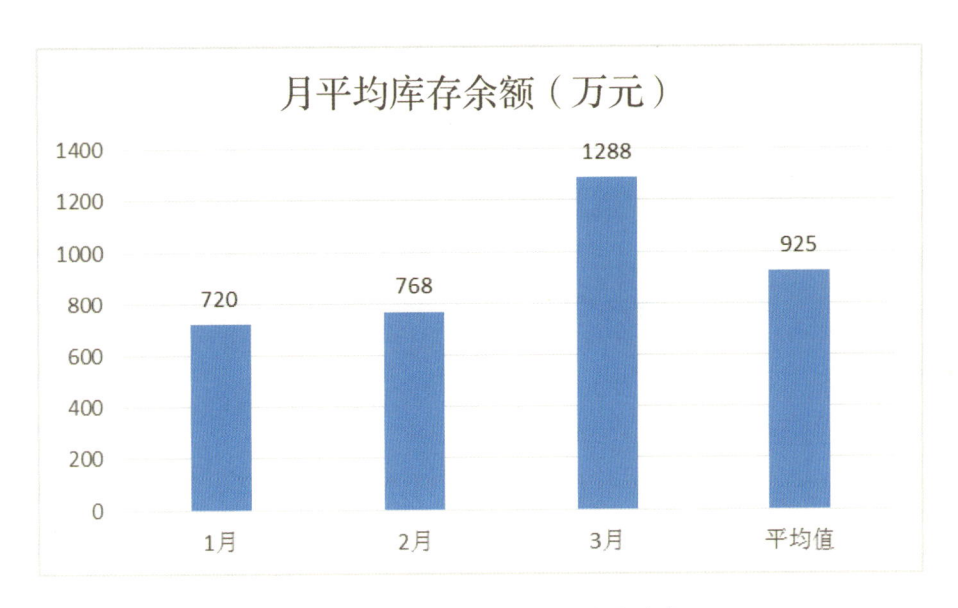

图 5-60　第一季度月平均库存余额

由图 5-60 可知，本年度第一季度月平均库存余额平均值为 925 万元，第一季度计划月平均库存金额为 1000 万元。因此，第一季度月平均库存余额达到计划目标。

Step 03：选中"月份""月库存周转次数"两列数据，插入簇状柱形图，结果如图 5-61 所示。

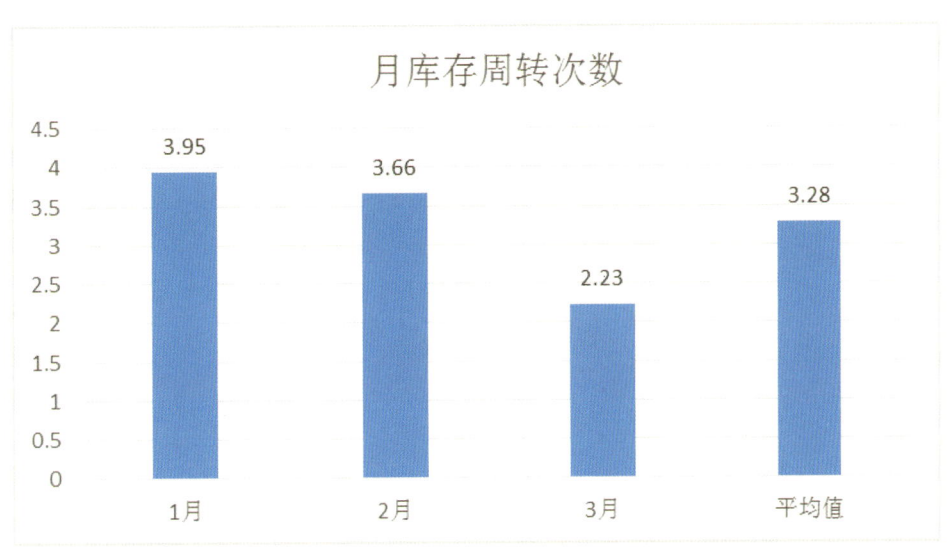

图 5-61　第一季度月库存周转次数

由图 5-61 可以看出，本年度第一季度月平均库存周转次数为 3.28，第一季度计划月平均库存周转次数为 3。因此，第一季度月库存周转次数达到计划目标。

Step 04：选中"月份""月库存周转天数"两列数据，插入簇状条形图，结果如图 5-62 所示。

Excel 商务数据分析

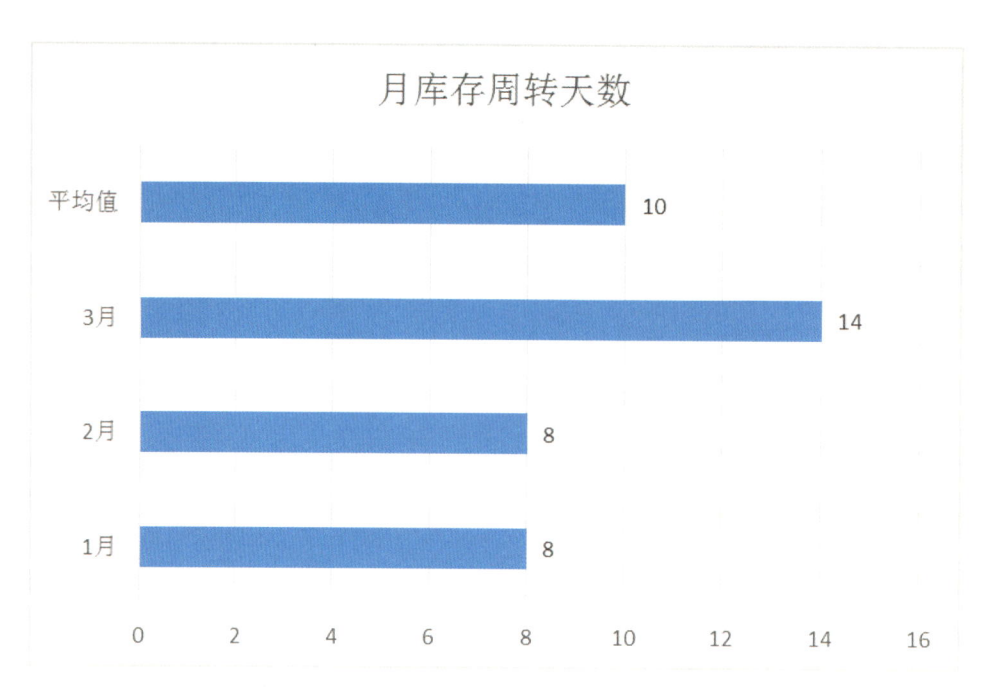

图 5-62 第一季度月库存周转天数

由图 5-62 可以看出，本年度第一季度月平均库存周转天数为 10，第一季度计划月平均库存周转天数为 10。因此，第一季度月库存周转天数达到计划目标。

Step 05：选中"月份""销量占库存比例"两列数据，插入簇状柱形图，结果如图 5-63 所示。

由图 5-63 可知，第一季度单月销量占库存比例不断下降，呈现不断向好趋势，实际销量占库存比例小于第一季度计划销量占库存比例目标 45%。因此，第一季度销量占库存比例达到计划目标。

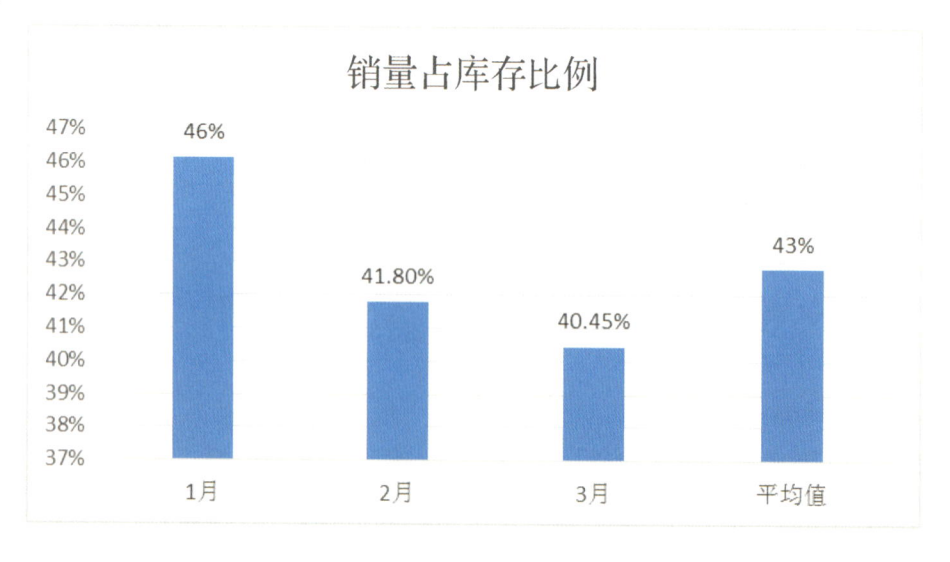

图 5-63 销量占库存比例

Step 06：在 G1 单元格中输入"月存销比率"，因为月存销比率=月平均库存余额/月销售金额，所以在 G2 单元格输入公式"=B2/F2"，按 Enter 键确认，将光标移动到 G2 单元格右下角填充柄处，双击得到月存销比率数据。

Step 07：选中"月份""月存销比率"两列数据，插入折线图，结果如图 5-64 所示。

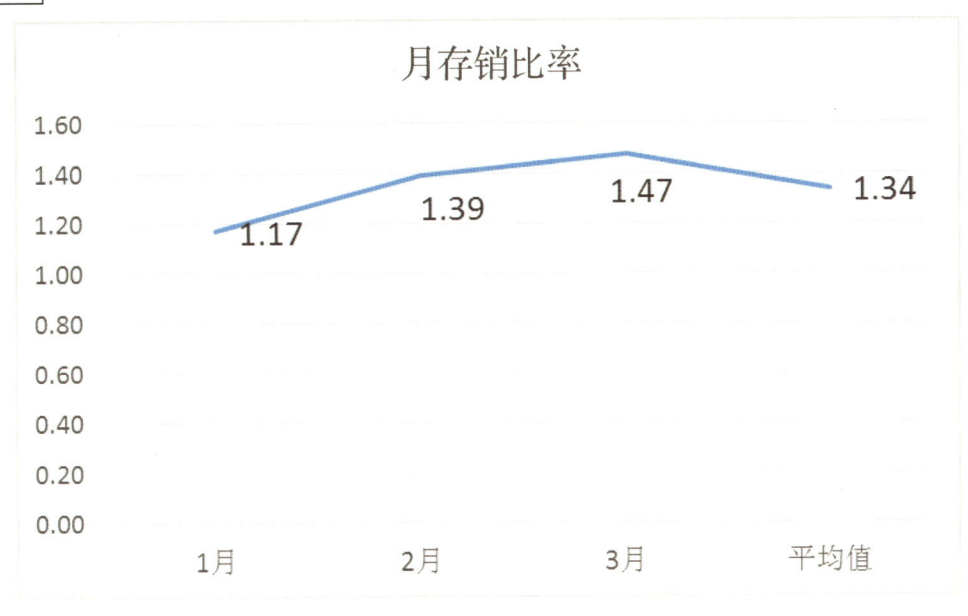

图 5-64　第一季度月存销比率

由图 5-64 可以看出，第一季度月存销比率均在目标安全库存周转率（1.1～1.5）控制范围内。

3. 分析总结

在第一季度中，月平均库存金额、月库存周转次数、月库存周转天数、销量占库存比例、月存销比率均达到计划目标。但是从单月来看，1 月和 2 月各项指标均达标，3 月的平均库存金额、库存周转次数、库存周转天数都未能达到计划目标，企业必须根据库存情况进行相应分析，找出 3 月各项数据未达标的原因，并采取相应措施，为下一季度的库存管理提供借鉴。

通过项目五的学习，我们了解到数据分析对于企业制定生产和经营策略的重要性。企业通过对后台数据进行分析，可以从已有数据中挖掘出存在的问题，总结经验教训，给出计划目标。有效运用数据分析工具，可以为企业经营者进行企业运营、行业分析、市场分析、供应链管理等提供直观的决策依据，帮助实现企业可持续健康发展。

▶ **拓展提高**

扫描右侧二维码可以学到更多的拓展知识。

实战演练

本项目以GLT奶片一个月的销售数据为依托进行渠道分析、竞争对手分析和供应链分析。下面以好孩子系列商品数据为依托,请大家进行以下数据分析。

1. 渠道分析

(1) 根据提供的销售数据,进行客户渠道偏好分析。
(2) 根据客户性别分析客户渠道偏好,并用可视化图表展示。
(3) 根据客户年龄分析客户渠道偏好,并用可视化图表展示。
(4) 根据客户所在地区分析客户渠道偏好,并用可视化图表展示。

2. 竞争对手分析

(1) 根据渠道分析竞争对手。
(2) 根据排行分析竞争对手,并用可视化图表展示。
(3) 进行竞品数据分析,并用可视化图表展示。

3. 供应链分析

(1) 根据提供的库存管理数据,进行库存管理数据分析,并用可视化图表展示。

项目评价

<table>
<tr><td colspan="6">项目实训评价表</td></tr>
<tr><td rowspan="2"></td><td colspan="2">内　容</td><td colspan="4">评定等级</td></tr>
<tr><td>学习目标</td><td>评价项目</td><td>4</td><td>3</td><td>2</td><td>1</td></tr>
<tr><td rowspan="11">职业能力</td><td rowspan="4">能合理进行渠道分析</td><td>能正确使用 LOOKUP 函数;</td><td></td><td></td><td></td><td></td></tr>
<tr><td>能正确使用 Excel 中的替换功能;</td><td></td><td></td><td></td><td></td></tr>
<tr><td>能正确使用 VLOOKUP 函数;</td><td></td><td></td><td></td><td></td></tr>
<tr><td>能按照需求,合理进行数据可视化展示</td><td></td><td></td><td></td><td></td></tr>
<tr><td rowspan="4">能合理进行竞争对手分析</td><td>能正确使用简单散点图;</td><td></td><td></td><td></td><td></td></tr>
<tr><td>能正确理解供应链的成本分析策略;</td><td></td><td></td><td></td><td></td></tr>
<tr><td>能按要求选择合适的可视化图表展示分析结果;</td><td></td><td></td><td></td><td></td></tr>
<tr><td>能对竞争对手进行简单分析</td><td></td><td></td><td></td><td></td></tr>
<tr><td rowspan="3">能合理进行供应链分析</td><td>能对产品生命周期进行分析;</td><td></td><td></td><td></td><td></td></tr>
<tr><td>能正确认识供应链成本;</td><td></td><td></td><td></td><td></td></tr>
<tr><td>能正确进行库存管理数据分析</td><td></td><td></td><td></td><td></td></tr>
</table>

续表

	内　容		评定等级			
	学　习　目　标	评　价　项　目	4	3	2	1
综合评价						

评定等级说明表	
等　级	说　明
4	能高质、高效地完成本项目学习目标的全部内容，并能解决遇到的特殊问题
3	能高质、高效地完成本项目学习目标的全部内容
2	能圆满完成本项目学习目标的全部内容，无须任何帮助和指导
1	能圆满完成本项目学习目标的全部内容，但偶尔需要帮助和指导

最终等级说明表	
等　级	说　明
优秀	80%的评价项目达到3级水平
良好	60%的评价项目达到2级水平
合格	全部评价项目都达到1级水平
不合格	有评价项目未达到1级水平

项目六 数据分析报告撰写

项目描述

数据分析报告是运用数据分析的原理和方法，通过数据可视化来直观地反映、研究和分析企业运营或产品生产、营销的现状、问题、原因，得出结论，并提出可行性建议的一种分析应用文体。

数据分析报告实质上是一种沟通与交流的形式，主要目的在于将分析结果、可行性建议及其他有价值的信息传递给决策者。通过数据分析报告，对数据进行适当的包装，决策者能快速理解和判断报告结论，并在此基础上做出具有针对性、可操作性的决策。

通过前面五个项目的学习，小 A 已经对店铺运营情况有了比较深入的了解，具备市场分析的基本能力。本项目我们继续跟着小 A 一起学习数据分析报告的架构、撰写流程和方法，并依据项目二到项目五的数据分析过程和结果，独立完成某品牌奶片数据分析报告的撰写。

学习目标

- 熟悉数据分析报告的撰写流程和写作原则。
- 了解数据分析报告的种类和常用数据分析模型。
- 了解数据分析报告的结构和注意事项。
- 掌握常用的数据分析报告架构和数据分析过程。
- 能独立撰写一份完整的数据分析报告。

任务实施

任务1 关于数据分析报告

在撰写数据分析报告时，应该考虑决策者阅读数据分析报告能够得到哪些有价值的信息和建议，而不应该过多地把精力放在如何把可视化图表做得更美观上。基于这个原则，在撰写数据分析报告时，应首先考虑以下几个问题。

(1) 撰写这份报告的初衷是什么？
(2) 报告中分析的内容是否逻辑清晰、论证严密？
(3) 报告的结论是否有参考价值？

接下来我们应带着这些问题，一起梳理撰写数据分析报告的思路和方法。

一、撰写数据分析报告的准备工作

在撰写数据分析报告之前，需要做一系列的准备工作，主要包括以下五大方面。

1. 确定目标

在撰写数据分析报告之前，应确定要为了哪些决策需求而去进行一系列的数据分析，这份数据分析报告是提供给公司高管的，还是特定部门的，还是合作伙伴的。确定数据分析报告的阅读人群，有助于我们确定数据采集的范围，明确撰写数据分析报告的方向。之后对数据分析目标进行分解，根据分解任务确定合适的数据采集指标和采集时间范围。在此基础上撰写数据分析报告，为店铺后续运营和决策提供依据。

一般来说，企业的数据分析目标有三类，分别是占据更多市场份额、增强运营综合能力和提升服务质量，如图6-1所示。

(1) 市场份额可以从行业情况、竞争对手情况和本品牌知名度三个方面来分析。

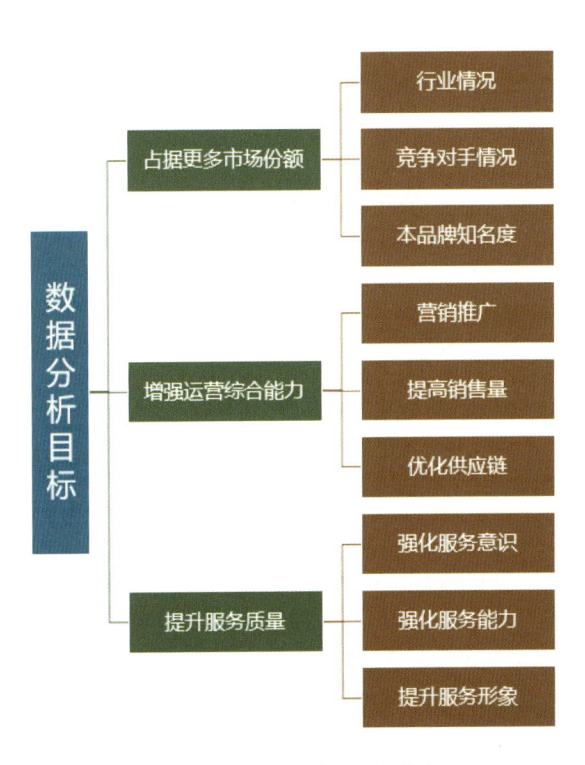

图6-1 数据分析目标分解

企业产品在市场中的排行情况，与竞争对手的差距，以及在客户群体中的认可度都会长久地影响产品的销售情况。占据更多市场份额是提高销售额的关键。例如，通过数据分析，我们可以详细地了解本品牌产品和竞品在流量指数、搜索人气、收藏人气、加购人气、支付转化率指数和客群指数等方面的差距，有针对性地推出市场策略，提高品牌的认可度和知名度。

（2）运营综合能力可以从营销推广、销售量和供应链三个方面来分析。

企业运营离不开销售环节、制作环节、服务环节等，保证每个环节的有序高效运营可以使企业产品质量稳定、渠道广、服务品质有保障。因此，增强运营综合能力是促进企业发展最重要的因素。通过对市场营销数据、销售数据和供应链数据进行分析，可以不断增强企业运营综合能力。例如，在某个季度不同时段采用不同的产品营销推广手段，通过对销售数据进行分析，可以得出在某个时间段最适合的市场策略，通过改变市场策略提高销售额。

（3）服务质量可以从企业员工的服务意识、服务能力和服务形象三个方面来分析。

服务质量体现在整个销售环节中，客户可以从售前、售中、售后的服务中感受品牌价值。客户愿意购买大品牌的原因之一就是品牌商家提供的服务能够满足客户的需求，尤其在零售业及服务性行业中更是如此。例如，通过对客户的服务评价数据进行分析，可以了解店铺在服务中的短板和不足，不断完善服务，用服务吸引和留住客户，提高客户黏性。

2. 获取数据

在确定数据采集范围的基础上，在本行业内进行数据采集。数据可分为一手数据和二手数据，一手数据也被称为原始数据，一般通过访谈、问卷、测定等方式直截了当地获得；二手数据可以是从网上获取的第三方数据，也可以是国家及地区性政策和统计数据等，二手数据可以快速获取且获取成本低。例如，销售数据属于一手数据，而通过网络收集的竞品数据属于二手数据。

数据的获取渠道多种多样，可以通过专业网站收集、下载数据，可以通过访谈获取数据，可以通过自有系统获取后台数据，也可以通过专业渠道付费购买数据。本教材竞品数据获取渠道和数据如图6-2所示。

一般在进行数据获取时，需要设定统计的时间段，如一个月、一个季度、一年等，时间段的范围取决于商品的购买频次和需要分析的内容。例如，9月份A产品的运营情况分析只需要一个月的数据统计量；9月份A产品的销售情况同比分析需要本年度9月份交易数据和上一年度9月份交易数据；9月份A产品的销售情况环比分析需要本年度9月份交易数据和本年度8月份交易数据。

下面我们根据本任务的数据分析目标，在某电商店铺后台导出GLT奶片的相关销售数据，包括商品编号、商品名称、品牌、规格码、订单数量、支付金额、客户网名、收货区域、销售时间、促销数据等，如图 6-3 所示。通过这些销售数据我们可以进行客户画像、客户价值分析、商品销售情况分析和商品市场分析。

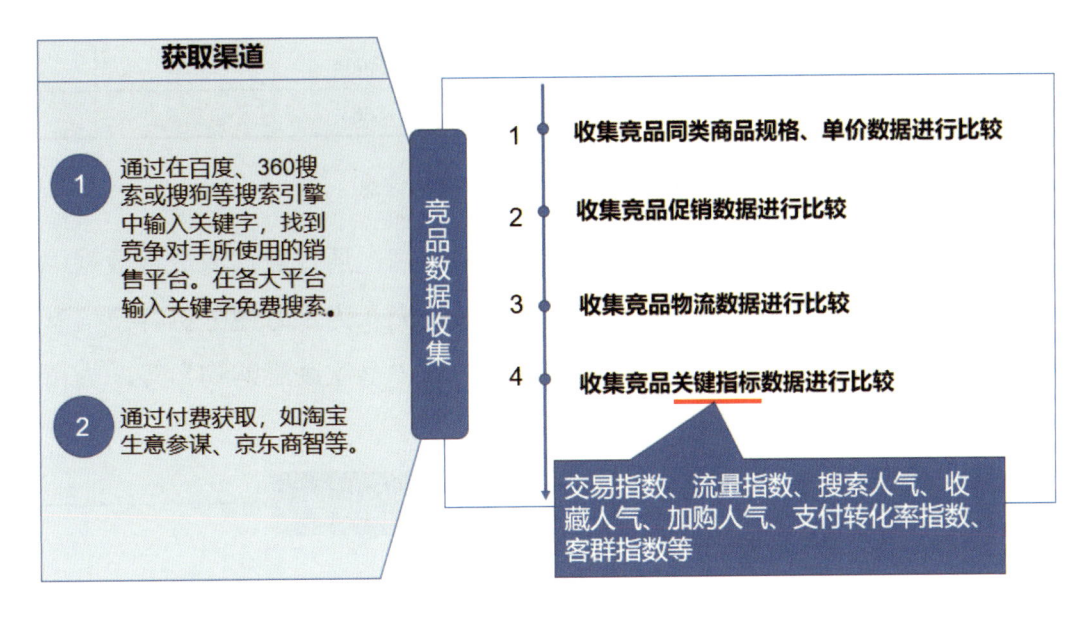

图 6-2　本教材竞品数据获取渠道和数据

图 6-3　通过店铺后台获取的销售数据

另外，可利用网络搜索引擎，如百度、谷歌、搜狗等进行关键词搜索；可通过本品牌产品的电商销售渠道，如京东、天猫、淘宝、1 号店等进行关键词搜索；也可通过团购网站、微店等其他线上渠道收集竞品数据，得到竞品的规格码和单价、各主流渠道的促销手段、物流策略、交易量、流量指数、搜索人气、收藏人气、加购人气、支付转化率指数、客群指数等数据，如图 6-4 所示。

3. 清洗数据

获取数据后，需要对数据进行预处理，将收集到的大量、散乱的数据进行处理，保证数据的一致性和有效性。数据清洗是数据分析的前提。

店名	流量指数	搜索人气	收藏人气	加购人气	支付转化率指数	客群指数
GLT 旗舰店	29532	12889	4744	11976	1003	7829
XNH 旗舰店	74009	38306	14597	24004	704	13684
HH 旗舰店	25611	11543	3947	8563	758	4901

图 6-4　获取竞品关键指标信息

在项目二中，我们学习了如何对数据进行清洗和整理，通过数据清洗将数据中多余的空格删除，将不统一和异常的数据利用函数进行整理、补充。为了方便分析客户信息，还可以根据提取的购物时段数据，添加购物时段偏好批注，如"喜欢凌晨购物"等，为精准营销提供依据。数据处理流程如图 6-5 所示。

销售数据清洗
1. 数据备份
2. 添加序号列
3. 删除多余空格
   替换空格功能
   TRIM 函数
   LTRIM 函数、RTRIM 函数
4. 统一数据（IF 函数）
   赠品数据行的订单数统一改为 0
   验证客户网名、性别、年龄的一致性
5. 数据补充
   补齐规格码
   补齐促销数据

客户信息整理
1. 提取客户信息数据
2. 收货区域数据分析
   分列功能
3. 购买时段数据提取
   MID 函数
4. 添加批注
   批量添加批注
   打印批注

图 6-5　数据处理流程

4．描述分析

数据的价值在于，利用适当的分析方法和工具针对大量、有效的数据进行统计分析，提取出有价值的信息并找出规律，形成有效结论，可以对企业未来的战略决策起到支撑作用。我们可以通过数据分析工具进行数据分析和图表可视化展示，本教材使用的工具为 Excel。

数据分析常用的方法有描述性统计分析、趋势分析、对比分析、频数分析、分组分析、平均分析、结构分析和交叉分析等。利用 Excel 的基础分析功能，如函数、数据透视表、图表等对数据进行处理，可以解决大多数数据分析问题。例如，有了商品不同渠道的销售数据，

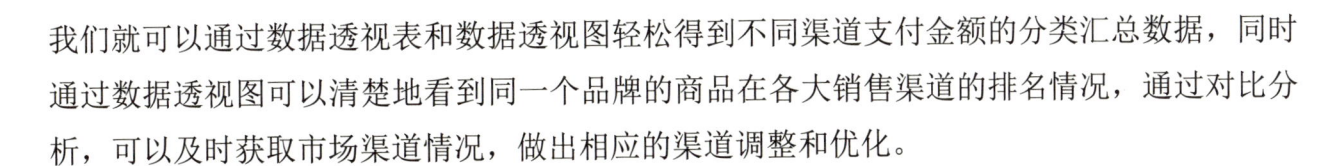

我们就可以通过数据透视表和数据透视图轻松得到不同渠道支付金额的分类汇总数据，同时通过数据透视图可以清楚地看到同一个品牌的商品在各大销售渠道的排名情况，通过对比分析，可以及时获取市场渠道情况，做出相应的渠道调整和优化。

5. 得出结论

进行简单的描述分析，为撰写数据分析报告打好基础，并初步得出有价值的结论。

二、数据分析报告的写作原则

一份完整的数据分析报告，应围绕产品或企业所处行业现状确定范围，遵循科学、严谨的数据分析原则，系统地反映产品或行业存在的问题，产生问题的原因，并给出解决问题的建议或方法。

在撰写数据分析报告时，应遵循以下四个原则。

1. 规范性

数据分析报告是一份严谨的文本，在撰写时要注意写作的规范性，主要注意以下几点。

（1）严用书面语，避免口语化。

数据分析报告应使用书面语进行撰写。除了在分析一手数据时可能会引用答卷中口语化的回答，其他地方应尽量避免进行口语化书写。

（2）名词术语应统一、规范。

数据分析报告中使用的名词术语要统一、规范，前后一致，并与业内公认的术语一致。

（3）使用文献、资料应标明出处。

数据分析报告中引用到的二手数据，应详细标明出处，写明数据来源机构全称，以及数据发布的时间。

2. 重要性

数据分析报告要体现分析的重点，在分析的各项数据中，应重点选取关键指标，进行科学、专业的分析。针对同类问题，数据分析报告应按照解决此类问题的重要性程度，由高至低分级阐述。

3. 严谨性

数据分析报告的撰写过程一定要严谨，要做到以下三个方面。

（1）基础数据必须真实、完整。

（2）分析过程必须科学、合理。

（3）分析结果要可靠，内容要实事求是。

4．创新性

要保持数据分析报告在当下的创新性，主要考虑两个方面：一是分析的是否为行业当前的新形势和新动态；二是是否有新的研究模型或分析方法，有助于数据分析报告的数据可视化和精准分析，可适时地引入这些新模型或新方法，让决策者能够更好、更准确地做出决策，制订实施方案。

三、数据分析报告的种类及基本撰写思路

由于数据分析报告的内容、时间、分析方法等不同，存在着不同形式的报告类型。常用的数据分析报告有专题分析报告、综合分析报告、日常数据通报等。

1．专题分析报告

专题分析报告是对社会经济现象的某一方面或某个问题进行专门研究的一种数据分析报告。它的主要作用是为决策者制定某项政策、解决某个问题提供决策参考和依据。专题分析报告具有以下两个特点。

（1）单一性。

专题分析报告不要求反映事物的全貌，主要针对某一方面或某个问题进行分析，如客户流失分析、客户消费能力分析、企业利润率分析等。

（2）深入性。

由于专题分析报告内容单一、重点突出，因此便于集中精力抓住主要问题进行深入分析。它不仅要求对问题进行具体描述，还要求对引起问题的原因进行分析，并且提出切实可行的解决办法，这就要求对企业生产经营有深入的了解，切忌泛泛而谈。

某公司针对铝产业的专题分析报告框架示例如下，通过该框架了解专题分析报告的基本撰写思路。

一、介绍产业：铝产业链简述

　　（一）下游铝加工行业——产能过剩

　　（二）中游氧化铝、电解铝行业——开工率不足，氧化铝供应过剩

　　（三）上游铝土矿行业——国产铝土矿资源逐步短缺，铝土矿进口量持续增长

二、详细分析重点：影响铝价的主要因素简析

　　（一）氧化铝、电解铝供需——高库存压制期价上涨空间

　　（二）电价——电价上调导致高成本，支撑铝价难言下跌

　　（三）碳排放交易——节能减排导致铝业洗牌

（四）汇率走势——强势美元挤压商品价格泡沫

三、总结和预测：铝价走势分析

2. 综合分析报告

综合分析报告是全面评价一个地区、单位、部门的业务或其他方面发展情况的一种数据分析报告，如世界人口发展报告、全国经济发展报告、某企业运营分析报告等。综合分析报告具有以下两个特点。

（1）全面性。

综合分析报告反映的对象无论是一个地区、一个单位还是一个部门，都必须以这个地区、这个单位、这个部门为分析总体，站在全局的高度，反映总体特征，做出总体评价，得出总体认识。在分析总体现象时，必须全面、综合地反映对象各个方面的情况。

（2）联系性。

综合分析报告要把互相关联的一些现象、问题综合起来进行全面、系统的分析。这种综合分析不是对所有资料的简单罗列，而是在系统地分析指标体系的基础上考察现象之间的内部联系和外部联系。这种联系的重点是比例关系和平衡关系，分析、研究它们的发展是否协调、是否适应。因此，从宏观角度反映指标之间关系的数据分析报告一般属于综合分析报告。

某年《中国可持续发展水资源战略研究综合报告》框架示例如下，通过该框架了解综合分析报告的基本撰写思路。

前言
1 我国水资源状况和面临的问题
　1.1 水资源的自然状况
　　1.1.1 水资源总量和人均水资源量
　　1.1.2 水资源的时间分布极不均衡
　　1.1.3 水资源的空间分布也极不均衡
　　1.1.4 江河高泥沙含量是我国水资源的一个突出问题
　　1.1.5 气候变化对我国水资源的影响
　1.2 50年来的成就和当前面临的问题
　　1.2.1 防洪安全仍缺乏保障
　　1.2.2 水资源的紧缺与用水的浪费并存
　　1.2.3 水土资源过度开发，造成对生态环境的破坏
　　1.2.4 水质污染迅速发展，已到极为严重的程度

> 2 以水资源的可持续利用支持我国社会经济的可持续发展
>   2.1 人与洪水协调共处的防洪减灾战略
>   2.1.1 对洪水和洪灾的认识
>   2.1.2 防洪减灾的战略转变
>   2.1.3 防洪减灾工作体系的总体目标和主要内容
>   2.2 以建设节水高效的现代灌溉农业和现代旱地农业为目标的农用水战略
>   2.2.1 16亿人口所需农产品和耕地预测
>   2.2.2 水土资源供需平衡的几点结论
>   2.2.3 节水高效农业的建设途径
>   2.3 节流优先、治污为本、多渠道开源的城市水资源可持续利用战略
>   2.3.1 节流优先
>   2.3.2 治污为本
>   2.3.3 多渠道开源
>   2.4 以源头控制为主的综合防污减灾战略
>   2.4.1 水污染已经成为不亚于洪灾、旱灾甚至更为严重的危害
>   2.4.2 从末端治理为主向源头控制为主的战略转移
>   2.4.3 加强点源、面源和内源污染的综合治理
>   2.4.4 把安全饮用水保障作为水污染防治的重点
>   2.5 保证生态环境用水的水资源配置战略
>   2.5.1 生态环境建设的内容
>   2.5.2 生态环境建设与水资源保护利用的关系
>   2.5.3 合理安排生态环境的用水
>   2.6 以需水管理为基础的水资源供需平衡战略
>   2.6.1 过去的需水量的预测偏高,造成对供水规划和供水工程在不同程度上的误导
>   2.6.2 我国用水量增长趋于平稳
> 3 结论

3. 日常数据通报

日常数据通报是以定期数据分析报表为依据,反映计划执行情况,并分析其影响和形成原因的一种数据分析报告。这种数据分析报告一般是按日、周、月、季、年等时间阶段定期进行的,所以也叫定期分析报告。

日常数据通报可以是专题性的,也可以是综合性的。这种数据分析报告的应用十分广泛,

各个企业、部门都在应用。日常数据通报具有以下三个特点。

（1）进度性。

由于日常数据通报主要反映计划的执行情况，因此必须把计划执行的进度与时间结合起来进行分析，观察比较两者是否一致，从而判断计划完成情况。为此，需要进行一些必要的计算，通过一些绝对数据和相对数据指标来突出进度。

（2）规范性。

日常数据通报是数据分析部门的例行报告，定时向决策者提供。所以这种数据分析报告就形成了比较规范的结构形式，一般包括以下几个部分。

- 反映计划执行的基本情况。
- 分析完成或未完成的原因。
- 总结计划执行中的成绩和经验。
- 找出存在的问题。
- 提出措施和建议。

这种数据分析报告的标题也比较规范，一般变化不大，有时为了保持连续性，标题只变动一下时间，如《2020年9月7日技术中心发展通报》。

（3）时效性。

日常数据通报的性质和作用决定了它是时效性最强的一种数据分析报告。只有及时提供业务发展过程中的各种信息，才能帮助决策者掌握企业经营的主动权，否则可能导致丧失良机。

以日、月为周期的日常数据通报结构较为简单，下面以某企业月度数据通报为例，介绍一下日常数据通报的基本撰写思路。

一、本月的工作任务

二、本月任务完成情况

三、存在的问题

四、未能完成任务的原因，将采用什么措施来改正（如果任务已完成则无此项）

五、下月工作目标

六、须协调的工作

七、结论和建议

四、常用数据分析模型

在解决实际商业问题的过程中，可以结合多种分析模型，从多个视角进行分析，以提供更加全面的分析结果。常用的数据分析模型可分为四种：思考模型、SWOT分析工具、营销策略模型和数据挖掘模型。

1. 思考模型

要得出解决问题的方案，首先要学会思考，掌握一些简明的思考方法与模型。思考模型主要有金字塔模型和鱼骨图两种。

（1）金字塔模型。

金字塔模型是麦肯锡经典模型，采用典型的总—分—总结构，是一种层次分明、结构化的思考和沟通模型，适用于搭建报告整体框架。

具体来说，当我们思考或表达一个事件时，可以先提炼出一个中心思想或先抛出结论，接着在该结论下用几个分论点作为支撑，每个分论点可再向下延伸出新的论点作为支撑，这样一层一层地向下延伸，直到不需要再分解和提供支撑为止。金字塔模型结构示意图如图6-6所示。

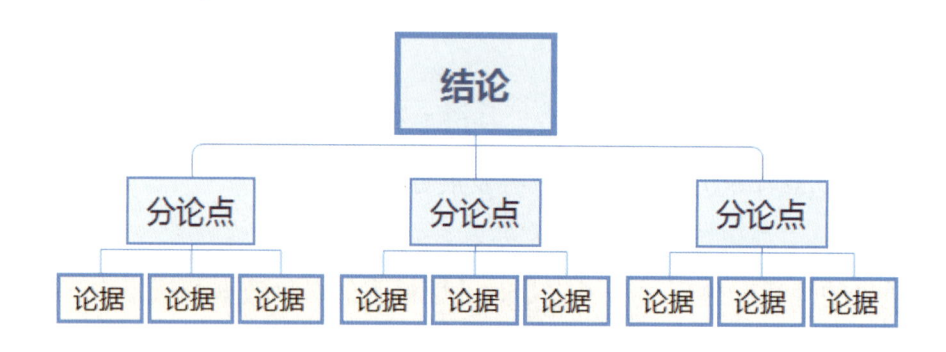

图 6-6　金字塔模型结构示意图

金字塔模型所遵循的原则是结论先行，以上统下，归类分组，逻辑递进。采用结论—分论点—论据的表达模式，在使用时不必拘泥于固定结构。例如，在写商业数据分析报告时，首先需要明确自己要写的主题是什么，在该主题下细分哪些部分进行论述，每个部分大致的构思，接着采用自上而下的金字塔结构，条理清晰地表达主题，如图6-7所示。

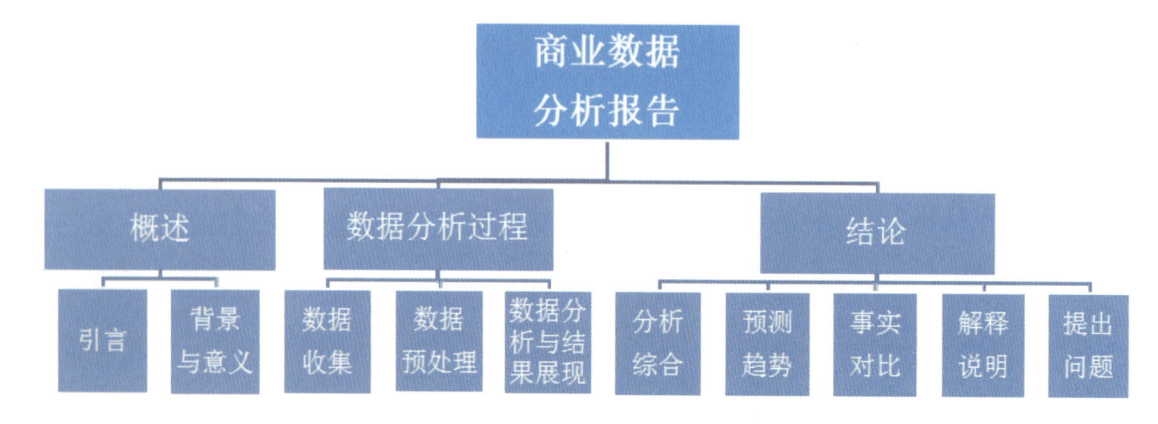

图 6-7　商业数据分析结构图示例

在 Excel 中，我们可以利用 SmartArt 功能来制作金字塔模型图，辅助表达自己的分析内容和结果。

SmartArt 是 Microsoft Office 2007 中加入的新功能，可以在 PowerPoint、Word、Excel 中创建各种图形。SmartArt 图形是信息和观点的视觉表示形式，可以根据需要从多种不同的布局中进行选择，从而快速、轻松、有效地传达信息。下面就使用 SmartArt 创建一个商业数据分析结构图。

Step 01：新建一个 Word 文档，并将其命名为"商业数据分析结构图"。单击"插入"选项卡下"插图"组中的"SmartArt"按钮，如图 6-8 所示。

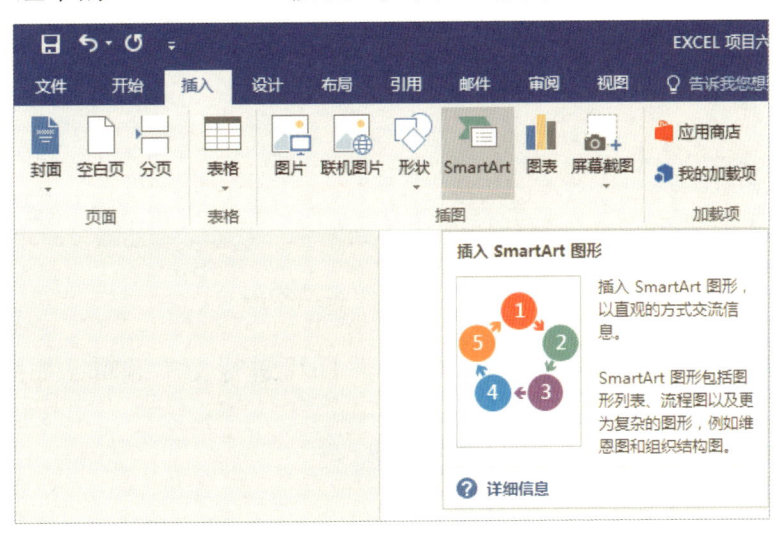

图 6-8　插入 SmartArt 图形

SmartArt 图形按照逻辑关系可分为 7 类，分别是列表、流程、循环、层次结构、关系、矩阵、棱锥图，如图 6-9 所示。

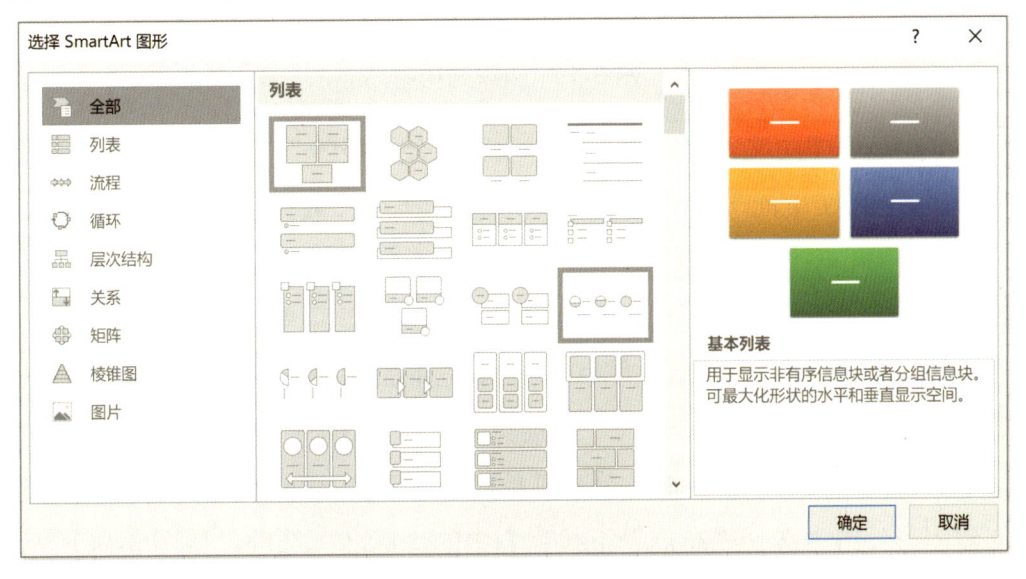

图 6-9　"选择 SmartArt 图形"对话框

Step 02：在"选择 SmartArt 图形"对话框中，选择"层次结构"选项下的"组织结构图"子选项，单击"确定"按钮，如图6-10所示。

图 6-10　选择组织结构图

Step 03：在弹出的图形区域中单击"文本"即可进行文本编辑，如图6-11所示。

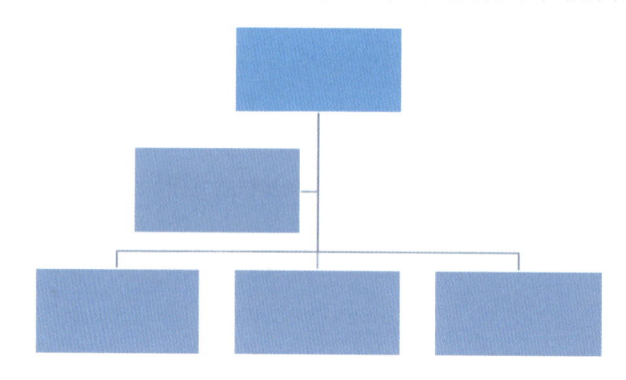

图 6-11　组织结构图

Step 04：在最上面的文本框中输入"商业数据分析报告"，选中第二行的助理文本框，按 Delete 键将其删除。在下面一行文本框中依次输入"概述""数据分析过程""结论"，如图6-12所示。

Step 05：选中"概述"文本框，右击，在弹出的快捷菜单中选择"添加形状"选项下的"在下方添加形状"子选项，则在"概述"文本框下面添加一个文本框，输入"引言"，采用同样的方法再添加一个文本框，输入"背景与意义"，如图6-13所示。

Step 06：选中"概述"文本框，单击菜单栏中"SMARTART 工具"下的"设计"选项卡，在"创建图形"组中选择"布局"下拉列表中的"标准"选项，如图6-14所示。得到标准格式的组织结构图，如图6-15所示。

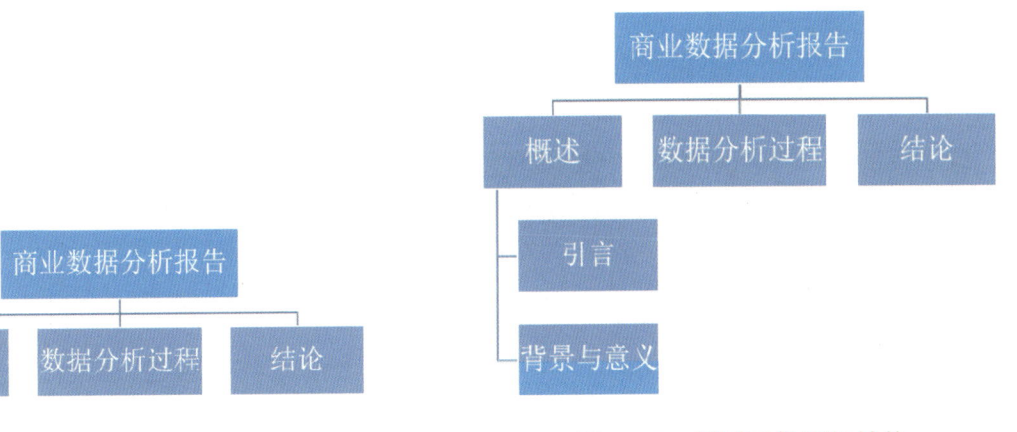

图 6-12　组织结构图文本输入

图 6-13　新建三级组织结构

Step 07：单击菜单栏中"SMARTART 工具"下的"设计"选项卡，在"SmartArt 样式"组中通过"更改颜色"可选择系统自动配色，如图 6-16 所示。单击菜单栏中"SMARTART 工具"下的"格式"选项卡，可以自定义形状填充颜色、形状轮廓颜色、形状效果等。最终效果图如图 6-17 所示。

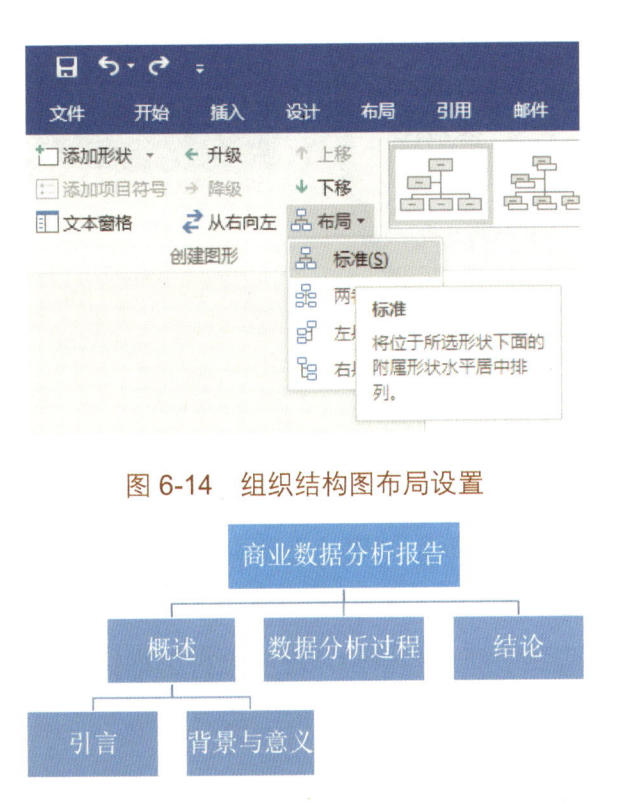

图 6-14　组织结构图布局设置

图 6-15　标准格式的组织结构图

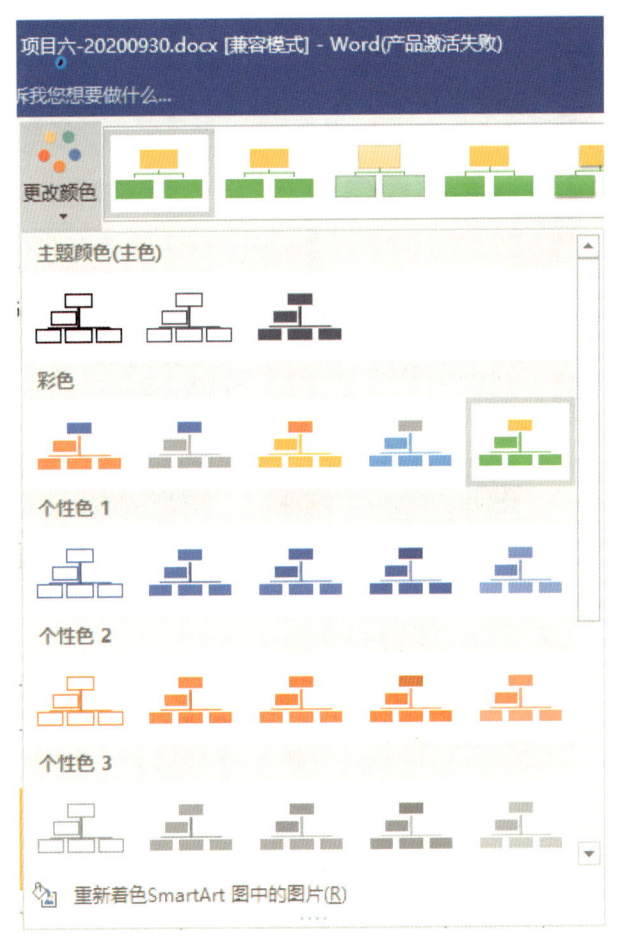

图 6-16　SmartArt 图形更改颜色

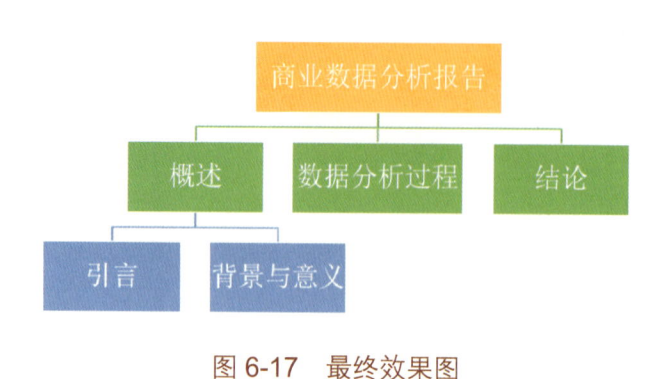

(2) 鱼骨图。

鱼骨图又叫作特性因素图，是由日本管理大师石川馨发展出来的，故又名石川图。鱼骨图是一种发现问题根本原因的分析方法，因此也被称为因果图。

鱼骨图有一根主线，可以通过头脑风暴在主线上添加各类问题、原因或对策。鱼骨图有三种类型：整理问题型鱼骨图（对问题进行结构化分析与整理）、原因型鱼骨图（目的是找出根本原因）和对策型鱼骨图（目的是找出较优的解决方案）。互联网行业整理问题型鱼骨图使用较多；线下行业，尤其是生产和零售等行业使用原因型鱼骨图和对策型鱼骨图较多。下面以商务数据分析为例，通过鱼骨图思考具体需要做哪些操作和分析，如图 6-18 所示。

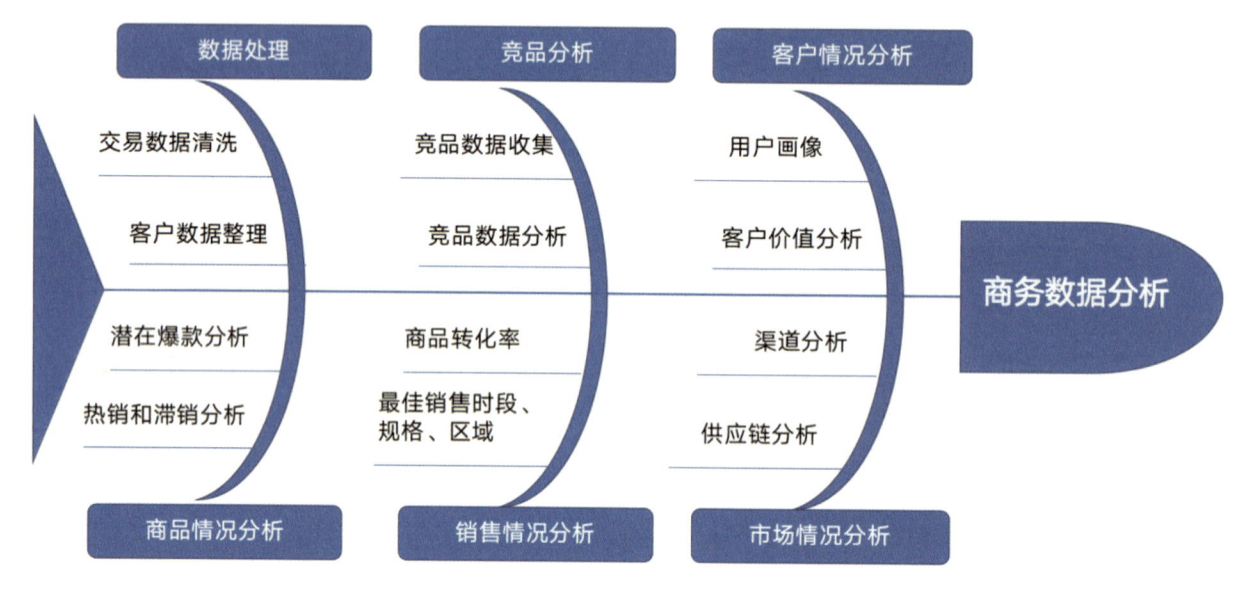

图 6-17 最终效果图

图 6-18 商务数据分析鱼骨图示例

2. SWOT 分析模型

SWOT 分析模型，即态势分析模型，经常被用于企业战略制定、竞争对手分析等场合。SWOT 分析模型包括分析企业的优势（Strengths）、劣势（Weaknesses）、机会（Opportunities）和威胁（Threats）。实际上，它是对企业内外部条件进行综合和概括，进而分析组织优势、劣势、机会与威胁的一种方法。其中，优势和劣势分析主要着眼于企业内部实力及其与竞争对手的比较，机会和威胁分析则将注意力放在外部环境的变化及对企业的影响上。

下面以奶片商品为例，用 SWOT 分析模型对目前我国奶片市场进行分析，如表 6-1 所示。

表 6-1 奶片市场 SWOT 分析模型

SWOT 要素	具 体 内 容
优势	1．直接食用。相比冷藏的牛奶需要加热，奶片可以直接食用。 2．携带方便。奶片体积小，出门携带方便。 3．保质期长。相比鲜奶，奶片的保质期较长。 4．营养丰富。奶片含有丰富的营养成分。 5．食用年龄段跨度大。儿童、成人、老人都可以食用
劣势	1．市场门槛低。需要不断推出新产品、新口味满足消费者的需求。 2．口碑效应不好。奶片市场产品品质参差不齐，导致消费者口碑效应变差
机会	1．奶片作为地方特产、休闲零食、儿童食品，消费者普遍接受度高。 2．《国民营养计划 2017—2030 年》发布以来，人们越来越重视健康。 3．消费者专业知识水平提升，注重奶片的成分和品牌
威胁	1．企业扎堆生产。 2．暂时没有国家标准，导致乱象产生

3．营销策略模型

（1）4P 模型。

4P 模型是一种营销策略制定工具，主要从品牌商的角度考虑问题。4P 指的是市场营销组合的四个基本要素，即产品（Product）、价格（Price）、渠道（Place）和促销（Promotion），如图 6-19 所示。

产品：是指企业提供给目标市场的实体货物、服务的集合。

价格/定价：是指根据不同的市场定位，制定的不同的价格策略。

渠道/分销：传统模式主要是指分销。企业并不直接面对消费者，而注重经销商的培育和销售网络的建立。在互联网环境中，线上的销售渠道更加复杂。

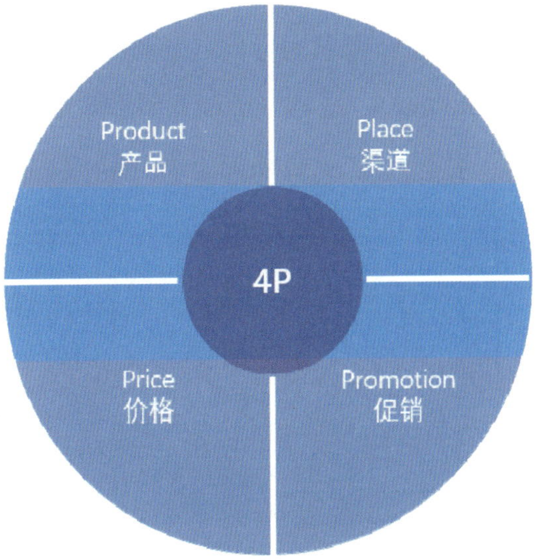

促销/推广：企业用各种信息载体（包括广告、面对面推销、公关等）与目标市场进行沟通，以短期的行为（如让利、买赠等）促进消量的增长，通过吸引其他品牌的消费者或引导提前消费来促进销量的增长。

图 6-19 4P 模型

4P 模型对数据的需求非常强烈，在产品、价格、促销等部分涉及大量消费者洞察和分析。

该模型的应用场景广泛,尤其在新产品上市或新产品推广时,常运用4P模型考虑问题,从而制定合理的营销策略。

下面以某品牌奶片为例,通过4P模型进行营销策略思考。某品牌奶片4P分析如表6-2所示。

表6-2 某品牌奶片4P分析

4P要素	分析内容
产品（Product）	奶片为全年龄段食品,目前主要消费群体为儿童和青少年,消费定位主要是特产和休闲营养零食。因此,需要保证奶片的奶含量,奶片的口味要符合儿童和青少年的要求,同时要有别于其他糖果类零食
价格（Price）	综合考虑奶片市场的基本均价、替代产品价格、互补产品价格,即考虑牛奶和奶酪等的价格,结合本奶片的成本,可以使用高端奶片、品质奶片的价格定位,不适合走低价策略
渠道（Place）	本品牌奶片的消费群体主要集中在一、二线城市等消费水平较高的城市,因此分销策略可以定为集中在主流电商平台及一、二线城市的母婴门店中进行销售
促销（Promotion）	奶片作为食品,口味很重要。因此,在开拓市场时除了要做线上的促销活动,线下推广也必不可少,可以结合主要节日在大型卖场、百货公司等场所进行推广,如在每年的儿童节、春节、国庆节等进行促销

（2）4C模型。

随着营销理论的发展,单纯从品牌商的角度考虑问题已无法达到更好的营销效果了。因此,以客户需求为导向,重新设定了市场营销组合的四个基本要素,即4C模型,包括客户（Customer）、成本（Cost）、便利（Convenience）和沟通（Communication）,如图6-20所示。

客户：企业必须先了解和研究客户,根据客户的需求来提供产品和服务。

成本：企业应了解客户为满足需求愿意付出多少钱（成本）,而不应先给产品定价。这意味着产品定价的理想情况应该是既低于客户的心理价格,又能够让企业盈利。

便利：企业在制定分销策略时,要更多地考虑方便客户,而不是方便企业,为客户提供最大的购物和使用便利。

沟通：企业应通过同客户进行积极有效的双向沟通,建立基于共同利益的新型企业及客户关系。这不再是企业单向地促销和劝导客户,而是在双方的沟通中找到能同时实现各自目标的途径。

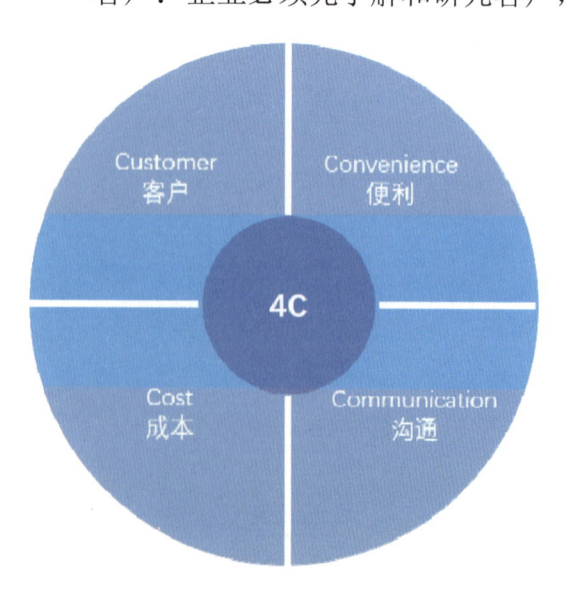

图6-20 4C模型

4C 与 4P 是互补而非替代关系。Customer，用"客户"取代"产品"，意味着要先研究客户的需求与欲望，再去生产、经营客户确定想要购买的服务和产品；Cost，用"成本"取代"价格"，了解客户愿意付出的成本，再去制定定价策略；Convenience，用"便利"取代"渠道"，意味着在制定分销策略时要尽可能让客户方便；Communication，用"沟通"取代"促销"，"沟通"是双向的，"促销"是单向的。4P 与 4C 之间的关系如表 6-3 所示。

表 6-3　4P 与 4C 之间的关系

4P 要素	4P 含义	4C 要素	4C 含义
产品（Product）	服务范围、项目、定位和服务品牌等	客户（Customer）	研究客户的需求，并提供相应的产品或服务
价格（Price）	基本价格、支付方式和佣金折扣等	成本（Cost）	考虑客户愿意付出的成本、代价
渠道（Place）	直接渠道和间接渠道	便利（Convenience）	考虑客户线上、线下的购物便利性
促销（Promotion）	广告、人员推销、营业推广和公共关系等	沟通（Communication）	积极主动与客户沟通，寻找双赢的认同感

下面以某品牌奶片为例，通过 4C 模型进行营销策略思考。某品牌奶片 4C 分析如表 6-4 所示。

表 6-4　某品牌奶片 4C 分析

4C 要素	分析内容
客户（Customer）	奶片的产品规格可以是 125 克便捷携带装，也可以是 250 克大包装，方便作为儿童常备营养零食，适合独立包装。通过数据分析可知，女性购买人数比男性多，因此在口味上应照顾儿童和女性的口味偏好，如草莓味、巧克力味、曲奇味等
成本（Cost）	奶片市场趋于规范化、品质化，消费者更愿意购买安全有保障的高质量奶片。可以考虑适当增加奶含量，减少其他成分，保证产品质量，提高品牌口碑，以获得客户喜爱，品牌提升后可以考虑适当提升价格
便利（Convenience）	奶片市场目前在母婴、休闲零食、营养食品等方面为人们所熟知，主要购买人群为宝妈。可以考虑宝妈的线上、线下消费场景，增加购买的便利性。例如，可以在店铺或货架上的奶粉、奶瓶等相关物品旁边放置，小规格的产品也可以在收银台前的货架上放置
沟通（Communication）	关注消费者购买奶片的需求，如通过数据分析可知，客户退换货的主要原因有包装破损和临近保质期，可以通过更换更有保障的物流公司及优化库存管理来改进。通过线上评价和线下调研沟通，了解消费者选择购买奶片品味及品牌的倾向。例如，可以请主流消费群体的当红明星进行产品代言

4．数据挖掘模型

在人们的日常学习和工作中，70%以上的数据分析报告使用基本的描述统计方法即可完成。但有些复杂情况需要对已有数据进行更深入的挖掘，这时需要建立数据挖掘模型。数据挖掘模型有聚类模型、分类模型、回归分析模型、时间序列模型等。由于这些模型需要比较深厚的数学和统计知识支撑，同时在小微企业并不常用，本任务中不展开分析。

六、撰写数据分析报告的注意事项

1．结论要明确、简洁、有逻辑

如果没有得出明确的结论，数据分析就失去了意义。数据分析结论不用面面俱到，突出重点即可，精简的结论更方便阅读，若因结论繁杂而导致读者阅读兴趣骤减，将直接降低数据分析报告的影响力。切忌给出猜测性的结论，分析过程与结论必须环环相扣，保证逻辑的严谨性，得出的结论要经得起推敲和验证。

2．数据分析报告应图文并茂

用图表代替大量堆砌的数据有助于人们更形象、直观地看清问题和结论。数据分析报告本身是一个很严肃的文本，但基本的美观度要保证，风格要统一。

3．分析应基于可靠的数据源

收集数据，包括规划定义数据、协调数据上报一般会占据数据分析报告准备阶段的大部分时间，让开发人员提取正确的数据，建立一个良好的数据体系平台，才能在收集到的正确数据的基础上进行分析。

4．数据分析报告不惧"不良结论"

不要害怕或回避"不良结论"，进行数据分析就是为了发现问题，并为解决问题提供决策依据，发现问题也是数据分析报告的价值所在。

5．数据分析报告切忌用词难懂

数据分析报告中不要应用太多晦涩难懂的名词，若无可避免地需要用到一些专有名词，应备注相应的名词解释。例如，在项目二中提到的客单价、商品转化率等，需要对其进行解释，以免影响人们对报告内容的理解。

在撰写数据分析报告时，前期的数据采集和资料查阅等准备工作十分重要，是一份报告内容可信的基础，也是一份报告数据支撑完备的前提条件。在撰写数据分析报告时，应围绕目标阅读客户群体的需求，在发现和解决问题的出发点上，开启一份数据分析报告的撰写工作。

> **拓展提高**
> 扫描右侧二维码可以学到更多的拓展知识。

任务2 数据分析报告架构

在任务一中，我们讲过常用的数据分析报告架构是"总—分—总"结构，第一个"总"通常是指概述，第二个"总"是指结论与解决方案，"分"是指具体的数据分析过程。本任务我们以某药网的数据为例，按照"概述—数据分析过程—结论"的架构讲解数据分析报告撰写方法。

一、概述

数据分析报告的概述部分要说明整个分析的研究背景、分析的原因、分析的意义，以及其他相关信息，如行业发展现状等内容，通常由引言和项目背景与意义两部分组成。

1. 引言

引言，也称导言、前言或序言，是写在正文前面的一段短文。引言是数据分析报告的开场白，目的是向读者说明该报告的来龙去脉，让读者预先知晓该报告的研究场景。好的引言能够吸引读者，促使读者继续阅读报告主体部分，因此它还能起到提纲挈领和引发阅读兴趣的作用。

在写引言时，通常要考虑以下几个问题。

（1）你想通过本报告说明什么问题？

（2）你的分析、发现与结论是否能解释问题并有一定的预测作用？

（3）你的分析、发现与结论是否具有现实意义与应用价值？

在明确回答了这些问题之后，引言的样式就出来了。

（1）介绍行业的现状和发展趋势。

（2）提出行业在发展过程中面临的问题。

（3）说明本数据分析报告的主题，阐述分析思路和意义。

（4）说明采用的数据分析方法，要达到何种分析目标。

同时，引言也可指明分析所采用的方法与过程，简要阐述分析思路。以某药网的数据分析报告为例，撰写引言。

（1）介绍医药电商的现状和发展趋势。

近年来，随着医药知识的普及和网络购物的盛行，消费者开始在医药电子商务（简称医药电商）平台购买药品，医药电商随之迎来高速发展期，如何针对客户做出精准的药品推荐成为药网关注的主要问题。

（2）提出在发展过程中面临的问题。

医药电商产品推荐不同于其他电商领域的产品推荐。一方面，药品受到国家政策的严格监管，药网给出的推荐受到一定限制。另一方面，药品属于敏感性消费品，客户往往不会轻易更换药品，这些原因使得医药电商产品推荐问题尚未突破传统方法的限制。

（3）说明本数据分析报告的主题，阐述分析思路和意义。

本数据分析报告聚焦医药电商领域，以某药网的药品销售为例，探讨其与医药企业合作模式背后的数据价值。凭借在互联网医疗领域的资源优势，运用客户画像、大数据、云计算等先进的互联网技术，为客户提供更便利的在线诊疗和购药体验。同时，医药电商营销团队也时常助阵外部医药企业，以客户为中心，挖掘和满足客户的需求，提高社群营销等方面的线上获客能力。

（4）说明采用的数据分析方法及要达到何种分析目标。

本数据分析报告通过研究药网某些特定品牌药品的销售情况，统计其非重复客户数、销量、销售额等信息，结合共同客户数、客户渗透率等指标，为特定品牌药品寻找关联度最高的药品品牌，从而尝试提出新的营销方案，为药品与药品之间的关联销售提供新思路，同时为实现药网与医药企业的最佳合作模式提供数据支撑。

以上就是撰写引言的模式，可根据具体要分析的对象进行适当的调整，但是整体的思路框架可以依据这个流程来撰写。同时应注意，引言最好重点突出，不要过长，要能够激发读者兴趣和点明主旨，起到开篇引领作用。

2．项目背景与意义

项目背景与意义部分一般会详细展开介绍项目的背景与意义，通常包含如下主要信息。

（1）项目产生的背景（宏观或微观环境等）。

（2）阐述所分析问题的背景概况及为什么要进行分析。

（3）通过数据分析，提出策略和建议（如企业商品营销策略等）。

要充分说明该项目的意义，可以从重要性和必要性两个方面入手，分析项目能为企业带来的好处。最好能提供一些客观数据或使用一些真实典型的案例，以便让读者清楚了解分析过程。

若要撰写一份更加专业的数据分析报告，则可使用本项目任务1中介绍的几种分析模型，

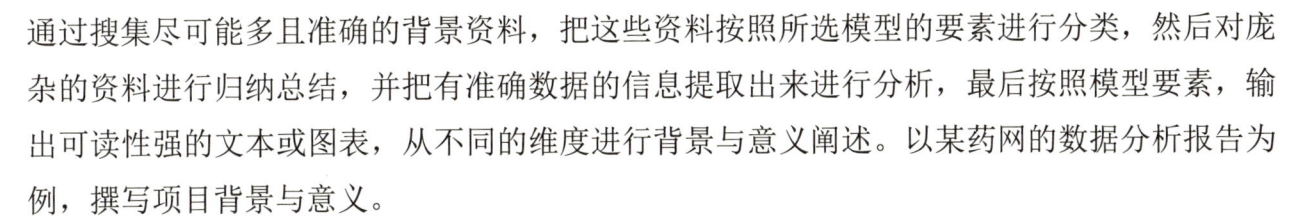

通过搜集尽可能多且准确的背景资料，把这些资料按照所选模型的要素进行分类，然后对庞杂的资料进行归纳总结，并把有准确数据的信息提取出来进行分析，最后按照模型要素，输出可读性强的文本或图表，从不同的维度进行背景与意义阐述。以某药网的数据分析报告为例，撰写项目背景与意义。

（1）项目产生的背景。

"医药电商"这一名词在2005年正式出现，2013年至今该领域真正进入成长期，得到了高速发展。医药电商之所以得到快速发展，一方面是因为"新医改"持续推进，医药经营环境发生了变化，这一情境迫使一些企业通过创新来迎接变革；另一方面是因为互联网的快速发展促使其他领域的电商逐渐积累了成熟的运营经验，这些经验自然地移植到医药领域。近年来，互联网+医疗备受学界和产业界关注，相关领域的创业热潮此起彼伏，促使医疗与医药协同发展。医药电商的发展有利于打造从B2C到O2O再到C2B的闭环竞争力，解决传统药品产业链长、研发周期长的问题，满足个人药品消费需求。

2016年9月，某药网宣布与老字号医药品牌HR药业开展深度战略合作，HR药业成为某药网"正品联盟"战略重要合作伙伴之一，双方将在大数据交互、线上营销、慢性病管理等方面共同拓展中国互联网医药信息化领域。此次合作是某药网所属的A集团构建互联网+医药健康生态圈进程中重要的一步，HR药业将依托某药网，上线HR药业品牌旗舰店。

（2）阐述所分析问题的背景概况及为什么要进行分析。

自2016年起，某药网一直致力于与品牌方合作，实现药品100%品牌直供，打造"正品联盟"，给消费者带来正品保证、安心保障。基于这一背景，我们提出了以下疑问。

某药网建立战略合作联盟的品牌商家是如何确定的？

某药网是如何在商业交流中说服品牌商家愿意与之达成联盟协议的？

这一战略联盟给企业带来了哪些价值？

本数据分析报告用数据分析的方法回答以上问题，从而挖掘数据背后的价值，为企业制定更好的经营战略决策提供坚实有力的数据支撑，同时也为其他电子商务平台的发展提供可供借鉴的崭新思路。

（3）通过数据分析，提出策略和建议。

通过对现实情况的观察，我们初步发现，一方面，某药网选择的品牌是在网站销量靠前、经营利润高的药品；另一方面，通过对消费者购买的关联商品进行分析，得出哪些品牌的商品具有一定的关联性，在与品牌商家洽谈过程中，可以凭借关联购买数据说明可能为对方创造的商业价值。本数据分析报告结合某药网2016年1月至6月的销售数据，通过数据分析方法进行TOP品类及关联商品分析。

二、数据分析过程

1. 数据收集

本任务的数据主要为二手数据，来源于某药网自有平台的后台数据。在撰写数据分析报告时可按以下格式进行数据收集的阐述。

本数据分析报告所使用的数据属于二手数据，是从某药网的数据库中提取的2019年1月至6月的销售数据，即客户购买记录数据，包括客户id、商品id、商品名称、品牌、一级类目、二级类目、三级类目、销量、销售额等字段。

2. 数据预处理

数据预处理主要包括数据清理、数据集成、数据变换、数据规约。在数据分析过程中，海量的原始数据中存在着大量复杂、重复、不完整的数据，严重影响到数据分析效果与效率，因此必须先对收集到的原始数据进行预处理，以提高数据质量。

数据清理是指要去除原始数据中的噪声数据和无关数据，处理遗漏数据和清洗脏数据，补充空缺值等。例如，针对残缺数据，通常可以直接去掉，或者用临近值或平均值去补全。

数据集成是指将来自多个数据库、命名不同但内涵相同或能够建立关联的数据进行匹配集成，同时删除冗余数据，保证属性的一致性与记录的唯一性。

数据变换和数据规约的概念较为抽象，读者需要在具体实践中，针对不同案例灵活运用数据预处理方法。在实际预处理过程中，这四种方法不一定都用得到，而且它们的使用也没有先后顺序，某种预处理可能要先后多次进行。在进入具体的数据分析步骤之前，应该在数据分析报告中对数据预处理的过程进行描述，以便让读者清楚地知晓后续数据是如何转换过渡到使用阶段的。某药网对采集到数据进行预处理的方式描述如下。

在原始数据集中，包含一些"赠品"数据，如"中西药赠品""维钙赠品""营保赠品""参茸赠品"等，这些赠品属于非客户购买商品，且在商家做活动时大量赠送给客户，为了避免这部分商品对TOP品类及关联商品分析的影响，在数据预处理阶段首先剔除这部分"赠品"数据。原始数据集包含近900000条数据，在剔除"赠品"数据后，数据集包含804685条客户购买记录。在此基础上，需要进一步提取出购买某药品（本报告要分析的药品）的客户的所有购买数据（简称HR数据集），删除客户id为空（NULL）的数据，最终得到283982条购买记录，作为TOP品类及关联商品分析的数据集。该数据集的不足之处在于销售额一列有较多空值，但本报告的分析重点不在销售额，故暂且忽略这一不足，后续统计分析过程主要使用客户数与销量作为基础统计字段。

将预处理后的数据集附在数据分析报告后作为附录。具体操作步骤（操作步骤不放入最终数据分析报告中）如下。

<u>Step 01</u>：打开数据集文件，单击"开始"选项卡，选择"排序与筛选"选项，在"品牌"列的筛选框中输入"HR"，单击"确定"按钮后，出现所有与"HR"药品相关的购买数据，如图 6-21 所示。

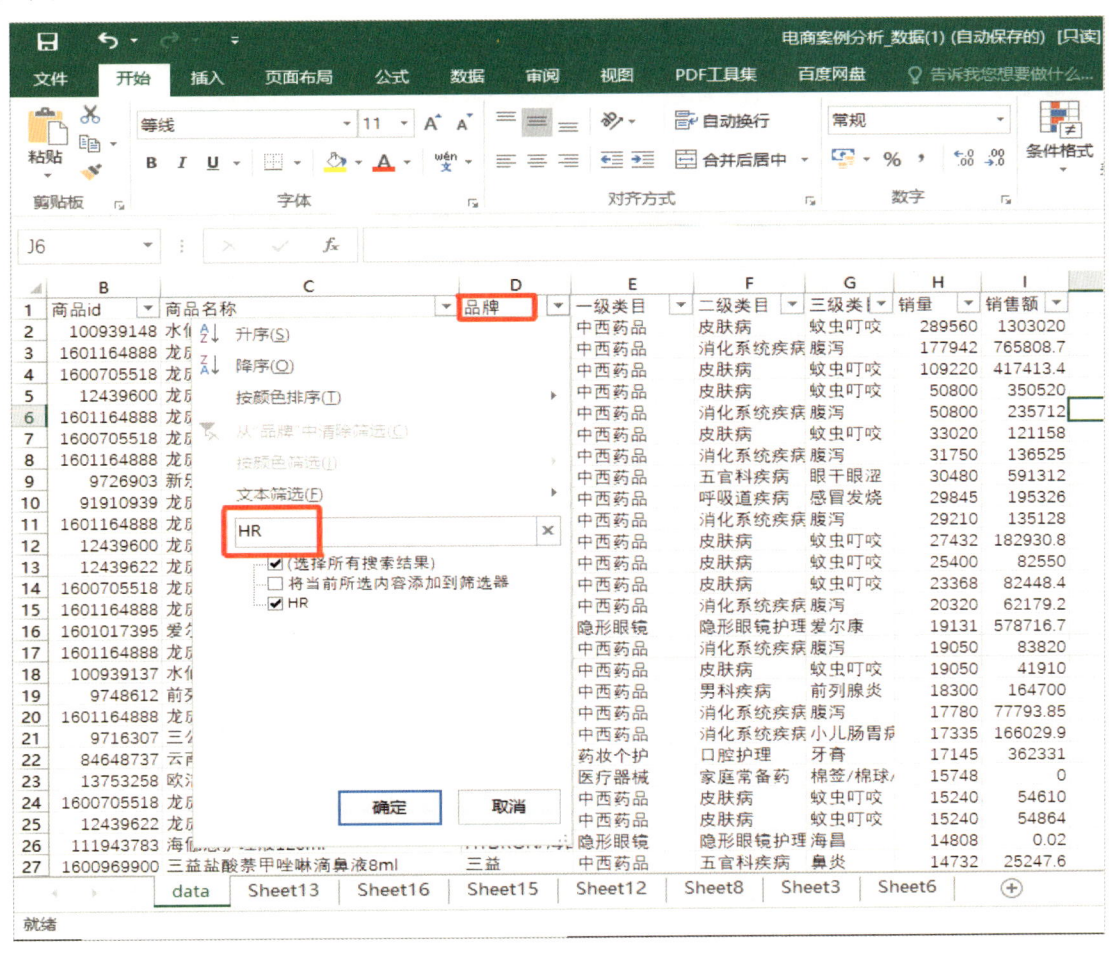

图 6-21　HR 药品购买数据

<u>Step 02</u>：复制"客户 id"列数据到一个新工作表中，单击"数据"选项卡，选择"删除重复值"选项，在弹出的对话框中勾选"客户 id"复选框，单击"确定"按钮，自动删除所有重复值，只保留非重复客户 id，如图 6-22 所示。

<u>Step 03</u>：在原始数据集中，取消筛选"品牌名称=HR"，回到所有数据。在"销售额"列右侧新增一列"是否 HR 客户"，使用 VLOOKUP 函数在刚刚提取的 HR 品牌非重复客户 id 中进行匹配，输入"=VLOOKUP(A2,huiren_user!A:A,1,0)"，如图 6-23 所示。

<u>Step 04</u>：单击"开始"选项卡，选择"排序与筛选"选项，在"是否 HR 客户"列取消筛选#N/A 或 NULL，将成功匹配到的购买记录筛选出来，如图 6-24 所示，将其复制到新工作表中，作为后续关联商品分析的数据集。

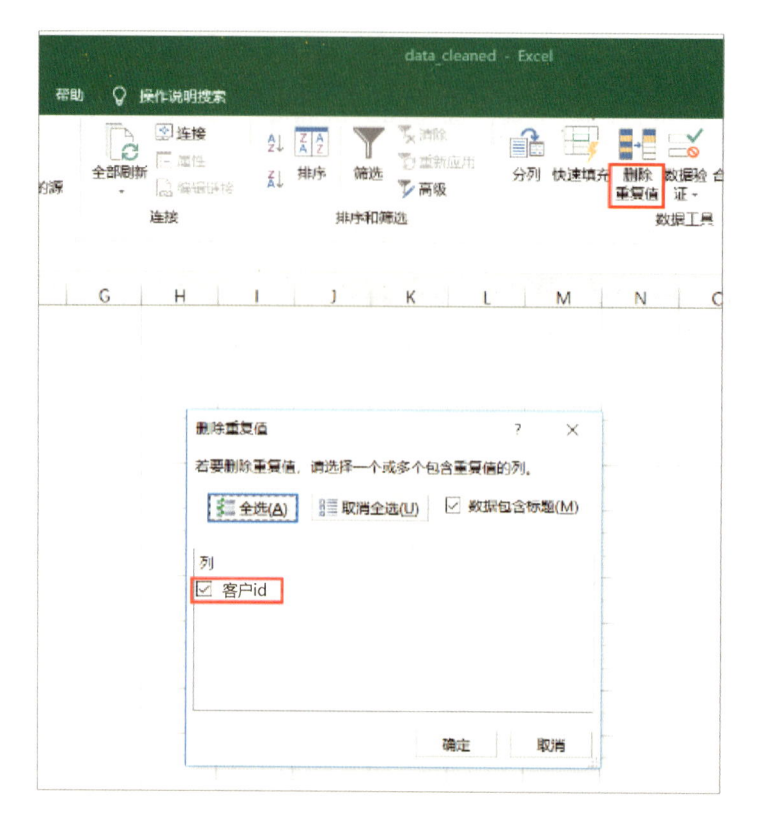

图 6-22　删除所有重复值

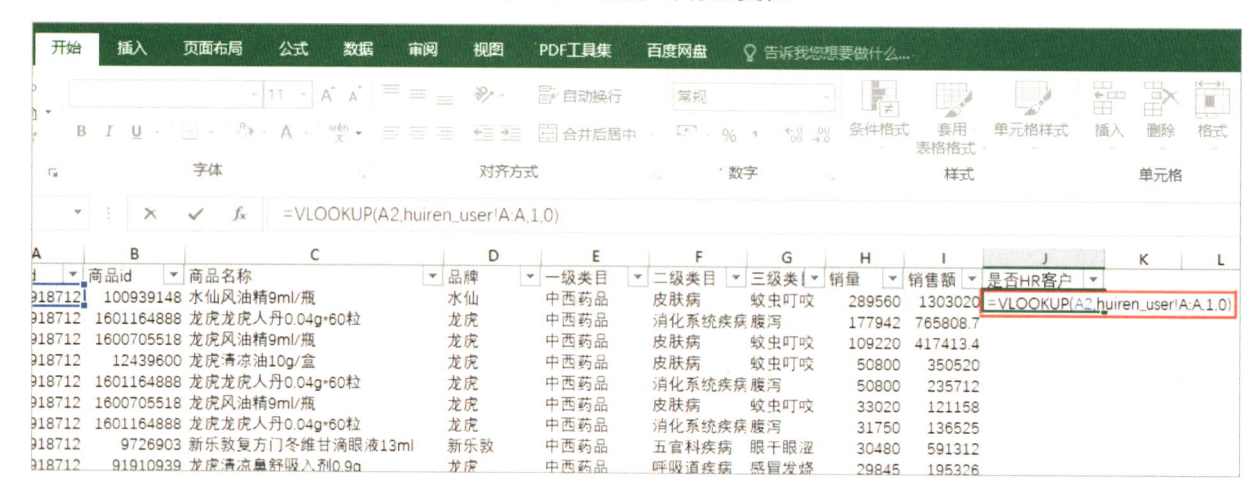

图 6-23　用 VLOOKUP 函数进行匹配

3．数据分析与结果展现

在数据分析部分，可以先通过基本统计量的计算、基本统计图形的绘制、数据取值的转换等对预处理后数据的分布特征进行统计描述。在有了 Excel 操作基础后，一些常用的数据分析方法，如绘制柱形图、折线图、散点图、饼图等都可以在 Excel 中完成。

上述提及的常用分析方法在这一部分需要结合实际数据进行实战分析。在进行分析时切忌滥用和误用统计分析方法。每种统计分析方法都有自己的特点与局限性，选择合适的统计分析方法对数据进行探索性的反复分析极为重要。

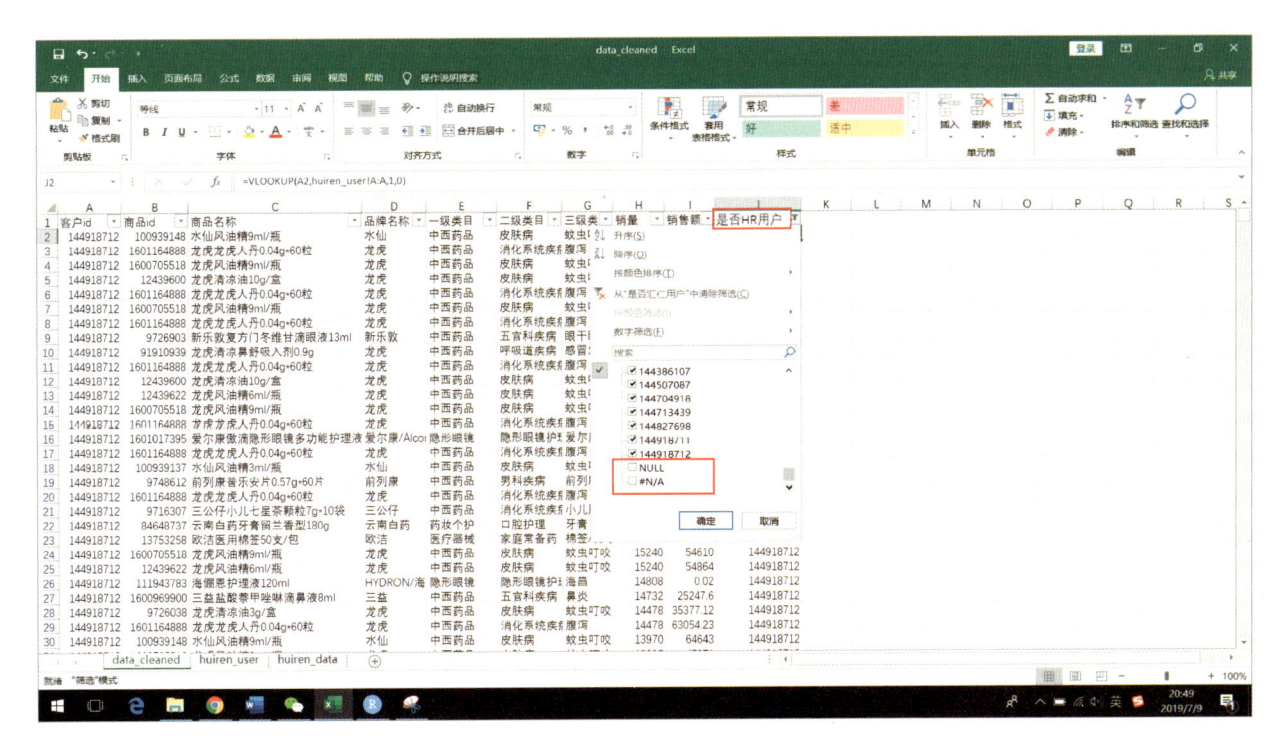

图 6-24 筛选成功匹配到的购买记录

分析结果最直观的呈现是数据可视化，即统计量的描述与展现。基础分析用到的 Excel，统计建模用到的 Python/R/SPSS 等，数据报表展示用到的 Tableau 等，均可在提供丰富直观的分析结果发挥重要作用。本任务仍以某药网的数据为例，采用 Excel 进行数据分析与展示。

（1）一级类目、二级类目和三级类目统计分析。

每条购买记录都包含商品的品牌信息及其所属的类别，通过对一级类目、二级类目和三级类目进行统计分析，可以得出各级类目的销售情况。

① 一级类目统计分析。

某药网共有 10 个一级类目，先排除一级类目的 NULL 值，统计 HR 数据集中每个一级类目非重复客户数，得出按品牌数由高至低的一级类目分别为中西药品、隐形眼镜、维生素和钙剂、医疗器械、营养保健品、个人护理用品、药妆个护、滋补保健、母婴、家电，如图 6-25 所示。

② 二级类目统计分析（以中西药品为例）。

选取一级类目中非重复客户数最多的中西药品，进一步分析其二级类目，先排除二级类目的 N 和 NULL 值，由于二级类目个数较多，本报告筛选二级类目非重复客户数的 TOP6 进行制表，分别是呼吸道疾病、皮肤病、消化系统疾病、五官科疾病、滋补调养、亚健康疾病，如图 6-26 所示。

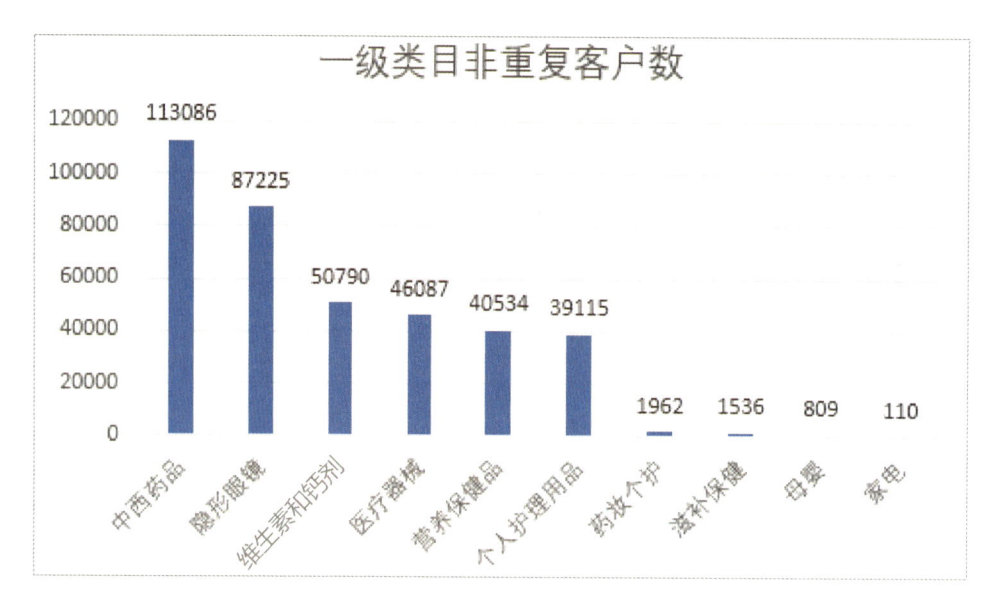

图 6-25　一级类目非重复客户数

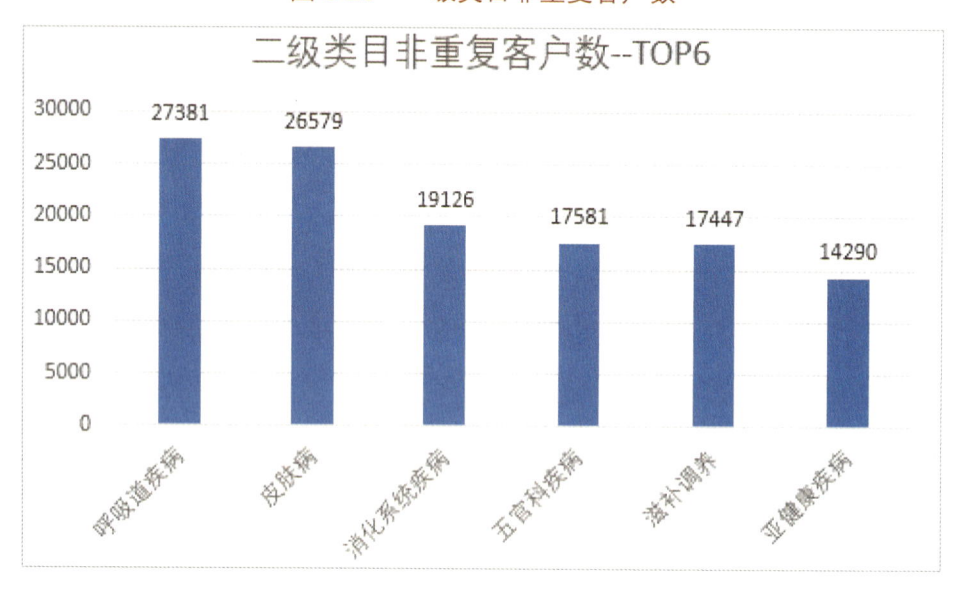

图 6-26　二级类目非重复客户数

③ 三级类目统计分析（以中西药品——呼吸道疾病为例）。

更进一步，对三级类目进行分析，由于该类目划分更细致，每个三级类目下的非重复客户数较一级类目大幅减少，本报告对二级类目为呼吸道疾病的三级类目进行排序，按非重复客户数由高至低分别为感冒发烧、上火、咳嗽、小儿感冒、支气管炎、哮喘、慢性阻塞性肺疾病，如图 6-27 所示。

（2）HR 药品销售情况分析。

本报告主要探讨 HR 药品在某药网电商平台的销售情况，通过销售情况分析，为与 HR 药业进行企业合作提供可靠的数据支撑。通过数据可以看出，HR 药品属于中西药品（一级类目），细分为滋补调养、呼吸道疾病、内分泌、亚健康疾病、伤科疾病等（二级类目），其详

细类别及药品信息见表 6-5 所示。

三级类目非重复客户数

类别	客户数
感冒发烧	24042
上火	9908
咳嗽	7166
小儿感冒	7027
支气管炎	1438
哮喘	1313
慢性阻塞性肺疾病	154

图 6-27　三级类目非重复客户数

表 6-5　详细类别及药品信息

一级类目	二级类目	三级类目	品　牌	商品名称
中西药品	滋补调养	补脑	HR	HRB 药片 72 片
中西药品	滋补调养	补脑	HR	HRB 药片 126 片/瓶
中西药品	滋补调养	补脑	HR	HRB 药合剂 150ml/瓶
中西药品	滋补调养	补脑	HR	HRB 药片
中西药品	滋补调养	补脑	HR	HRB 药糖浆 10ml×10 支
中西药品	滋补调养	补脑	HR	HRB 药片 126 片（线下款纸盒 7 小盒包装）
中西药品	滋补调养	补血补气	HR	HR 生脉饮党参方 10ml×10 支
中西药品	呼吸道疾病	咳嗽	HR	HR 复方鲜竹沥液 10ml×6 支
中西药品	内分泌	抗病毒药	HR	HR 头孢克洛胶囊 0.25g×10 粒
中西药品	亚健康疾病	头疼失眠	HR	HR NJ 胶囊 0.38g×24 粒
中西药品	伤科疾病	跌打损伤	HR	HR 内服胶囊 0.27g×12 粒 14 板
中西药品	呼吸道疾病	感冒发烧	HR	HR 复方银翘氨敏胶囊 12 粒

接着对三级类目进行汇总分析，统计购买 HR 药品的非重复客户数及其总销量。需要强调的是，按三级类目进行划分，是因为数据中的药品名称包含产品的规格数，同种药品由于规格不同会被视为不同的产品，这会给统计结果带来误差。例如，"HRB 药片 72 片"和"HRB 药片 126 片/瓶"都是 HRB 药品，理应在统计时归为一类。从三级类目来看，其都属于"补脑"，因此按三级类目划分的统计结果相对精准，如图 6-28 所示。

图 6-28 表明，在 HR 药品中，客户最常购买的三种类别分别为"补脑""咳嗽""补血补气"，这三类药品的总销量也相应处于较高水平。这在一定程度上反映了 HR 药业的主打产品

"HRB 药片"的确具有客户群大、销量高的特征,其主治功能是"温阳补脑,扶正固本"。

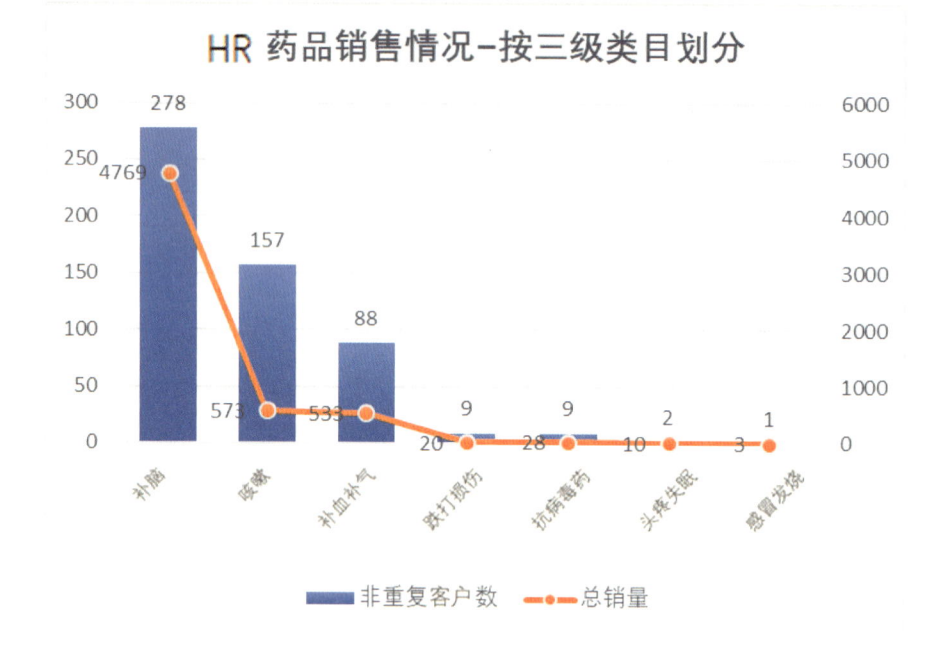

图 6-28 HR 药品销售情况-按三级类目划分

制作以上图表的具体操作过程如下(这部分内容是因为教学需要而给出的,一般不用写在数据分析报告中)。

对该部分三个级别类目进行分析,首先须基于 HR 数据集构建一个只包含一级类目、二级类目、三级类目、品牌、药品名称的参考数据集(简称类目参考数据集),这一数据集用来辅助分析各类目的药品品牌数。

Step 01:根据 HR 数据集创建数据透视表,依次添加"一级类目""二级类目""三级类目""品牌""商品名称"等字段到行,同时右击每个字段,取消勾选"分类汇总"选项,如图 6-29 所示。

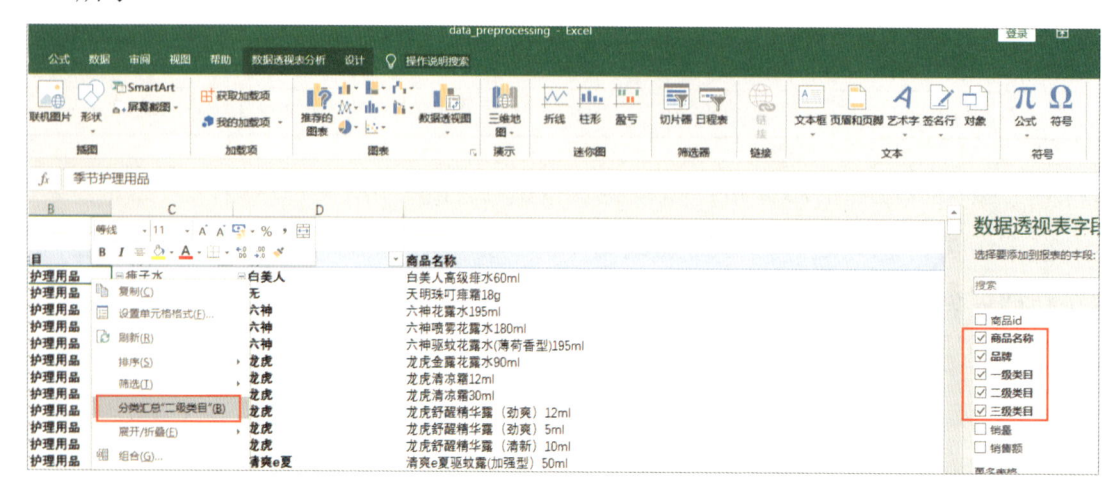

图 6-29 数据透视表

项目六　数据分析报告撰写

Step 02：将数据透视表中的类目数据复制到新工作表中，类目参考数据集如图6-30所示。

图6-30　类目参考数据集

Step 03：选中整个数据区域，单击"插入"选项卡下的"数据透视图"按钮，在新工作表中创建数据透视表。同时，在弹出的对话框中勾选"将此数据添加到数据模型"复选框，以此实现在数据透视表中对客户id进行非重复计数，如图6-31所示。

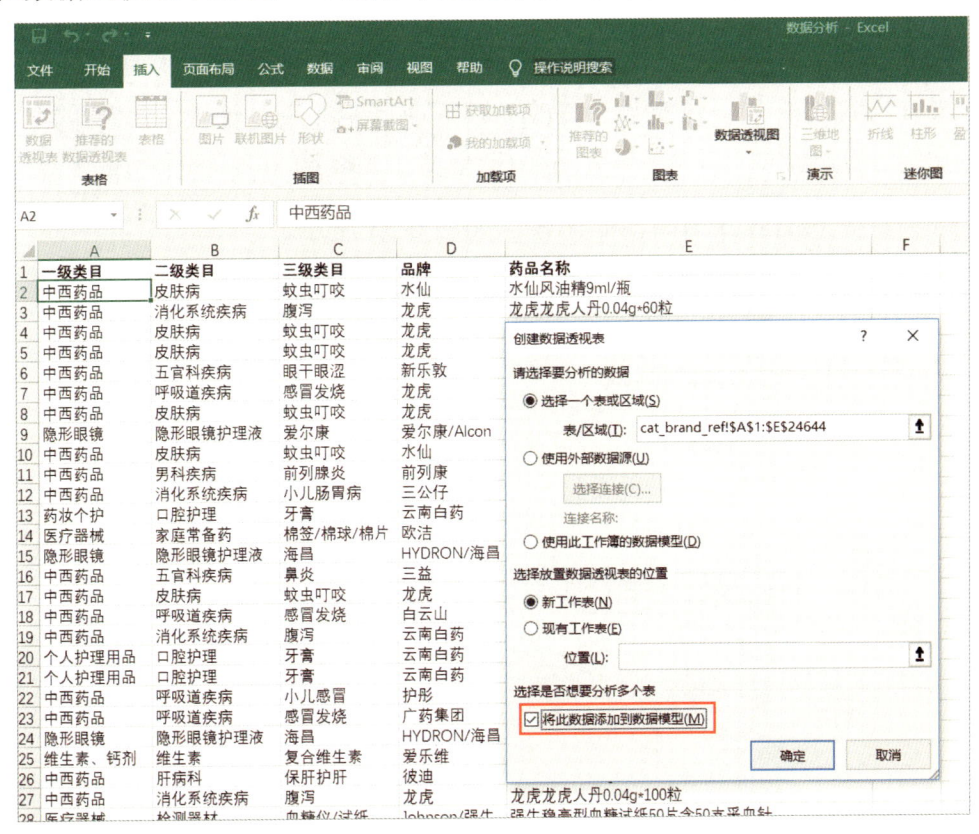

图6-31　将此数据添加到数据模型

Step 04：在数据透视表右侧选项中，选择"一级类目"作为行标签，"品牌"作为值，单击"值"下的下拉按钮，在弹出的选项中选择"值字段设置"，弹出"值字段设置"对话框，在"值汇总方式"选项卡下选择"非重复计数"选项，单击"确定"按钮，如图6-32所示。数据透视表中将以非重复计数的方式统计每个一级类目包含的品牌数。

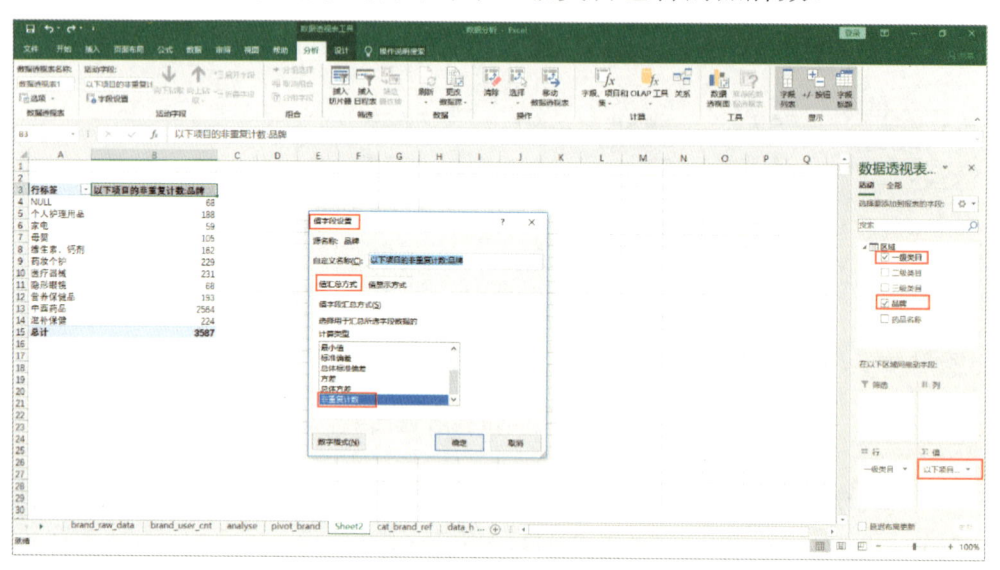

图 6-32　值字段设置

Step 05：一级类目中包含空值，在分析时可忽略这部分数据。单击"行标签"下拉按钮，取消勾选值为 NULL 的一级类目。修改"以下项目的非重复计数:品牌"的名称为"品牌数"，在该列任意数据值处右击，在弹出的快捷菜单中选择"排序"选项下的"降序"子选项，即可实现一级类目按照品牌数由高至低排序，如图6-33所示。

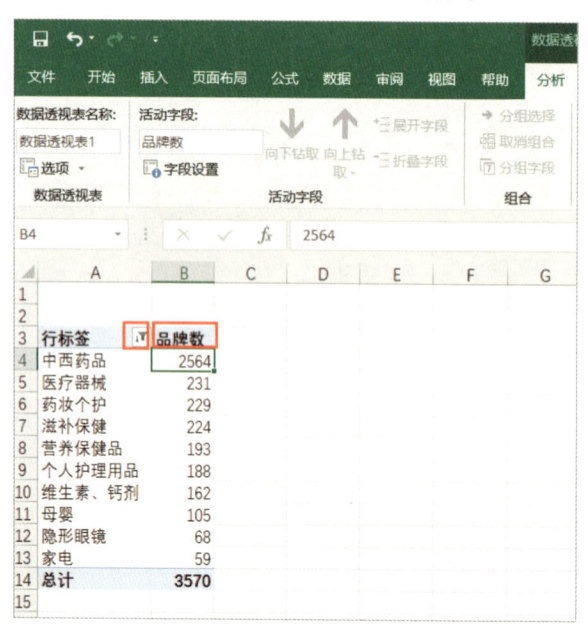

图 6-33　行标签和品牌数

项目六 数据分析报告撰写

Step 06：选择"插入"选项卡下"图表"组中的"二维柱形图"选项，在生成的柱形图上，修改图表标题，添加数据标签，如图 6-34 所示。

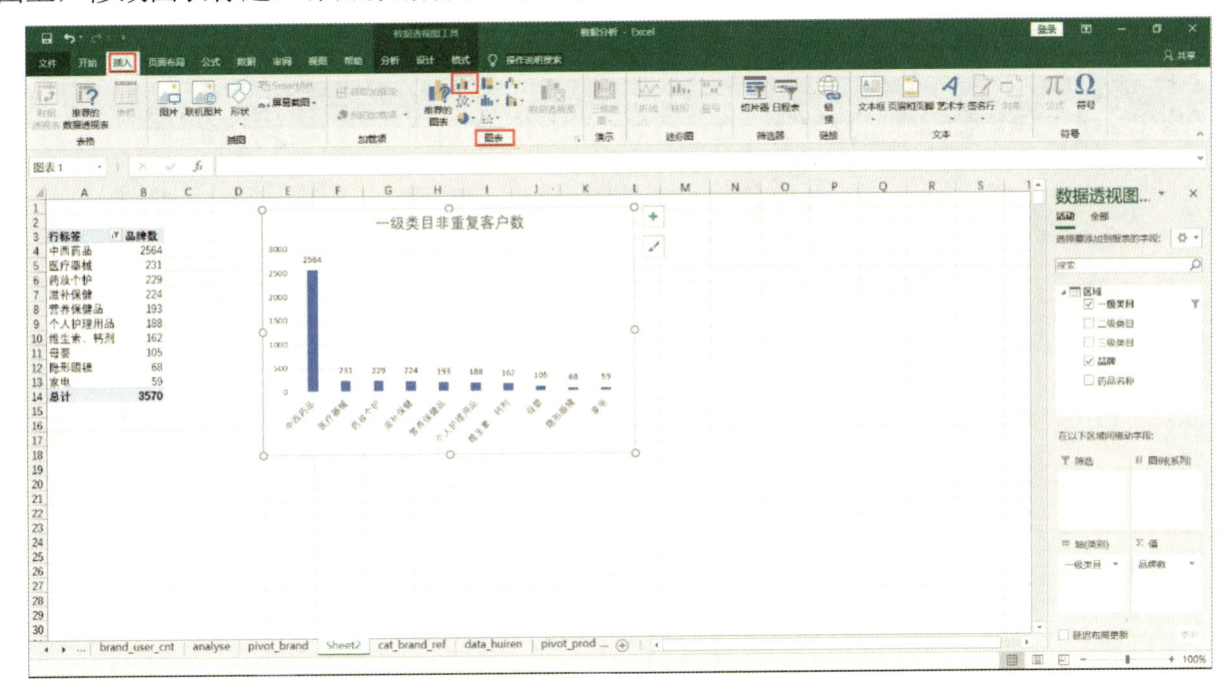

图 6-34 插入二维柱形图

Step 07：采用同样的方法，生成二级类目非重复客户数及三级类目非重复客户数，如图 6-35 和图 6-36 所示。

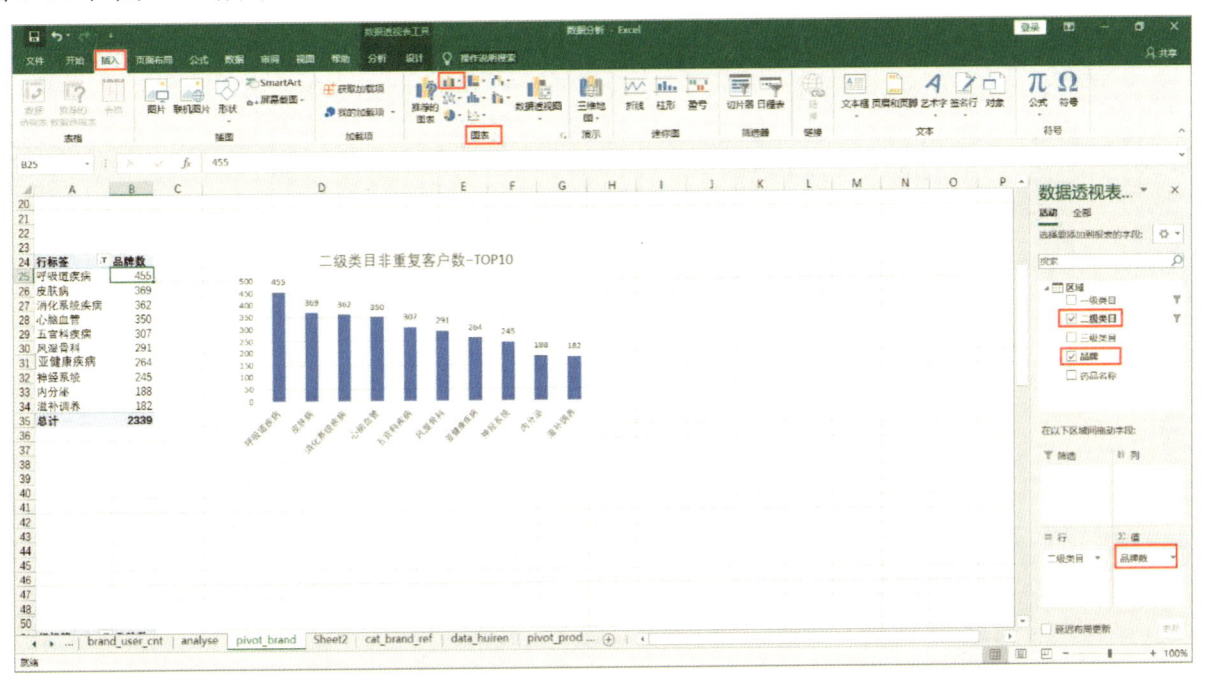

图 6-35 二级类目非重复客户数

Step 08：在类别参考数据集中，单击"开始"选项卡，在"编辑"组中选择"排序和

227

筛选"下拉列表中的"筛选"选项，首行字段名称后出现筛选按钮，单击"品牌"筛选按钮，在下拉筛选器中仅选择"HR"选项，单击"确定"按钮后工作表中只显示 HR 品牌的药品及其所属类目，如图 6-37 所示。

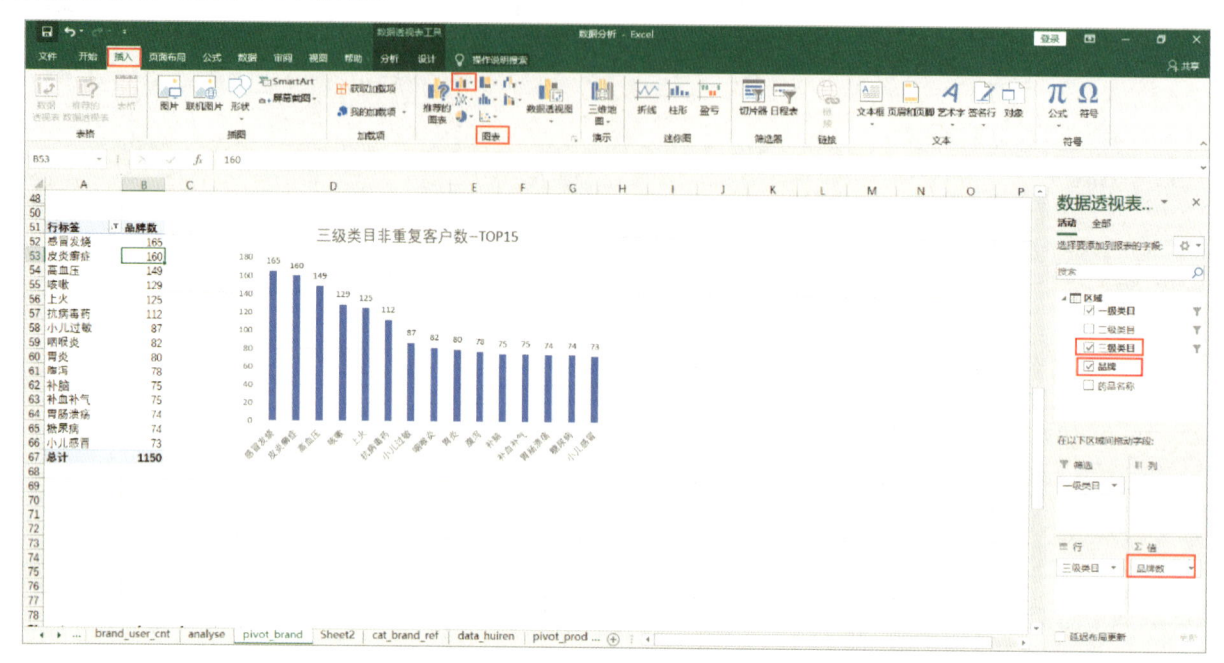

图 6-36 三级类目非重复客户数

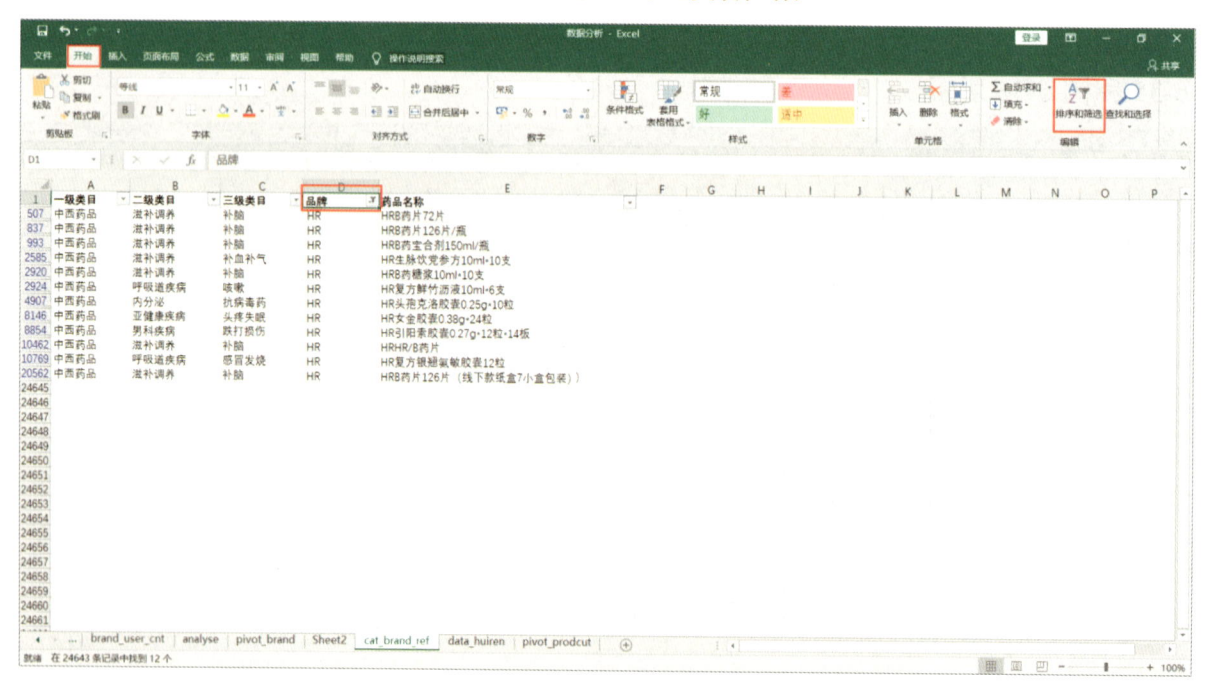

图 6-37 HR 药品及其所属类目

Step 09：回到 HR 数据集，采用同样的方法创建一个新的数据透视表。在数据透视表右侧选项中，将"品牌"作为筛选项，筛选出品牌为"HR"的数据，将"三级类目"作为行标签，"客户 id"和"销量"用来计算。不同的是，"客户 id"用来非重复计数得到客户数，"销量"用来求和得到总销量，如图 6-38 所示。

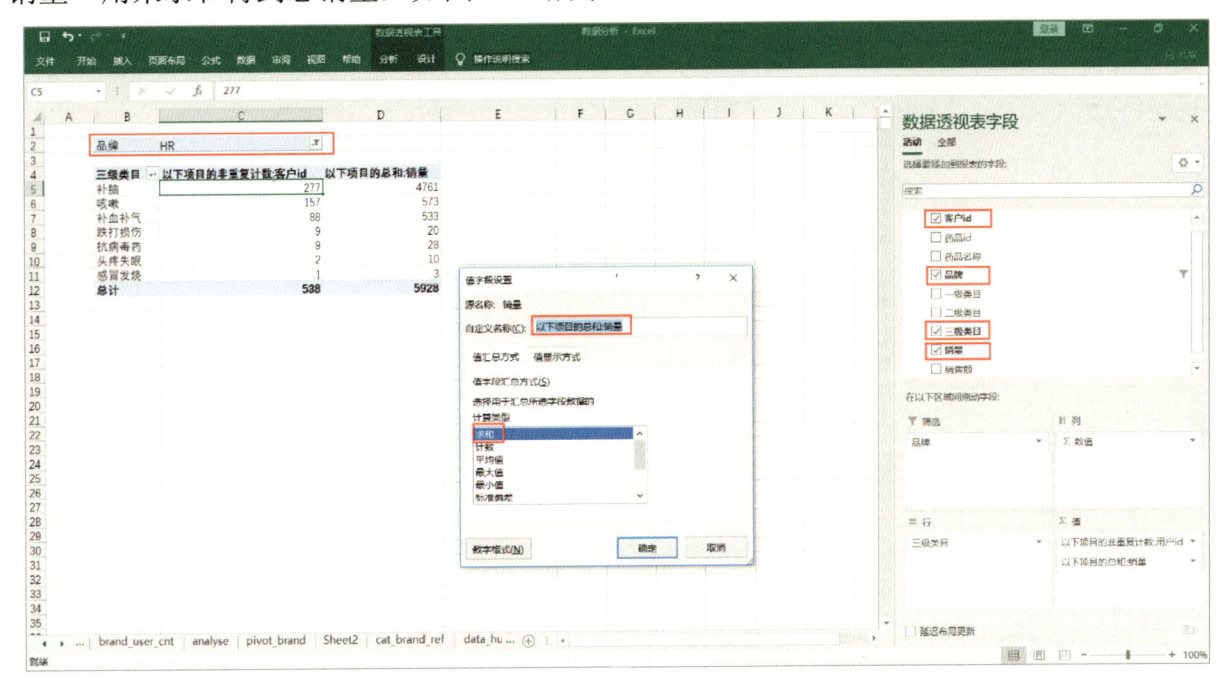

图 6-38　客户 id、品牌、三级类目、销量

Step 10：单击"插入"选项卡，在"图表"组中选择"组合图"选项，为"非重复客户数"选择"簇状柱形图"，为"总销量"选择"折线图"，并勾选"次坐标轴"复选框，单击"确认"按钮，如图 6-39 所示。

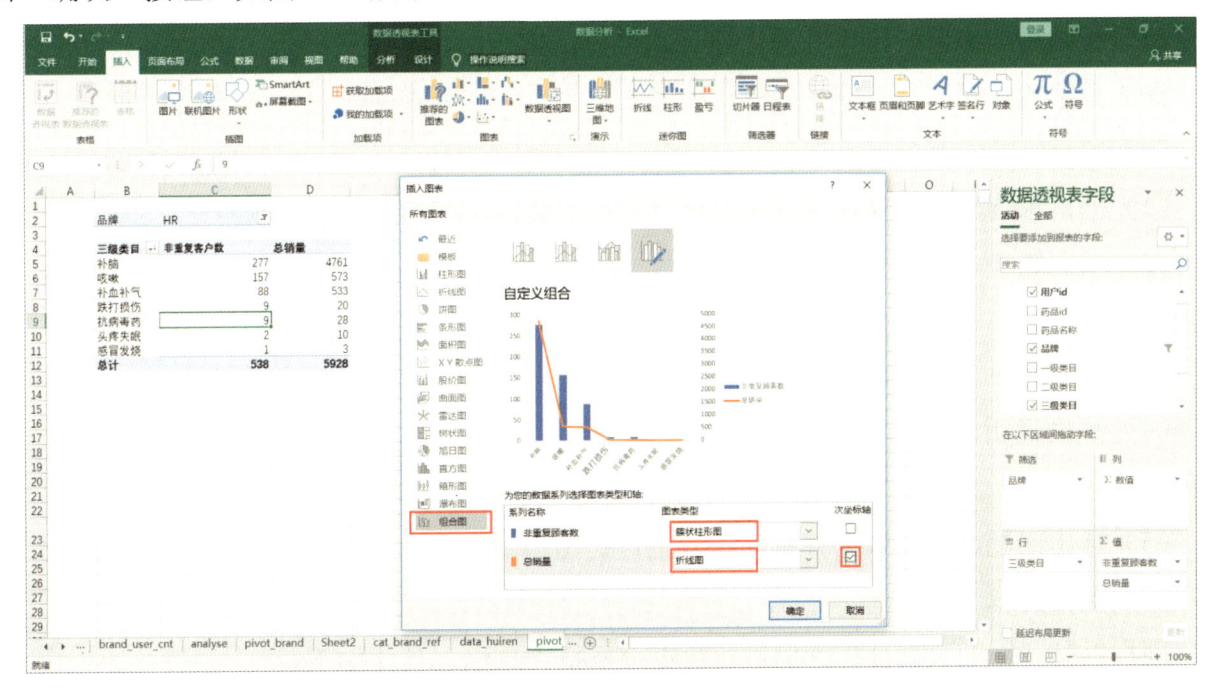

图 6-39　插入组合图

Step 11：单击"设计"选项卡，选择适合的图表布局，添加图表名称和数据标签等，如图 6-40 所示。

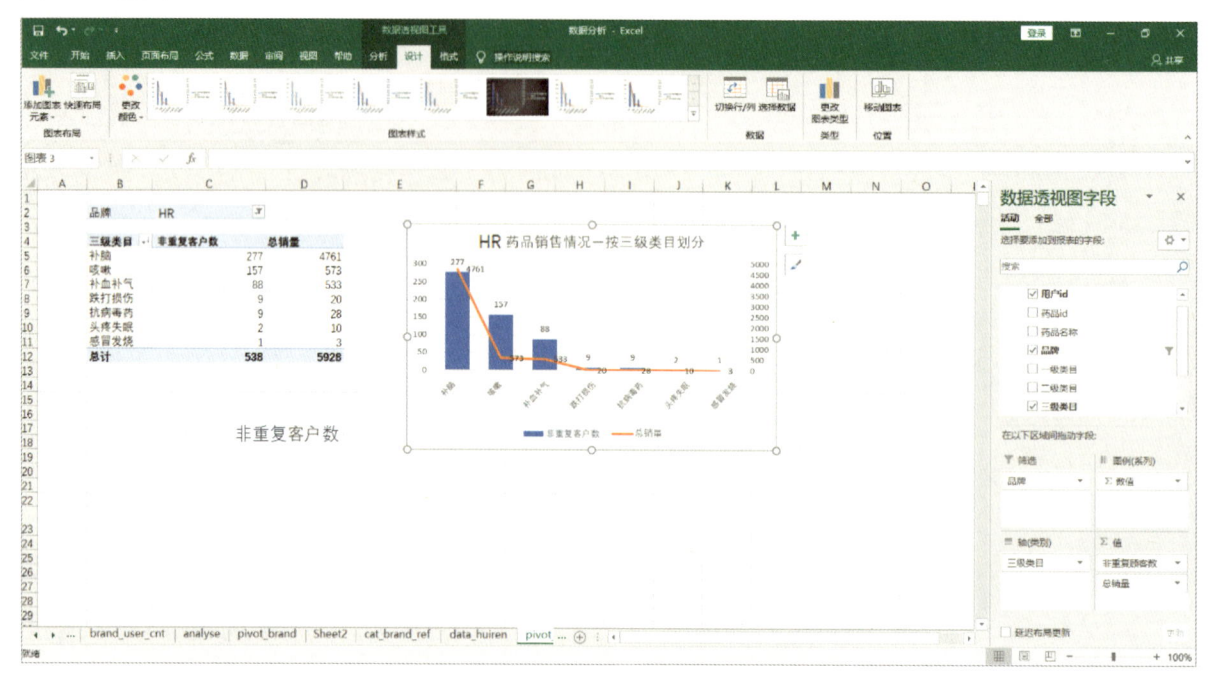

图 6-40　HR 药品销售情况-按三级类目划分

三、结论

结论是对分析结果的总结和进一步认识，在对整个数据分析报告进行归纳的同时，应着重反映分析结果的实用价值，并提出建议或展望，也可指出有待进一步改进的关键性问题和今后深入分析的设想。

常见的总结方式有以下几种。

（1）分析综合，即对报告重点内容进行分析、概括，突出撰写者的观点。

（2）预测趋势，即在数据分析的基础上，对其分析的商品销售情况、企业运营状况、行业发展趋势等做相关预测分析。

（3）事实对比，即对数据分析报告所阐述的观点与事实做比较形成结论。

（4）解释说明，即对数据分析报告所阐述的观点做进一步说明，使所阐述的观点更加明朗。

（5）提出问题，即在数据分析的基础上，提出与本报告所讨论的问题相关的有待进一步解决的关键性问题。

同样以某药网的数据分析为例进行数据分析报告总结，具体如下。

电子商务的兴起与发展不仅改变了商业销售模式，还影响了市场经济方式，改变了人们的生活和思维方式。作为近年来国内规模大、销量高的售药电商平台之一,某药网与 HR 药业的合作是双赢的。某药网提供库存、药品配送、售后服务等在内的全程药品供应链管理,并共享 HR 药业在医疗服务、大数据和药品供应等方面的优势资源,将线上信息沟通方便性和线下实体体验直观性结合起来,为 HR 药业销售决策提供重要依据,实现双方 O2O 战略布局。与此同时,作为老字号的医药品牌,HR 药业也为某药网带来了厂商直供、100%真品保证的药品,携手共同打造互联网+医药行业"正品联盟",在让更多客户了解 HR 药业及其产品的同时,有助于树立和提升其品牌形象。

通过以上分析,某药网在为 HR 药业提供基于数据的营销方案或决策时,可以基于客户的真实购买记录对药品品牌进行画像与分类,通过对一些关键数据指标,如关联品牌的非重复客户数、销量、销售额、客户渗透率等进行分析,建议 HR 药业选择在渗透率较高的关联品牌中进行联合推广,挖掘潜在客户群体,提高销售业绩。这也是一种商业模式的创新,为企业价值创造提供新的思路与实现路径。

▶ **拓展提高**

扫描右侧二维码可以学到更多的拓展知识。

任务 3　某品牌奶片数据分析报告撰写

任务 2 拓展提高部分要求大家依据项目二到项目五的数据分析过程,以某品牌奶片为例,撰写其数据分析报告。请大家将自己撰写数据分析报告与下文进行对比,找出自己报告的不足之处,并进一步完善和提升。

一、概述

1. 引言

某品牌奶片是一款全家都爱的零食,牛乳含量在 80%以上,钙含量丰富,能够强壮骨骼;不添加防腐剂和色素,安全健康。由于消费者越来越注重食品安全、身体健康和营养,居民人均收入增长迅速,因此客户有能力通过各大电商平台购买知名的优质商品,为该品牌奶片迅速占领市场提供了机会。

本报告预先收集该品牌奶片销售数据进行清洗和整理,对店铺的转化率、复购率高的商品和滞销商品进行比对分析,对竞争对手的关键指标(如交易指数、流量指数、人气、支付

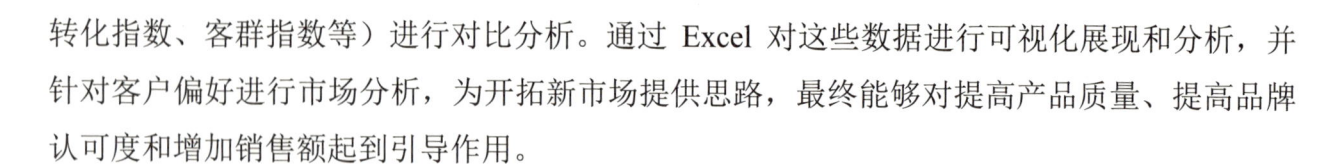

转化指数、客群指数等）进行对比分析。通过Excel对这些数据进行可视化展现和分析，并针对客户偏好进行市场分析，为开拓新市场提供思路，最终能够对提高产品质量、提高品牌认可度和增加销售额起到引导作用。

2. 项目背景及意义

市场上拥有各种各样的牛奶制品，如奶糖、奶油、奶酪、奶片等。其中，奶片的优点是营养丰富、携带方便，所以深受消费者的喜爱。因为奶片的制作工艺并不复杂，所以国内外市场上有不少品牌，近年来奶片逐渐从特产化向休闲零食化方向发展。

2017年，国务院发布了《国民营养计划（2017—2030年）》，党中央国务院高度重视营养健康和国民营养工作。本报告结合某品牌奶片2019年8月的销售数据，通过数据分析展现8月份销售情况、客户情况、市场情况，从而得到现阶段店铺的运营情况，并根据数据分析趋势做出店铺营销决策，促使店铺盈利能力逐渐提高。

二、数据分析过程

1. 数据收集

本报告所使用的数据属于二手数据，是从某药网后台数据库中提取的2019年8月1日至8月31日的销售数据，包括商品编号、商品名称、品牌、规格码、订单数量、支付金额、客户网名、性别、年龄、收货区域、促销方式、退换货、销售时间、促销数据等。竞品数据是从各大电商平台搜集整理得到的。

2. 数据预处理

在"销售数据"工作表中，有一些赠品，其支付金额为0，正常情况下其订单数也应该为0，但实际上我们看到的是有的数据行订单数为0，有的数据行订单数为1，这时需要把赠品数据行的订单数统一改为0。在给定的销售数据中，存在一些客户网名一样，但性别、年龄不一致的现象，采用IF函数嵌套将性别、年龄不一致的记录标记出来，手动订正年龄和性别。这时应遵循"就多"原则，如同一网名性别为男的记录有两条，性别为女的记录有一条，则将该客户的性别改为男。在现有的销售数据中，我们发现赠品的规格码有的数据行有，有的数据行没有，促销数据中也存在这种情况，所以通过相应记录的规格码将这两列数据补齐。经过整理后，数据集共包含13784条客户购买记录。

根据本报告的数据分析目标，将原始数据保留、提取、整理对应数据，得到商品销售数据表、客户信息表和竞品数据表。

3. 数据分析与结果展现

(1) 客户情况分析。

① 女性为某品牌奶片主要消费群体。

由图6-41可见,该品牌奶片客户中女性人数占比高达84%,男性人数仅占16%。奶片主要作为儿童营养食品,受到了女性消费者的认可。在中国家庭中,采购食品和负责孩子日常饮食的主要角色还是女性,因此奶片更受女性消费者的青睐。在店铺装修风格和营销广告上,建议使用偏温柔、清新的风格,可以让宝妈们联想到自己可爱的孩子,激发其购买欲望。

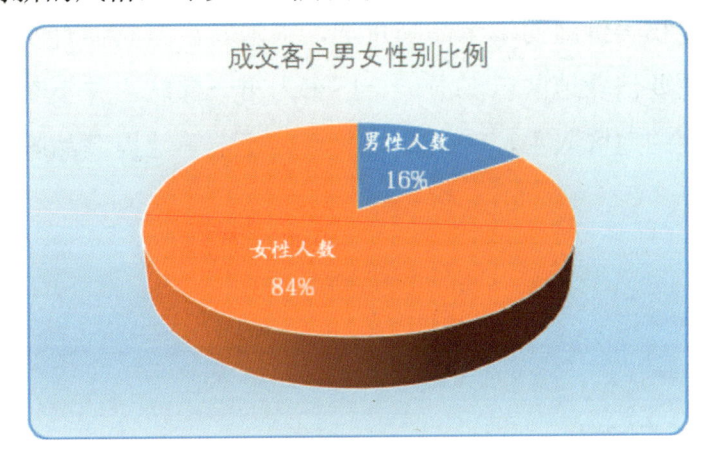

图6-41 某品牌奶片成交客户男女性别比例

② 某品牌奶片客户的年龄跨度及销售策略。

由图6-42可见,该品牌奶片的客户主要集中在26～35岁,该年龄段客户占比达到65.87%,主要为宝妈、宝爸。这个年龄段的客户有一定的消费能力,愿意为孩子的营养健康投入更多,在商品选择上更偏向于零添加、无防腐剂的食品。

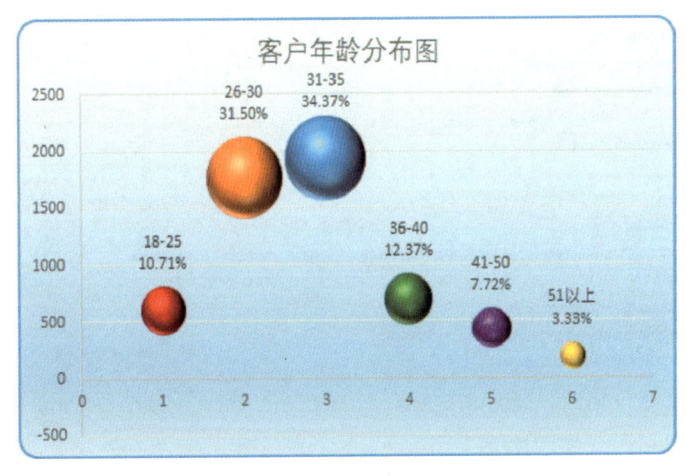

图6-42 某品牌奶片客户年龄分布图

某品牌奶片作为补钙的高质量食品,老少皆宜,从年龄段来看,市场还有很大发展空间,青少年生长阶段、女性30岁以后钙质流失、老年人骨质疏松,都需要及时补充钙。因此,某品牌奶片在市场策略上，可以推出针对不同年龄段的产品，如主打美颜作用的女士奶片，主打养生功效的老年人奶片，通过不同营养成分的搭配组合，增加奶片的附加值。也可以针对不同人群推出相应的赠品策略，如青少年喜爱的手办、手帐贴纸等小礼品，女性喜欢的家居用品，老年人喜欢的环保购物袋等。

③ 某品牌奶片客户的地域分布。

由图6-43可见，浙江为该品牌奶片购买量最大的省份，其次是江苏、广东、上海，购买量较少的地区有青海、甘肃、宁夏、贵州等。该品牌奶片为进口食品，在江浙沪地区比较受欢迎，其他地区有更多物美价廉的本土品牌可选，很多农户家庭拥有奶源。因此，在销售策略上，该品牌奶片的主要消费地区以江浙沪、广东为第一梯队，并不断从一线城市、对进口健康食品有较高认可度的地区入手，在山东、北京、辽宁等地提高品牌知名度，进一步拓宽市场。

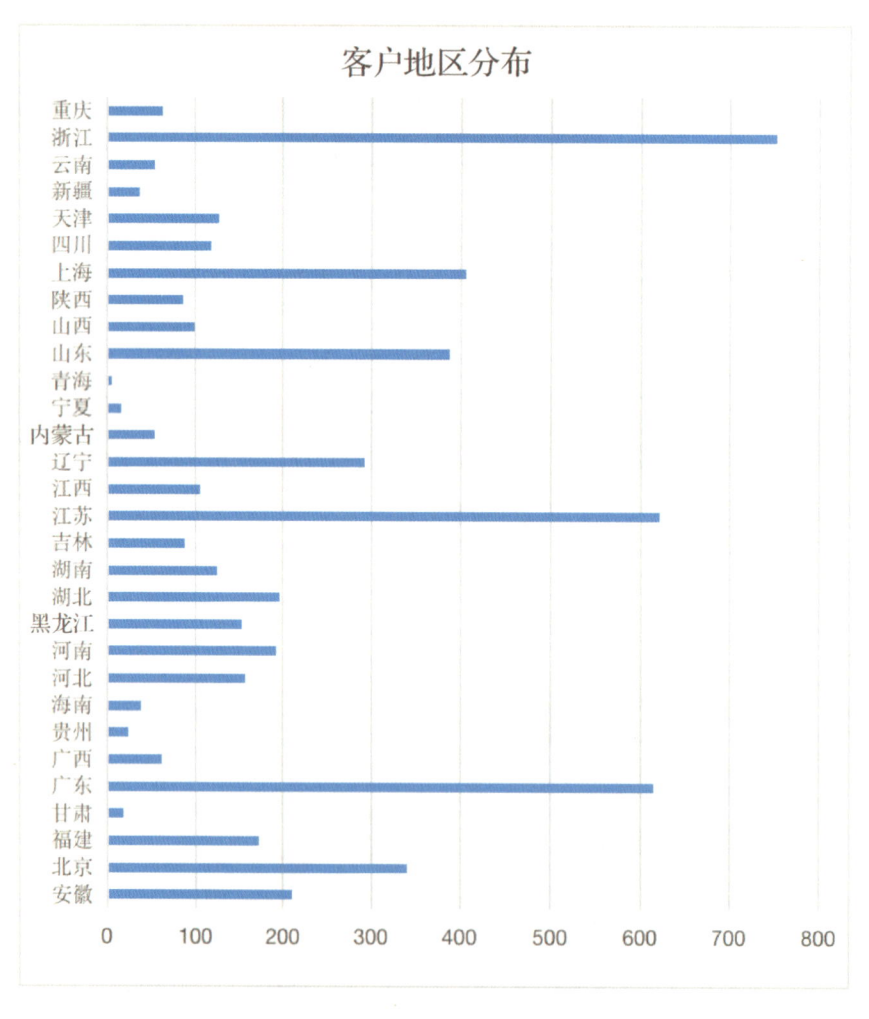

图6-43 某品牌奶片客户地区分布

在对浙江省的二级地市的分析中，由图6-44可以看出，客户主要集中在温州市和杭州市，其他城市客户较少。可以对浙江省其他城市的电商购物数据进行交叉分析，有针对性地推出市场营销方案。例如，可以在周末在宁波市、嘉兴市的大卖场和商场推出线下体验活动、在地方台投放品牌广告、对地方台的节目投放冠名广告等，还可以通过地方台的购物平台打响自己的品牌。

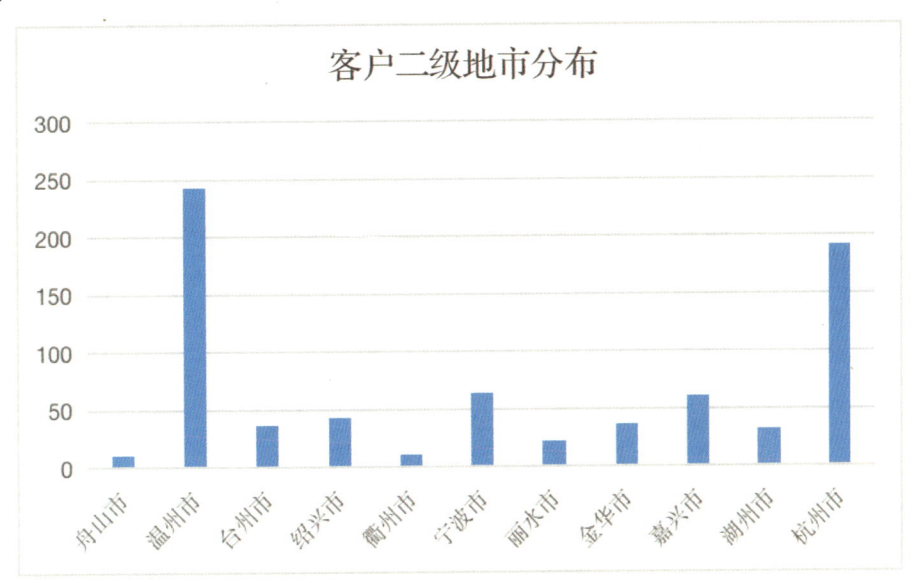

图 6-44　某品牌奶片客户二级地市分布

④ 设置 VIP 客户和一般客户。

在本报告中，定义月购买 4 次以上（不含 4 次）或购买金额在 100 元及以上的客户为 VIP 客户；月购买 1~4 次并且购买金额低于 100 元的客户为一般客户。通过对客户信息和交易数据进行分析，得到 VIP 客户和一般客户的交易情况，如表 6-6 所示。由表 6-6 可见，VIP 客户的占比仅为 5.69%，购买金额超过 3.5 万元，购买金额占比为 18.8%。根据二八原则，VIP 客户占总客户数量的 20% 左右，但是提供 80% 的销售额，本数据远没有达到目标。

表 6-6　VIP 客户和一般客户交易情况表

客户类别	客户个数	客户占比	购买金额/元	购买金额占比
VIP 客户	319	5.69%	35504.52	18.80%
一般客户	5291	94.31%	153322.04	81.20%
合计	5610		188826.56	

增加 VIP 客户可以通过产品和服务两个方面质量的提升来实现，如购买金额达到 100 元，总订单金额打 9.5 折；达到 150 元，总订单金额打 9 折等。也可以提供物流减免服务，如消费满 100 元可包邮等。另外限量款奶片、奶片定制化服务等都可以成为不断吸引客户的手段。

（2）商品销售情况分析。

① 热度不同的商品销售策略。

由图 6-45 可见，编号为 GLT125YP 的商品销量和客户复购率都大幅领先于其他商品，是名副其实的店铺爆款商品。在不能选品的情况下，可以围绕编号为 GLT125YP 的商品进行分析，制定商品主打策略，以套餐优惠的形式，将其他两个客户还比较认可的商品（编号分别为 GLT115QP、GLT115MP）打包进套餐，提高商品总体销售额。在可以选品的情况下，要不断选择销量和复购率高的商品，迭代替换销量低的商品。

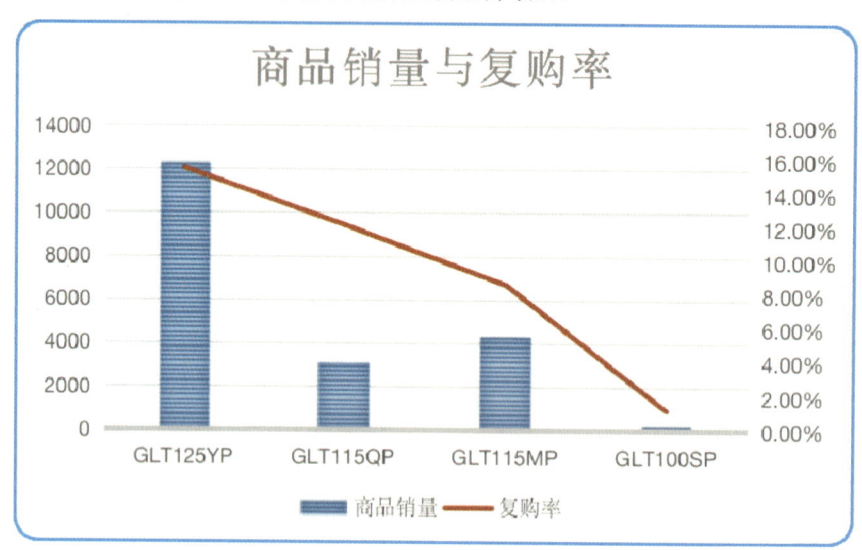

图 6-45　某品牌奶片销量和复购率

结合如图 6-46 所示的 8 月份销量和月动销率数据，基本判断编号为 GLT50Y2 和 GLT100SP 的商品为滞销商品，可考虑将其下架并把现有库存作为赠品送出。

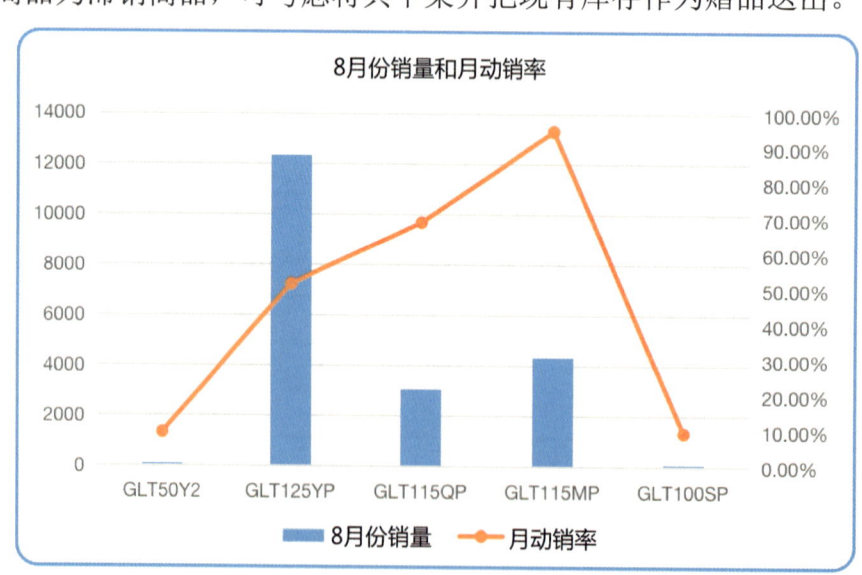

图 6-46　某店铺奶片商品 8 月份销量和月动销率

② 商品销售与库存设置。

在大数据时代，利用数据分析可进行进货选择和库存设置，也可指导后续营销计划的制订。由图 6-47 可以看出，编号为 GLT125YP 的商品转化率最高，编号为 GLT50Y2 的商品转化率最低，在进行进货选择和库存设置时应根据商品转化率情况提前做好计划。同时，为了提高其他商品的转化率，可以通过做购物页面关联链接来提高商品页面浏览量和商品的点击量；不同客户的需求也不一样，可以通过浏览和购物数据分析，为客户推送更有针对性和个性化的导航服务。

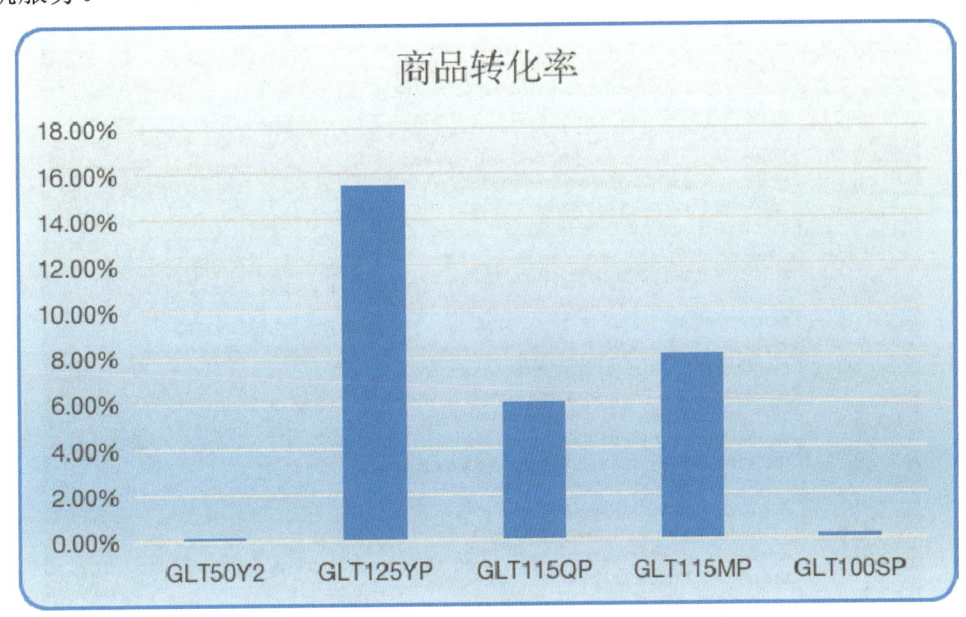

图 6-47　某品牌奶片转化率

③ 不同时段商品销售策略。

奶片是日常消耗品，有固定客户购买，会有周期性购买的现象。由图 6-48 可见，该品牌奶片在 12 日、13 日、30 日的客单价明显较高。如果 8 月份没有在这些日期安排营销活动，则需要在每个月这几天来临之前提前补货。

由图 6-49 可见，商品有三个比较明显的热销时段，每种商品的最佳销售时段均出现在上午 10 点到 11 点之间，其次是上午 11 点到 12 点之间。也就是在上午 10 点到 12 点之间是商品销售的主要时段，可以考虑在这个时段安排线上直播，通过直播平台卖货。

④ 不同规格商品销售策略。

该品牌奶片有不同口味，由图 6-50 可见，原味 125g+草莓味 115g 两种口味的组合销量最好，草莓味 115g+巧克力味 115g 两种口味的组合销量次之，而某种口味×2 或某种口味×3 的组合商品销量较低，这说明客户基于保质期、新鲜度的考虑比较多。奶片作为食品，一般的三口之家一次不会购买量比较大的组合。因此，在进行捆绑销售时，建议以两种口味各 1 包的组合为主，也可以有小朋友比较喜欢的 2 包草莓味的组合，其他组合可少量备货，根据客户以往购物数据进行个性化推荐。

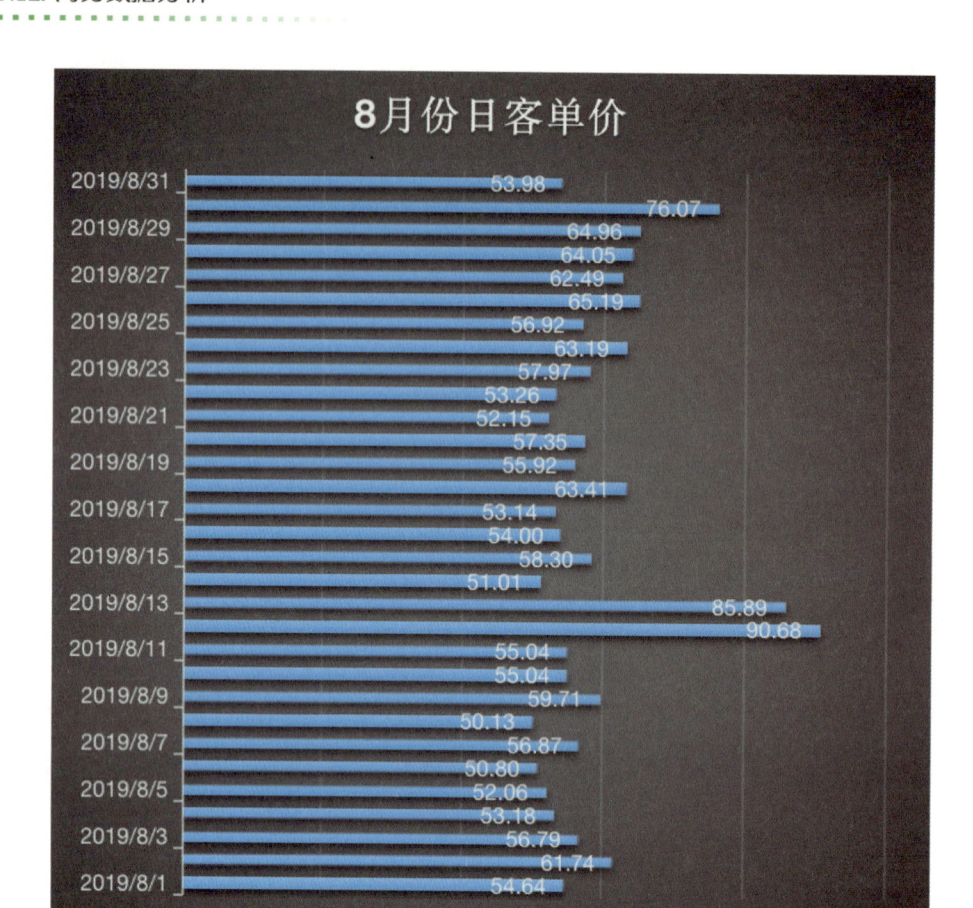

图 6-48 某品牌奶片客单价

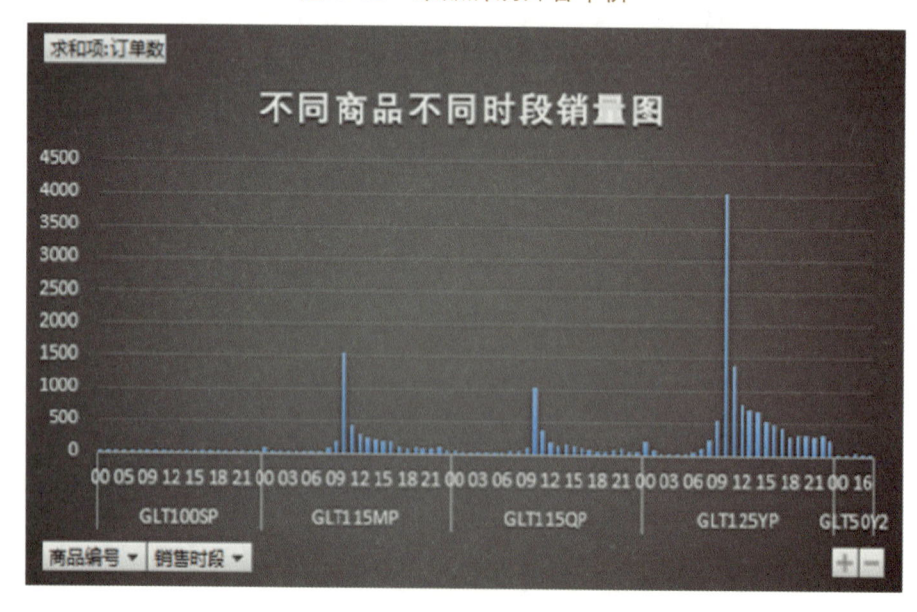

图 6-49 不同商品不同时段销量图

（3）退换货分析。

① 退换货原因分析及改进建议。

由图 6-51、图 6-52 可见，该品牌奶片退换货的主要原因是包装破损，其次是临近保质期。

由退换货引起的销售额损失包装破损处于第一位，赠品临近保质期处于第二位。作为食品，奶片包装的完整性和食品保质期是最受客户重视的指标。

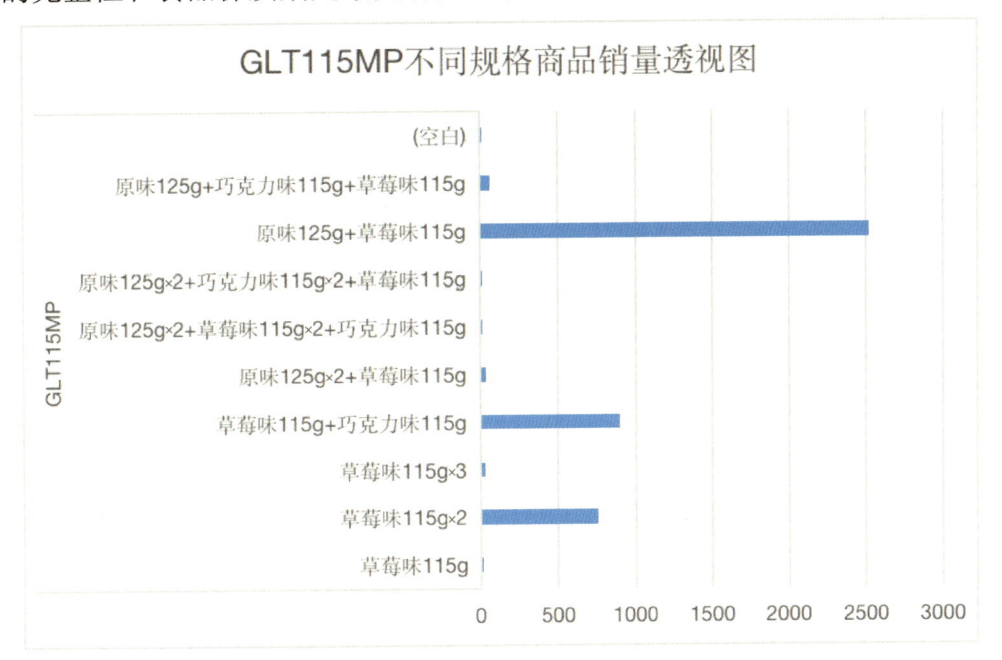

图 6-50　某品牌奶片不同规格商品销量透视图

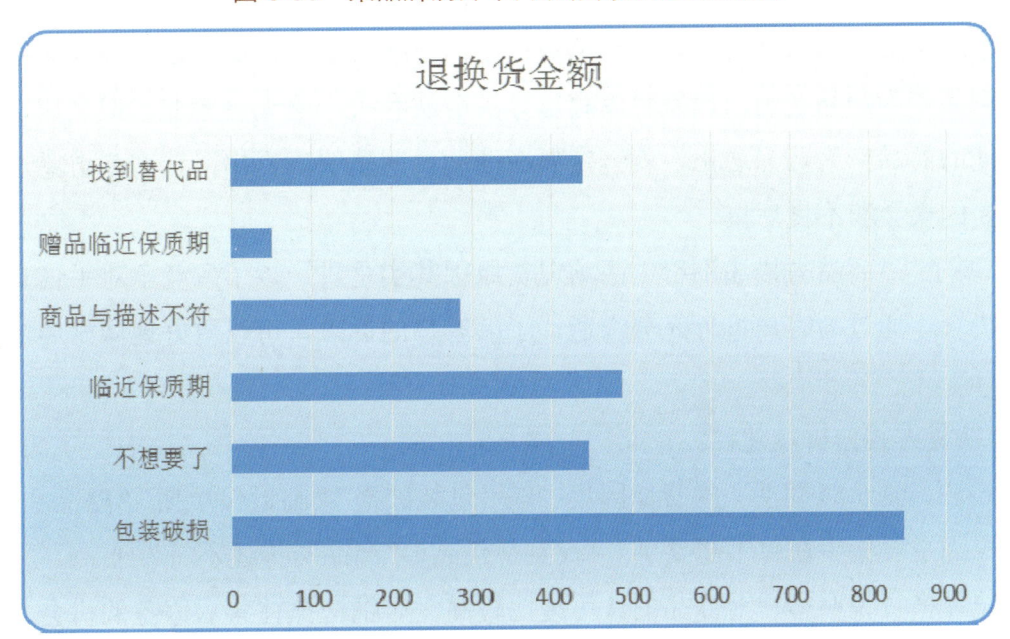

图 6-51　某品牌奶片退换货金额

对于包装破损的改进：第一，要做好商品出库前的检视工作，做到包装破损不出库；第二，要做好商品发货前的包装，可在商品包装袋外面加上气泡袋、保护膜等；第三，要考虑提高物流质量，与可靠的物流公司长期合作，避免因粗暴装卸造成包装破损。

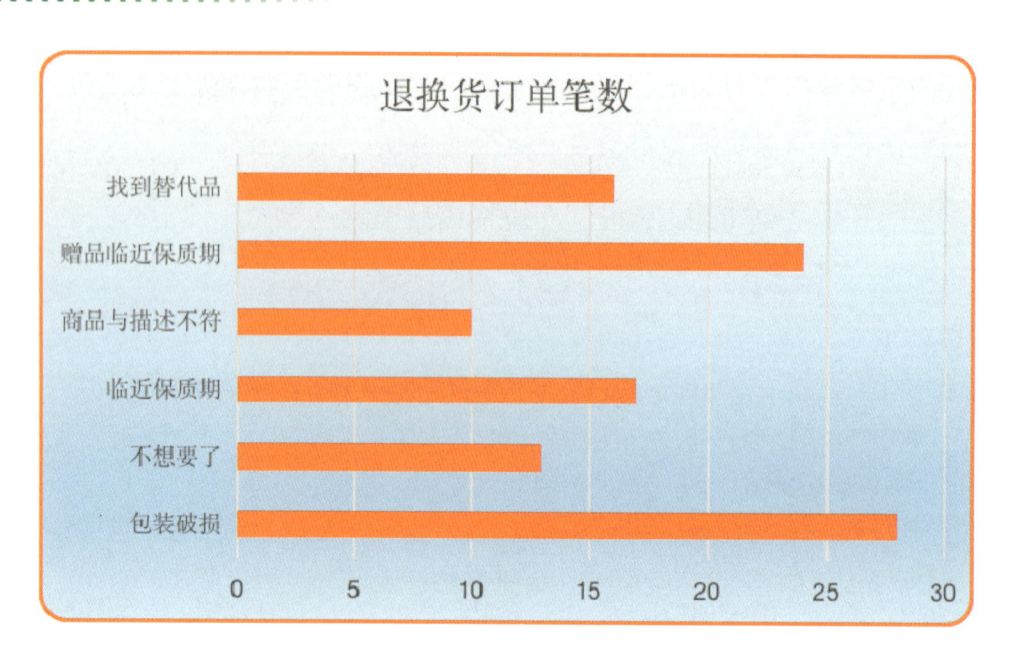

图 6-52　某品牌奶片退换货订单笔数

对于临近保质期的改进：首先，通过数据分析，合理设置各种商品的库存量，留出合适的备货和补货时间，最大限度地保证客户收到的商品保质期在可接受范围内；其次，一定要把好商品出库关，不要把临近保质期的商品发出去。

赠品临近保质期的显著特点是订单笔数很多而退换货金额很低。这多少与店铺想把临近保质期的商品作为赠品送出，以减轻库存压力的想法有关，这无可厚非，但是店铺如果想把临近保质期的商品作为赠品送出，就一定要在活动说明里明确提出，让客户自愿选择，以免造成不必要的误会和不良后果。

"不想要了""商品与描述不符"两项退货原因其实是进一步了解竞争对手信息和客户期望值的好机会，通过与客户进行充分沟通，了解客户的诉求，可以更好地做好店铺运营，少走弯路。

② 退换货方式分析及建议。

由图 6-53、图 6-54 可见，换货原因集中在"包装破损""临近保质期""赠品临近保质期"上；退款原因主要集中在"不想要了""找到替代品""商品与描述不符"上。

客户选择换货说明客户对商品的认可度比较高，店铺应抓住售后服务的机会了解客户的意见和建议，同时给出相应的补偿，如赠送新口味商品给客户品尝等，以增强客户黏度。

客户选择退款说明客户要么是对商品价格不满意（因店铺出售的奶片为进口产品，价格差不多是国内同类产品的 2 倍），要么是对商品口味不满意，要么是商品没有达到客户的预期。这时可尝试与客户沟通，通过赠送品尝装给客户让客户进行比较，从而使客户成为店铺的回头客。

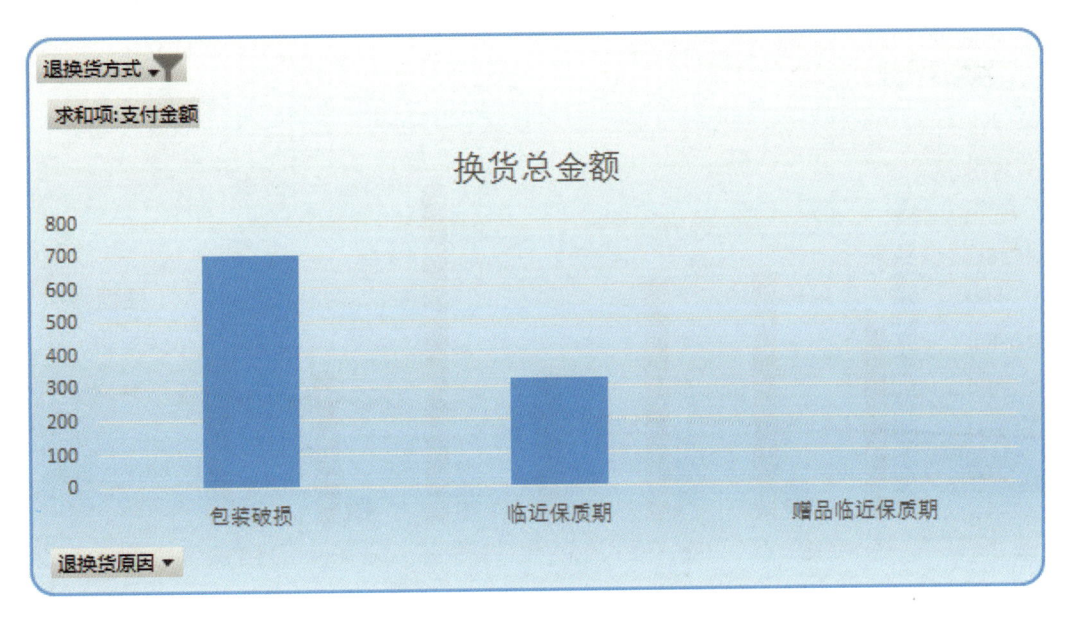

图 6-53　换货总金额图表

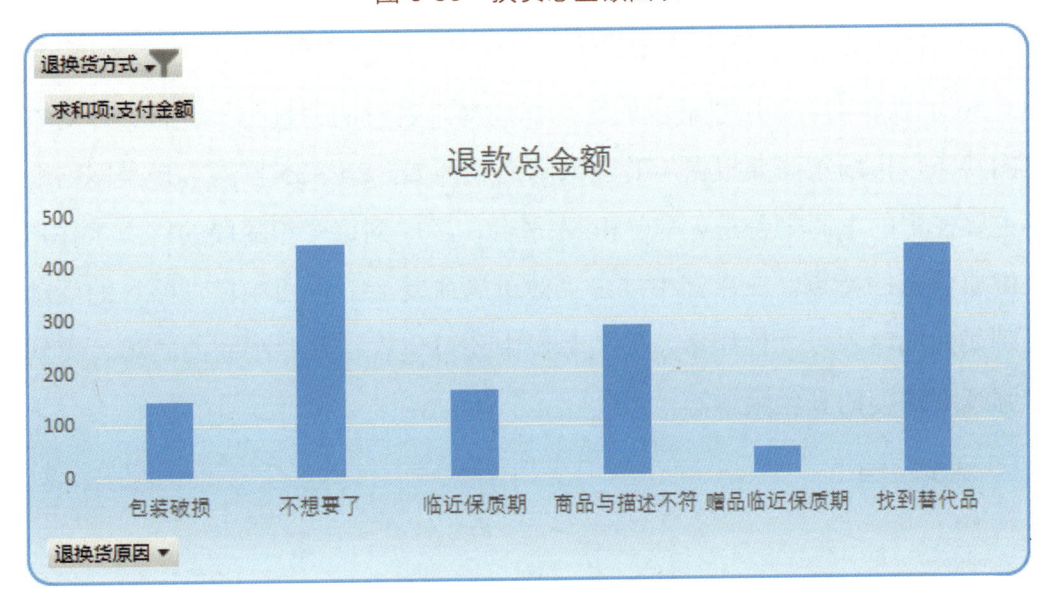

图 6-54　退款总金额图表

（4）市场分析。

① 渠道分析及营销建议。

由图 6-55 可以看出，在平台选择上，男性更喜欢 J 平台，女性更喜欢 M 平台、K 平台、S 平台。因此，在 J 平台的营销方案可更偏向于男性的喜好，推动男性客户量增长。在 M 平台、K 平台、S 平台，店铺可与平台合作推出限量版的女性专属营养奶片，并在店铺中关联销售女性用品，如首饰、化妆品等，让忙碌的宝妈们在为宝宝购物的同时购买自己需要的物品，彰显品牌魅力与服务意识，同时增加销售额。

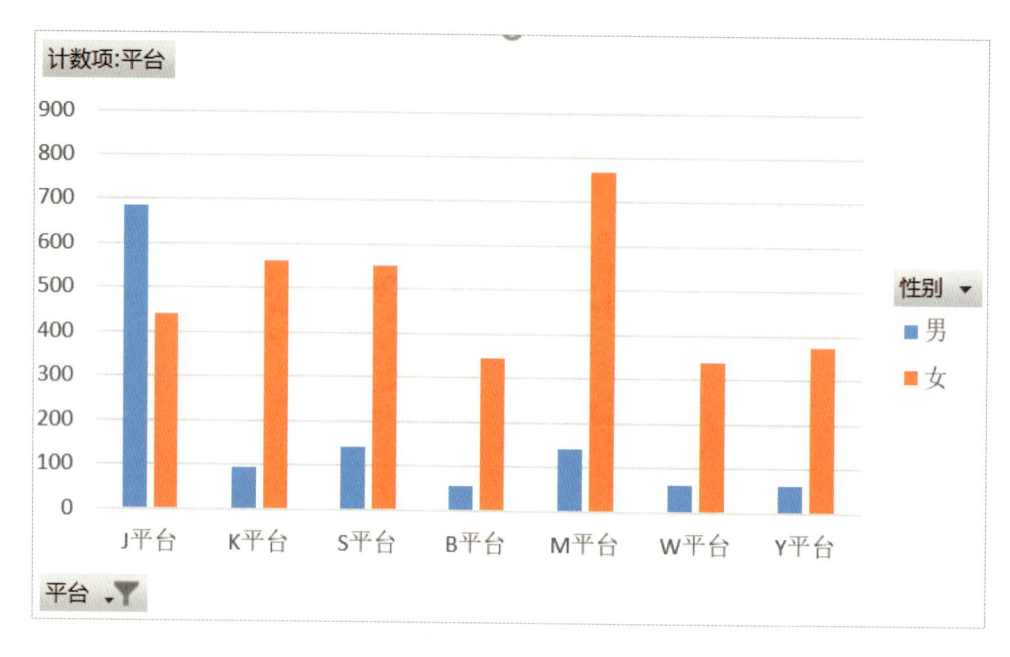

图 6-55　不同性别客户平台选择示意图

由图 6-56 可以看出，不同年龄段的客户在选择平台时的偏好也不一样，针对本品牌奶片老少皆宜的特点，市场策略要根据年龄段来制定。例如，26~35 岁的客户是网络购物的主力军，他们主要使用的电商平台是 J 平台和 M 平台，考虑到这个年龄段的客户工作压力大、普遍处于亚健康状态的特点，在店铺中推出"健康满血复活，重回年轻骨骼"的活动。同时考虑到本品牌奶片的客户以女性居多，促销套餐中还可包含祛除黑眼圈的眼膜、缓解咽喉炎的茶饮、增强睡眠深度的真丝眼罩等。

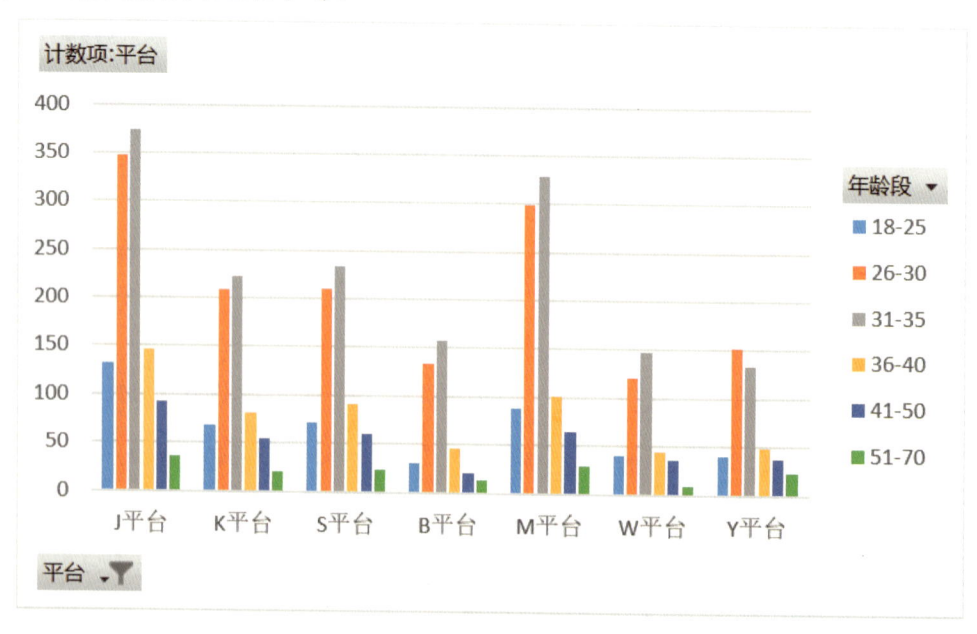

图 6-56　不同年龄段客户平台选择示意图

虽然我国各地区文化、消费水平差异很大，但是对电商平台的选择偏好比较一致。由图 6-57 可以看出，不同地区的客户在选择电商平台时，都更喜欢 J 平台，J 平台受到各地区客户的高度认可。在所有地区中，华东地区无论是购物人数还是支付金额都高于其他地区。因此，在目前的渠道分布中，J 平台是重点渠道，华东地区是重点地区。店铺可以加大在 J 平台的市场投入，如可使用 J 平台数据分析工具进行具体的数据分析，通过使用有效的引流工具、增加广告投放等方式扩大品牌影响力，从而扩大市场份额。另外，可在华东地区建立强大的仓储和物流系统，提升客户购物体验。

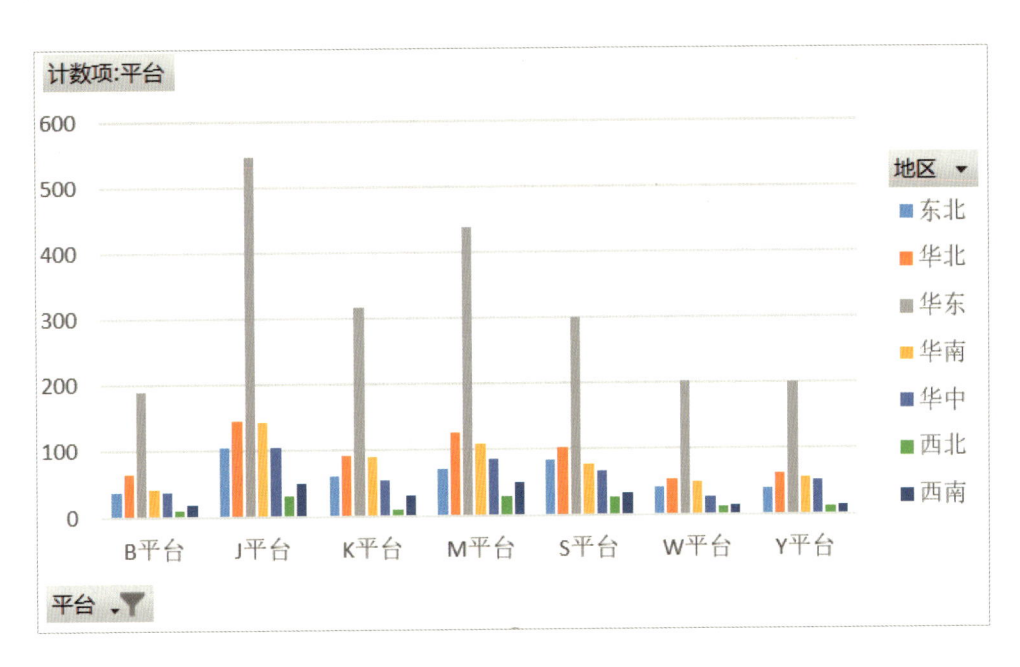

图 6-57　不同地区客户平台选择示意图

② 竞争对手分析及建议。

在对竞争对手的分析中，选取了一个国内和一个国外的竞争品牌进行对比分析。由图 6-58 可见，该品牌奶片各大指数和国产品牌 XNH 差距明显，但稍领先于国外品牌 HH。国产品牌 XNH 因其价格优势明显（同样克数的商品，其价格只有国外品牌的一半），各大指标遥遥领先，近期想要全面赶超不太可能，只能通过在收入比较高的一、二线城市加大宣传力度，以品质取胜。国外品牌 HH 的商品价格与本品牌接近，近阶段可加大促销投入力度，更多地占领一、二线城市市场，提升个性化服务水平，争取得到广泛的客户认可。

竞争对手经营数据分析

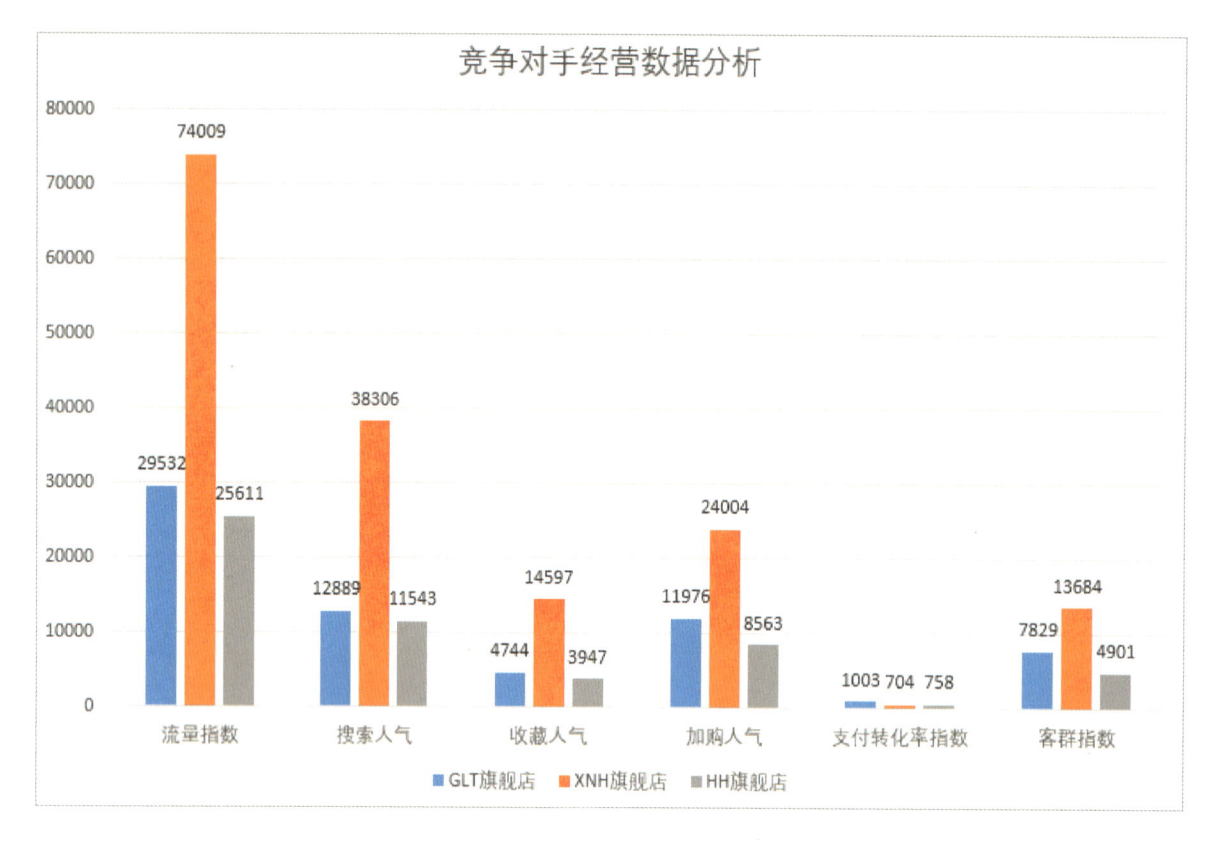

	流量指数	搜索人气	收藏人气	加购人气	支付转化率指数	客群指数
GLT旗舰店	29532	12889	4744	11976	1003	7829
XNH旗舰店	74009	38306	14597	24004	704	13684
HH旗舰店	25611	11543	3947	8563	758	4901

图 6-58　某品牌奶片竞争对手经营数据分析

三、结论

综合来看，随着人民生活水平的提高和健康意识的增强，中国奶片市场发展持续向好，但是未来不确定因素仍然存在。本品牌奶片需要提高品牌影响力，提升商品品质和市场把控力，注视客户的内在需求，在商品市场细分、个性化营销方案、客户购物体验等方面进行优化升级。

通过以上分析，本品牌奶片在制定营销方案或决策时，可以基于客户的真实购买记录进行客户价值分析、商品交易分析、市场数据分析。通过对这些关键数据进行分析，建议本品牌奶片以 J 平台、M 平台为主要渠道，以 26～35 岁的女性客户为主要服务对象，在华东地区加大仓储和物流投入，占据更多市场份额，同时在奶片组合上以两种口味各 1 包的组合为主，通过出库把关、物流包装、销售预测等将新鲜、包装完好的商品送到客户手中。优化客户体验，提升服务质量，加大促销力度，从而提高销售额，提升店铺综合运营能力。

▶ **拓展提高**

扫描右侧二维码可以学到更多的拓展知识。

实战演练

以好孩子系列商品数据为例，撰写一份完整的数据分析报告。

项目评价

<table>
<tr><td colspan="5">项目实训评价表</td></tr>
<tr><td rowspan="2"></td><td colspan="2">内　容</td><td colspan="3">评 定 等 级</td></tr>
<tr><td>学 习 目 标</td><td>评 价 项 目</td><td>4</td><td>3</td><td>2</td><td>1</td></tr>
</table>

	学 习 目 标	评 价 项 目	4	3	2	1
职业能力	了解数据分析报告撰写前的准备工作	掌握获取关键数据的方法； 学会对数据进行整理和清洗； 了解撰写数据分析报告的原则				
	了解数据分析报告的种类	了解专题分析报告的框架结构； 了解综合分析报告的框架结构； 了解日常数据通报的框架结构				
	学会撰写数据分析报告	了解常用数据分析模型； 了解数据分析报告的架构； 掌握数据分析报告撰写方法				
综合评价						

评定等级说明表	
等　　级	说　　明
4	能高质、高效地完成本项目学习目标的全部内容，并能解决遇到的特殊问题
3	能高质、高效地完成本项目学习目标的全部内容
2	能圆满完成本项目学习目标的全部内容，无须任何帮助和指导
1	能圆满完成本项目学习目标的全部内容，但偶尔需要帮助和指导

最终等级说明表	
等　　级	说　　明
优秀	80%的评价项目达到3级水平
良好	60%的评价项目达2级水平
合格	全部评价项目都达到1级水平
不合格	有评价项目未达到1级水平

反侵权盗版声明

电子工业出版社依法对本作品享有专有出版权。任何未经权利人书面许可，复制、销售或通过信息网络传播本作品的行为；歪曲、篡改、剽窃本作品的行为，均违反《中华人民共和国著作权法》，其行为人应承担相应的民事责任和行政责任，构成犯罪的，将被依法追究刑事责任。

为了维护市场秩序，保护权利人的合法权益，我社将依法查处和打击侵权盗版的单位和个人。欢迎社会各界人士积极举报侵权盗版行为，本社将奖励举报有功人员，并保证举报人的信息不被泄露。

举报电话：（010）88254396；（010）88258888
传　　真：（010）88254397
E-mail：　dbqq@phei.com.cn
通信地址：北京市万寿路 173 信箱
　　　　　电子工业出版社总编办公室
邮　　编：100036